music step by step

Aufbauender Musikunterricht
in der Sekundarstufe 1

Lehrerhandbuch

Werner Jank, Gero Schmidt-Oberländer (Hrsg.)

Mit Beiträgen von

Johannes Bähr
Sigrun Friedrich
Hans-Ulrich Gallus
Werner Jank
Frank Kieseheuer
Anna-Maria Klingmann
Gero Schmidt-Oberländer

Unter Mitarbeit von

Stefan Gies
Andrea Kopp
Ortwin Nimczik
Katharina Padrok
Victoria Piel
Christoph Stange

HELBLING

Innsbruck • Esslingen • Bern-Belp

Zu diesem Lehrerhandbuch sind erhältlich:

- Schülerarbeitsheft: HI-S6581, ISBN 978-3-86227-069-9
- Medienbox: HI-S6582CD, ISBN 978-3-86227-070-5

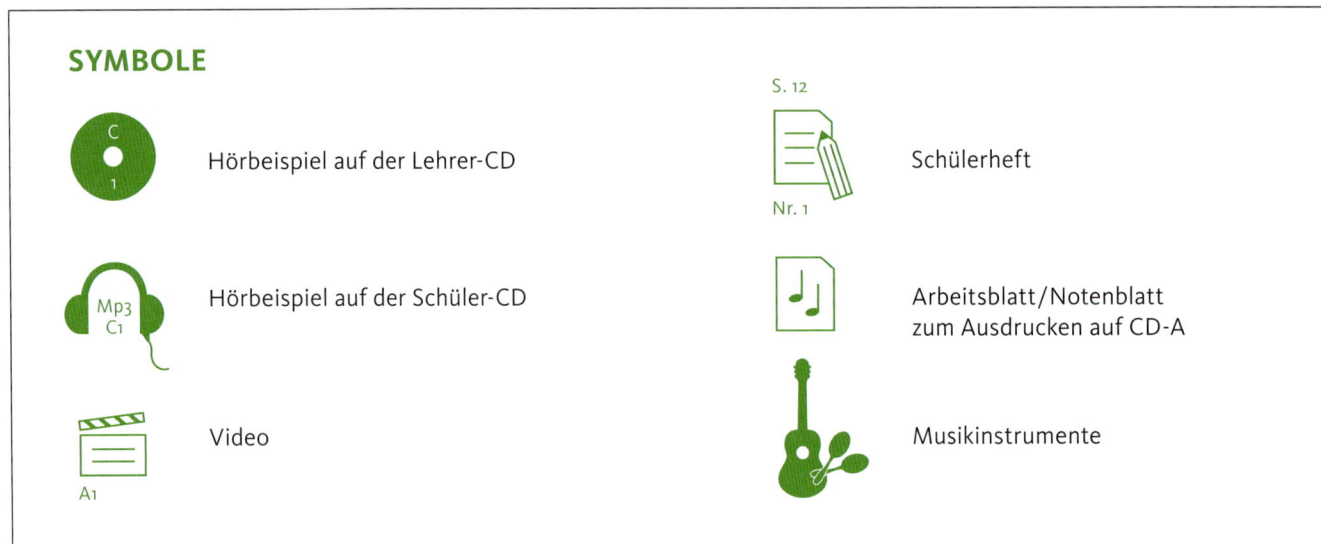

Impressum

Redaktion: Andrea Winter, Ralf Schilling
Umschlag: Marinas Werbegrafik & Grafikdesign, Innsbruck
Notensatz: Susanne Höppner, Neukloster
Layout und Satz: Iris Holländer, Stuttgart; Roman Bold & Black, Köln
Druck und Bindung: Athesia Tyrolia, Innsbruck

HI-S6580
ISBN 978-3-86227-068-2

1. Aufl. A1² 2012
© 2010 Helbling, Innsbruck • Esslingen • Bern-Belp
Alle Rechte vorbehalten

Dieses Werk ist in allen seinen Teilen urheberrechtlich geschützt. Jegliche Verwendung außerhalb der engen Grenzen des Urheberrechts bedarf der vorherigen schriftlichen Zustimmung des Verlages. Dies gilt insbesondere für Vervielfältigungen wie Fotokopie, Mikroverfilmung, Einspeicherung und Verarbeitung in elektronischen Medien sowie für Übersetzungen – auch bei einer entsprechenden Nutzung für Unterrichtszwecke.

INHALT

Vorwort und Einführung 4

BEREICH A: METRISCHE KOMPETENZ

Vorbemerkungen 20
Baustein 1: Metrisches Grundgefühl entwickeln 23
Baustein 2: Sich frei zu Musik bewegen 31
Baustein 3: Zwischen freier und metrisch gebundener Bewegung wechseln 34
Baustein 4: Verschiedene metrische Ebenen zugleich ausführen 37
Baustein 5: Verschiedene metrische Ebenen und „melodischen Rhythmus" kombinieren 44

BEREICH B: RHYTHMISCHE KOMPETENZ

Vorbemerkungen 60
Baustein 1: Gerades Metrum: Zwei kleine Schläge auf einen großen Schlag 69
Baustein 2: Ungerades Metrum: Drei kleine Schläge auf einen großen Schlag (Teil 1) 91
Baustein 3: Große Schläge mit Verlängerung: Punktierung im geraden Metrum 103
Baustein 4: Synkopen im geraden Metrum 114
Baustein 5: Ungerades Metrum: Drei kleine Schläge auf einen großen Schlag (Teil 2) 126
Baustein 6: Gerades Metrum: Weitere Unterteilung der kleinen Schläge 138
Baustein 7: Swing & Co.: Ternäre Rhythmen 148

BEREICH C: TONALE KOMPETENZ

Vorbemerkungen 156
Übungen für Körper, Atem, Stimme 161
Baustein 1: Die Stimme finden, einen Ton finden 165
Baustein 2: Den Grundton erfahren 170
Baustein 3: „Höher"? „Tiefer"? – Tonschritte 177
Baustein 4: Vier Töne 194
Baustein 5: Der pentatonische Raum 202
Baustein 6: Tonleitern in Dur und Moll 213
Baustein 7: Dur- und Molldreiklänge 226

UNTERRICHTSVORHABEN

Alles mit der Stimme 244
    Modul 1: Stimmspiele 246
    Modul 2: Was die Stimme alles kann 252
    Modul 3: Stimmtheater 256
    Modul 4: Afrikanische Stimmbewegung 259
Stars in der Musik 263
    Modul 1: Das Lied von den Stars 265
    Modul 2: Popstars der Klassik 269
    Modul 3: Aus Wunderkindern werden Stars 272
Zwitschern, fliegen, gleiten 274
Musik – Bewegung – Tanz 282
    Modul 1: Freie Bewegungsstudie 288
    Modul 2: Poptanz-Choreografie 291

ANHANG

Das Autorenteam 296
Quellenverzeichnis 297
Verzeichnis der Videos und Arbeitsblätter 298
Verzeichnis der Hörbeispiele 300
Verzeichnis der Lieder und Klassenarrangements 304

VORWORT

Aufbauender Musikunterricht zielt auf die aktive, zunehmend kompetente und selbstbestimmte Teilhabe der Schülerinnen und Schüler[1] am Musikleben. Er setzt auf eine klar strukturierte Konzeption:

- Musizieren und Hören bilden Grundlagen für eine verständige Musikpraxis, für ästhetische Erfahrungen und für musikbezogenes Wissen.
- Deshalb steht das Musizieren und musikbezogene Handeln der Schüler im Zentrum.
- Die dafür benötigten musikalischen Fähigkeiten und Kenntnisse werden **Schritt für Schritt** aufgebaut.

Diese Überlegungen gaben uns den Anstoß dazu, den Musikunterricht „vom Kopf auf die Füße zu stellen": Nicht die Musik als objektive Klanggestalt oder Kunstwerk, sondern das, was die Menschen mit ihr machen, muss Ausgangs- und ständiger Bezugspunkt für den Musikunterricht sein. Denn Musik wird von Menschen für Menschen gemacht.

In den vergangenen zehn Jahren haben wir in einem Team von dreizehn Musiklehrern sowie Dozenten in der Lehrerbildung (▷ S. 296) die Konzeption des Aufbauenden Musikunterrichts für die Unterrichtspraxis entwickelt und theoretisch begründet. Jedes einzelne Element der Materialien wurde vielfach in der Unterrichtspraxis erprobt und durch kritische Anregungen zahlreicher weiterer Musiklehrer, Referendare und Studierender auf Workshops und in Seminaren verbessert. Dafür danken wir all jenen, die daran mitgewirkt haben.

Mit dem hier vorgelegten Handbuch stellen wir den Musiklehrern diese Materialien und Methoden zur Verfügung. Sie dienen nicht dazu, den herkömmlichen Musikunterricht zu ersetzen, sondern geben ihm ein Fundament, das ihm bisher oft fehlte: die stetig wachsende Musizier- und Hörkompetenz der Schüler.

Daraus ergibt sich das Neuartige der Konzeption: Das Handbuch ist als Lehrgang konzipiert, der in Verbindung mit den von den Bildungsstandards vorgegebenen Kompetenzen und Themen den Erfolg des musikalischen Lernens durch Kontinuität und Beständigkeit sichert. Die Begleitmedien dienen zur unterrichtspraktischen Unterstützung der Lehrer und Schüler im Alltag des Musikunterrichts und bieten erstmalig ein Schülerarbeitsheft mit Hör- und Musizierübungen als MP3-Dateien.

Aufbauender Musikunterricht ist dann optimal verwirklicht, wenn der Lehrer den Reichtum dessen, was er sich in Ausbildung und Berufsleben musikpädagogisch erarbeitet hat, mit den Materialien des Handbuchs verknüpft. Deshalb gibt das Handbuch den Unterricht nicht bis ins Detail vor, sondern im Gegenteil: Es bietet einen Rahmen, der jedem Unterrichtenden Raum gibt für die Entfaltung seiner spezifischen, musikalisch vielfältigen Möglichkeiten und seiner didaktischen und methodischen Kreativität.

Werner Jank

Gero Schmidt-Oberländer

Wiesloch und Weimar, im Juli 2010

---

[1] Um den Lesefluss nicht zu behindern, wird stets nur die maskuline Form verwendet. Selbstverständlich sind ebenso alle Lehrerinnen, Schülerinnen etc. angesprochen. Wir bitten um Verständnis der Leserinnen und Leser.

EINFÜHRUNG

Music Step by Step ist ein Handbuch für Lehrerinnen und Lehrer, denen das Gelingen der musikalischen Aktivitäten ihrer Schüler am Herzen liegt. Wenn Schüler die Erfahrung machen, dass ihre musikalische Kompetenz immer mehr zunimmt, dann ist das die beste Förderung ihrer Lust, sich musikalisch auszudrücken, ihres Bedürfnisses für sich selbst Musik sinnvoll zu nutzen und ihrer Fähigkeit, sich Musik in ihren vielfältigen Erscheinungsformen verstehend zuzuwenden.

Deshalb setzt Aufbauender Musikunterricht auf die Kontinuität und Beständigkeit des musikalischen Lernens und Lehrens. Das ist zugleich die Grundlage für die Entwicklung des Gehörs und der Hörvorstellung – ob an der Haupt- oder Realschule, an der Gesamtschule oder am Gymnasium. [2]

Zentrales Medium ist das Handbuch für Lehrer. Dieses bietet progressiv angeordnete, in der Unterrichtspraxis bewährte Lehr-Bausteine zum schrittweisen Erwerb musikalischer Fähigkeiten und Kenntnisse in folgenden Bereichen an:

- Metrische Kompetenz und Bewegung (Bereich A)
- Rhythmische Kompetenz (Bereich B)
- Tonale und vokale Kompetenz (Bereich C)
- Musikalische Unterrichtsvorhaben zur Integration der drei Bereiche

Auf 3 CDs befinden sich Hörbeispiele und Audio-Dateien zur eigenen Weiterarbeit sowie alle MP3-Dateien der Schüler-CD. Videofilme zur Demonstration der praktischen Übungen, Arbeitsblätter, Spielstücke und Arrangements, Übungs- und Hausaufgaben sowie Kopiervorlagen befinden sich auf einer vierten CD+.

DAS LEHRKONZEPT
DES AUFBAUENDEN MUSIKUNTERRICHTS

Aufbauender Musikunterricht verknüpft drei Praxisfelder[3]:

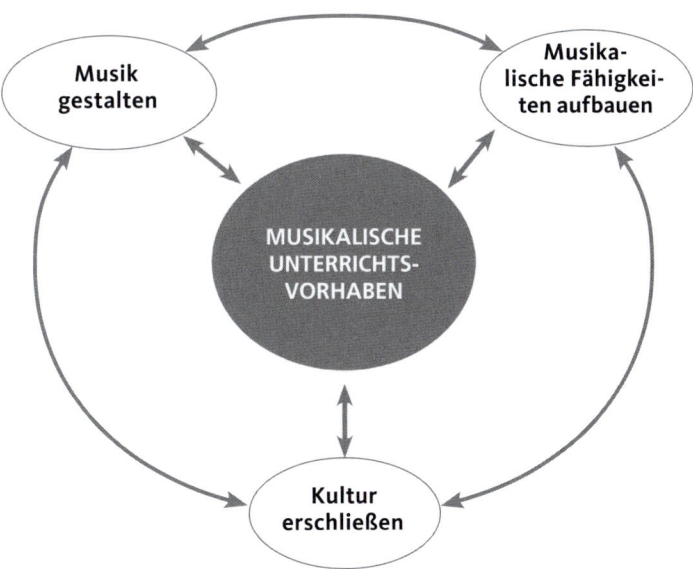

---

[2] Parallel zum vorliegenden Handbuch *Music Step by Step* ist ein Lehrerhandbuch für Aufbauenden Musikunterricht in der Grundschule erschienen: Mechtild Fuchs: Musik in der Grundschule neu denken – neu gestalten. Rum/Innsbuck, Esslingen 2010.

[3] Aufbauender Musikunterricht wurde seit 2001 in mehreren Publikationen entwickelt (Gies/Jank/Nimczik 2001; Bähr/Gies/Jank/Nimczik 2003; Bähr/Fuchs/Gallus/Jank 2004; Jank ³2009, S. 69–127; Jank/Schmidt-Oberländer 2008). Ausführlichere Darstellungen des Gesamtkonzepts sowie bildungstheoretische, lernpsychologische und weitere Begründungen für Aufbauenden Musikunterricht sind dort zu finden.

PRAXISFELD 1: MUSIK GESTALTEN DURCH VIELFÄLTIGES MUSIZIEREN UND MUSIKBEZOGENES HANDELN

Das musikalische Gestalten durch die Kinder und Jugendlichen steht im Zentrum des Aufbauenden Musikunterrichts. Das Klassenmusizieren in allen seinen möglichen Formen und in stilistischer Vielfalt, Bewegungsspiele, Bodypercussion und andere musikalische Aktionsformen bilden Ausgangspunkte für den Erwerb musikalischer Fähigkeiten und bieten zugleich Möglichkeiten, diese Fähigkeiten anzuwenden und zu vertiefen.

Unverzichtbar ist die Verbindung des Musizierens mit der Vielfalt verschiedener Umgangsweisen mit Musik (musikbezogenes Handeln): Musikhören, Tanzen zu Musik, Musik in andere Darstellungsformen übersetzen (etwa Bilder), über Musik sprechen, sich Informationen zum geschichtlichen Hintergrund erarbeiten …

Vielfältiges Musizieren und musikbezogenes Handeln nehmen deshalb den größten Teil der Unterrichtszeit ein.

PRAXISFELD 2: MUSIKALISCHE FÄHIGKEITEN AUFBAUEN

Music Step by Step stellt praxisbewährte Lehrbausteine in progressiver Anordnung zur Verfügung. Musikalische Fähigkeiten und Kenntnisse werden in Verbindung mit dem musikalischen Gestalten gezielt, altersgerecht und auf lernpsychologischer Grundlage gefördert und kognitiv erschlossen. Die Schulung des Hörens läuft dazu parallel: Niemand kann sinnvoll musizieren, wenn er nicht hört, was er spielt oder singt. Verstehendes Hören im Sinn von Edwin E. Gordons „Audiation" (siehe unten) durchzieht den Unterricht deshalb von Anfang an in allen drei Praxisfeldern. Ziel des Aufbaus musikalischer Fähigkeiten ist es, „Musik musikalisch zu denken":

> „Wenn wir … einen Rhythmus spielen oder ein Lied singen, sollten wir in der Lage sein, den musikalischen Sinn des Gestalteten zu denken: beispielsweise das Metrum als ordnendes und als korrelierendes Element zum eigenen Pattern o. Ä. Erst dann kann es uns gelingen, Musik zu denken bzw. angemessen – wir können auch sagen: künstlerisch – zu gestalten." (Schütz 1996, S. 7)

Im Aufbauenden Musikunterricht zielen das musikalische Gestalten und der Aufbau musikalischer Fähigkeiten auf die *Offenheit* der musikalischen Entfaltung und Identitätsbildung des Einzelnen im kulturellen und gesellschaftlichen Kontext. Es geht *nicht* um die affirmative Einübung in die fertigen Muster des Musikbetriebs, sondern um Kulturerschließung als Befähigung des Einzelnen zur zunehmend selbstbestimmten Teilhabe am Musikleben.

Audiation ist ein Kunstwort, das der amerikanische Musikpsychologe und -pädagoge Edwin E. Gordon eingeführt hat, um seiner Auffassung von verstehendem Hören als der Grundlage musikalischer Fähigkeiten einen Namen zu geben. Er definiert: Audiation geschieht, wenn wir Musik oder eine musikalische Gestalt innerlich hören und verstehen, deren Klang bereits vergangen ist oder nie in Wirklichkeit erklungen ist. ("Audiation is the foundation of musicianship. It takes place, when we hear and comprehend music for which the sound is no longer or may never have been present"; www.giml.org/audiation.php, 20.7.2010). Verstehen bedeutet hier mehr als nur die Fähigkeit, eine musikalische Gestalt innerlich zu wiederholen. Audiation ist ein kognitiver Prozess, in dem jemand einem gehörten Klang eine musikalische Bedeutung gibt bzw. ihn in einen musikalischen Sinnzusammenhang schlüssig einfügt – z. B. zu hören und zu verstehen, dass ein Melodiefragment oder Motiv harmonisch zur Dominante führt, oder dass der Rhythmus einer Begleitstimme auf Zählzeit 4 in einem 6/8-Takt einsetzt.

PRAXISFELD 3: KULTUR(EN) ERSCHLIESSEN

Nur in Verbindung mit einer lebendigen Musizierpraxis kann sich musikalisch-ästhetische Erfahrung entfalten und der Prozess der Kulturerschließung vollziehen. Was in den beiden zuvor genannten Praxisfeldern erfahren und erarbeitet wird, hilft den Schülern, ihr eigenes musikalisches Handeln je nach ihren individuellen Möglichkeiten und Interessen zunehmend verständig zu gestalten. Zugleich eröffnen sich damit den Schülern Zugänge zu verschiedenen musikalischen Umgangsweisen, Gebrauchssituationen und musikalisch-kulturellen Kontexten im eigenen alltäglichen Umfeld der Schüler und darüber hinaus.

MUSIKALISCHE UNTERRICHTSVORHABEN ZUR VERBINDUNG DER DREI PRAXISFELDER

In den Jahrgangsstufen 5 und 6 hat der Aufbau musikalisch-praktischer Fähigkeiten (Praxisfeld 2) hohen Stellenwert. Deshalb werden die drei Bereiche der metrischen, rhythmischen und tonalen Teilkompetenzen im Unterricht kontinuierlich geübt. Andererseits werden die drei oben genannten Praxisfelder in der Unterrichtspraxis immer miteinander verschränkt, weil die Teilkompetenzen ja nie isoliert benötigt werden, sondern musikalisch grundsätzlich zusammenhängen. Um diesen Zusammenhang gezielt zu unterstützen, sind an zahlreichen Stellen im Handbuch Angebote zum musikalischen Gestalten und zur Kulturerschließung integriert. Diese Verknüpfung noch weiter zu intensivieren ist insbesondere die Aufgabe der musikalischen Unterrichtsvorhaben.

Musikalische Unterrichtsvorhaben sind thematisch bestimmte, zeitlich begrenzte Einheiten, die ergebnis- bzw. produktorientiert sind. Sie verbinden Möglichkeiten der Binnendifferenzierung (z. B. durch Gruppen- und Freiarbeitsphasen) mit Phasen selbstregulierten Lernens der Schüler. Die Ergebnisorientierung von Vorhaben hat überdies Aufforderungscharakter: Eine bevorstehende Aufführung oder Präsentation der erarbeiteten Ergebnisse macht das Anwenden, den Transfer und die Integration musikalischer Fähigkeiten in umfassende musikalische Handlungszusammenhänge möglich und motiviert die Schüler.

Während der Durchführung von Vorhaben wird in der Regel begleitend in den Kompetenzbereichen weitergearbeitet (▷ Tabelle zur Stundenplanung, S. 14).

DIMENSIONEN MUSIKALISCHER KOMPETENZ – STANDARDS DES MUSIKUNTERRICHTS

DIMENSIONEN MUSIKALISCHER KOMPETENZ

Musikalische Kompetenz meint ein Ensemble von anwendungsbezogenen Fähigkeiten, Fertigkeiten und Kenntnissen im Umgang mit Musik. Wir unterscheiden acht Dimensionen musikalischer Kompetenz:

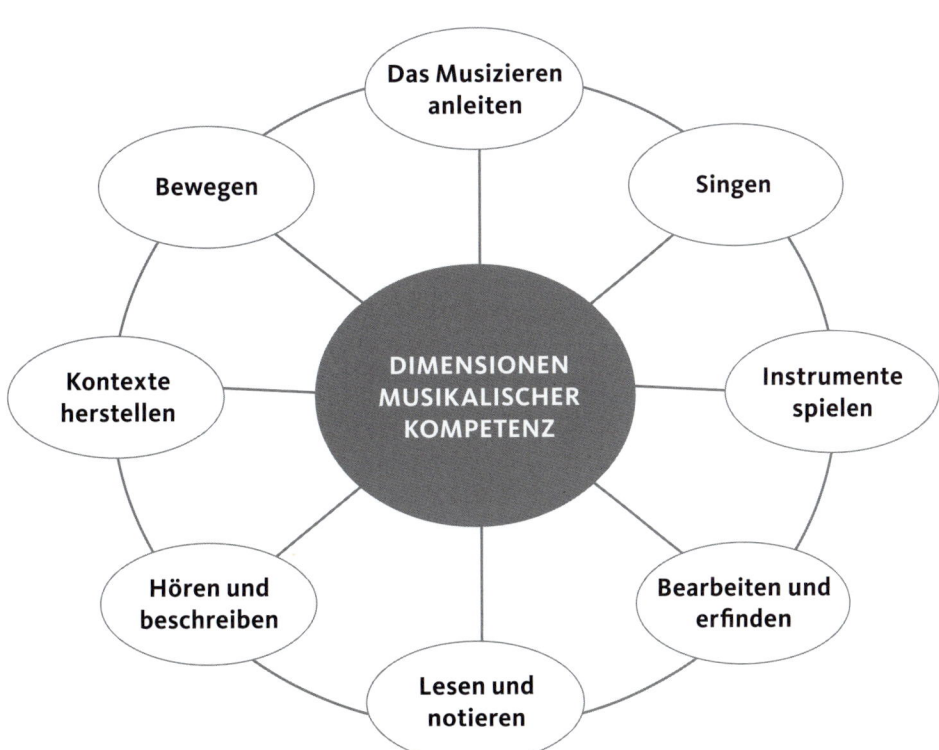

- *Singen* und das *Spielen von Instrumenten* stehen im Zentrum der Praxisfelder „Musikalische Fähigkeiten aufbauen" und "Vielfältiges Musizieren". Über das Finden der eigenen Stimme und das Entdecken ihrer Möglichkeiten erarbeiten sich die Schüler ein stilistisch vielfältiges Liedrepertoire, das sie so oft wie möglich mit Instrumentalbegleitung ausführen. Stimmbildung und Singen gehören dabei immer zusammen.
- Metrisch-rhythmische Fähigkeiten erfahren die Schüler grundsätzlich in Verbindung mit *Bewegung* und – wann immer sinnvoll – mit *Tanz*.
- Vielfältiges Variieren und einfache Improvisationen führen zur Fähigkeit, Musik selbständig und kreativ zu *bearbeiten* und zu *erfinden*.
- All diese musikalischen Fähigkeiten erfordern ein immer genaueres *Hören* und bilden die Basis für das *Beschreiben* von Musik.
- Beim fallweisen *Anleiten des Musizierens* durch Schüler benötigen sie die bisher genannten Fähigkeiten, üben sie zugleich und lernen, in einem komplexeren musikalischen Zusammenhang Orientierung zu gewinnen und den Überblick zu behalten.
- So kommen die Schüler vom Musizieren zur immer besser gekonnten Fähigkeit des *Lesens und Notierens* von Musik.
- Das *Herstellen von Kontexten* (Funktionsbezüge der Musik, Umgangsweisen, kulturelle und historische Bezüge usw.) kann zusammen mit dem Aufbau dieser Grundlagen aus der eigenen musikalisch-praktischen Erfahrung der Kinder mit Musik heraus entwickelt werden.

Die acht Dimensionen musikalischer Kompetenz sollen möglichst umfassend und intensiv in den drei Bereichen A (metrische Kompetenz), B (rhythmische Kompetenz) und C (tonale Kompetenz) miteinander vernetzt werden. Ein Lied z. B. wird nicht nur gesungen, sondern auch instrumental arrangiert und begleitet. Zwischenspiele und Tänze können dazu erfunden und Improvisationsteile eingefügt werden. Die Notenschrift wird benötigt, um ein erarbeitetes Stück wiederholt spielen oder aufführen zu können und um sich kulturelle, soziale oder historische Aspekte des Stücks zu erarbeiten. Ein wichtiges didaktisch-methodisches Element, um solche Verknüpfungen herzustellen, sind die Unterrichtsvorhaben.

Die Vernetzung der acht Dimensionen musikalischer Kompetenz mithilfe der drei Praxisfelder und der Vorhaben macht *Music Step by Step* auch interessant für Lehrer, die in Bläser-, Streicher- und Sing- bzw. Chorklassen unterrichten: Aufbauender Musikunterricht bietet ihnen Unterrichtsmaterialien, die helfen, der Gefahr der Verengung auf das Erlernen des Instruments und das Üben für die Auftritte zu entgehen und den Unterricht in Instrumentalklassen immer wieder in den umfassenderen Zusammenhang eines allgemeinbildenden Musikunterrichts zu stellen (vgl. Ernst/Kieseheuer 2008).

STANDARDS DES MUSIKUNTERRICHTS

Lehrpläne mit ihren traditionellen Auflistungen von Stoffen, Themen und Inhalten werden neuerdings Zug um Zug durch „Bildungsstandards" ersetzt. Bildungsstandards geben jene Kompetenzen an, über die die Schüler nach dem Unterricht verfügen sollen. Sie benennen einerseits Inhaltsbereiche – das sind z. B. die oben genannten acht Dimensionen musikalischer Kompetenz –, andererseits das Leistungsniveau, auf dem die jeweilige Kompetenz erbracht werden soll – also z. B. im Bereich des Singens die Fähigkeit, beim mehrstimmigen Singen eine zweite Stimme zu halten.

Die oben genannten acht Dimensionen musikalischer Kompetenz stellen die Verbindung zwischen dem Aufbauenden Musikunterricht und den länderspezifischen Bildungsstandards her: Was die Schüler im Aufbauenden Musikunterricht nach zwei Jahren musikalisch-praktisch können entspricht weitgehend dem, was die Bildungsstandards der Länder in den Bereichen musikalischer Praxis und der Musiktheorie fordern und es legt die notwendigen Grundlagen für andere in den Standards genannte Bereiche, z. B. „Musik hören und verstehen", „Musik reflektieren" u. Ä. (ein Vergleich der Bildungsstandards mit den Dimensionen musikalischer Kompetenz befindet sich auf CD-A, „Tabelle Bildungsstandards").

GEBRAUCHSANLEITUNG FÜR DAS HANDBUCH

DER AUFBAU DES HANDBUCHS

DREI KOMPETENZBEREICHE

Die drei Bereiche der metrischen, rhythmischen und tonalen Kompetenz (Bereiche A–C) sind in sich ähnlich aufgebaut: An die Vorbemerkungen zum jeweiligen Bereich und an einen Überblick, der eine Liste mit den im Kapitel enthaltenen Liedern enthält, schließen sich mehrere Bausteine mit Übungen in steigendem Schwierigkeitsgrad an. In den Bausteinen geht es jeweils um ein bestimmtes musikalisches Phänomen (z. B. um den 6/8-Takt oder den pentatonischen Raum). Dieses Phänomen wird in mehreren Übungen in aufbauender Reihenfolge erarbeitet.

Bereich A (metrische Kompetenz) beginnt mit der Festigung des körperlich empfundenen Grundgefühls für das Metrum in der Musik. Die dazu benötigte Fähigkeit der musikbezogenen Koordination von Bewegung bildet die Grundlage für die Entwicklung rhythmischer Kompetenz und zugleich für das Singen und Musizieren auf Instrumenten. Die Schüler lernen, verschiedene Metren hörend zu erkennen und auszuführen, sich freirhythmisch zu Musik zu bewegen und verschiedene metrische Ebenen gleichzeitig korrekt auszuführen.

Bereich B (rhythmische Kompetenz) zielt darauf, rhythmische Fähigkeiten zu entwickeln und kreativ einzusetzen. Im Zentrum eines jeden Bausteins steht ein bestimmter Rhythmus (z. B. punktierte Noten in geraden Taktarten), mit dem vielfältig musiziert wird. Er wird zunächst hörend erfahren und imitiert, dann mit Hilfe von Rhythmus-Silben bewusst verarbeitet und nach vielfältigen Übungen, die zum Anwenden und Improvisieren auffordern, schließlich in Notenschrift und in die Fachsprache übertragen.

Bereich C (tonale Kompetenz) rückt das Singen im tonalen Raum in das Zentrum. Ausgehend von Übungen zum Finden der eigenen Stimme und zur Erfahrung des Grundtons wird der Tonraum mit jedem Baustein schrittweise erweitert bis zum siebenstufigen diatonischen Raum. Vielfältiges Musizieren vokal und instrumental sichert die Verankerung in der musikalisch-praktischen Erfahrung der Schüler. In den Bausteinen wird auch hier der jeweilige Tonraum erst hörend erfahren und imitiert, dann kognitiv erschlossen und schließlich in Notenschrift und in die Fachsprache übertragen. Die Entwicklung der Singstimmen wird unterstützt durch intensive Stimmbildung. Es wird auf die Einbeziehung der Solmisationssilben und der entsprechenden Handzeichen verzichtet, weil es nur wenige Musiklehrer an den Schulen gibt, die damit vertraut sind. Dennoch ist die Tonika-Do-Methoden ein sehr wertvolles methodisches Hilfsmittel. Wir empfehlen all denen, die mit den Solmisationssilben und -methoden vertraut sind, diese in Verbindung mit *Music Step by Step* einzusetzen. Weitere Hinweise: ▷ S. 157.

Die drei Bereiche sind jeweils in Bausteine gegliedert:

Der aufbauende Charakter der sequenziell angeordneten Übungen spiegelt sich in den Bereichen B und C in „Pyramiden" der rhythmischen und der tonalen Kompetenz (▷ S. 60 und 156): Von ihrer jeweiligen Basis ausgehend (metrische Kompetenz bzw. die Erfahrung der eigenen Stimme und des Grundtons) führt der Weg stufenweise von Übungen zum Hören und Imitieren über den kreativen Umgang mit Rhythmen und Melodien (Verändern und Erfinden) zum Lesen und schließlich zum Schreiben in konventioneller Notenschrift sowie zur Fachsprache. Im Bereich rhythmischer Kompetenz (Bereich B) tritt die Verwendung von Rhythmussilben hinzu (▷ S. 62 f.).

Die einzelnen Bausteine sind jeweils in Übungen gegliedert:

- Jede einzelne Übung der Bausteine wird eingeleitet mit Angaben zum Ziel der Übung, zur zentralen Aufgabe, zum Zeitbedarf und zu den benötigten Materialien.
- Die Beschreibung der Durchführung erfolgt im Anschluss daran Schritt für Schritt.

- Viele Übungen enden mit einer Aufgabe im Schülerheft oder einer Hausaufgabe.
- Die Icons am Rand verweisen auf die entsprechenden Aufgaben im Schülerheft und die dazu gehörende CD sowie auf Folienvorlagen, Hörbeispiele, Mitspielsätze, Arrangements oder Videofilme auf den CDs bzw. der CD-ROM des Handbuchs (▷ Erklärung der Icons: S. 2).

MUSIKALISCHE UNTERRICHTSVORHABEN

Vier Unterrichtsvorhaben dienen der Verbindung der drei Praxisfelder des musikalischen Gestaltens, des Aufbauens musikalischer Fähigkeiten und der Kulturerschließung (▷ S. 243). Sie sind als Beispiele gedacht, die dazu anregen sollen, selbst eigene musikalische Unterrichtsvorhaben zu weiteren Themen zu entwickeln, z. B. zur Musik in der Werbung, zu religiöser und kultbezogener Musik, zu musikalischen Formen wie dem Rondo, zu Komponisten und ihren Biografien, zu musikalischen Gattungen wie dem Melodram oder dem (Kinder- und Schul-)Musical oder zu jahreszeitlich gebundener Musik (Erntedank, Weihnachten usw.).

Alles mit der Stimme erweitert die Arbeit im Bereich C (tonale Kompetenz) durch vielfältigen und kreativen Umgang mit der Stimme sowie durch Informationen aus der Stimmkunde.

Stars in der Musik thematisiert das Musikgeschäft und damit gesellschaftliche und ökonomische Aspekte des Musiklebens.

Zwitschern, fliegen, gleiten schließlich geht aus von (fast) allem, was Flügel hat und spricht ganz verschiedene Aspekte des Musikhörens, der Bewertung von Musik und des musikalischen Gestaltens an.

Musik – Bewegung – Tanz greift die Erfahrungen aus Bereich A (metrische Kompetenz) auf und baut sie in Richtung einer freien Bewegungsgestaltung einerseits, in Richtung Poptanz andererseits aus.

Die Vorhaben sind modular aufgebaut. Die einzelnen Module müssen nicht streng nacheinander erarbeitet werden, sondern können je nach Rahmenbedingungen an der Schule z. T. unterschiedlich verteilt werden.

Das Handbuch bietet außerdem an vielen Stellen Hinweise zur Stimmbildung, Einsing-Übungen zu fast allen Liedern, Übungsvorschläge zur Erweiterung oder Vertiefung sowie im Anhang Modelle für die Klavierbegleitung der erarbeiteten Lieder (▷ CD-A, Anhang).

DAS SCHÜLERHEFT MIT MP3-CD

Das Schülerheft enthält zahlreiche Aufgaben zur Bearbeitung im Unterricht oder als Hausaufgabe. Die Gliederung des Schülerhefts orientiert sich streng an der des Handbuchs und ist durch genaue Verweise mit diesem verknüpft. Wegen der vielen musikalisch-praktischen Aufgaben erhalten die Schüler mit dem Heft auch eine CD mit Höraufgaben und Hörbeispielen als MP3-Dateien. Mit diesen können die Schüler nicht nur im Unterricht, sondern auch zu Hause arbeiten und musizieren. Zur Unterstützung des aufbauenden Lernens und der Selbstständigkeit der Schüler enthält das Schülerheft eine Zielformulierung am Anfang und eine Selbsteinschätzung des Lernerfolgs am Ende eines jeden Kapitels. Zu Bereich A, der auf praktische Übungen zur Koordination von Bewegung und Metrum konzentriert ist, sind schriftliche Aufgaben im Schülerheft nicht erforderlich.

DIE BEGLEITMEDIEN

Auf der CD-ROM befinden sich:

- Kopiervorlagen für OH-Folien und alle Arbeitsblätter der Unterrichtsvorhaben
- Partituren und Stimmen der Klassenarrangements
- Videofilme zur Demonstration einzelner Übungen, Bewegungsaufgaben und Tänze
- eine Tabelle mit Bildungsstandards zu den acht Dimensionen musikalischer Kompetenz
- Lösungsteil für das Schülerheft
- Modelle für die Klavierbegleitung

Die Audio-CDs enthalten:

Alle benötigten Höraufgaben, zahlreiche Hörbeispiele sowie alle Stücke der Schüler-CD.

ZWÖLF PRINZIPIEN DES AUFBAUENDEN MUSIKUNTERRICHTS

Aufbauender Musikunterricht wird getragen von zwölf leitenden Prinzipien, die den Unterricht durchgängig prägen:

1. **Vertrauen in die Kreativität der Schüler setzen**
   Die Schüler können oft mehr als wir ihnen zutrauen. Musikunterricht muss die Bühne sein, auf der sie ihre musikalische Kreativität entdecken, entwickeln und ausdrücken können.

2. **Die Lust am Lernen durch musikalische Herausforderungen provozieren**
   Interessante musikalische Herausforderungen, welche die Schüler kreativ, kompetent und mit Lust am Gelingen bewältigen wollen, motivieren sie in besonderer Weise, sich das dafür benötigte musikalische Können und Wissen anzueignen.

3. **Der Lernspirale folgen**
   Das *Lernen von Musik* muss vor dem *Lernen über Musik* stehen. Lernpsychologisch führt der beste Weg vom eigenen Handeln zu zunehmendem Können und über das sich damit entwickelnde Handlungswissen zum Begriff.

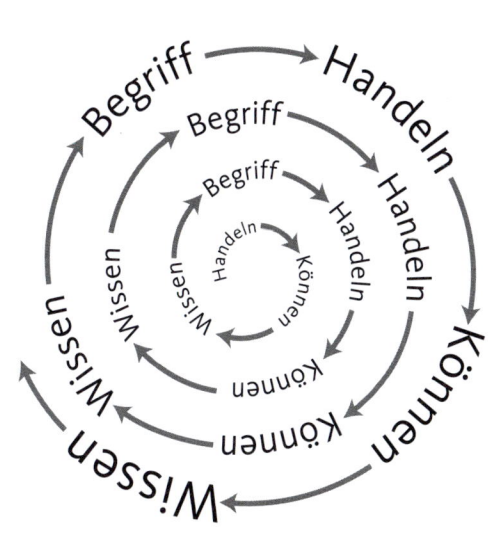

4. **Sound before Sight**
   Erst nachdem die Schüler ausreichend Zeit hatten, durch Singen, Musizieren und Bewegen ihre innere, musikalische Vorstellung aufzubauen (Audiation), ist der Übergang zur Notenschrift sinnvoll.

5. **Fähigkeiten Schritt für Schritt aufbauen**
   Der methodische Gang führt in systematisch angeordneten, kleinen Schritten von einfachen zu schwierigeren Aufgaben.

6. **Regelmäßig üben**
   Jede Musikstunde soll eine kurze Phase des Arbeitens mit Übungen dieses Handbuchs beinhalten (▷ Hinweise zur Stundenplanung auf S. 14). Regelmäßig gestellte Hausaufgaben sind eine wichtige Ergänzung.

7. **Niemanden zurücklassen**
   Schüler lernen unterschiedlich schnell. Wenn die meisten Schüler eine Übung sicher ausführen können, kann man zur nächsten Übung vorangehen – in diesem Fall müssen die Langsameren durch Wiederholungen gezielt unterstützt und möglichst wieder herangeführt werden. Wenn aber nur wenige Schüler eine Übung sicher meistern, ist es nötig, zu früheren Übungen zurückzukehren und diese erneut zu wiederholen und zu festigen.

8. **Gelerntes unverzüglich in größeren musikalischen Zusammenhängen anwenden**
   Isoliertes Üben ohne Anwendungszusammenhang ist unergiebig, demotivierend und kann schnell langweilig werden. Neues Können und neues Wissen brauchen neue musikalische Herausforderungen und Zusammenhänge, in denen die Schüler sich damit erfolgreich bewähren können.

9. **Mit dem Anspruch musikalischer Qualität musizieren**
   Beim Musizieren muss der Anspruch musikalischer Qualität durchgängig hoch gehalten werden. So entwickeln auch die Schüler zunehmend ein Bewusstsein für musikalische Qualität, Fortschritt und befriedigende Ergebnisse.

10. **Die Vielfalt musikalischer Erscheinungsformen und Umgangsweisen einbeziehen**
    Dieses Handbuch kann nur eine begrenzte Auswahl musikalischer Erscheinungsformen und Umgangsweisen berücksichtigen. Der Unterricht muss darüber hinausgehen, den Schülern einen möglichst weiten musikalischen Horizont eröffnen und ihnen Erfahrungen mit der Vielfalt musikalischer Gebrauchspraxen ermöglichen.

11. **Selbständigkeit, Mitverantwortung und Mitentscheidung der Schüler herausfordern**
    Das Ziel einer aktiven, zunehmend kompetenten und selbstbestimmten Teilhabe der Schüler am Musikleben setzt voraus, ihnen im Unterricht von Anfang an so viel Selbständigkeit, Mitverantwortung und Mitentscheidung einzuräumen, wie irgend möglich.

12. **Brücken zur außerschulischen musikalischen Gebrauchspraxis der Schüler bauen**
    Der Musikunterricht *in* der Schule muss Lerngelegenheiten anbieten, die die Schüler aus ihrer eigenen Sicht kompetenter für ihr Handeln in musikbezogenen Zusammenhängen *außerhalb* der Schule machen.

DER AUFBAU DES UNTERRICHTS

LANGFRISTIGE PLANUNG

Das Handbuch *Music Step by Step* kann und will die eigene und eigenständige Unterrichtsvorbereitung des einzelnen Lehrers nicht ersetzen, sondern ergänzen. Es gibt dem Unterricht eine Orientierung nach aufbauenden Leitlinien und will innerhalb dieses Rahmens jedem Lehrer Raum geben für die Entfaltung seiner spezifischen, musikalisch vielfältigen Möglichkeiten und seiner didaktischen und methodischen Kreativität. Kein Lehrer braucht alles anders zu machen als vorher. Bewährte und neue Unterrichtsideen, Anregungen aus den Fachzeitschriften und anderen Unterrichtsmaterialien, kulturerschließende Unterrichtseinheiten und das Klassenmusizieren sollen weiterhin den Unterricht prägen. Es ist deshalb sinnvoll, *Music Step by Step* in der Unterrichtspraxis zusammen mit einem Schulbuch einzusetzen, das selbst aufbauende Elemente enthält (▷ Detterbeck, Markus / Schmidt-Oberländer, Gero: *Musixx*. Das Kursbuch Musik 5/6. Rum/Innsbruck, Esslingen 2010).

Grundsätzlich ist das Handbuch gedacht für die Arbeit in den Klassenstufen 5 und 6 in *allen* Schulformen. Je nach den Rahmenbedingungen an den einzelnen Schulen kann die Arbeit damit auch in die 7., vielleicht auch in die 8. Klassenstufe hinein verlängert werden. Eine Verlängerung in höhere Klassenstufen wird vor allem dann der Fall sein müssen, wenn Musikunterricht in Klasse 5 oder 6 nur einstündig erteilt wird. In einem solchen Fall sollte möglicherweise eine altersangemessene Anpassung der Liedauswahl erfolgen.

In sich folgen die Bereiche A–C (metrische, rhythmische und tonale Kompetenz) jeweils einem stimmigen Aufbau, von dem nicht ohne sehr gute Gründe abgewichen werden sollte. Offen ist hingegen, wann mit der Arbeit mit welchem Bereich begonnen wird:

- Es liegt nahe, mit Bereich A zu beginnen, nach etwa zwei bis drei Wochen Bereich B hinzuzunehmen und mit Bereich C erst später einzusteigen.
- Es ist aber auch möglich, nach einem Einstieg mit Bereich A zunächst Bereich C einzubeziehen und erst deutlich später auf Bereich B zu erweitern.
- In Sing- und Chorklassen mag der Einstieg mit Bereich C sinnvoller sein, sodass die Bereiche A und B hier erst später hinzutreten.
- Die Vorhaben und ihre Module knüpfen zum Teil an bestimmte Übungen und Bausteine aus den Bereichen A–C an (siehe die Angaben dazu in den Vorhaben). Aber in der Unterrichtspraxis ist es nicht zwingend erforderlich, ein Vorhaben nur an einer bestimmten Stelle z. B. zu Bereich C einzuplanen.

Es ist sinnvoll, Entscheidungen darüber in der Fachgruppe Musik der Schule kollegial zu treffen.

Die folgende Zeitleiste über die zwei Schuljahre der Klassen 5 und 6 zeigt exemplarisch eine Möglichkeit der Verteilung und Verzahnung der Bereiche A–C und der Vorhaben. Die tatsächliche zeitliche Zuordnung der einzelnen Bausteine und Vorhaben ist immer auch abhängig von der jeweiligen Situation der Lerngruppe und muss deshalb vor Ort individuell entschieden werden. Nach unserer Erfahrung hat sich der Einstieg in Klasse 5 mit Bereich A (metrische Kompetenz) bewährt. Einer der beiden anderen Bereiche B (rhythmische Kompetenz) oder C (tonale Kompetenz) soll recht bald zusätzlich begonnen werden, der andere dann erst später. Im Beispiel der folgenden Zeitleiste beginnt Bereich C bereits kurz nach oder parallel mit Bereich A, und Bereich B tritt etwa nach den Herbstferien hinzu. Die umgekehrte Reihenfolge (erst B, dann C) und ein anderer zeitlicher Verlauf wären genauso denkbar.

Die Zeitleiste geht von zwei Unterrichtsstunden pro Woche und der regelmäßigen Arbeit mit dem Handbuch in einem Zeitraum von zwei Schuljahren aus. Bei solchen Rahmenbedingungen stehen real für die unmittelbare Unterrichtstätigkeit (ohne Klassenarbeiten, Fahrten, Feiertage, Unterrichtsausfall aus anderen Gründen) in der Summe etwa 120 Schulstunden zur Verfügung.

ZEITLEISTE JAHRGANGSSTUFE 5 UND 6

Klasse 5

Zeit		Herbstferien	Weihnachten	30 Stunden	Ostern	60 Stunden
Vorhaben		Stimme Modul 1: "Stimmspiele"	Stimme Modul 2: "Was die Stimme alles kann"		Tanz Modul 1: Garbarek „Pan"	Stimme Modul 4: Afrikanische Stimmbewegung
Drei Bereiche zum Aufbau von Kompetenzen		Stimmbildung			Stimmbildung	Zwitschern, fliegen, gleiten
	C Ton und Stimme	C1: Die Stimme finden	C2: Den Grundton erfahren	C3: Tonschritte	C4: Vier Töne	C5: Der pentatonische Raum
	B Rhythmus	B1: Viertel und Achtel im geraden Metrum	B2: 6/8-Takt – punktierte Viertel und 3 Achtel	B3: Gerades Metrum – Halbe und Punktierung	B4: Synkope im geraden Metrum	B5: 6/8-Takt – Viertel und Achtel; 3/4-Takt
	A Metrum	A1: Metrisches Grundgefühl A2: Freie Bewegung	A3: Zwischen freier und gebundener Bewegung wechseln	A4: Verschiedene metrische Ebenen	A5: Kombination metrischer Ebenen mit „melodischem Rhythmus"	

Klasse 6

Zeit		Herbstferien	Weihnachten	30 Stunden	Ostern	60 Stunden
Vorhaben			Stimme 3: "Stimmtheater"		Stars	Tanz Modul 2: "Doo bee Doo"
Drei Bereiche zum Aufbau von Kompetenzen		Stimmbildung			Stimmbildung	
	C Tonal	Wiederholung	C6: Tonleitern in Dur und Moll		C7: Dur- und Molldreiklänge	
	B Rhythmus	Wiederholung	B6: Sechzehntel im geraden Metrum		B7: Swing	
	A Metrum					

Die Zeitleiste über die zwei Schuljahre der Klassen 5 und 6 zeigt eine mögliche Verteilung und Verzahnung der drei Kompetenzbereiche und der Vorhaben. Die reale zeitliche Zuordnung der einzelnen Vorhaben und Kompetenz-Bausteine ist abhängig von der jeweiligen Situation der Lerngruppe. Das Voranschreiten insbesondere in den Bereichen tonaler und rhythmischer Kompetenz kann auch jeweils viel langsamer oder schneller vonstatten gehen. Insofern ist diese Zeitleiste kein Idealplan, sondern nur ein auf Erfahrungen beruhender Vorschlag.

DER AUFBAU VON UNTERRICHTSSTUNDEN

Für die Gestaltung der Einzelstunden sind verschiedene Modelle denkbar:

Einstieg

(~ 5 Minuten)

Eines von mehreren möglichen Ritualen wie z. B. Warm-up, Stimmbildung, ein Lied, Wiederholung von Übungen oder Kombinationen daraus.

Hauptteil A

(~ 5–15 Minuten)

Variante 1:	Variante 2:	Variante 3:
Nachbesprechung von Hausaufgaben.	Nachbesprechung von Hausaufgaben.	Nachbesprechung von Hausaufgaben.
Erarbeitung von Übungen aus einem oder zwei Kompetenzbereichen.	Erarbeitung von Übungen aus einem oder zwei Kompetenzbereichen im Hinblick auf ein musikalisches Unterrichtsvorhaben.	Arbeit an einem musikalischen Unterrichtsvorhaben aus diesem Handbuch oder selbst entwickelt.

Hauptteil B

(~ 20–30 Minuten)

Andere Inhalte und Themen, z. B.:

- Komponistenportrait
- Musik in der Werbung
- Musikalische Formen (z. B. Rondo)
- Klassenmusizieren
- Instrumentenkunde
- Musik im Heimatort
- Lied erarbeiten
- …

(Variante 2: Arbeit an einem musikalischen Unterrichtsvorhaben oder andere Inhalte (siehe linke Spalte))

Schluss

(~ 5 Minuten)

Festigung, Zusammenfassung, abschließendes Musizieren, Hausaufgabe …

Im Folgenden sind die ersten drei Stunden einer für Aufbauenden Musikunterricht typischen Stundensequenz abgebildet. Sie zeigt nach Variante 1

- die mögliche Gliederung von Stunden,
- die aufbauenden Lernschritte in den Bereichen metro-rhythmische und tonal-vokale Kompetenzen,
- den Freiraum für andere Unterrichtsinhalte im Hinblick auf das Erschließen von Kultur(en) und auf der Basis der geltenden Bildungsstandards.

Stunde 1

5'	**Einstieg** **Warm-up, z. B.:** • Ein bis zwei Körperübungen (Strecken, Dehnen). • Sequenzen zur Körperkoordination (z. B. einfache Bodypercussion aus dem Arrangement zu „Michael, Row the Boat Ashore", Baustein B3, Übung 12, S. 109). • Zwei Übungen zur Tonfindung als Wiederholung (z. B. Bienenspiel, Glockenkobold; C1, Übung 1 und 2, S. 165 und S. 169) oder • ein bis zwei weitere Stimmbildungsübungen aus Bereich C.
5'	**Hauptteil A** **Rhythmusübungen** zu Synkopen im geraden Metrum B4, Übung 1. In dieser Stunde nur Schritt 1: Hören und Imitieren mit neutraler Silbe.
5'–10'	**Tonal-vokale Übungen** zum Lesen und Musizieren von Ganztonschritten C3, Übung 3: Ganztonschritte lesen und musizieren, 1. Teil, S. 180.
20'–25'	**Hauptteil B** **Andere Inhalte gemäß den Bildungsstandards** Je nach Jahrgangsstufe, Stellung innerhalb des Schuljahres und individueller Planung des Lehrers können dies ein Komponistenporträt, eine Werkbetrachtung, Proben für ein Schulkonzert, eine musikalische Form, Instrumentenkunde etc. sein.
5'	**Schluss** Ergebnissicherung zu Hauptteil B, Hausaufgabe stellen, …

Stunde 2

5'	**Einstieg** **Warm-up, z. B.:** • Körperübungen • Bodypercussion (aus früheren Übungen wiederholen, z. B. B3, Übung 10, S. 106 f., oder selbst eine Bodypercussion-Übung im geraden Metrum mit Vor- und Nachmachen gestalten). • Evtl. einige Stimmbildungsübungen aus Bereich C.
5'–10'	**Hauptteil A** **Rhythmusübungen** zu Synkopen im geraden Metrum: • Fortsetzung von der letzten Stunde • B4, Übung 1. In dieser Stunde Wiederholung von Schritt 1: Hören und Imitieren mit neutraler Silbe und Weiterführung zu Schritt 2: Spezialpattern-Spiel (S. 69–71) mit Synkopen-Patterns (S. 125)
25'–30'	**Hauptteil B** **Andere Inhalte gemäß der Bildungsstandards** Fortsetzung der Arbeit am Thema der letzten Stunde (s. o.).
5'	**Schluss** Ergebnissicherung zu Hauptteil B, Hausaufgabe stellen, …

Stunde 3

5'	**Einstieg** **Warm-up, z. B.:** • Körperübungen • Sequenzen zur Körperkoordination aus früheren Übungen wiederholen, z. B. Elemente aus A 3, Übung 1 – metrisch gebundene und freie Bewegung zu Musik. • Einige Stimmbildungsübungen aus Bereich C.
5'–10'	**Hauptteil A** Rhythmusübungen zu Synkopen im geraden Metrum: • Fortsetzung der letzten beiden Stunden • B4, Übung 1. In dieser Stunde Wiederholung des Spezialpattern-Spiels mit Synkopen-Patterns und Weiterführung zu Schritt 3: Mit dem Spezialpattern zu einem bereits bekannten Lied musizieren (S. 71).
5'–10'	**Tonal-vokale Übungen** zum Lesen und Musizieren von Ganztonschritten C3, Übung 4: Ganztonschritte lesen und musizieren, 2. Teil, S. 180 f.
ca. 20'	**Hauptteil B** **Andere Inhalte gemäß den Bildungsstandards** Fortsetzung und ggf. Abschluss der Arbeit am Thema der vorigen Stunden (s. o.).
5'	**Schluss** Ergebnissicherung zu Hauptteil B, Hausaufgabe stellen, …

AUSBLICK

Wenn mithilfe des Handbuchs *Music Step by Step* konsequent die Fähigkeiten und das Wissen erarbeitet wurden, die zusammenfassend in den Standards benannt wurden, dann haben die Schüler eine hervorragende Ausgangsbasis für das weitere Musiklernen. Darin sollte auch weiterhin das Gestalten von Musik einen zentralen Stellenwert einnehmen: Von der eigenen musikalisch-praktischen Erfahrung ausgehend lassen sich alle Dimensionen musikalischer Kompetenz Schritt für Schritt weiter ausbauen. Wir schlagen vor, den Unterricht auch weiterhin von musikalisch-praktischen Phänomenen ausgehend zu planen. An einem Beispiel knapp skizziert: Ausgangspunkt kann z. B. das Spielen in einer Band aus der Perspektive des E-Bassisten sein. Möglichst alle Schüler sollten im Verlauf der Unterrichtseinheit Gelegenheit erhalten, das E-Bass-Spiel auszuprobieren. Welche weiteren musikalischen und musikbezogenen Lerngelegenheiten daraus entwickelt werden können, stellen wir mit Hilfe des Rades der Dimensionen musikalischer Kompetenz dar, führen jedoch die weitere Planung und Konkretisierung hier nicht aus:

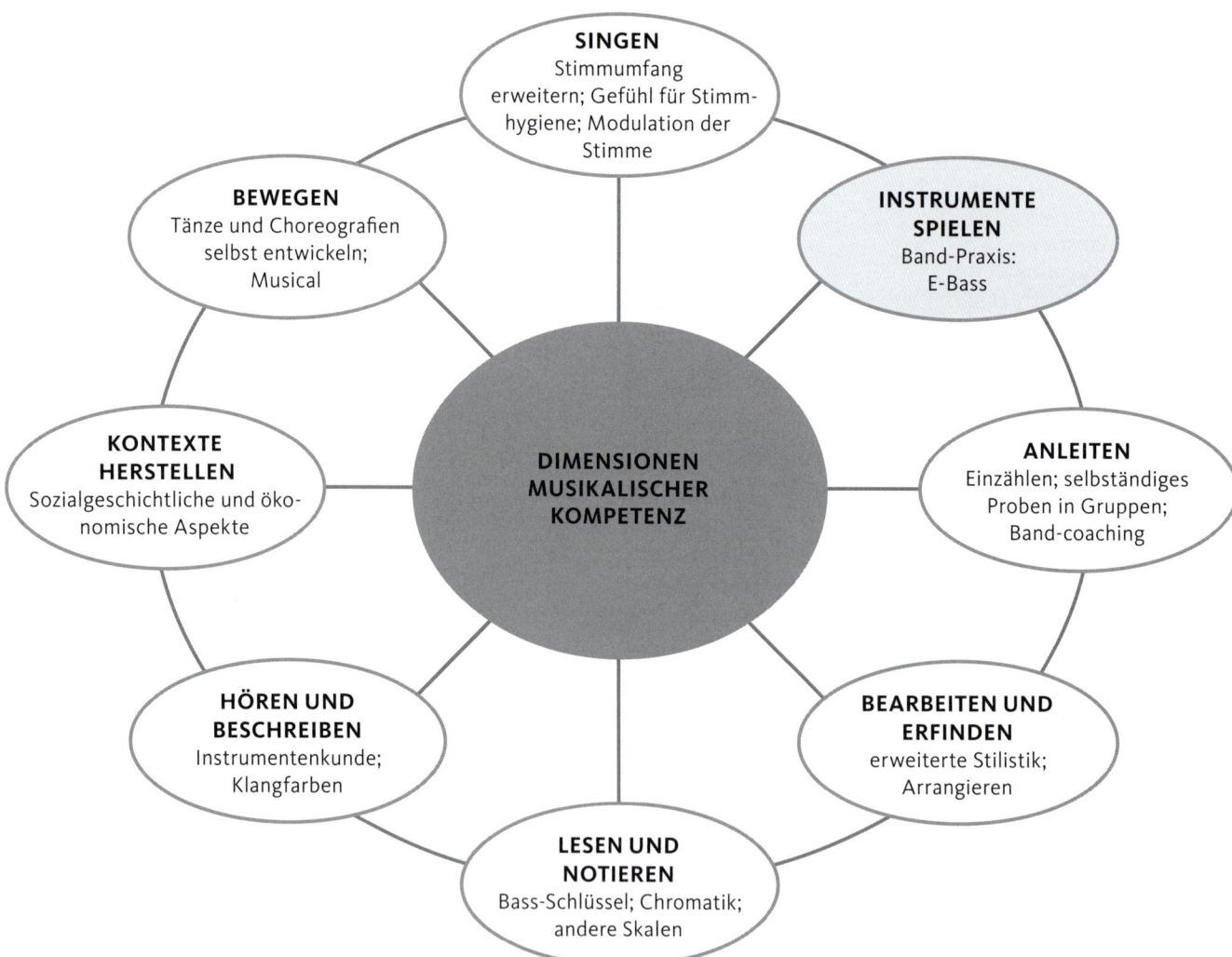

LITERATUR

Bähr, Johannes/Gies, Stefan/Jank, Werner/Nimczik, Ortwin: Kompetenz vermitteln – Kultur erschließen. Musiklernen in der Schule. In: Diskussion Musikpädagogik, Heft 19, 3. Quartal 2003, S. 26–39.

Bähr, Johannes/Fuchs, Mechtild/Gallus, Hans-Ulrich/Jank, Werner: Weniger ist mehr. Überlegungen zu einem nachhaltigen Musikunterricht in den Klassen 1–6. In: Ansohn, Meinhard/Terhag, Jürgen (Hrsg.): Musikunterricht heute 5: Musikkulturen – fremd und vertraut. Oldershausen 2004, S. 420–442.

Ernst, Klaus/Kieseheuer, Frank: Stimme, Ohr und Instrument – Begegnungsmöglichkeiten in der Bläserklasse. In: Nimczik, Ortwin (Hrsg.): Begegnungen. Musik Regionen Kulturen. Kongressbericht 27. Bundesschulmusikwoche Stuttgart 2008. Mainz 2009, S. 218–221.

Detterbeck, Markus/Schmidt-Oberländer, Gero: Musix. Das Kursbuch 1. Rum/Innsbruck, Esslingen 2011.

Fuchs, Mechtild: Musik in der Grundschule neu denken – neu gestalten. Rum/Innsbuck, Esslingen 2010.

Gies, Stefan/Jank, Werner/Nimczik, Ortwin: Musik lernen. Zur Neukonzeption des Musikunterrichts in den allgemein bildenden Schulen. In: Diskussion Musikpädagogik, Heft 9, 1. Quartal 2001, S. 6–24.

Jank, Werner: Musik-Didaktik. Praxishandbuch für die Sekundarstufe I und II. Berlin ³2009.

Jank, Werner/Schmidt-Oberländer, Gero: Aufbauender Musikunterricht. Grundlagen – Konzeption – Praxis. In: Bäßler, Hans (Hrsg.): Stimme(n). Grußworte, Kurse zur Unterrichtspraxis, Information – Diskussion, EAS-Meeting; Kongressbericht 26 Bundesschulmusikwoche Würzburg 2006. Mainz usw. 2008, S. 335–351.

Schütz, Volker: Welchen Musikunterricht brauchen wir? Teil I: Klärung einiger Voraussetzungen. In: AfS-Magazin 1/1996, S. 3–8.

Internet:

www.giml.org/audiation.php, 20.7.2010

Bereich A
METRISCHE KOMPETENZ

BEREICH A

Metrische Kompetenz

VORBEMERKUNGEN

Im Konzept zum Erwerb metrischer Kompetenz geht es um die Entwicklung und Festigung des Grundgefühls für das Metrum in der Musik. Die folgenden Bausteine für den Unterricht verbinden das körperliche Empfinden von Schwerkraft und Gewicht in der Bewegung mit der Erfahrung von Schwerpunkten in der Musik. Die dazu benötigte Fähigkeit der musikbezogenen Koordination von Bewegung bildet die Grundlage für die Entwicklung rhythmischer Kompetenz und zugleich für das Singen und Musizieren auf Instrumenten. Denn das Singen und – noch viel deutlicher für jeden sichtbar – das Instrumentalspiel erfordert die genaue Abstimmung der Muskeltätigkeit mit dem metrisch-rhythmischen Fluss der Musik.

Sich zur Musik zu bewegen ist eine elementare musikalische Äußerung des Menschen. Kinder praktizieren dies lustvoll und deshalb auch mit großer Motivation. In den Bausteinen zur metrischen Kompetenz wird diese Motivation aufgegriffen. Bewegung und Tanz zur Musik können so zu einer regelmäßig und selbstverständlich ausgeführten Praxis im Musikunterricht werden. Am Ende können die Schüler das Metrum unterschiedlicher Musik vom Hören her erkennen und in Bewegung umsetzen sowie im eigenen Musizieren ein gegebenes Metrum gut halten. Sie lernen, Rhythmen zugleich auf unterschiedlichen metrischen Ebenen eines Musikstücks mit Hilfe von Bodypercussion oder Musikinstrumenten auszuführen und dies mit dem Singen von Liedern und dem Rhythmus der Liedmelodien zu verbinden. Schließlich gestalten und improvisieren sie in bewusstem Gegensatz dazu freie, nicht metrisch gebundene Bewegung zu Musik.

Die meisten Kinder haben am Ende der Grundschulzeit ein metrisches Grundgefühl bereits entwickelt – aber nicht alle. Baustein 1 dient einerseits dazu, spielerisch und handlungsbetont eine für alle Schüler gemeinsame Ausgangsbasis für das Finden des Metrums von Musik herzustellen. Andererseits erlaubt er dem Lehrer eine erste Einschätzung der Fähigkeiten der Schüler zur Koordination von metrisch gebundener Musik und Bewegung. Baustein 2 zielt auf die dazu kontrastierende Erfahrung frei fließender Bewegungen zu ruhiger Musik mit wenigen oder keinen metrisch-rhythmischen Akzenten. Diese Erfahrung bildet eine wesentliche Grundlage für das Empfinden musikalischen Fließens, für den „Atem", den Gestus und den Ausdruck von Musik sowie für größere musikalische Spannungsbögen. Die hierfür angebotenen Übungen „in Zeitlupe" helfen den Kindern, musikalische Spannungsbögen auch über lange Notenwerte oder Pausen hinweg und in langsamer Musik beim Hören zu empfinden und beim Musizieren zu gestalten. Baustein 3 vertieft diese Erfahrung durch den bewussten und raschen Wechsel zwischen metrisch gebundener und freier Bewegung zu Musik. Mit den Bausteinen 4 und 5 wird das bisher Geübte in zunehmend größere musikalische Zusammenhänge gestellt: Die Schüler lernen nun in Bewegungsspielen und tanzend das gleichzeitige Ausführen von Bewegungen auf unterschiedlichen metrischen Ebenen und verbinden dies mit dem Singen.

Eine Liste am Ende dieser Vorbemerkungen gibt eine Übersicht über die Inhalte der fünf Bausteine zu Metrum und Bewegung, über die einzelnen Übungen und die Lieder.

Die Unterscheidungen von unterschiedlichen metrischen Ebenen („große" und „kleine Schläge", ▷ S. 25) und von geradem und ungeradem Metrum sind unverzichtbare Ausgangspunkte für alles weitere Rhythmuslernen. Sie bilden die Grundlage für die Fähigkeit, später Taktarten hörend zu erkennen und beim Musizieren korrekt auszuführen. Entscheidend ist hier einerseits die elementare Erfahrung „schwerer" und „leichter" Zeiten in der Musik, die als

„große" und „kleine" Schläge mit dem ganzen Körper erfahren und ausgeführt werden, und andererseits die ebenso elementare Erfahrung der Unterteilung der Zeit zwischen den „großen" Schlägen durch zwei oder durch drei „kleine" Schläge. Diese Erfahrungen sind so elementar und musikalisch fundamental, weil sich alle Taktarten aus Additionen oder Kombinationen dieser beiden Möglichkeiten ergeben.

In Bereich A – metrische Kompetenz – verzichten wir bewusst auf die Verwendung der Notenschrift und der entsprechenden Fachbegriffe, sondern bereiten diese durch die intensive Erfahrung der Koordination von Musik und Bewegung in musikalisch-praktischen Übungen vor. Auf dieser Grundlage beinhaltet die Erarbeitung rhythmischer Kompetenz (Bereich B) und tonaler Kompetenz (Bereich C) den Übergang zur Notation und zur Fachsprache.

Unterrichtsmethodische Hinweise:

- Die Übungen sollen am Beginn jeder Unterrichtsstunde jeweils nur so lange ausgeführt werden, wie die Schüler mit Spaß und Aufmerksamkeit dabei sind.
- Das Tempo des Vorangehens von Übung zu Übung bzw. von Baustein zu Baustein orientiert sich an den Schülern. Erst wenn so gut wie alle Schüler eine Übung bewältigen können, soll zur nächsten Übung weitergegangen werden.
- Häufiger, aber nicht hektischer Methodenwechsel sowie die Erarbeitung von Übungen und Liedern wie „Mensch-Maschine" und „Obwisana Sana" für eine Aufführung vor Publikum können helfen, die Motivation der Schüler immer wieder zu stärken.
- Die Erarbeitung von Liedern erfolgt im Bereich A grundsätzlich ohne Noten durch Vor- und Nachsingen.

Alle Übungen und Lieder zur metrischen Kompetenz in Bereich A werden im Unterricht erarbeitet und sind musikalisch-praktisch orientiert, nicht schriftlich. Deshalb gibt es dazu – anders als für die Bereiche B und C – keine Aufgaben für die Schüler im Schülerheft.

Literatur

Steffen-Wittek, Marianne: Musik – Bewegung – Tanz. In: Jank, Werner (Hrsg.): Musik-Didaktik. Praxishandbuch für die Sekundarstufe I und II. Berlin [4]2012, S. 223–232.

Terhag, Jürgen: Warmups. Musikalische Übungen für Kinder, Jugendliche und Erwachsene. Mainz 2009.

Vogel, Corinna: Aufbauende Bewegungskompetenzen zu Musik. Zusammenhänge zwischen Bewegungskompetenzen und musikalischen Kompetenzen. In: AfS-Magazin Heft 15/Juni 2003, S. 28–32.

Weikart, Phyllis S.: Teaching Movement & Dance. A Sequential Approach to Rhythmic Movement. Ypsilanti/Michigan [5]2003 (High Scope Press).

ÜBERBLICK MIT LIEDERLISTE

Die folgende Übersicht gibt einen Überblick über Bereich A und die verwendeten Lieder.

Gliederung	Übungen	Lieder	Seite
Baustein 1: Metrisches Grundgefühl entwickeln	Übung 1: Große Schläge		23
	Übung 2: Wendeltreppe		25
	Übung 3: Mensch-Maschine		27
	Übung 4: Eisenbahn	Toembaï	29
Baustein 2: Sich frei zu Musik bewegen	Übung 1: Musik und Bewegungsbilder		31
	Übung 2: Freie Bewegungsgestaltung zu Musik		33
Baustein 3: Zwischen freier und metrisch gebundener Bewegung wechseln	Übung 1: Metrisch gebundene und freie Bewegung zu Musik		34
Baustein 4: Verschiedene metrische Ebenen zugleich ausführen	Übung 1: Große Schläge – kleine Schläge		37
	Übung 2: Klatsch-Spiele		39
	Übung 3: Spiel mit Pappbechern		40
	Übung 4: Bewegungsrondo		41
	Übung 5: Kleine Poptanz-Choreografie		43
Baustein 5: Verschiedene metrische Ebenen und „melodischen Rhythmus" kombinieren	Übung 1: Peter Hammer	Peter Hammer	44
	Übung 2: Knirpsschweinchenlied	Knirpsschweinchenlied	47
	Übung 3: Guten Morgen	Guten Morgen	49
	Übung 4: Obwisana Sana	Obwisana Sana	51
	Übung 5: Reisetante	Reisetante	54

BAUSTEIN 1

METRISCHES GRUNDGEFÜHL ENTWICKELN

Baustein 1 bietet Übungen zur Entwicklung und Festigung des metrischen Grundgefühls an.

- Die Übung „Große Schläge" und ihre verschiedenen Varianten ermöglichen die grundlegende Erfahrung, Schwerpunkte in der Musik zu finden, sich dazu zu bewegen und den Wechsel von schwer und leicht mit dem Gewicht des eigenen Körpers zu empfinden, zu fühlen und auszuführen.
- In den Folgestunden wird diese Übung, ggf. auch eigene Varianten der Schüler, immer wieder in kurzen Phasen aufgegriffen, bis sich alle sicher fühlen und es auch sind. Für diesen Prozess ist es wichtig, genügend Zeit zu geben.
- Zur Sicherung und Vertiefung werden mehrere Übungen angeboten (Wendeltreppe, Mensch-Maschine, Eisenbahn).

GROSSE SCHLÄGE — ÜBUNG 01

Ziel:
Große Schläge (▷ Erläuterung S. 25) in geradem und ungeradem Metrum mit dem ganzen Körper empfinden und ausführen können

Aufgabe:
Grundübung zur Gewichtserfahrung: Sich zu den großen Schlägen im Metrum bewegen

Zeitbedarf:
Über mehrere Unterrichtsstunden verteilt jeweils kurze Übephasen (höchstens 5 Minuten)

Material/Medien:
CD-A, 1–18/MP3 A 1–14 (Hörbeispiele in unterschiedlichen Metren); CD-A, Video A1 (Große Schläge)

DURCHFÜHRUNG

Die folgenden Übungen im Stehen ausführen, am besten in Kreisaufstellung. Die ersten Übungen (Schritt 1, 2 und die Varianten am Platz) gelingen auch in Bankreihen hinter dem an den Tisch geschobenen Stuhl.

Schritt 1: Gewichtserfahrung

Vormachen und mitmachen: Alle stellen sich auf die Zehenspitzen und lassen sich in gemeinsamem Puls – den der Lehrer durch Sprechen der Silbe „bam" oder Schläge auf die Handtrommel angibt – auf die Fersen fallen: „Das sind die großen Schläge".

Schritt 2: Große Schläge zur Musik finden

Zu verschiedenen Musikbeispielen in geradem oder ungeradem Metrum (vom Tonträger zugespielt oder vom Lehrer gesungen bzw. am Instrument gespielt) finden die Schüler selbständig die großen Schläge und führen die Bewegung aus Schritt 1 aus.

Schritt 3: Varianten am Platz

- Große Schläge zu Musik durch Gewichtsverteilung rechts – links ausführen („hin und her schwanken wie ein Eisbär"). Den jeweils unbelasteten Fuß dabei leicht vom Boden anheben.
- Große Schläge zugleich mit den Händen auf den Oberschenkeln mitpatschen.
- Große Schläge durch wechselseitiges Aufstampfen der Füße ausführen.
- Sich in großen Schlägen Schritt für Schritt um die eigene Achse drehen.

Schritt 4: Varianten im Raum

- Ohne Pulsvorgabe durch Musik oder Sprechen im Raum herumgehen. Sich den Schritten eines vorher ausgewählten Mitschülers anpassen: Tempo übernehmen, Tempovariationen mitvollziehen.
  Um Durcheinander zu vermeiden, die Übung evtl. nur jeweils von einer Hälfte der Klasse ausführen lassen.

- Zu Musik live (vom Lehrer am Klavier gespielt) oder vom Tonträger auf den großen Schlägen frei durch den Raum gehen.

Schritt 5: Varianten im Kreis

- Einfache Schritt-Varianten (sich zu den großen Schlägen der Musik bewegen):

    - rechts seit – links bei – links seit – rechts bei
    - rechts seit – links kick – links seit – rechts kick
    - vier Schritte vor, vier zurück

- Sich zu den großen Schlägen der Musik Stück für Stück um die eigene Achse drehen und am Ende des Musikbeispiels mit dem Gesicht nach außen stehen bleiben.
  Bei der Einspielung der nächsten Musik selbständig die großen Schläge finden und sich wieder zur Kreismitte drehen.

- Eigene Schrittkombinationen verabreden.

METRISCHES GRUNDGEFÜHL ENTWICKELN 25

ERLÄUTERUNGEN

- **Große Schläge** markieren die Schwerpunkte im Metrum, d. h. im 2/4- und 3/4-Takt die Zählzeit 1, im 4/4-Takt je nach Tempo die Zählzeiten 1 und 3 oder alle vier Zählzeiten, im 6/8-Takt die Zählzeiten 1 und 4. Bei manchen Tempi können die großen Schläge auf zwei verschiedenen metrischen Ebenen empfunden werden (halbes oder doppeltes Tempo), etwa im langsamen 3/4-Takt. Dann sollte der Lehrer dies ansprechen und sich mit den Schülern auf eine Ausführung einigen.
- **Kleine Schläge** (Baustein 4): Unterteilung eines großen Schlages in zwei Schläge (gerade Metren) oder in drei Schläge (ungerade Metren). Von sehr schnellen oder sehr langsamen Tempi abgesehen entsprechen die kleinen Schläge häufig den Zählzeiten.
- Die Unterteilung der großen Schläge in kleine Schläge führt zu dem beim Musizieren oder Hören gefühlten Metrum.

METHODISCHE HINWEISE

- Die Festigung des metrischen Empfindens gelingt dann gut, wenn die Übungen sehr oft in kleinen Sequenzen ausgeführt werden.
- Die Schüler sollen immer wieder ermutigt werden, das Zusammengehen von Körpergewicht und musikalischer Betonung bewusst zu fühlen.
- Unterschiedliche Bewegungsvarianten sind wichtig, weil manchen Schülern einzelne dieser Varianten schwerer, andere leichter fallen. Eine Wiederholung solcher Varianten, die die Klasse gerne aufnimmt, fördert Spaß und Motivation.
- Grundsätzlich soll der Lehrer alle Übungen mit den Schülern gemeinsam ausführen, sodass diese einfach mitmachen können. Das erspart viele Worte und führt schneller zur Bewältigung der Übungen.
- Die Schüler können und sollen eigene Bewegungsvarianten erfinden und /oder selbst geeignete Musikbeispiele mitbringen.

Die folgenden drei Vertiefungsvorschläge (Wendeltreppe, Mensch-Maschine, Eisenbahn) haben das Ziel, das Ausführen der großen Schläge in geradem und ungeradem Metrum zu festigen. Je nach Bedarf können alle drei oder nur ein oder zwei von ihnen durchgeführt werden.

WENDELTREPPE — ÜBUNG 02

Ziel:
Festigung: Verbindung von musikalischen Schwerpunkten und Bewegungsmustern in geradem und ungeradem Metrum ausführen können

Aufgabe:
Bewegungsspiel[1]

Zeitbedarf:
Je nach Vorerfahrung der Schüler sehr unterschiedlich; evtl. Verteilung auf zwei Unterrichtsstunden

Material/Medien:
CD-A, 19 und 20 (Kraftwerk, Dvořák); CD-A, Videos A2 und A3 (Wendeltreppe und Burger)

---

[1] Nach Zimmermann, Jürgen: JUBA. Die Welt der Körperpercussion. Boppard 1999, S. 56. Dort auch zahlreiche weitere Anregungen zur Bodypercussion.

A: METRISCHE KOMPETENZ /// BAUSTEIN 1

DURCHFÜHRUNG

Ziel der spielerischen Übung ist die rhythmische Gestaltung einer Wendeltreppe in Dreiergruppen.

Schritt 1: Vorübung im Sitzen oder Stehen

- Alle zählen laut und gleichmäßig „1, 2, 3, 4; 1, 2, 3, 4" etc.

- Auf die Zählzeiten 1 und 3 mit einer Hand leicht auf den eigenen Brustkorb oder Bauch klopfen (Abb. Position 1). Auf die Zählzeiten 2 und 4 dieselbe Hand in Brusthöhe flach vom Körper weg bewegen, die Handfläche zeigt dabei zum Boden. Einige Durchläufe probieren.

- Bewegungen auf Zählzeiten 1 und 3 beibehalten. Bewegungen auf Zählzeiten 2 und 4 differenzieren, sodass sich die Hand der Reihe nach als gedachte Treppenstufen in drei Höhen vor dem Körper bewegt: unten (Abb. Position 2) – Mitte (Abb. Position 3) – oben (Abb. Position 4). Nach der obersten Stufe wieder unten beginnen.

Position 1   Position 2

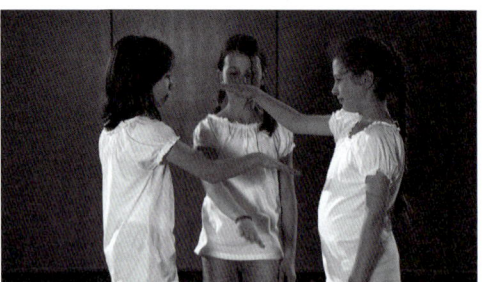 

Position 3   Position 4 usw.

- Den exakten Beginn dieser Übung mit Einzählen durch einen Schüler mehrfach üben.

Schritt 2: Spiel erläutern

- Zunächst mit zwei Schülern den gesamten Bewegungsablauf zeigen, die anderen sehen zu: Zu dritt in kleinem Kreis zusammenstellen, rechte Hände in der Mitte waagerecht übereinander als „Treppe" anordnen (unten – Mitte – oben), wobei die Hände sich nicht berühren. Die eigene Startposition merken.

- Ein Schüler zählt ein: „1, 2, 3, 4", dann beginnt die zuvor geübte Bewegungsabfolge.

- Wenn die Übung gelingt, Augen schließen und Bewegung „blind" fortsetzen.

Schritt 3: Ausführung in Dreiergruppen

- Aufstellen in Dreiergruppen. Den gesamten Bewegungsablauf üben, dabei laut mitzählen.

- Das Einzählen und gemeinsame Starten innerhalb der Gruppen ggf. extra üben.

Schritt 4: Spielen zur Musik

- Wendeltreppe zur Musik ausführen.

- Für ein Wiederaufgreifen in einer Folgestunde können die Schüler auch eigene Musikstücke mitbringen – in diesem Fall sollen sie bei der Auswahl der Musikstücke auf das Tempo achten, sodass die Bewegungsmuster dazu gut ausgeführt werden können.

METRISCHES GRUNDGEFÜHL ENTWICKELN 27

Variante 1: Burger

- Der Bewegungsablauf bleibt gleich, aber beim Zusammentreffen der Hände auf Zählzeiten 2 und 4 in der Mitte ist die Handfläche der unteren Hand nach oben geöffnet (als untere Brötchenhälfte), die mittlere Hand bildet eine Faust (als Frikadelle bzw. Klops) und die Handfläche der oberen Hand zeigt nach unten (als obere Brötchenhälfte).

A3

- Die Hände der drei Spieler berühren sich.
- Wie zuvor bei jedem Hineinführen auf Zählzeiten 2 und 4 eine Position nach oben wechseln.

Variante 2: Dreier-Wendeltreppe (Ungerader Takt)

- Alle zählen „1, 2, 3; 1, 2, 3" etc.
- Die Bewegungsabfolge ändert sich in Klatschen (Zählzeit 1) – Tipp auf die Brust (Zählzeit 2) – Bewegung zur Mitte (Zählzeit 3), letztere wie zuvor geübt nacheinander in unterschiedlichen Positionen (unten – Mitte – oben). Das Klatschen betont den Taktschwerpunkt bzw. die großen Schläge.
- Dreier-Wendeltreppe zu Musik spielen.

ERLÄUTERUNGEN

Die Varianten dienen der Binnendifferenzierung:

▶ Dreiergruppen, welche die Übung schnell und korrekt beherrschen, können die Variante 1 (Burger) ausführen.

▶ Variante 2 (Dreier-Wendeltreppe) eignet sich für rhythmisch sichere Dreiergruppen, da nun drei unterschiedliche Bewegungen ausgeführt werden müssen und zudem ungerade Taktarten Schülern in der Regel weniger vertraut sind. Hier zunächst das Tempo verringern.

MENSCH-MASCHINE   ÜBUNG 03

Ziel:
Festigung: Große Schläge in geradem Metrum ausführen können

Aufgabe:
Bewegungsgestaltung: Sich pantomimisch „wie eine Maschine" auf die großen Schläge bewegen

Zeitbedarf:
Je nach Klassengröße und Vorerfahrung der Schüler mindestens 30 Minuten (evtl. auf zwei Unterrichtsstunden verteilen)

Material/Medien:
CD-A, 19 (Kraftwerk)

DURCHFÜHRUNG

Schritt 1: Vorübung

- Aufstellung frei im Raum verteilt.
- Alle probieren zur Musik mechanische Bewegungen im Puls der großen Schläge aus – wie eine Maschine.

Schritt 2: Spiel erläutern

- Eine Mensch-Maschine hat ungefähr 6–8 bewegliche Teile (d. h. sie besteht aus 6–8 Schülern) und bewegt sich exakt zu den großen Schlägen der Musik.
- Das Einrichten und In-Gang-Setzen der Maschine erfolgt lautlos: In jeder Gruppe gestaltet eine „Ingenieurin" oder ein „Ingenieur" die Mensch-Maschine ohne Worte, nur durch Zeigen und Modellieren der „Maschinenteile".
- Die Maschine soll verzahnt sein, d. h. die Bewegungen greifen ineinander, ohne dass sich die Schüler jedoch berühren.

Tipp:
Einen Zeitrahmen für einen Bewegungszyklus nennen (z. B. zwei Musik-Durchläufe).

Schritt 3: Ausführung in Gruppen

- Gruppen zu je 6–8 Schülern bilden.
- In jeder Gruppe gestaltet ein „Ingenieur" die Mensch-Maschine zur Musik.

Schritt 4: Präsentation

- Die Ergebnisse nacheinander vorstellen und besprechen.
- Es können auch mehrere oder alle Gruppen zu einer großen „Riesen-Maschine" zusammengefügt werden.
- Die Mensch-Maschine kann weiter ausgearbeitet und geübt werden, sodass sie bei einer passenden Gelegenheit vor Publikum aufgeführt werden kann (Elternabend, Pausen-Präsentation in der Schule …).

METRISCHES GRUNDGEFÜHL ENTWICKELN 29

EISENBAHN — ÜBUNG 04

Ziel:
Festigung: Große Schläge in geradem Metrum ausführen können, Tempo verdoppeln können (Vorübung für Baustein 4)

Aufgabe:
Bewegungsgestaltung: Eine menschliche „Eisenbahn" bewegt sich auf die großen Schläge – oder auch im doppelten Tempo auf die kleinen Schläge

Zeitbedarf:
Je nach Klassengröße ca. 30 Minuten

Material/Medien:
CD-A, 21 (Vienna Boogie Woogie)

DURCHFÜHRUNG

Schritt 1: Bewegung auf die großen Schläge

- Mit der gesamten Klasse einen Zug (oder auch zwei Züge) bilden: Hintereinander in einer langen Reihe aufstellen und den Schüler, der jeweils vor einem steht, an den Schultern fassen.
- Der Zug bewegt sich zu den großen Schlägen der Musik vorwärts. Mehrfach durch den Ruf „Und Stopp!" ein gemeinsames Anhalten signalisieren und nach dem Einzählen „eins, zwei, drei und los" erneut auf dem gleichen Fuß beginnen.

Schritt 2: Bewegung in doppeltem Tempo

- Übung aus Schritt 1 in doppeltem Tempo (auf die kleinen Schläge) ausführen.
- Ggf. die verwendeten Begriffe „doppeltes Tempo" und „halbes Tempo" erläutern.

Schritt 3: Üben in Gruppen

- Die Klasse in Gruppen von ca. 6 Schülern aufteilen. Jede Gruppe bildet einen eigenen Zug.
- Die Schüler finden verschiedene Bewegungsmöglichkeiten auf große oder kleine Schläge. Die beiden metrischen Ebenen (▷ Baustein 4, S. 37) können auch kombiniert werden, indem z. B. die großen Schläge als Schritte, die kleinen Schläge mit der Stimme auf „sch sch sch sch" gestaltet werden.
- Eine Herausforderung für die Schüler: Nicht der Lehrer zählt ihren „Zug" ein, sondern die Schüler finden selbst ein gemeinsames Tempo. Im Anschluss an die Übung mit den Schülern darüber sprechen, wie sie ihr gemeinsames Tempo gefunden haben, welche Schwierigkeiten es dabei gab und was man tun kann, um leichter und schneller ein gemeinsames Tempo zu finden (z. B. Einzählen, Vorklopfen, Gesten oder Dirigierbewegungen).

Schritt 4: Ausführung zur Musik

Die Schülergruppen gestalten ihre Eisenbahn zur eingespielten Musik.

Schritt 5: Präsentation

- Die Ergebnisse der Gruppen z. B. in folgender Weise präsentieren: Der Lehrer ist Schaffner. Alle Eisenbahnen stehen. Auf Ansage und Einzähler fährt Zug 1 los und die anderen Schüler schauen zu. Auf den Pfiff des Schaffners startet Zug 2 und Zug 1 bleibt stehen usw.
- Haben sich alle Züge einmal vorgestellt, könnten anschließend auch mehrere oder alle Eisenbahnen gleichzeitig fahren.

Schritt 6 (optional): Kanon „Toembaï"

- Einsingen für den Kanon „Toembaï".
- Den Kanon durch Vor- und Nachsingen lernen.
- Zum dreistimmig gesungenen Kanon können sich nun drei oder auch mehrere Züge durch den Raum bewegen. Start und Stop entsprechend dem Einsatz im Kanon.

Toembaï

T. u. M.: trad. aus Israel

Hinweis: In „Toembaï" wird das e nicht gesprochen.

Warm-up und Einsingen

Übungsidee: Artikulations- und Lockerungsübung für die Zunge

- Das „tra" sollte mit Zungen-R gesungen werden, das bringt den Klang „nach vorne".
- Beim Singen des Kanons darauf achten, dass beim „Toembaï" das „m" schön zum Klingen gebracht wird.

▶ Begleitpattern für Klavier: CD-A, Pattern Nr. 1

BAUSTEIN 2

SICH FREI ZU MUSIK BEWEGEN

In Baustein 2 geht es um metrisch ungebundene, freie Bewegung zu langsamer Musik, in der die großen Schläge weniger deutlich hörbar sind.

- Die Übungen ermöglichen elementare Erfahrungen mit musikalischem Zeitempfinden, z. B.
  - die Koordination von langsamen, fließenden Bewegungsabläufen und Musik,
  - die Darstellung von größeren musikalischen Bögen und musikalischem Ausdruck durch verschiedene Gesten und (innere) Haltungen.
- Die Übungen legen Grundlagen für ein hörendes Erkennen musikalischer Abläufe und Formteile sowie für die Fähigkeit, das Tempo zu halten.
- In den Folgestunden werden die Übungen immer wieder in kurzen Phasen aufgegriffen, um die Koordination einer Zeitdauer mit dem räumlichen Ablauf einer Bewegung zu üben.
- Zur Vertiefung kann eine freie Bewegungsgestaltung aufführungsreif eingeübt werden (z. B. aus dem Vorhaben „Musik – Bewegung – Tanz": Modul 2).

MUSIK UND BEWEGUNGSBILDER — ÜBUNG 01

Ziel:
Metrisch ungebundene, frei fließende Bewegungen zu Musik ausführen können

Aufgabe:
Freie Bewegungen zu Musik am Platz und im Raum, allein und in Gruppen improvisieren

Zeitbedarf:
Über mehrere Unterrichtsstunden verteilt jeweils kurze Übephasen

Material/Medien:
CD-A, 22–24 (Satie, Pärt, Molzahn)

DURCHFÜHRUNG

Vorbereitung

Für die folgenden Übungen sollte Bewegungsfreiheit vorhanden sein. Notfalls können sie aber auch im Klassenzimmer am Platz hinter den Stühlen stehend ausgeführt werden.

Schritt 1: Improvisationen zu Bewegungsbildern in Zeitlupe

Zu sehr langsamer Musik gestalten Lehrer und Schüler pantomimisch, wie in Zeitlupe, folgende Szenen:

| Wolken schieben | Blumen bewundern | Sterne sammeln |

Tipps:

- Schülervorschläge sind willkommen.
- Diese Improvisationen können zu Fantasiereisen ausgebaut werden, z. B.: „Eine imaginäre Seifenblase riesengroß aufpusten, anheben, verfolgen, auffangen, weiter aufblasen, vorsichtig in sie einsteigen, von innen anmalen, vorsichtig verschieben, aussteigen, wegpusten …".

Schritt 2: Spiegel

- Zwei Schüler stehen einander gegenüber. Zur Musik beginnt einer von beiden vor einem imaginierten Spiegel mit improvisierten Bewegungen, die vom anderen gespiegelt mit vollzogen werden.
- Auf ein Zeichen Rollenwechsel.

Tipp:

Diese Improvisation kann auch zunächst mit der halben Klasse ausgeführt werden, wobei die sitzende Gruppe die ausführende beobachtet. In dem sich anschließenden Gespräch können die Teilnehmer der zweiten Gruppe Anregungen für ihre Bewegungsgestaltung gewinnen.

Schritt 3: Kleeblatt

- Vier Schüler stehen oder sitzen in der Form eines Kleeblatts bzw. Quadrats mit dem Gesicht zur Mitte. Einer von ihnen übernimmt die Führung der Bewegung (wie in der Übung „Spiegel"), alle anderen folgen.
- Auf ein vereinbartes Zeichen (z. B. Zuzwinkern) übernimmt ein anderer Schüler die Führung.

SICH FREI ZU MUSIK BEWEGEN 33

Schritt 4 (optional): Blume

- Kombination aus vier sitzenden Schülern (Kleeblatt) und vier weiteren Schülern, die als Quadrat in den Lücken dazwischen stehen, zusammen ergeben alle das Bild einer Blume.
- Beide Vierergruppen agieren unabhängig voneinander nach dem gleichen Verfahren wie in der Übung „Kleeblatt". Wenn es den beiden jeweils führenden Schülern gelingt, können sich die Bewegungen auch aufeinander beziehen.
- Je nach Größe der Klasse können in einer kleinen Aufführung drei oder mehr „Blumen" zur Musik (vielleicht zu einem von den Schülern ausgewähltem Stück) „erblühen". Entsprechende Accessoires wie Tücher steigern die Ausstrahlung.

FREIE BEWEGUNGSGESTALTUNG ZU MUSIK — ÜBUNG 02

Ziel:
Freie Bewegungen zu Musik ausführen und erfinden können

Aufgabe:
Freie Bewegungen zu Musik erfinden und zu einer Bewegungsgestaltung weiterentwickeln

Zeitbedarf:
In zwei Stunden jeweils etwa 15–20 Minuten

Material/Medien:
CD-A, 25 (Philip Glass)

DURCHFÜHRUNG

Schritt 1: Gestaltungsideen zum Musikstück sammeln

- Die Klasse in Kleingruppen zu je 6–8 Schülern aufteilen.
- Das Streichquartett Nr. 3 von Philip Glass gemeinsam anhören. Auftrag: Ideen für eine zur Musik passende kurze Geschichte sammeln, diese dann in eine Bewegungsgestaltung umsetzen. Beispiel: „Morgens wachen die Fische auf und schwimmen zum Riff, um die Sonne zu begrüßen. Dann spielen sie zwischen Korallen …".

Schritt 2: Bewegungsgestaltung üben

Die Schüler besprechen und erproben die Ideen in ihren Gruppen und entwickeln daraus eine Choreografie mit Bewegungen und szenischen Elementen.

Schritt 3: Präsentation

- Die Gruppen stellen ihre Bewegungsgestaltung vor.
- Das Ergebnis kann bei passender Gelegenheit (Elternabend …) aufgeführt werden.

ERWEITERUNG

Das Vorhaben „Musik – Bewegung – Tanz" (Modul 1) bietet eine gute Anknüpfungsmöglichkeit an diesen Baustein.

BAUSTEIN 3

ZWISCHEN FREIER UND METRISCH GEBUNDENER BEWEGUNG WECHSELN

Baustein 3 enthält Übungen zur zunehmend bewussten Koordination von Bewegung und Musik.

- Die bisher erarbeiteten Fertigkeiten, ein durchlaufendes Metrum auszuführen (Baustein 1) und Musik als ausdrucksvoll gestaltete Zeit zu empfinden (Baustein 2), sind elementare Voraussetzungen für musikalisches Gestalten ebenso wie für konzentriertes Musikhören. Baustein 3 festigt und intensiviert diese Fertigkeiten durch den gezielten, mit Musik koordinierten Wechsel zwischen den entsprechenden Bewegungsformen.
- Die Übungen werden in einigen Folgestunden aufgegriffen, bis alle Schüler die Bewegungswechsel gut und bewusst koordinieren können.
- Zur Sicherung wird das Spiel „Max sagt" gespielt.

ÜBUNG 01 — METRISCH GEBUNDENE UND FREIE BEWEGUNG ZU MUSIK

Ziel:
Freie und metrisch gebundene Bewegungen in verschiedenen Tempi und in geradem oder ungeradem Metrum ausführen können

Aufgabe:
Bewegungsfolge zu unterschiedlicher Musik: Wechsel von freien und gebundenen improvisierten Bewegungen in verschiedenen Tempi in geradem oder ungeradem Metrum nach Ansage ausführen

Zeitbedarf:
Über mehrere Unterrichtsstunden verteilt jeweils kleinere Übephasen (5 bis höchstens 10 Minuten)

Material/Medien:
CD-A, 26–34 (verschiedene Beispiele zur Bewegungsübung)

DURCHFÜHRUNG

Vorbereitung
Für diese Übungen braucht man genügend Platz zur freien Bewegung (im Klassenzimmer Tische und Stühle an die Wand schieben, besser ist ein Musikraum ohne Bestuhlung).

ZWISCHEN FREIER UND METRISCH GEBUNDENER BEWEGUNG WECHSELN

35

METRISCHE KOMPETENZ

Schritt 1: Bewegungsübungen

Die Schüler verteilen sich frei im Raum. Der Lehrer kündigt das jeweils folgende Bewegungsbild an und führt es dann gemeinsam mit den Schülern zur Musik aus:

Schwimmen

            Surfen, Skifahren   Vampir, Monster oder Werwolf
            oder Rollerbladen   spielen

Weitere Vorschläge:
Schweben; Reiten; ein Baum im Wind; Anschleichen; Aufstehen: Gähnen, Dehnen, Strecken; Rudern ...

Schritt 2: Bewegungsarten und -tempi mischen

- Gehen in verschiedenen Geschwindigkeiten (Bild: „Gangschaltung" wie beim Autofahren):

    2. Gang = normales Gehtempo
    1. Gang = extrem langsames Gehen (Zeitlupe)
    3. Gang = sehr schnelles Gehen (ohne sich gegenseitig zu berühren oder anzurempeln)

- Zeitlupe: Bewegungsarten, die normalerweise ein schnelles Tempo erfordern (Sportarten wie Tennisspielen oder Tennis-Aufschlag, Schwimmen im Kraulstil, Dribbeln im Basketball …), nicht nur im Normaltempo, sondern auch äußerst langsam in extremer Zeitlupe ausführen.

- Schnelle Wechsel zwischen unterschiedlichen Bewegungsarten und -tempi: Bewegungsbilder auf Ansage ausführen, z. B. Gehen im 2. Gang ▷ Tennisspielen ▷ „Hau den Lukas" in extremer Zeitlupe ▷ Gehen im 3. Gang ▷ Gehen im 1. Gang ▷ Kraulen im normalen Tempo ▷ Dribbeln in extremer Zeitlupe ▷ …

Schritt 3: „Max sagt"

- Spielregel: Übung wie Schritt 2 (dritter Punkt), jedoch gilt die Ansage nur dann, wenn der Lehrer sie mit den Worten einleitet: „Max sagt: …" (z. B.: „Max sagt: Gehen im 2. Gang ▷ Max sagt: Dribbeln in extremer Zeitlupe ▷ …"). Leitet der Lehrer die Ansage nicht mit diesen beiden Worten ein, so müssen die Schüler die vorherige Bewegungsform beibehalten.

- Variante: Das Spiel „Max sagt: …" kann auch als Ausscheidungsspiel gespielt werden: Wer hält am längsten ohne Fehler durch?

BAUSTEIN 4

VERSCHIEDENE METRISCHE EBENEN ZUGLEICH AUSFÜHREN

> In Baustein 4 geht es um das Verbinden zweier metrischer Ebenen von Musik: Große und kleine Schläge.
> - Bisher wurden vornehmlich große Schläge ausgeführt. Nun werden deren Unterteilungen eingeführt und beide Ebenen miteinander verbunden. Durch das parallele Ausführen von großen und kleinen Schlägen wird die Koordination geschult und das metrische Gerüst von Musik gefestigt.
> - Die Übungen werden in den Folgestunden in sehr kurzen Phasen aufgegriffen. Davon ausgehend mindestens zwei der vier Vertiefungsangebote (Übungen 2–5) zur Sicherung erarbeiten.

GROSSE SCHLÄGE – KLEINE SCHLÄGE — ÜBUNG 01

Ziel:
Große und kleine Schläge im metrischen Zusammenhang empfinden und in geradem und ungeradem Metrum ausführen können

Aufgabe:
Einfache Bewegungsübungen mit großen und kleinen Schlägen

Zeitbedarf:
Über mehrere Unterrichtsstunden verteilt jeweils kurze Übungsphasen (ca. 5 Minuten)

Material/Medien:
CD-A, 1–14 (Hörbeispiele in unterschiedlichen Metren); CD-A, Video A4 (Große und kleine Schläge)

DURCHFÜHRUNG

Die ersten Schritte dieser Bewegungsübung beginnen wie die Übung zu den großen Schlägen in Baustein 1 (S. 23). Sie werden im Stehen (möglichst im Kreis) ausgeführt, können aber auch hinter dem an den Tisch geschobenen Stuhl ausgeführt werden.

Schritt 1: Gewichtserfahrung große Schläge

Vormachen und mitmachen: Auf die Zehenspitzen stellen und sich auf die Fersen fallen lassen: „Das sind die großen Schläge."

A: METRISCHE KOMPETENZ /// BAUSTEIN 4

Schritt 2: Zwei metrische Ebenen parallel

- Zu den großen Schlägen kommen die kleinen hinzu: Mit den Händen an die Oberschenkelseite patschen („wie ein Pinguin"). Zunächst zwei, dann drei Patscher auf einen großen Schlag durch Vor- und Nachmachen üben. Beim Wechsel von zwei auf drei kleine Schläge (oder umgekehrt) immer den Bewegungsfluss kurz unterbrechen und jeweils neu in beliebigem Tempo mit dem Vormachen beginnen.

- Frage: „Wie viele kleine Schläge kommen auf einen großen Schlag?" Definitionen einführen: „Gerades Metrum": Auf einen großen Schlag fallen zwei kleine Schläge. „Ungerades Metrum": Auf einen großen Schlag fallen drei kleine Schläge.

- Häufig auf die Ansagen „gerade" und „ungerade" zwischen den Metren wechseln.

Schritt 3: Große und kleine Schläge zu Musik

Zu kurzen Musik-Sequenzen in wechselnden Metren (am Klavier improvisiert oder von Tonträger) auf Ansage des Lehrers folgende Bewegungen ausführen:

- nur die kleinen Schläge mit den Händen
- nur die großen Schläge parallel mit Füßen und Händen
- große Schläge mit den Füßen und dazu kleine Schläge mit den Händen
- nur die großen Schläge mit den Händen

Vor allem die Bewegungsform, die großen Schläge mit den Füßen und die kleinen Schläge mit den Händen umzusetzen, sollten am Ende möglichst alle Schüler sicher und selbständig zu Musik in unterschiedlichen Metren finden und ausführen können.

Dazwischen immer wieder kognitiv sichern: Ist das Metrum gerade oder ungerade?

Hausaufgabe: Diese Übung zu Hause beim Musikhören ausführen.

Schritt 4: Varianten

Wenn Schritt 3 relativ sicher klappt, werden Varianten ausgeführt, z. B.:

- Die Füße übernehmen die großen Schläge: Linker Fuß nach links, rechten Fuß anstellen, rechter Fuß nach rechts, linken Fuß anstellen. Später dazu: sich dabei in beliebiger oder bestimmter Schrittzahl um die eigene Achse drehen.

- Die Hände übernehmen die kleinen Schläge in kleinere Bewegungen: Mit den Fingerspitzen auf Handballen oder Handrücken tippen. Im Kreis mit Blick nach außen beginnen, sodass jeder selbständig die Bewegung beginnen muss. Dann nach innen drehen und sehen, ob alle das Gleiche machen.

- Bewegungen im Sitzen: Die Hacken markieren die großen Schläge (die Fußspitzen bleiben dabei immer am Boden). Die Hände tippen die kleinen Schläge gleichzeitig auf die Oberschenkel.

- Art des Metrums (gerade oder ungerade) ohne Bewegung, nur durch Hören, bestimmen. Die Stimme zu Hilfe nehmen bzw. bis zwei oder drei zählen.

METHODISCHE HINWEISE

▶ Diese Übungen möglichst oft jeweils nur für wenige Minuten ausführen. Sie können mit zahlreichen Varianten für einige Zeit ein schönes Ritual bilden.

▶ Die Schüler können selbst Musikbeispiele mitbringen.

▶ Die Schüler immer wieder danach fragen, ob auf einen großen Schlag zwei oder drei kleine Schläge kommen (gerades oder ungerades Metrum).

VERSCHIEDENE METRISCHE EBENEN ZUGLEICH AUSFÜHREN

Die folgenden vier Vorschläge (Klatsch-Spiele, Pappbecher-Spiel, Bewegungs-Rondo, Poptanz-Choreografie) dienen der Vertiefung. Sie haben das Ziel, das Ausführen der großen und kleinen Schläge in geradem und ungeradem Metrum und mit stabilem Tempo zu festigen. Je nach Bedarf können alle oder auch nur eine Auswahl durchgeführt werden.

KLATSCH-SPIELE ÜBUNG 02

Ziel:
Gleichzeitig zwei metrische Ebenen ausführen können

Aufgabe:
Die großen Schläge in den Füßen laufen lassen, mit den Händen die kleinen Schläge oder Rhythmen klatschen

Zeitbedarf:
In mehreren Stunden jeweils kurze Übephasen bis zu max. 5 Minuten

Material/Medien:
CD-A, 15–18 (Dutch Swing College Band; ABBA; Samba; Moanin')

DURCHFÜHRUNG

Schritt 1: Klangmöglichkeiten der Hände

Durch kleine Vor- und Nachmachspiele und Improvisationsrunden verschiedene Klangmöglichkeiten ausprobieren:

- Funktion von Halte- und Klatschhand ausprobieren (eine Hand schlägt in die andere).
- Klangfarben-Veränderungen durch Haltungsänderung der Hände erzeugen: Vom Tippen auf den Handballen bis zum hell („Peitschenknall") oder dumpf („ein dickes Buch zuklappen") klingenden Klatschen in die Hände.
- Lautstärke-Veränderungen durch Krafteinsatz austesten.
- Weitere Klangfarben durch andere Haltungen erzielen: Finger gegeneinander tippen, Finger einer Hand leicht auf den Handrücken der anderen schlagen, Handfläche der einen auf Handrücken der anderen Hand klatschen etc.

Schritt 2: Klatsch-Spiele

Die folgenden Übungen am besten im Kreis stehend (oder evtl. im Sitzkreis) ausführen.

Wichtig: Grundsätzlich die großen Schläge in den Füßen mitlaufen lassen. Häufig zwischen geradem und ungeradem Metrum wechseln.

a) Vor- und Mitklatschen in einem gleichmäßigen Tempo. Dabei die Klangfarbe und Lautstärke verändern.

b) Eintaktige Rhythmen mit zwei verschiedenen Notenwerten (ohne Punktierungen und Synkopen) in verschiedenen Klangfarben und Lautstärken in geradem und ungeradem Metrum vor- und nachklatschen.

c) Einen Rhythmus im Kreis herumgeben; dann zwei, später drei bis vier Rhythmen in kurzen Abständen nacheinander losschicken und gleichzeitig durch den Kreis laufen lassen.

d) Einen Rhythmus im Kreis nach beiden Seiten herumgeben.

METRISCHE KOMPETENZ

HELBLING

Music Step by Step

A: METRISCHE KOMPETENZ /// BAUSTEIN 4

A 15-18

Übungen a) bis d) zu Musik ausführen (Hörbeispiele von CD oder am Klavier improvisieren).

e) Enger im Kreis zusammenrücken. Linke Hand mit der Handfläche nach oben geöffnet halten, rechte Hand mit der Handfläche nach unten, sodass sie in die linke Hand des Nachbarn oder in die eigene linke Hand klatschen kann.

Zählzeit 1

Zählzeit 2

Zur Musik auf Zählzeit 1 in die eigenen Hände klatschen, dann wandern beide Hände nach außen und klatschen auf Zählzeit 2 in die Hände der Nachbarn (die rechte Hand klatscht aktiv, die linke Hand empfängt den Klatscher des Nachbarn). Während der Zählzeiten 3 und 4 kehren die Hände in einem Bogen wieder zur Körpermitte zurück.

f) Gleiche Übung wie e), jedoch zwei Schläge auf die Zählzeiten 2 und 3 (Nachbarklatscher).

g) Die Schüler sitzen oder stehen sich zu zweit gegenüber und erfinden selbst zu einer Musik ein einfaches Partner-Klatsch-Spiel.

Vorgaben: Die großen Schläge müssen in einem oder beiden Füßen durchlaufen, die Hände sollen nur große und kleine Schläge klatschen.

Am besten ein Ausgangs-Pattern vorgeben, evtl. einige Möglichkeiten vorklatschen.

METHODISCHER HINWEIS

Die Zuspielung von Musik zu den Klatsch-Spielen a) bis g) stabilisiert das Tempo. Die Übungen sollen jedoch auch ohne begleitende Musik ausgeführt werden, um das Metrum innerlich zu fühlen und um zu üben, ein Tempo selbst gleichmäßig durchzuhalten.

ÜBUNG 03 — SPIEL MIT PAPPBECHERN

Ziel:
Metrische Ebenen und einen komplexeren Bewegungsablauf koordinieren

Aufgabe:
Ein rhythmisches Spielstück für Pappbecher aufführungsreif erarbeiten

Zeitbedarf:
Ca. 20 Minuten, in zwei oder drei Folgestunden kurze Wiederholungen zur Festigung (ca. 5 Minuten)

Material/Medien:
CD-A, Video A5 (Pappbecher-Spiel); Pappbecher in genügender Anzahl für alle Schüler

VERSCHIEDENE METRISCHE EBENEN ZUGLEICH AUSFÜHREN

METRISCHE KOMPETENZ

DURCHFÜHRUNG

Schritt 1: Pappbecher-Spiel

Alle sitzen im großen Kreis auf dem Boden (oder auf ihren Plätzen, sofern die Tische in einem geschlossenen Viereck gestellt werden können), der Becher steht schräg rechts vorne. Während des Spiels wandert der Becher von einem Spieler zum nächsten nach links: Den Becher am Ende des Bewegungspatterns vor dem linken Nachbarn abstellen.

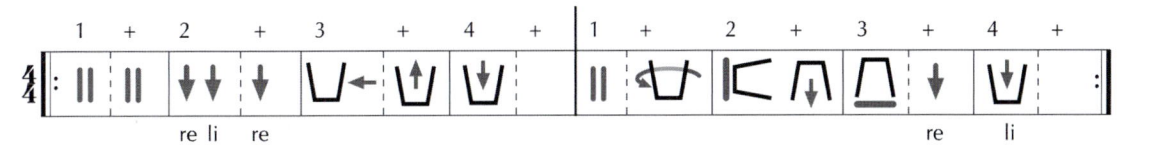

‖	= klatschen
↓	= eine Hand schlägt auf den Tisch
⊔←	= Becher mit rechter Hand fassen
⊔↑ ⊔↓	= Becher mit Öffnung nach oben hochheben / abstellen
⊓	= Becher mit rechter Hand verkehrt fassen
⊏	= Becherboden auf linke Handfläche schlagen
⊓↓	= Becher mit Öffnung nach unten auf den Tisch / Boden setzen und gleich wieder hochheben
⊓	= Becher mit Öffnung nach unten auf die linke Handfläche abstellen und mit rechter Hand loslassen

Erweiterung

Rhythmusstück mit Pappbechern: „Papercup" in: mip-journal 15/2006, S. 16–19.

BEWEGUNGSRONDO — ÜBUNG 04

Ziel:
Große und kleine Schläge in ungeradem Metrum ausführen, Rondoform kennenlernen sowie durch Bewegung nachvollziehen

Aufgabe:
Bewegung und Bewegungsimprovisation zum Violinkonzert in E-Dur von J.S. Bach (3. Satz): Formverlauf durch unterschiedliche Bewegungsmuster mitgestalten

Zeitbedarf:
Ca. 25 Minuten, in der Folgestunde 5 Minuten zur Festigung

Material/Medien:
CD-A, 35 (Bach); Gong oder Triangel

DURCHFÜHRUNG

Schritt 1: Ritornell

Die Bewegungsfolge für das Rondothema (Ritornell) in kleinen Abschnitten vor- und nachmachen – am besten in Kreisaufstellung:

3/8 ♪♪♪	rechte Hand tippt auf linken Handrücken	♪♪♪ rechte Hand tippt auf linken Handrücken
♪♪♪	linke Hand tippt auf rechten Handrücken	♪♪♪ linke Hand tippt auf rechten Handrücken
♪♪♪	rechte Hand tippt dreimal auf die linke Schulter	♪♪♪ rechte Hand tippt auf rechten Oberschenkel
♩.	rechte Hand streicht über den linken Unterarm	1. ♪♪♪ :‖ linke Hand tippt auf linken Oberschenkel
		2. ♩ 𝄾 ‖ linke Hand tippt auf linken Oberschenkel

Schritt 2: Couplets

In den Couplets auf die großen Schläge (Zählzeit 1) durch den Raum gehen, die Schüler imitieren dabei die „barocken" Pantomimen, die der Lehrer vormacht.

- Couplet 1: „Der galante Höfling grüßt jeden, der ihm begegnet, durch eine Verbeugung mit Knicks oder Kratzfuß."

- Couplet 2: „Der Kellner bringt Champagner auf einem Tablett." Drei Finger nach oben strecken wie ein Serviermeister, über dem anderen Arm hängt die Serviette. Nichts verschütten!

- Couplet 3: „Der Fürst/die Fürstin grüßt huldvoll ihre Untertanen." Mit einem Arm, Handrücken nach außen, majestätisch winken.

- Couplet 4: Freie Auswahl aus den drei Figuren.

VERSCHIEDENE METRISCHE EBENEN ZUGLEICH AUSFÜHREN

Schritt 3: Rondo Gesamtablauf

- Ritornell wie in Schritt 1 geübt gemeinsam ausführen.
- In den Couplets macht der Lehrer selbst nicht mit, er wird zum Hofmagier und „verzaubert" mit seinem Zaubergong die Hofgesellschaft: Beim Gongschlag erstarren die Schüler zur barocken Statue.
- Das Erklingen des Ritornells erlöst die Verzauberten wieder, alle führen gemeinsam die Bewegungsfolge des Ritornells aus.

A 35

KLEINE POPTANZ-CHOREOGRAFIE — ÜBUNG 05

Ziel:
Mehrere Bewegungselemente im Kontext eines ganzen Popmusik-Titels zu einer Choreografie verknüpfen und als Klasse aufführungsreif ausführen können

Aufgabe:
Poptanzelemente in der Kombination von großen und kleinen Schlägen in geradem Metrum einstudieren, geeignete Elemente auswählen und passend zu einem Musikstück in einer Choreografie verbinden

Zeitbedarf:
In ca. vier Unterrichtsstunden jeweils rund 20 bis 25 Minuten

Material/Medien:
Vorhaben „Musik – Bewegung – Tanz" S. 282; CD-A, Videos D2 bis D6 (Warm-ups, Poptanz-Elemente)

DURCHFÜHRUNG

Schritt 1: Warm-up

Grundsätzlich jede Phase, in der am Tanz gearbeitet wird, mit einem Bewegungs-Warm-up einleiten (Hinweise und Beispiele dazu: ▷ Vorhaben „Musik – Bewegung – Tanz").

D2, D3

Schritt 2: Poptanz-Element erarbeiten

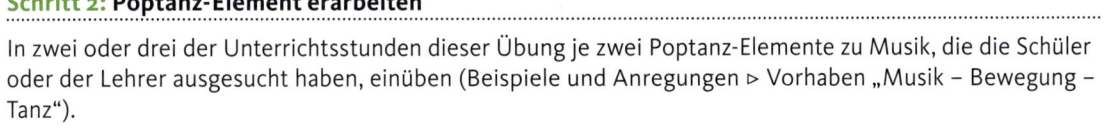

In zwei oder drei der Unterrichtsstunden dieser Übung je zwei Poptanz-Elemente zu Musik, die die Schüler oder der Lehrer ausgesucht haben, einüben (Beispiele und Anregungen ▷ Vorhaben „Musik – Bewegung – Tanz").

D4–D6

Schritt 3: Aufführungsreif zusammenstellen

In ein oder zwei weiteren Unterrichtsstunden dieser Übung zu einem passend gewählten Popmusik-Titel die in Schritt 2 eingeübten Tanzelemente zusammenstellen und aufführungsreif gestalten.

Erweiterung:
Hier kann sich die Weiterarbeit an einem Modul des Vorhabens „Musik – Bewegung – Tanz" anschließen.

BAUSTEIN 5

VERSCHIEDENE METRISCHE EBENEN UND „MELODISCHEN RHYTHMUS" KOMBINIEREN

Singen und Sich-Bewegen gehören zusammen wie Melodie und Rhythmus. Baustein 5 verbindet das Singen und den Rhythmus der Liedmelodie mit Bewegungen zu den großen und kleinen Schlägen.

- Es werden fünf (Bewegungs-)Lieder zur Erarbeitung vorgeschlagen.
- Vorschläge der Schüler oder Alternativen, die der Lehrer einbringt, können das Liedangebot dieses Bausteins im Hinblick auf die jeweilige Klasse sinnvoll erweitern und modifizieren.

METHODISCHER HINWEIS

Die Erarbeitung der Lieder der folgenden fünf Übungen soll grundsätzlich verbunden werden mit Bereich C (▷ ab S. 155):

a) mit Übungen zu Atem, Stimme, Körper, die die Erarbeitung der Lieder durch stimmbildnerische Übungen vorbereiten (▷ S. 161),

b) mit Call & Response-Liedern der ersten Bausteine von Bereich C (z. B. Hans, der Hase, S. 171), die ebenfalls zu Bewegungen der durchlaufenden großen und kleinen Schläge gesungen werden können.

ÜBUNG 01 — PETER HAMMER

Ziel:
Gleichzeitig große Schläge im geraden Metrum und einen „melodischen Rhythmus" ausführen können

Aufgabe:
Liedbegleitung: Im Sitzen große Schläge mit Bewegungen ausführen, dazu das Lied „Peter Hammer" singen

Zeitbedarf:
In zwei Stunden jeweils ca. 10 Minuten

Material/Medien:
CD-A, Video 6 (Peter Hammer)

VERSCHIEDENE METRISCHE EBENEN UND „MELODISCHEN RHYTHMUS" KOMBINIEREN

METRISCHE KOMPETENZ

Peter Hammer

T. u. M.: trad.

[Notenbeispiel mit Text:]
Peter klopft mit einem Hammer, einem Hammer, einem Hammer.
Peter klopft mit einem Hammer grade so wie ich.
Dong dong di-del di-del dong, di-del di-del di-del di-del dong dong.
Dong dong di-del di-del dong, di-del di-del di-del di-del dong.

▶ Begleitpattern für Klavier: CD-A, Pattern Nr. 1

DURCHFÜHRUNG

Die Erarbeitung verbindet ein sehr einfaches Lied mit – für sich genommen – sehr einfachen Bewegungen zu den großen Schlägen. Mit jedem Durchlaufen des Liedes werden die Bewegungen jedoch variiert und erweitert, sodass die großen Schläge nicht immer mit den gleichen Bewegungen zusammenfallen – eine Herausforderung an die Bewegungskoordination der Schüler.

A6

Schritt 1: Warm-up und Einsingen

Übungsidee: Geläufigkeit, Zungengymnastik, Artikulation

- Sowohl „d" als auch „l" werden vorne, das heißt mit der Zungenspitze gebildet.
- Durch das „i" bekommt man einen guten Vordersitz.

[Notenbeispiele mit Text "di-del di-del di-del di-del di-del di-del di-del di-del dong" in verschiedenen Tonarten]

Schritt 2: Bewegungsablauf

- Alle sitzen (wenn möglich im Kreis) aufrecht auf der vorderen Stuhlhälfte.
- Beide Füße stehen auf den Ballen und führen leise die großen Schläge (Zählzeit 1 und 2) mit den Hacken aus (ab dem vierten Durchlauf des Liedes werden die Füße dann für die Bewegungsfolge gebraucht).
- Zum „Groove" der Füße wird das Lied in mehreren Durchläufen wiederholt vorgesungen, dazu werden die unten beschriebenen Bewegungen ausgeführt. Zwischen den Durchläufen die großen Schläge in den Füßen weiterlaufen lassen, dazu die neue Bewegung vormachen, ggf. ansagen und dann einzählen:

Erster Durchlauf:
Große Schläge mit einer Faust in die andere, offene Hand klopfen.

Zweiter Durchlauf:
Zählzeit 1: wie eben; Zählzeit 2: Mit derselben Faust auf einen Oberschenkel klopfen.

Dritter Durchlauf:
Beginnen wie oben, dazu kommt eine dritte Bewegung: Auf Zählzeit 1 des anschließenden Takts mit der anderen Faust auf den anderen Oberschenkel klopfen.
Achtung: Weil nun drei Bewegungselemente auf ein gerades Metrum treffen, verschieben sich die Bewegungen im Vergleich zu den Taktschwerpunkten.

Vierter Durchlauf:
Als vierte Bewegung kommt hinzu: Auf Zählzeit 2 des jeweils zweiten Takts mit einem Fuß stampfen.

Fünfter Durchlauf:
Als fünfte Bewegung kommt hinzu: Auf Zählzeit 1 des dritten Takts mit dem anderen Fuß stampfen. Auf Zählzeit 2 des 3. Takts beginnt die Abfolge dieser fünf Bewegungen wieder von vorne. Auch hier verschieben sich also die Bewegungen im Vergleich zu den Takt-Schwerpunkten.

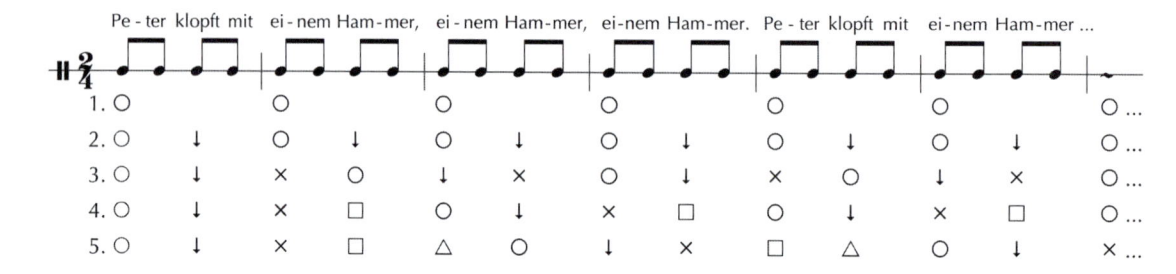

[Notenbeispiel: 2/4-Takt mit Text „Pe-ter klopft mit ei-nem Ham-mer, ei-nem Ham-mer, ei-nem Ham-mer. Pe-ter klopft mit ei-nem Ham-mer ..."]

1. ○		○		○		○		○		○	○ ...
2. ○	↓	○	↓	○	↓	○	↓	○	↓	○	↓ ...
3. ○	↓	×	○	↓	×	○	↓	×	○	↓	× ...
4. ○	↓	×	□	○	↓	×	□	○	↓	×	□ ...
5. ○	↓	×	□	△	○	↓	×	□	△	○	× ...

○ = mit einer Faust in die andere, offene Hand klopfen
↓ = mit derselben Faust auf einen Oberschenkel klopfen
× = mit der anderen Faust auf anderen Oberschenkel klopfen
□ = mit einem Fuß stampfen
△ = mit dem anderen Fuß stampfen

Schritt 3: Singen zur Bewegungsfolge

- Nach und nach singen die Schüler das Lied zu den Bewegungen mit.
- Ggf. das Lied mit den Bewegungen einige Wochen später wieder aufgreifen.

VERSCHIEDENE METRISCHE EBENEN UND „MELODISCHEN RHYTHMUS" KOMBINIEREN 47

METRISCHE KOMPETENZ

KNIRPSSCHWEINCHEN-LIED ÜBUNG 02

Ziel:
Ein Lied in Verbindung mit zwei metrisch-rhythmischen Ebenen (große und kleine Schläge) singen können (2/4-Takt)

Aufgabe:
Liedbegleitung mit Bewegungen: Im Sitzen große und kleine Schläge mit Bewegungen ausführen und dazu das Knirpsschweinchen-Lied hören und dann singen

Zeitbedarf:
Ca. 20 Minuten (evtl. auf zwei Stunden verteilt)

Material/Medien:
–

Knirpsschweinchenlied

Musik: G. Riedel
Dt. Text: G. Schmidt-Oberländer
© Riedel

1. Ich geh manch-mal rum und träl-ler, ich träl-ler für mich selbst und für mein klei-nes Schwein. Da wird das Schwein-chen froh und ver-sucht mit mir zu träl-lern, das klingt so schwei-ne-fein: tra la la la la la la, tra la la la la la la, tra la la la lej.

2. Ich geh manchmal rum und pfeife …
3. Ich geh manchmal rum und grunze …
4. Ich geh manchmal rum und summe …

▶ Begleitpattern für Klavier: CD-A, Pattern Nr. 2

DURCHFÜHRUNG

Der melodische Rhythmus der Singstimme dieses Liedes bildet die dritte Ebene zu den zwei metrischen Ebenen der großen und kleinen Schläge – die Herausforderung für die Schüler ist es, diese drei rhythmisch-metrischen Ebenen zugleich auszuführen.

Schritt 1: Warm-up und Einsingen

Übungsidee: Zungengeläufigkeitsübung

- Das „r" von „tra" möglichst mit der Zunge rollen lassen. Das bringt den Klang nach vorne. Wichtig ist, die Übung in hohem Tempo und mit sehr lockerer Zungenspitze zu trainieren.
- Übungen für das Zungen-R: „Bdötchen, Pdobe, Pdima" mehrmals hintereinander deutlich sprechen. Dies trainiert den Zungenschlag für das „r".

Schritt 2: Große Schläge

Alle sitzen (wenn möglich im Kreis) aufrecht auf der vorderen Stuhlhälfte. Beide Füße stehen auf den Ballen und führen leise die großen Schläge mit den Hacken aus (auf erstes und zweites Viertel).

Schritt 3: Gesten und Geräusche

Lied mit allen Strophen vorsingen, die großen Schläge laufen in den Füßen durch. Die Melodie bzw. der Melodierhythmus wird dem genannten Geräusch entsprechend gestaltet. Die Schüler imitieren an den entsprechenden Stellen (T. 6/7, T.13/14) die jeweiligen Geräusche (entweder auf 2+ und 1 oder ganz frei) und trällern, pfeifen, grunzen etc. dann ab T. 15 die Melodie.

Schritt 4: Große und kleine Schläge

- Zusätzlich werden die kleinen Schläge (jedes Achtel) mit den Fingern auf die Oberschenkel getippt.
- Neue Strophen vorsingen.

Schritt 5: Melodischer Rhythmus als dritte Ebene

Lied (evtl. in der nächsten Stunde) wiederholen, nach und nach singen die Schüler mit.

Tipp:
Als Merkhilfe die in den Strophen genannten Geräusche an die Tafel schreiben.

VERSCHIEDENE METRISCHE EBENEN UND „MELODISCHEN RHYTHMUS" KOMBINIEREN

GUTEN MORGEN   ÜBUNG 03

Ziel:
Ein Lied in Verbindung mit zwei metrisch-rhythmischen Ebenen (große und kleine Schläge) singen können (4/4-Takt)

Aufgabe:
Liedbegleitung mit Bewegungen: Im Sitzen große und kleine Schläge mit Bewegungen ausführen und dazu das Lied „Guten Morgen" hören, dann einstimmig (und anschließend evtl. als Kanon) singen

Zeitbedarf:
In zwei Stunden jeweils ca. 10–15 Minuten (einstimmige Fassung; für die Erarbeitung des Kanons wird mehr Zeit benötigt)

Material/Medien:
Evtl. Stabspiele oder Boomwhackers

Guten Morgen

T. u. M.: G. Schmidt-Oberländer
© Helbling

1. Gu-ten Mor-gen, gu-ten Mor-gen, oh yeah! Gu-ten Mor-gen, gu-ten Mor-gen, oh yeah!
2. Hast du gut ge-schla-fen? Ich frag dich: Hast du gut ge-schla-fen?
3. Wie ein Schiff im Ha-fen! Ich sag dir: Wie ein Schiff im Ha-fen!
4. Al - so: Jetzt geht's los! (patsch) Al - so: Jetzt geht's los! (patsch)

▸ Begleitpattern für Klavier: CD-A, Pattern Nr. 3

DURCHFÜHRUNG

Schritt 1: Warm-up und Einsingen

Übungsidee: Intonationsübung/Übung zum Lagenausgleich

Die Schwierigkeit in diesem Lied liegt darin, den Anfangston „d" wieder sauber zu treffen, nachdem man den Kanon einmal durchgesungen hat.

- Als Vorübung sollte diese Oktave einige Male gesungen werden.
- Hier könnte die Vorstellung hilfreich sein, den unteren Ton „wie auf einem Tablett zu präsentieren".
- Dazu eine passende Bewegung machen und den Ton „hochheben". Das bewirkt, dass die untere Oktave nicht zu tief abrutscht, sondern die nötige Spannung hat.

Schritt 2: Lied erarbeiten

- Alle sitzen aufrecht auf der vorderen Stuhlhälfte oder stehen im Kreis.
- Das Lied „Guten Morgen" durch Vor- und Nachsingen erarbeiten, dabei auf tonale und textliche Sicherheit, Stimmklang und -qualität und das Swing-Feeling achten.
- Die großen Schläge (halbe Noten) von Anfang an in den Füßen mitlaufen lassen.

Schritt 3: Bewegungsgestaltung

Zunächst ohne Gesang folgende Bewegungen mit den Händen auf die kleinen Schläge vor- und mitmachen. Die großen Schläge laufen dabei in den Füßen weiter:

    Zählzeit 1: mit den Fingern auf den Handballen tippen
    Zählzeit 2: auf Handrücken klopfen
    Zählzeit 3: gegen Bauch tippen
    Zählzeit 4: auf Oberschenkel tippen

Dann singt der Lehrer dazu, nach und nach singen die Schüler mit.

Schritt 4: Mehrstimmigkeit

Den Kanon als „Scheinkanon" vierstimmig singen: Die Schüler in vier Gruppen einteilen, jede Gruppe wiederholt permanent zwei Takte (mit Auftakt). Dazu die entsprechende Bewegung ausführen.

Schritt 5: Kanon

Den Kanon vierstimmig singen und mit den Bewegungen begleiten.

VERSCHIEDENE METRISCHE EBENEN UND „MELODISCHEN RHYTHMUS" KOMBINIEREN

Erweiterung: Begleitung

- Einfache akkordische Begleitung (D D/G D), z. B. auf Stabspielen oder Boomwhackers.
- Ein Teil der Klasse kann eines der folgenden metrischen Ostinati ausführen (2 verschiedene Klänge: Patschen und Klatschen):

Oder, bei schnellerem Tempo:

OBWISANA SANA — ÜBUNG 04

Ziel:
Drei metrisch-rhythmische Ebenen in geradem Metrum mit zwei verschiedenen Bewegungen und Singen gleichzeitig ausführen können

Aufgabe:
Ein einfaches Lied singen und sich dazu bewegen

Zeitbedarf:
In zwei bis vier Stunden jeweils ca. 15–20 Minuten

Material/Medien:
Jonglierball, Stein oder ähnlicher Gegenstand; evtl. Percussioninstrumente

Obwisana Sana

T. u. M: trad. aus Ghana

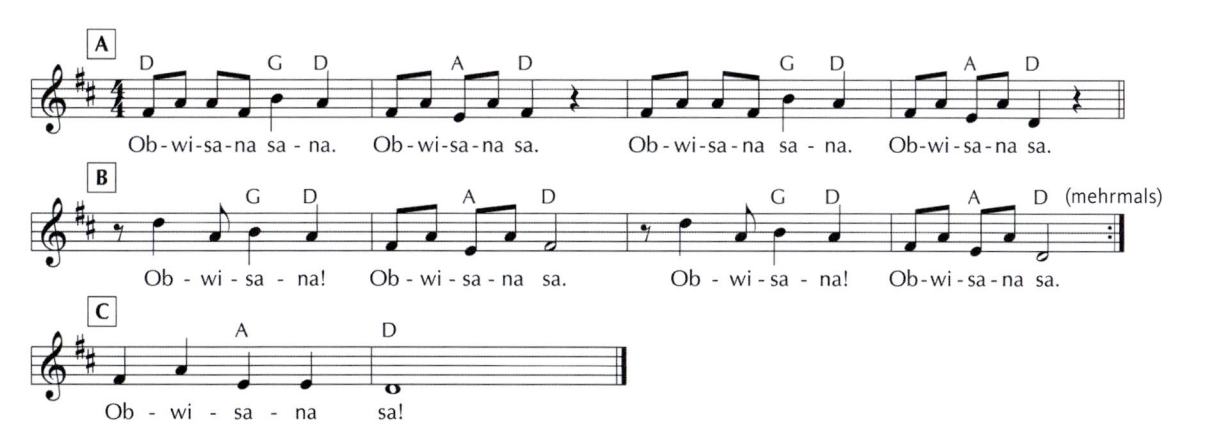

A Ob-wi-sa-na sa-na. Ob-wi-sa-na sa. Ob-wi-sa-na sa-na. Ob-wi-sa-na sa.
B Ob-wi-sa-na! Ob-wi-sa-na sa. Ob-wi-sa-na! Ob-wi-sa-na sa. (mehrmals)
C Ob-wi-sa-na sa!

Sinngemäße Übersetzung: „Oh Großmutter! Eben habe ich mir den Finger an einem Stein verletzt!"

▶ Begleitpattern für Klavier: CD-A, Pattern Nr. 4

DURCHFÜHRUNG

Schritt 1: Warm-up und melodisches Einsingen

Übungsidee: Resonanzräume aktivieren und Vokalverbindungen üben

Dieses Lied ist durch seine Melodieführung eine wunderbare Stimmübung.

- Auf „mom", „mam", „mim" gesungen kann man die Nasenresonanzen erschließen.
- Auf die Vokale des Textes gesungen kann man den Vokalausgleich üben, bevor man den Text richtig singt.

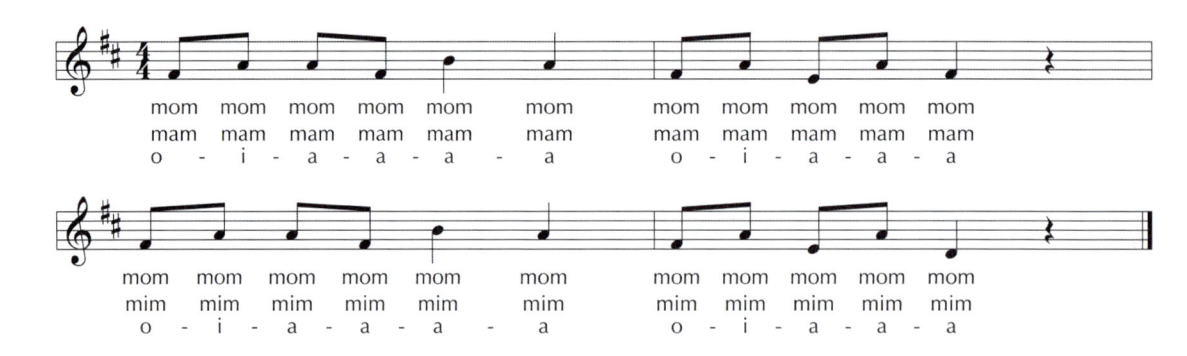

Schritt 2: Rhythmisch einsingen

Übungsidee: Mit dieser Übung wird der synkopische Einsatz im 2. Teil des Liedes geübt.

- Die Klasse wird in 2 Gruppen geteilt, zunächst klatschen alle auf 1 und 3 des Taktes.
- Die erste Gruppe klatscht und spricht die erste Zeile, die zweite Gruppe setzt danach mit den Achteln ein.
- Wenn die Einsätze klar sind, wird die Übung gesungen und chromatisch nach oben geführt.

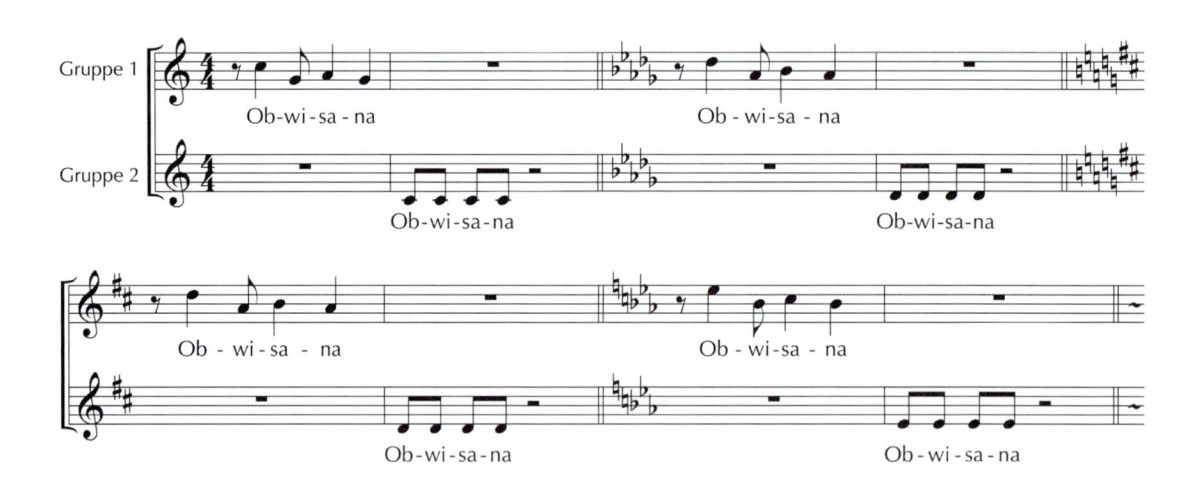

Schritt 3: Klatschspiel

- Aufstellung im Kreis: linke Hand mit der Handfläche nach oben, rechte Hand mit der Handfläche nach unten. Im Tempo langsamer Viertelnoten die großen Schläge (Zählzeit 1 und 3) in die eigenen Hände klatschen und die Zählzeit 2 und 4 nach außen in die der Nachbarn.
- Nach einer Weile die Liedmelodie vorsummen dann auf „na" und auf Text leise vorsingen.

VERSCHIEDENE METRISCHE EBENEN UND „MELODISCHEN RHYTHMUS" KOMBINIEREN

Schritt 4: Weitergabespiel

Bewegung von Schritt 3 zur vom Lehrer gesummten oder leise gesungenen Liedmelodie fortsetzen. Nun wandert ein kleiner Gegenstand (z. B. Jonglierball, Tennisball, Stein etc.) auf die kleinen Schläge im Kreis herum:

Zählzeit 1: die rechte Hand übernimmt den Gegenstand von der eigenen linken Hand
Zählzeit 2: die rechte Hand übergibt den Gegenstand an die linke Hand des rechten Nachbarn
Zählzeit 3: wie Zählzeit 1
Zählzeit 4: wie Zählzeit 2

Zählzeit 1

Zählzeit 2

Zählzeit 3

Zählzeit 4

- Später mehrere Gegenstände umlaufen lassen. Dabei kann es sein, dass man bei der Weitergabe mit der rechten Hand an den rechten Nachbarn gleichzeitig einen Gegenstand vom linken Nachbarn in die linke Hand bekommt.

Evtl. Schritt 5: Lied erlernen

In vielen Fällen werden die Schüler Melodie und Text des Lieds bereits durch das Mitmachen aus den Schritten 1 bis 4 können. Nur wenn dies nicht der Fall ist, wird Schritt 5 benötigt: Mit den Schülern Melodie und Text des Liedes erarbeiten (ohne Bewegungen).

Tipps:

- Die Teile A und B können wiederholt gesungen werden.
- Der Einsatz in Teil B auf Zählzeit 1+ muss bewusst geübt werden. Hilfreich ist ein Impuls des Lehrers auf Zählzeit 1.
- Takt 5 und 7 können auch solistisch ausgeführt werden, sodass ein Call & Response entsteht. Auf Zeichen wird der Schluss gesungen.

Schritt 6: Singen und Klatschen

Zum Singen die Klatschbewegungen (Schritt 3) hinzunehmen.

Schritt 7: Kreisbewegung auf große Schläge

Zum Singen und Klatschen mit den Füßen die Schrittfolge rechts-bei-rechts-bei-... auf die großen Schläge ausführen. Der Kreis bewegt sich dadurch langsam gegen den Uhrzeigersinn.

Tipp:
Immer dann, wenn man in die eigenen Hände klatscht, kommt ein Schritt!

Schritt 8: Variante: Wandernde Steine

- Alle sitzen im Schneidersitz auf dem Boden. Vor jedem Schüler liegen zwei kleine Steine, die gegen den Uhrzeigersinn durch den Kreis wandern:

  Auf Zählzeit 1 werden die Steine aufgenommen: Gleichzeitig den rechten Stein des linken Nachbarn mit der linken Hand und mit der rechten Hand den eigenen linken Stein nehmen.

  Auf Zählzeit 3 werden die Steine abgegeben: Den eigenen Stein in der rechten Hand vor den rechten Nachbarn legen und den mit der linken Hand aufgenommenen (rechts) vor sich ablegen.

- Weitere Bewegungsvarianten (z. B. Richtungswechsel: Steine wandern im Uhrzeigersinn) können selbstständig gefunden werden.

METHODISCHER HINWEIS

Eine besondere Atmosphäre entsteht durch eine Trommel-Begleitung, z. B.:

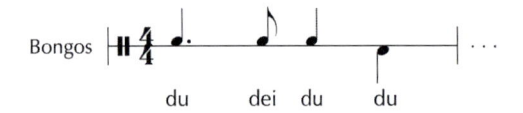

Bongos: du – dei – du – du

Anstelle der Bongo kann auch eine Djembe, eine Conga oder ein ähnliches Percussioninstrument verwendet werden. Wichtig ist der Bassschlag auf Zählzeit 4.

ERWEITERUNG

Lehrer, die zu afrikanischer Musik bereits Erfahrungen, Fähigkeiten und Kenntnisse mitbringen, sind eingeladen, die Arbeit an dem Lied zu erweitern, z. B.

▸ durch die Einbeziehung von Instrumenten (z. B. Trommeln, Percussion, Boomwhackers, Stabspiele)

▸ durch Aspekte der Erschließung von Zugängen zu anderen Kulturen

▸ durch eine eindrucksvolle Präsentation bzw. Aufführung als Abschluss

ÜBUNG 05 — REISETANTE

Ziel:
Mehrere metrische Ebenen in geradem Metrum mit verschiedenen Bewegungen und Singen gleichzeitig ausführen können

Aufgabe:
Zum Vor- und Nachsingen der einzelnen Takte wird bei jeder Strophe eine neue Bewegung hinzugefügt, sodass am Schluss mehrere Bewegungen (Fußkick, zwei verschiedene Handbewegungen, Bewegung des ganzen Körpers) simultan zum Singen ausgeführt werden

Zeitbedarf:
Je nach Perfektion, die in der Ausführung angestrebt wird, mindestens zwei Stunden mit jeweils ca. 15 Minuten

Material/Medien:
CD-A, Video 7 (Reisetante)

Reisetante

T. u. M.: trad.

Eine/r: 1. Meine Tante kam zurück aus Katmandu. Und sie brachte mir mit einen hölzernen Schuh.

Alle: Meine Tante kam zurück aus Katmandu. Und sie brachte mir mit einen hölzernen Schuh.

2. Meine Tante kam zurück
   aus Lenzerheide.
   Und sie brachte mir mit:
   Einen Fächer aus Seide.

3. Meine Tante kam zurück
   aus der Kur in Bad Scholz.
   Und sie brachte mir mit:
   Einen Löffel aus Holz.

4. Meine Tante kam zurück
   aus Liverpool.
   Und sie brachte mir mit:
   einen Schaukelstuhl.

5. Meine Tante kam zurück
   aus Timbuktu.
   Und sie brachte mir mit:
   Einen Affen wie du!

▸ Begleitpattern für Klavier: CD-A, Pattern Nr. 5

Bewegungsablauf:

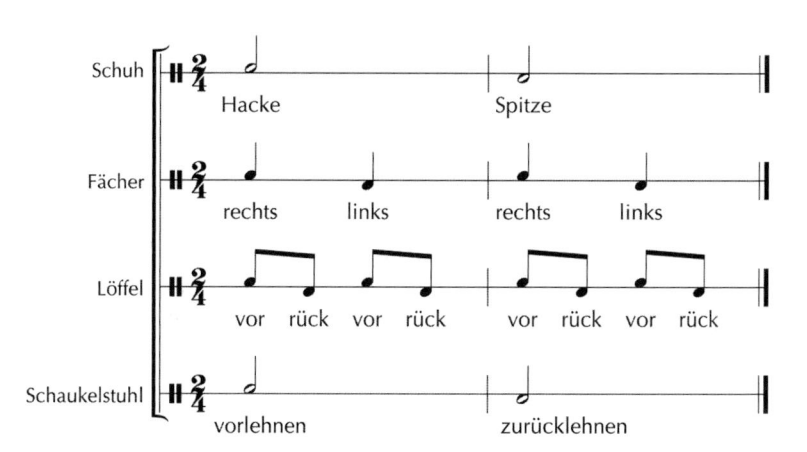

- **Schuh:** Hacke – Spitze
- **Fächer:** rechts – links – rechts – links
- **Löffel:** vor – rück – vor – rück – vor – rück – vor – rück
- **Schaukelstuhl:** vorlehnen – zurücklehnen

A: METRISCHE KOMPETENZ /// BAUSTEIN 5

METHODISCHE HINWEISE

▶ Das Lied stellt einerseits eine Herausforderung an die motorische Geschicklichkeit und Unabhängigkeit der Schüler dar, andererseits bietet es die Möglichkeit, sich über die verschiedenen metrischen Ebenen zu verständigen: Wie viele unterschiedliche Schläge werden in den verschiedenen Strophen jeweils ausgeführt?

▶ Jede zweitaktige Phrase wird während aller Strophen wie notiert immer durchgängig vor- und direkt nachgesungen.

▶ Die jeweiligen Bewegungen laufen ohne Unterbrechung auch zwischen den Strophen weiter.

DURCHFÜHRUNG

Schritt 1: Warm-up und Einsingen

Übungsidee: In diesem Lied geht es vorwiegend um die Präsentation des Textes.

- Die Strophen mit geteilter Klasse sehr hoch, bzw. sehr tief, etwas theatralisch sprechen. So können die Kinder ihre Stimmgrenzen spielerisch ausprobieren:

Schritt 2: Erarbeitung der 1. Strophe

- Aufstellung im Kreis.
- Die erste Strophe singen.
- Im Metrum des Liedes die erste Bewegung erst vorzeigen (zunächst ohne zu singen), dann von den Schülern nachmachen lassen:
  Auf die großen Schläge (jeweils Zählzeit 1) erst mit der Hacke des rechten oder linken Beines vor dem Körper auf den Boden tippen, dann die Fußspitze wieder in Ausgangsposition bringen. Dazu sprechen: „Das ist der Schuh".

- Anschließend die erste Strophe noch einmal mit der Bewegung singen.

Schritt 3: **Erarbeitung der 2. Strophe**
- Zweite Strophe vor- und nachsingen, dazu weiter die Schuh-Bewegung aus Strophe 1 ausführen.
- Nach der zweiten Strophe (die Schuh-Bewegung läuft weiter) die zweite Bewegung einführen: „Das ist der Fächer" – mit einer Hand einen imaginären Fächer im Tempo der kleinen Schläge hin und her wedeln.

- Die zweite Strophe mit beiden Bewegungen wiederholen.

Schritt 4: **Erarbeitung der 3. Strophe**
- Beibehalten der Schuh- und Fächerbewegung aus den ersten beiden Strophen. Dazu die dritte Strophe lernen.
- Nach dem Ende der Strophe (die Bewegungen laufen weiter) die dritte Bewegung ankündigen: „Das ist der Löffel" – mit der anderen Hand im Tempo der Achtelnoten Bewegungen nach oben und unten ausführen.

- Die dritte Strophe mit allen drei Bewegungen wiederholen.

Schritt 5: Erarbeitung der 4. Strophe

- Die Bewegungen der ersten drei Strophen laufen weiter. Dazu die vierte Strophe vor- und nachsingen.
- Nach der 4. Strophe die vierte Bewegung einführen (während die anderen drei Bewegungen weiterlaufen): „Das ist der Schaukelstuhl" – mit dem Oberkörper zu den großen Schlägen (halbe Noten) nach vorne und hinten bewegen.

- Dazu die vierte, dann die fünfte Strophe singen.

Schritt 6: Reflexion

Gespräch zu folgenden Fragen:

- Warum tun wir uns so schwer mit diesen für sich genommen eigentlich einfachen Bewegungen?
- Welche verschiedenen metrischen Ebenen treten in dem Lied auf und wie hängen sie zusammen? (Auf eine Bewegung mit dem Fuß bzw. Schaukelstuhl kommen zwei mit dem Fächer und vier mit dem Löffel.)
- Was ist der Rhythmus der Melodie und wie unterscheidet er sich von den metrischen Ebenen? (Er wechselt durch die verschiedenen metrischen Ebenen.)

Schritt 7 (optional)

Erweiternde Frage: Kennen die Schüler noch andere, ähnliche Bewegungslieder? Passende Vorschläge der Schüler aufgreifen und mit der Klasse erarbeiten.

Bereich B

RHYTHMISCHE KOMPETENZ

BEREICH B

Rhythmische Kompetenz

VORBEMERKUNGEN

Das Konzept des Erwerbs rhythmischer Kompetenz ermöglicht den Schülern, auf der Basis metrischer Kompetenz ihre rhythmischen Fähigkeiten zielgerichtet zu entwickeln und kreativ einzusetzen. Dies geschieht hörend, musizierend und in Verbindung mit Bewegung. Ausgehend von kurzen, einfachen Patterns werden die Übungen zunehmend komplexer.

Am Ende sollen die Schüler ihre erworbenen rhythmischen Fähigkeiten sicher und flexibel im vielfältigen musikalischen Gestalten mit Liedern, Spielstücken und beim Musikhören anwenden können. Haben die Schüler diese Sicherheit erreicht, so gelingt der Übergang zum Lesen und Schreiben von Rhythmen in traditioneller Notation leicht und schnell.

Eine Liste am Ende dieser Vorbemerkungen gibt eine Übersicht über die Inhalte der sieben Rhythmus-Bausteine, über die einzelnen Übungen und über die verwendeten Lieder und Spielstücke.

In jedem der sieben Rhythmus-Bausteine wird mit einer Gruppe spezifischer Rhythmuspatterns (▷ z.B. Seite 90 und Seite 102) gearbeitet. Alle Bausteine sind in sich gleich aufgebaut:

Noten schreiben	6. Ebene
Noten lesen	5. Ebene
Verändern und erfinden	4. Ebene
Übersetzen in Rhythmussprache	3. Ebene
Hören und imitieren mit Rhythmussprache	2. Ebene
Rhythmen hören und imitieren	1. Ebene
METRISCHE KOMPETENZ	Basis

Die Grundlage der Pyramide bildet die metrische Kompetenz, das ist das körperliche Erfahren von Puls und Metrum. Die Erarbeitung metrischer Kompetenz ist Gegenstand von Bereich A.

Die Stufen der Pyramide rhythmischer Kompetenz werden von unten nach oben durchlaufen. Das Fortschreiten zur nächsten Ebene setzt jeweils die sichere Beherrschung der Lernschritte der vorherigen Ebenen voraus. Die Beobachtung der Lerngruppe zeigt, ob es gelegentlich Sinn macht, eine Stufe zurückzugehen oder, seltener, eine Stufe zu überspringen.

Die Arbeit mit rhythmischen Patterns ist kein Selbstzweck. Im Zentrum steht die Entwicklung und Förderung der rhythmischen Audiation (zum Begriff und seiner Bedeutung ▷ Einleitung zu diesem Lehrerhandbuch, S. 6). Die Übungen sind eine Hilfe zum nachhaltigen Lernen, zum könnenden Ausführen, zum wissenden Hören, Lesen und Schreiben. Sie sind verbunden mit spielerischen Elementen und integrieren weiterführende musikalische Aktivitäten: Lieder begleiten, Bodypercussion-Arrangements spielen und selber erfinden, Instrumente kennen und spielen lernen (Schlagzeug, Xylofon und andere Stabspiele, Klein-Percussion usw.), instrumentale Spielstücke und Mitspielsätze musizieren.

Die Rhythmus-Bausteine sind nach Schwierigkeit und Häufigkeit der Verwendung der Rhythmuspatterns geordnet (Überblick ▷ S. 65–68). Den Anfang bilden Rhythmen im geraden Metrum[1] (zwei unterschiedliche Notenwerte z. B. im 4/4-Takt), es folgen ungerade Metren (z. B. 6/8-Takt), Punktierungen und Synkopen im geraden Metrum und schließlich ternäre Rhythmen. Aus der Sicht der elementaren Musiklehre gesprochen, werden die Notenwerte von Ganzen bis zu Sechzehnteln und punktierten Noten eingeführt. Jedoch steht das Erlernen der Notation nicht im Vordergrund. Vielmehr geht es um das ganzheitliche Erfahren, Hören und Spielen der Rhythmen mit dem ganzen Körper, der Stimme, allen Sinnen und mit Instrumenten.

Ist ein Baustein bewältigt, wird mit dem nächsten die Pyramide mit gleicher Methodik erneut „erstiegen".

Die folgenden Bausteine bieten zahlreiche Möglichkeiten, die erworbenen Kompetenzen in Musizier-Vorschlägen und Klassenarrangements gemeinsam umzusetzen. Dabei kann die ganze Klasse mit Instrumenten (auch mit B- und Es-Stimmen) in unterschiedlichem Schwierigkeitsgrad musizieren: Für Schüler ohne Instrumentalerfahrung stehen metrisch und melodisch sehr einfache Stimmen zur Verfügung, musikalisch vorgebildete Schüler erhalten schwierigere Stimmen. Partituren und Einzelstimmen zum Ausdrucken befinden sich auf dem CD-ROM-Teil von CD-A auf der Medienbox.

Die hier vorgelegten Materialien für den Unterricht sollen dazu anregen, eigene, weiterführende Ideen für vielfältiges musikalisches Gestalten mit den erarbeiteten rhythmischen Fähigkeiten zu entwickeln und einzusetzen.

ZUR METHODIK

Das Vor- und Nachsprechen von Patterns auf sinnfreie Silben ist für die Schüler vermutlich neu – und vielleicht für einige zunächst etwas befremdlich. Eventuell vorhandenes Unbehagen legt sich jedoch schnell, wenn klar wird, dass auf die Patternarbeit immer die musizierende Anwendung folgt. Durch die rhythmische Vorbereitung gelingt das gemeinsame Musizieren leicht und Erfolgserlebnisse stellen sich schnell ein. Außerdem macht die Patternarbeit als solche erfahrungsgemäß nach kurzer Eingewöhnung den Schülern Spaß und kann für längere Zeit ein gutes Ritual zur Einstimmung in den Musikunterricht zu Stundenbeginn werden.

Die Methode der Patternarbeit ist immer gleich. Sie kommt weitgehend ohne verbale Erklärungen aus und wird fast nur durch Zeichen gesteuert. Zur Durchführung der Patternübungen ist es erforderlich, die Patternrhythmen auf Folien zu kopieren. Die Kopiervorlagen dafür befinden sich als PDF-Dateien auf der CD-A.

1. Alle lassen ständig die großen Schläge („du"; „große" und „kleine Schläge": ▷ S. 25) leise mitlaufen (links – rechts ... oder auf den Hacken wippen, ▷ Video Nr. A1).
2. Der Lehrer zeigt beim Vorsprechen mit beiden Händen auf sich und beim Nachsprechen auf die Gruppe.
3. Solange die Schüler noch nicht mit der Patternarbeit vertraut sind ist es hilfreich, ihre Einsätze jeweils wie in einer Chorprobe gestisch anzuzeigen.
4. Auf Zeichen können auch einzelne Untergruppen der gesamten Lerngruppe nachsprechen (z. B. die Fenster- oder Türseite, einzelne Bankreihen).
5. Nach einer Weile dann auch einzelne Schüler auf Zeichen zum Nachsprechen auffordern – zunächst spricht der Lehrer mit, später nicht mehr. Beim Vorsprechen einen beliebigen Schüler anblicken und erst danach durch das Aufforderungszeichen einen bestimmten Schüler zum Nachmachen auffordern – dieser „Überraschungseffekt" hält alle konzentriert.
6. Alle Pattern-Übungen werden in der Regel kurz (wenige Minuten), aber häufig (in mehreren Stunden) eingesetzt.

---

[1] Zu den Begriffen „gerades" und „ungerades Metrum" ▷ S. 63

7. Wenn die meisten Schüler die Übung mitmachen können, kann man zum nächsten Schritt übergehen, damit bei den schnelleren keine Langeweile entsteht. Die langsameren Lerner festigen diese Ebene dann bei einer der Wiederholungen. Wenn aber nur wenige Schüler die Übung sicher ausführen können, ist dies ein Zeichen, in der Pyramide rhythmischer Kompetenz eine Ebene zurück zu gehen.

8. Die Übungen werden am besten im Stehen (Kreisaufstellung oder hinter den Bänken) ausgeführt.

9. Die Übungen können und sollen um selbst entwickelte Ideen, Varianten, Spiele und Lieder bereichert werden.

10. Sie sollen auch als Hausaufgabe ausgeführt werden. Deshalb sind im Schülerheft entsprechende Aufgaben vorgesehen und auf der CD für die Schüler die dazu gehörenden Patterns auf der Grundlage eines motivierenden Rhythmus eingespielt.

11. Im Unterricht erfolgt das Üben der Patterns z. T. mit, überwiegend jedoch ohne unterlegten Rhythmus. Letzteres fordert von den Schülern, selbständig das Tempo der Grundschläge durchzuhalten. Sollte dies nicht gleich gelingen, kann als Zwischenschritt das Metrum vom Lehrer oder einem Schüler geschnipst oder geklatscht werden.

In Baustein 1 sind alle Ebenen der Pyramide rhythmischer Kompetenz methodisch sehr ausführlich und mit zahlreichen Übungsvarianten ausgearbeitet. Die Arbeit mit Patterns ist in der Regel neu und ungewohnt. Deshalb wird sie beim Baustein 1 längere Zeit in Anspruch nehmen, als bei den späteren Bausteinen.

In den Bausteinen 2 bis 7 erfolgt die Arbeit mit Patterns für die einzelnen Ebenen mit den gleichen Arbeitsweisen und Übungen wie in Baustein 1, jedoch mit neuen rhythmischen Anforderungen oder neuen Metren. Diese Arbeitsweisen werden deshalb ab Baustein 2 nicht mehr im Detail beschrieben. Stattdessen werden dann vor allem für die Ebenen 4, 5 und 6 – „Verändern und erfinden", „Noten lesen" und „Noten schreiben" – zahlreiche Vorschläge insbesondere zum Musizieren angeboten.

ZUR RHYTHMUS-SPRACHE NACH EDWIN E. GORDON

Gordons System relativer Rhythmus-Silben orientiert sich an der *Funktion eines rhythmischen Ereignisses innerhalb eines Taktes*.[2] Die relativen Rhythmus-Silben ermöglichen ein besseres und genaueres Hören und Ausführen von Rhythmen im genauen Tempo, machen den Bezug der Rhythmen zu den zugrunde liegenden Metren erfahrbar und geben Sicherheit im Empfinden dafür, an welcher Stelle innerhalb des gegebenen Metrums sich ein ausführender Musiker jeweils befindet.

Jedes Metrum regelt in bestimmter Weise die Abfolge von Schwerpunkten bzw. als schwerer empfundenen Zeiten und den zwischen den Schwerpunkten liegenden, als leichter empfundenen Zeiten. Deshalb gibt es in jedem Takt Stellen, an denen man mit dem Körpergewicht diese Schwerpunkte nachvollziehen kann, z. B. leicht auf den Zehenspitzen stehen, dann Körpergewicht auf die Sohlen fallen lassen. Diese Schwerpunkte fühlen sich immer gleich an und werden daher immer mit den gleichen Rhythmus-Silben benannt („du"). Bei der Einführung dieser Unterscheidung in Bereich A (Metrische Kompetenz) haben wir die Schwerpunkte als „große Schläge" bezeichnet. Die großen Schläge und ihre Unterteilungen in „kleine Schläge" wurden dort grundsätzlich ohne Notation über das Körpergefühl erarbeitet. Die dort grundgelegten metrischen, bewegungsbezogenen Erfahrungen bilden eine unverzichtbare Voraussetzung für den Bereich B – Rhythmische Kompetenz. Dieser direkte Bezug auf das Körpergefühl – und nicht auf die Notation – legt die Verwendung von Gordons Silben nahe. Seine Silben sind Ausdruck des Gefühls für Rhythmus und damit der Position eines Klanges im Takt.[3]

---

[2] Absolute Rhythmus-Silben bezeichnen hingegen bestimmte *Notenwerte* und machen die Funktion innerhalb der Takte nicht hörbar (etwa in der Kodály-Methode „ta" für Viertel- und „ti" für Achtelnoten).

[3] Gordon selbst sagt, dass die Wahl des Silbensystems letztlich nicht entscheidend ist, sondern die Regelmäßigkeit des Übens in einem aufbauenden Unterricht sowie das Fundament durch Körperkoordination und Gewichtserfahrung. Wenn an einer Schule ein anderes Silbensystem etabliert ist und erfolgreich verwendet wird, so kann es deshalb selbstverständlich beibehalten werden.

VORBEMERKUNGEN

Grundsätzlich lassen sich zwei verschiedene metrische Strukturen unterscheiden:

Die Unterteilung der Zeit *zwischen* den Schwerpunkten

mit *einer* leichten Zeit:

Zweier-Metrum oder gerades Metrum (auf einen großen Schlag kommen zwei kleine Schläge).

mit *zwei* leichten Zeiten:

Dreier-Metrum oder ungerades Metrum (auf einen großen Schlag kommen drei kleine Schläge).

Taktarten fassen diese beiden grundlegenden Metren zu musikalisch sinnvollen, zum Teil größeren Einheiten zusammen, etwa im 2/4-Takt, 2/2-Takt, 3/4-Takt, 4/4-Takt, 6/8-Takt, 9/8-Takt usw. Dabei wird deutlich, dass die großen Schläge („du") nicht gebunden sind an einen bestimmten Notenwert (etwa eine Viertelnote), sondern im Zusammenhang der jeweiligen Taktart und des Tempos gehört und empfunden werden:

Gerade Metren in verschiedenen Taktarten:

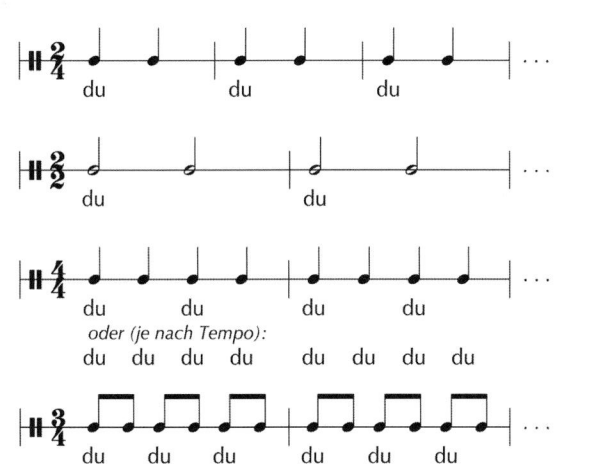

Ungerade Metren in verschiedenen Taktarten:

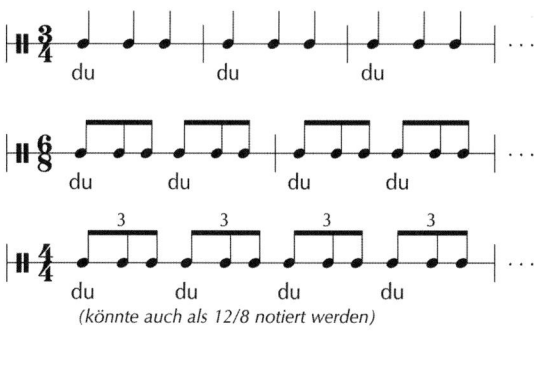

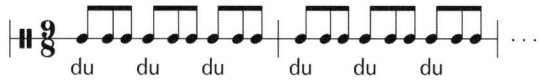

Das System der Rhythmus-Silben von Edwin E. Gordon bezeichnet die Schwerpunkte bzw. großen Schläge mit „du", die gerade Unterteilung zwischen zwei Schwerpunkten mit „dei" (gesprochen: „deï", wie im englischen Monatsnamen *May*) und die ungerade Unterteilung mit „da" und „di". Die jeweils nächst-kleinere gerade Unterteilung erhält die Silbe „te" (gesprochen wie im Wort „No**te**"). Im Zusammenhang konkreter Musikstücke könnten die Rhythmen einer Stimme z. B. so aussehen:

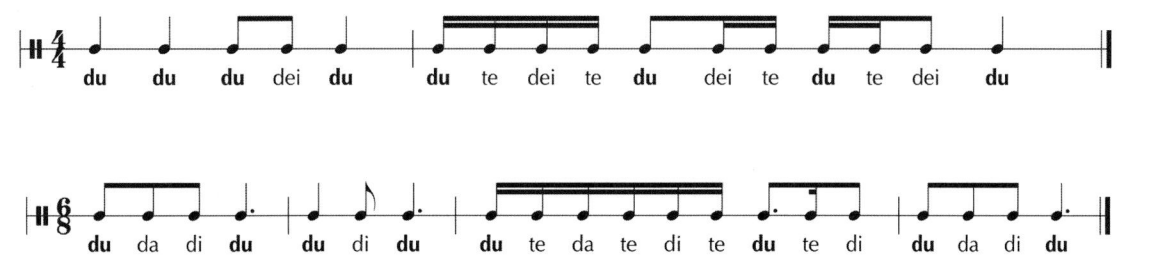

RHYTHMISCHE KOMPETENZ

Die Schüler lernen zunächst einfache, später zunehmend komplexe Rhythmen mit Hilfe dieser Silben zu hören und auszuführen. Entsprechend dem Grundsatz „sound before sight" tritt die Notation erst erheblich später hinzu – nämlich erst dann, wenn die Schüler einen rhythmischen „Sprachschatz" musikalisch aktiv beherrschen.

Während bei Solmisationssilben für Tonhöhen mit dem Überschreiten des diatonischen Raums die Vorteile zunehmend schwinden, gibt es eine vergleichbare Grenze der Komplexität für Rhythmen und Rhythmus-Silben nicht. Deshalb können die Rhythmus-Silben auch in Verbindung mit den traditionellen Bezeichnungen für die Tondauern weitergeführt werden und sich später etwa bei Timing- und Groove-Problemen als hilfreich erweisen. Der logische Bezug zur Taktposition zeigt sich nämlich besonders bei Überbindungen, Synkopen und Punktierungen. In folgendem Beispiel erhält jede Synkope die gleiche Silbe „dei", gleich ob sie als Viertel oder Achtel ausgeführt wird:[4]

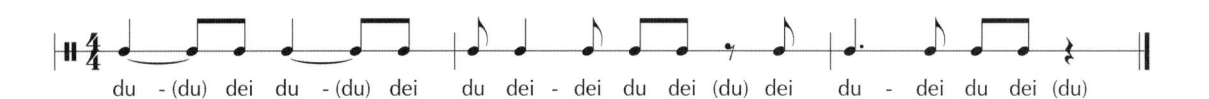

du -(du) dei du -(du) dei du dei - dei du dei (du) dei du - dei du dei (du)

Auf der Grundlage der Kompetenzen, die die Schüler im Durchgang durch die sieben Rhythmusbausteine erwerben, können bei Bedarf später auch komplexere Metren und Rhythmen erarbeitet werden. Z. B. können griechische oder bulgarische Lieder im 7/8- oder 7/4-Takt (etwa „Posakala mila mama", in: SING & SWING: DAS Liederbuch, 1. Aufl., S. 87) oder auch alpenländische „Zwiefache" sehr leicht mit Hilfe von Zusammensetzungen aus „du dei" und „du da di" geübt werden.

Auch Triolen sind auf diesen Grundlagen aufbauend leicht zu üben:

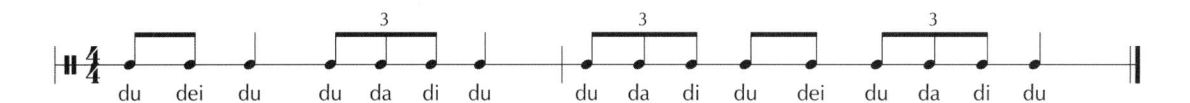

du dei du du da di du du da di du dei du da di du

Solche komplexen Metren und Rhythmen werden in den folgenden Rhythmus-Bausteinen nicht einbezogen. Sie können anlässlich der Erarbeitung entsprechender Lieder und Spielstücke ohne großen Aufwand nach dem Muster der in Baustein 1 ausführlich beschriebenen Übungen selbst entwickelt werden.

Literatur zur Unterrichtspraxis mit Rhythmus-Silben:

Bähr, Johannes/Gallus, Hans Ulrich/Gies, Stefan/Jank, Werner/Nimczik, Ortwin: Musikalische Fähigkeiten aufbauen. In: Jank, Werner (Hrsg.): Musik-Didaktik. Praxishandbuch für die Sekundarstufe I und II. Berlin [4]2002, S. 101–113.

Schiffels, Herbert: Rhythmus-Training. Spielheft (Applaus Heft 18). Stuttgart 2002.

Süberkrüb, Almuth: Patternspiele 1. Eigenverlag. Oberbiel 2007.

---

[4] Die in Klammer geschriebenen Silben werden nur gedacht. Dies gilt auch für alle Pausen.

ÜBERBLICK MIT LIEDERLISTE

Die folgende Übersicht über den Aufbau und die verwendeten Lieder soll helfen, Lieder vorausschauend zu erarbeiten: Lieder, an denen die Schüler später bestimmte Inhalte erarbeiten (die sie z. B. notieren sollen), können bereits zu einem früheren Zeitpunkt gesanglich erarbeitet werden. Die Erarbeitung von Liedern wird dadurch zu einem Prinzip und begleitet die Übungen grundsätzlich. Auf diese Weise lässt sich leicht vermeiden, dass das Üben mit Patterns zu lange isoliert den Unterricht dominiert.

Bei Berücksichtigung des Jahreslaufs (Erntedank, Weihnachten, Winteranfang bzw. -ende, Ostern usw.) können entsprechende Lieder ergänzt werden oder an die Stelle der von uns vorgeschlagenen Lieder treten, sofern sie etwa vergleichbare Funktionen einnehmen können (z. B. Lieder mit Synkopen im geraden Metrum).

BP = Bodypercussion-Stücke: Sie können zur beiliegenden Audioaufnahme mitgespielt werden.

KA = Klassenarrangement: Für diese Stücke steht ein mehrstimmiges Arrangement für Klassenorchester auf der CD+ zur Verfügung (Partitur, transponierte Einzelstimmen sowie ein Playback des Stücks). Zur besseren Übersicht sind sowohl im Lehrerband als auch im Schülerheft nur Melodie und Bodypercussion-Stimme abgedruckt.

Gliederung	Übungen	Lieder und Stücke	Seite
Baustein 1: Gerades Metrum: Zwei kleine Schläge auf einen großen Schlag	Übung 1: Hören und imitieren mit neutraler Silbe		69
	Übung 2: Hören und imitieren mit Rhythmussprache		71
	Übung 3: Übersetzen in Rhythmussprache		72
	Übung 4: Vertiefen durch Verändern und Erfinden		73
	Übung 5: Vertiefen durch kreatives Spielen und Experimentieren mit rhythmischen Patterns		73
	Übung 6: Ein kleines Rondo improvisieren		75
	Übung 7: Noten lesen		76
	Übung 8: Gruppenrhythmus		77
	Übung 9: Verbindung der Pattern-Rhythmen mit einem Lied	Sascha	78
	Übung 10: Pattern-Rhythmen als Begleitung		79
	Übung 11: „Three Sounds" – ein Stück für Bodypercussion	Three Sounds (BP)	80
	Übung 12: Rondo alla turca (W. A. Mozart)	Rondo alla turca (BP)	81
	Übung 13: Ouvertüre aus „Die Entführung aus dem Serail" (W. A. Mozart)	Ouvertüre aus „Die Entführung aus dem Serail" (BP)	82

	Übung 14 (optional): Der Pattern-Rangierbahnhof		83
	Übung 15: Noten schreiben: Das Schlagzeug		86
	Übung 16: My Three Sounds	My Three Sounds	89
	Übung 17: Ein eigenes Rhythmusarrangement		89
Baustein 2: Ungerades Metrum: Drei kleine Schläge auf einen großen Schlag (Teil 1) ♩♩ ⁶⁄₈ ♩. ♩. ♩♩♩ ♩. 　　du　du　du da di　du oder ♩♩ ⁶⁄₄ ♩. ♩. ♩ ♩ ♩ ♩. 　　du　du　du da di　du	Übungen 1 bis 6 wie in Baustein 1		91
	Übung 7: Noten lesen		93
	Übung 8: Gruppenrhythmus		93
	Übung 9: Verbindung der Pattern-Rhythmen mit einem Lied	Ein Loch ist im Eimer	94
	Übung 10: Pattern-Rhythmen als Begleitung		95
	Übung 11: Schnecken-Blues	Schnecken-Blues (BP)	96
	Übung 12: „My Bonnie Is Over the Ocean" und optional „Memory" (Andrew Lloyd Webber)	My Bonnie Is Over the Ocean (KA) Memory (KA)	97
	Übung 13: Stomp and Clap	Stomp and Clap (BP)	99
	Übung 14: Noten schreiben	Lucky Spaces (BP)	100
	Übung 15: Eigenes Rhythmus-Arrangement		101
Baustein 3: Große Schläge mit Verlängerung: Punktierung im geraden Metrum ♩♩ ⁴⁄₄ ♩. ♪ ♩ ♩ ♩. ♪ ♩ 　　du dei du du　du dei du oder ♩♩ ²⁄₂ ♩. ♩ ♩ ♩. ♩ o 　　du dei du du　du dei du	Übungen 1 bis 6 wie in Baustein 1		103
	Übung 7: Noten lesen		105
	Übung 8: Gruppenrhythmus		106
	Übung 9: Verbindung der Pattern-Rhythmen mit einem Lied	Lied nach Auswahl der Klasse oder des Lehrers	106
	Übung 10: Pattern-Rhythmen als Begleitung		106
	Übung 11: Trumpet Voluntary (Jeremiah Clarke)	Trumpet Voluntary (BP)	107
	Übung 12: Michael Row the Boat Ashore	Michael Row the Boat Ashore	109
	Übung 13: Sailing (Rod Steward)	Sailing (KA)	110

	Übung 14: Noten schreiben		111
	Übung 15: Eine Rhythmusbegleitung erfinden	Nehmt Abschied Brüder	112
Baustein 4: Synkopen im geraden Metrum	Übungen 1 bis 4 wie in Baustein 1		114
	Übung 5: Noten lesen		115
	Übung 6: Verbindung der Pattern-Rhythmen mit einem Lied		116
oder	Übung 7: Pattern-Rhythmen als Begleitung		117
	Übung 8: Tomaten-Tango	Tomaten-Tango (BP)	117
	Übung 9: Synkopen-Memory		118
	Übung 10: The Entertainer (Scott Joplin)	The Entertainer (KA)	120
	Übung 11: „Stolperfalle" – Noten schreiben	Stolperfalle (BP)	122
	Übung 12: Nobody Knows the Trouble I've Seen	Nobody Knows the Trouble I've Seen	123
	Übung 13: Mein Tomaten-Tango	Mein Tomaten-Tango (BP)	124
Baustein 5: Ungerades Metrum: Drei kleine Schläge auf einen großen Schlag (Teil 2)	Übungen 1 bis 3 wie in Baustein 1		126
	Übung 4: Verändern und erfinden		127
	Übung 5: Noten lesen		128
	Übung 6: Verbindung der Pattern-Rhythmen mit einem Lied	Wir reiten geschwinde	129
oder	Übung 7: Pattern-Rhythmen als Begleitung		130
	Übung 8: Wir fahren übers weite Meer	Wir fahren übers weite Meer (KA)	130
oder	Übung 9: Noten schreiben		132
	Übung 10: Eine Rhythmusbegleitung erfinden		133
	Übung 11: Der 3/4-Takt		134
	Übung 12: Scarborough Fair	Scarborough Fair (KA)	135
	Übung 13: Noten im 6/8- und 3/4-Takt schreiben		136

Baustein 6: Gerades Metrum: Weitere Unterteilung der kleinen Schläge du du te dei te du dei du oder du du te dei te du dei du	Übungen 1 bis 4 wie in Baustein 1		138
	Übung 5: Noten lesen		139
	Übung 6: Verbindung der Pattern-Rhythmen mit einem Lied	Ein Jäger längs dem Weiher ging	140
	Übung 7: Pattern-Rhythmen als Begleitung		141
	Übung 8: Musette (J. S. Bach)	Musette (BP)	142
	Übung 9: What Shall We Do With the Drunken Sailor	What Shall We Do With the Drunken Sailor (KA)	143
	Übung 10: Noten schreiben		145
	Übung 11: Unser Begleitrhythmus		146
Baustein 7: Swing & Co.: Ternäre Rhythmen du du (da) di du (da) di du bzw. du du di du di du	Übungen 1 bis 7 wie in Baustein 1		149
	Übung 8: Verbindung der Pattern-Rhythmen mit einem Lied		150
	Übung 9: Pattern-Rhythmen als Begleitung		151
	Übung 10: Swing auf dem Schlagzeug		151
	Übung 11: Rhythmisches Begleiten nach Noten	Turnaround	152

BAUSTEIN 1

GERADES METRUM: ZWEI KLEINE SCHLÄGE AUF EINEN GROSSEN SCHLAG

Ausgangspunkt sind Patterns mit großen und kleinen Schlägen im geraden Takt (▷ S. 90)

- Einfache Rhythmuspatterns werden vor- und nachgesprochen.
- Die Rhythmen werden auf Bodypercussion übertragen.
- Dann werden die Patterns als Vor-/Zwischen-/Nachspiele oder Begleitung mit Liedern verknüpft, die der Klasse schon bekannt sind oder die gerade gelernt werden (z. B. „Sascha", S. 78).
- Ab Ebene 5 („Noten lesen") nimmt das gemeinsame Musizieren mit Noten großen Raum ein: Stücke für Bodypercussion, Mitspielstücke zu Werken der Musikliteratur, Klassenarrangements für variables gemischtes Instrumentarium zu bekannten Stücken, kreatives Spielen und Experimentieren mit Rhythmen.
- Auf Ebene 6 („Noten schreiben") können die Schüler nun selbständig mit den gelernten Rhythmen umgehen. In Verbindung mit Rhythmusinstrumenten können sie z. B. eigene rhythmische Liedbegleitungen zusammenstellen.

HÖREN UND IMITIEREN MIT NEUTRALER SILBE — ÜBUNG 01

Ziel:
Rhythmuspatterns nachmachen können (Vorübung zum Erlernen einer Rhythmussprache)

Aufgabe:
Eintaktige Patterns auf neutrale Silbe („ba") hören und nachsprechen

Zeitbedarf:
5 bis max. 10 Minuten, in mehreren Stunden mit steigender Schwierigkeit wiederholen

Material/Medien:
Rhythmusinstrumente; SH S. 2 Aufgabe 1 und 2;
CD/MP3 B1 (Rhythmuspatterns); CD/MP3 B2 (Spinning Wheel);
CD-A, Video B1 (Spezialpattern-Spiel)

Rhythmen hören und imitieren

DURCHFÜHRUNG

Methodische Hinweise zur Patternarbeit in allen Bausteinen des Bereichs B ▷ S. 61 f.
Warm-up: Bewegungsübung aus Teil A, Baustein 4 (S. 37)

Schritt 1

- Ohne verbale Erklärungen ein eintaktiges Pattern aus großen und kleinen Schlägen auf neutraler Silbe („ba") vorsprechen und dabei auf sich deuten:

  Beispiel:

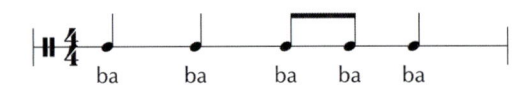

  [Notenbeispiel: 4/4-Takt, ba ba ba ba ba]

- Dabei die großen Schläge in den Füßen hörbar mitlaufen lassen.
- Am Ende des Patterns mit den Händen auf die Klasse deuten und die Schüler so zum Nachsprechen auffordern.
- Nach der Wiederholung durch die Klasse folgt das nächste Pattern. Darauf achten, dass keine Pause entsteht und das Metrum durchläuft.
- Es sollen auch Gruppen und Einzelne zum Nachsprechen aufgefordert werden.

Aufgabe im Schülerheft

- Begriffe „Grundschlag" und „Rhythmus" im Lexikon definieren.
- Patterns mit Hilfe der Aufnahme üben.

Schritt 2

Das **Spezialpattern-Spiel** dient dem inneren Hören und dem Einprägen von Patterns. Zur Veranschaulichung wird das Spiel als Video-Film gezeigt.[5] Die meisten Klassen lieben es, seine spielerische Form wirkt sehr motivierend, vor allem, weil die Schüler nach einigen Stunden den Lehrer schlagen können. Die Schwierigkeit soll dann durch Variieren der Dynamik und des Tempos erhöht werden, sodass das Wiedererkennen des Spezialpatterns schwerer fällt. Das Spiel soll mit den rhythmischen Inhalten der weiteren Bausteine immer wieder eingesetzt werden.

- Ausgangspunkt ist das zuletzt gesprochene Pattern (Schritt 1). Einzelne Schüler zum Vorsprechen dieses Patterns auffordern, die ganze Klasse wiederholt es.
- Das Spiel erklären, etwa wie folgt: „Dies ist heute unser Spezialpattern. Wir spielen jetzt folgendes Spiel: Ich spreche etwas vor, ihr sprecht es nach. Wenn aber unser spezielles Pattern kommt, dann wiederholt ihr es nicht laut, sondern schweigt und denkt euch die Wiederholung nur!"
- Verschiedene Patterns vor- und nachsprechen, wie in Schritt 1 beschrieben – darunter auch das Spezialpattern.
- Wenn ein oder mehrere Schüler das Spezialpattern doch wiederholen, bekommt der Lehrer einen Punkt, wenn alle Schüler schweigen, die Klasse. Wer zuerst drei Punkte hat, gewinnt.

---

[5] Die Videoaufnahmen zeigen exemplarisch den Ablauf der Übungen „Spezialpattern-Spiel" (Übung 1), „Verfolgungsjagd" (Übung 2) und „Improvisations-Rondo" (Übung 6) im 4/4-Takt. Diese Spiele und Übungen werden auch in den folgenden Bausteinen eingesetzt, dort jedoch angepasst an die Rhythmen, die Gegenstand des jeweiligen Bausteins sind. Das Prinzip der Übungen und die Methodik der Erarbeitung bleiben jedoch immer gleich.

GERADES METRUM: ZWEI KLEINE SCHLÄGE AUF EINEN GROSSEN SCHLAG

Schritt 3

- Ein der Klasse bekanntes Lied im geraden Takt gemeinsam singen, nach jeder Strophe das Spezialpattern viermal klatschen.
- Anschließend das Spezialpattern auf verschiedene Körperklänge wie Stampfen, Klatschen oder Patschen verteilen und als Begleitung zum gesungenen Lied spielen. Zusätzlich können einige Schüler das Pattern auf Rhythmusinstrumente übertragen.

Aufgabe im Schülerheft

Spezialpattern zu „Spinning Wheel" spielen.

HÖREN UND IMITIEREN MIT RHYTHMUSSPRACHE — ÜBUNG 02

Ziel:
Erlernen einer Rhythmussprache (Hinführung) und Übertragung auf Instrumente

Aufgabe:
Eintaktige Patterns mit Rhythmussprache hören, nachsprechen und variabel anwenden

Zeitbedarf:
10–15 Minuten, in mehreren Stunden mit steigender Schwierigkeit wiederholen

Material/Medien:
Stabspiele; Rhythmusinstrumente; SH S. 2 Aufgabe 3;
CD/MP3 B3 (Rhythmuspatterns);
CD-A, Video B2–B4 (Verfolgungsjagd)

Hören und imitieren mit Rhythmussprache
Rhythmen hören und imitieren

RHYTHMISCHE KOMPETENZ

DURCHFÜHRUNG

Schritt 1

Verschiedene Patterns, die die Schüler aus Übung 1 schon kennen, nun auf Rhythmussilben vor- und nachsprechen, z. B.:

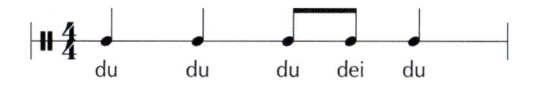

du   du   du dei   du

Aufgabe im Schülerheft

Patterns in Rhythmussprache nachsprechen.

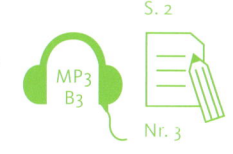

Schritt 2

Spezialpattern-Spiel in der Rhythmussprache.

Erweiterungen und Varianten

Verfolgungsjagd, einfacher Ablauf
a) Ein Pattern klatschend im Kreis (oder in der Sitzordnung) von einem zum nächsten Schüler im Puls weitergeben.
b) Ein Pattern in der Rhythmussprache gesprochen im Kreis weitergeben.
c) Dasselbe mit Stabspielen

Verfolgungsjagd, komplexere Variante
Ein zweites Pattern mit einem anderen Körperklang folgt. Erstes Pattern (leise) klatschen und sprechen, zweites Pattern (leise) patschen und sprechen. Weitere Möglichkeit: Zweites Pattern in Gegenrichtung weitergeben (Achtung: Überschneidung beim Aufeinandertreffen beider Patterns!).

Gestaltung mit dem Spezialpattern
Ein Spezialpattern kann als Teil eines kleinen Arrangements oder als Zwischenspiel für ein Lied dienen (zum Einüben des Ablaufs mit Rhythmussprache sprechen). Es kann auch als Ostinato zu einem vom Lehrer gespielten oder von der Klasse gesungenen Lied geklatscht werden (dazu evtl. die Klasse teilen: die eine Hälfte singt das Lied, die andere Hälfte klatscht das Pattern).

Übertragung auf Instrumente
Bekannte Patterns auf Instrumenten spielen, zunächst auf Percussioninstrumenten (Rhythmussilben erst laut, später leise dazu sprechen). Später auch einfache Melodien auf Stabspielen, evtl. mit Dreiklängen (die Dreiklangstöne auf verschiedene Spieler verteilen und simultan spielen), Dreiklangsfolgen. Möglichst als Begleitpatterns zu Liedern oder Spielstücken nutzen.

Erweiterung
Partnerarbeit: In einer Folgestunde Schritt 1 von Übung 2 oben eigenständig in Partnerarbeit ausführen: Ein Schüler erfindet ein Pattern in Rhythmussprache, der andere wiederholt es. Die Vormacher-Rolle wechseln.

ÜBUNG 03 — ÜBERSETZEN IN RHYTHMUSSPRACHE

Ziel:
Erlernen einer Rhythmussprache (Üben und Anwenden)

Aufgabe:
Eintaktige Patterns mit neutraler Silbe hören und in die Rhythmussprache „übersetzen"

Zeitbedarf:
Ca. 5 Minuten je Stunde, in einigen Folgestunden wiederholen

Material/Medien:
SH S. 2 Aufgabe 4; CD/MP3 B1 (Rhythmuspatterns)

- Übersetzen in Rhythmussprache
- Hören und imitieren mit Rhythmussprache
- Rhythmen hören und imitieren

DURCHFÜHRUNG

Schritt 1
Ein Pattern auf neutraler Silbe („ba") vorsprechen: „Wer kann es mit ‚du' und ‚du dei' in die Rhythmussprache übersetzen?"

Hinweise

- Zum Einstieg am besten das Spezialpattern der vergangenen Stunde aufgreifen, denn dieses haben die meisten Schüler gut in Erinnerung.
- Bei Patternwechsel möglichst immer im Puls bleiben und auch die „Übersetzung" der Schüler im fortlaufenden Puls einfordern. Evtl. in den Füßen die großen Schläge mitlaufen lassen.

Schritt 2
Weitere Patterns auf neutraler Silbe vorsprechen. Zunächst von allen gemeinsam, dann von Einzelnen in die Rhythmussprache übersetzen lassen, dabei zunächst die Antwort mitsprechen.

Aufgabe im Schülerheft
Patterns in Rhythmussprache übersetzen

GERADES METRUM: ZWEI KLEINE SCHLÄGE AUF EINEN GROSSEN SCHLAG

VERTIEFEN DURCH VERÄNDERN UND ERFINDEN — ÜBUNG 04

Ziel:
Festigung der Rhythmussprache und kreatives Einsetzen rhythmischer Patterns

Aufgabe:
Mit eintaktigen Patterns improvisieren

Zeitbedarf:
Ca. 5–10 Minuten – je nach Variante auch länger, in mehreren Stunden mit steigender Schwierigkeit wiederholen

Material/Medien:
SH S. 3 Aufgabe 5 und 6; CD/MP3 B3 (Rhythmuspatterns); CD/MP3 B2 („Spinning Wheel")

- Verändern und erfinden
- Übersetzen in Rhythmussprache
- Hören und imitieren mit Rhythmussprache
- Rhythmen hören und imitieren

RHYTHMISCHE KOMPETENZ

DURCHFÜHRUNG

Schritt 1

Ein eintaktiges Pattern auf „du" und „du dei" vorsprechen. Aufgabe: Die Schüler antworten mit einem beliebigen *anderen* eintaktigen Pattern auf „du" und „du dei" – alle zugleich.

Hinweis

Durch die Geräuschkulisse der gleichzeitigen Schülerantworten kann der Einzelne sein eigenes Pattern im akustischen Schutz der Gruppe ausprobieren.

Schritt 2

Einen eintaktigen Rhythmus vorsprechen, nun aber Gruppen (z. B. eine Klassenhälfte, eine Sitzreihe o. Ä. durch Gesten einteilen) oder Einzelne zur Antwort mit einem eigenen Pattern auffordern.

Aufgaben im Schülerheft

- Vorgesprochene Patterns mit einem eigenen Pattern beantworten.
- Ein eigenes Pattern zu „Spinning Wheel" improvisieren.

S. 3
MP3 B3 B2
Nr. 5
Nr. 6

VERTIEFEN DURCH KREATIVES SPIELEN UND EXPERIMENTIEREN MIT RHYTHMISCHEN PATTERNS — ÜBUNG 05

Ziel:
Festigung der Rhythmussprache und kreativer Umgang mit rhythmischen Patterns

Aufgabe:
In verschiedenen Varianten Patterns improvisieren, audiieren und verändern

Zeitbedarf:
Ca. 5–10 Minuten – je nach Variante auch länger, in mehreren Stunden mit steigender Schwierigkeit wiederholen

Material/Medien:
Keine

HELBLING — Music Step by Step

DURCHFÜHRUNG

Variante 1: **Partnerarbeit** (ca. 3–5 Minuten)

- Die Schüler befragen sich gegenseitig in der Rhythmussprache mit einem beliebigen Pattern, wobei die Antwort stets anders als die Frage sein muss.
- Drei oder vier Paare machen dies zunächst exemplarisch vor, dann gehen alle herum und „unterhalten" sich auf diese Weise mit wechselnden Partnern.

Variante 2: **Motivabspaltung** (ca. 5–10 Minuten)

- Zu zweitaktigen Patterns übergehen. Ein zweitaktiges Pattern vorsprechen. Die Schüler wiederholen den Rhythmus über die letzten vier großen Schlägen (= zweiter Takt) und fügen einen neuen Rhythmus über vier weitere große Schläge an (also wiederum einen ganzen Takt). Wie in Übung 4, Schritt 1, vollziehen dies alle Schüler gleichzeitig.

Tipp:
In den Füßen die großen Schläge mitlaufen lassen!

- Das Prinzip zwischen Lehrer und Einzelnen üben.
- Die Pattern-„Metamorphosen" durch den Kreis wandern lassen: Der Nachbar greift den Rhythmus der letzten vier Schläge des vorigen Schülers auf und fügt eine eigene Ergänzung über vier Schläge an. Diese Ergänzung greift der Nächste auf etc.
- Anspruchsvollere Variante: Dies mit jeweils zwei Schlägen ausführen, also innerhalb eines einzigen Taktes.

Variante 3: **Patternkoffer packen** (ca. 5–10 Minuten)

- Alle patschen die großen Schläge „du du du du" auf die Oberschenkel.
- Analog zum Spiel „Kofferpacken" beginnt der erste Spieler dazu mit einem eigenen Pattern in Rhythmussprache gesprochen.
- Der nächste Schüler wiederholt dieses Pattern und fügt ein zweites, anderes hinzu.
- Der dritte Schüler wiederholt beide zuvor erklungenen Patterns und erfindet ein weiteres Pattern.
- Anschließend wiederholt die ganze Klasse alle drei Patterns.
- Neubeginn beim nächsten Schüler.
- Erweiterung: Das Spiel kann nach Belieben um einen oder zwei Schüler erweitert werden.

Beispiel:

Alle	du	du	du	du									
Person 1	du	du dei	du	du									
Person 2	du	du dei	du	du	du dei	du	du dei	du					
Person 3	du	du dei	du	du	du dei	du	du dei	du	du	du dei	du dei	du
Alle wiederholen	du	du dei	du	du	du dei	du	du dei	du	du	du dei	du dei	du

GERADES METRUM: ZWEI KLEINE SCHLÄGE AUF EINEN GROSSEN SCHLAG

EIN KLEINES RONDO IMPROVISIEREN

ÜBUNG 06

Ziel:
Festigung der Rhythmussprache und kreatives Einsetzen rhythmischer Patterns

Aufgabe:
In verschiedenen Varianten Patterns in Form eines einfachen Rondos improvisieren

Zeitbedarf:
Ca. 5–10 Minuten – je nach Variante auch länger, in mehreren Stunden mit steigender Schwierigkeit wiederholen

Material/Medien:
Stabspiele, evtl. Percussion- und Melodieinstrumente; CD-A, Video B 5–7 (Improvisationsrondo)

DURCHFÜHRUNG

Ein gemeinsames Pattern als „Refrain" in Rhythmussprache einüben, z. B.:

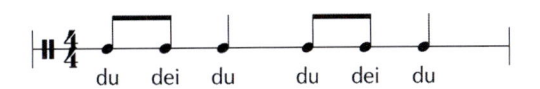

(Notenbeispiel: 4/4-Takt – du dei du du dei du)

Alle sprechen gemeinsam dieses Pattern im Wechsel mit Einzelnen, die ein selbst gewähltes anderes Pattern als eintaktiges „Solo" sprechen: Refrain (= Tutti) – Couplet (= Solo) – Refrain – …

B5

Variante 1: mit Bodypercussion

Übertragung auf Bodypercussion: Das gemeinsame Pattern klatschen, die Soli auf die Oberschenkel patschen oder auf den Tisch schlagen, dazu stets in Rhythmussprache sprechen.

B6

Variante 2: tonal

Übertragung auf die Singstimme: Den Refrain auf neutraler Silbe (z. B. „na" oder „don") mit einer leichten Melodie singen – im Couplet improvisieren Einzelne auf einem Ton (z. B. dem Grundton oder der Quinte).

Beispiel:

(Notenbeispiel: Alle – Solo (auf g1))

Erweiterungen

a) Patterns als einfache Dreiton- oder Dreiklangsmelodien auf Instrumente übertragen: Die Klasse spielt den Tutti-Teil und einzelne Schüler improvisieren ein Solo-Pattern. Rhythmussilben dazu sprechen, eventuell erst laut, dann leise, dann nur in der Vorstellung.

b) Die Übertragung der geübten Patterns auf Instrumente bietet viele Anknüpfungsmöglichkeiten zur Instrumentenkunde.

B7

RHYTHMISCHE KOMPETENZ

ÜBUNG 07 — NOTEN LESEN

Ziel:
Einführung in erste Elemente der Notenschrift: „du – dei", hier in Verbindung mit Viertel- und Achtelnoten

Aufgabe:
Rhythmuspatterns aus Viertel- und Achtelnoten lesen und in verschiedenen Umgangsweisen musikalisch ausführen

Zeitbedarf:
Ca. 5–10 Minuten, in mehreren Stunden mit steigender Schwierigkeit wiederholen, zusätzliche Zeit für die Anwendungen (siehe unten)

Material/Medien:
SH S. 3 Aufgabe 7 und 8;
CD/MP3 B4 (Hör-Rätsel aus den Rhythmuspatterns 1)

- Noten lesen
- Verändern und erfinden
- Übersetzen in Rhythmussprache
- Hören und imitieren mit Rhythmussprache
- Rhythmen hören und imitieren

DURCHFÜHRUNG

Ein Hinweis vorweg

Die Rhythmussilben „du" und „dei" beschreiben *nicht* bestimmte Notenwerte, sondern das Verhältnis von zwei benachbarten Notenwerten. Das *kann* sich auf Viertel- und Achtelnoten beziehen (wie in dieser Übung), muss es aber nicht. In anderen Zusammenhängen können „du" und „dei" auch halbe Noten und Viertelnoten bedeuten (z. B. in einem 2/2-Takt). Zur genaueren Erläuterung ▷ S. 63.

Schritt 1

Patterns zu Rhythmusbaustein 1 (▷ S. 90) projizieren.

Eines der Patterns in Rhythmussprache vorsprechen. Alle suchen dieses Pattern im Notenbild und identifizieren die richtige Nummer. Dann dieses Pattern vor- und nachsprechen. Ebenso mit weiteren Patterns verfahren.

Aufgabe im Schülerheft

Rhythmen mit Rhythmussilben lesen, Reihenfolge herausfinden und Lösungswort ins Lexikon eintragen.

Schritt 2

Nach dem Einzählen Ketten von zwei oder mehreren Patterns gemeinsam sprechen, auch in Gruppen (Fensterseite, Türseite, Mädchen, Jungen etc.), als Kanon usw.

Schritt 3

In der nächsten Stunde die Patterns dann in anderer Reihenfolge lesen und sprechen.

Variante

Die Patterns als Bodypercussion ausführen, z. B. jeweils zwei Patterns stampfen, zwei klatschen, zwei schnipsen.

ERLÄUTERUNG

- Vom Erlernen der Rhythmussprache (Ebenen 2 und 3) und ihrer Festigung durch Improvisationsübungen (Ebene 4) ist es nur ein kleiner Schritt zum sicheren Lesen notierter Rhythmen (Ebene 5).
- Die Notenschrift wird in Ebene 5 ohne weitere Erklärungen einfach angewendet. Erläuterungen ihrer Elemente, Begriffe, Schreibweise usw. erfolgen erst im Anschluss auf Ebene 6 („Noten schreiben"). Ausgehend von der Folie mit Patterns bieten sich viele variantenreiche Möglichkeiten zum Musizieren und Anwenden des Gelernten in Liedern und Spielstücken.

METHODISCHER HINWEIS

Das Einzählen im Metrum und Tempo der anschließenden Patterns wird für die Schüler noch klarer, wenn es als rhythmisierte Ansage erfolgt, z. B.:

Num - mer zwei, fer - tig und:

GRUPPENRHYTHMUS — ÜBUNG 08

Ziel:
Audiation und Wiedererkennung von Patterns

Aufgabe:
Eigenständiges Lesen und Memorieren von Patterns, anschließend über das Gehör die Patterns der Mitschüler als gleich oder anders identifizieren

Zeitbedarf: Ca. 10 Minuten

Material/Medien:
CD-A Patternkärtchen; Karteikarten im Klassensatz

DURCHFÜHRUNG

Vorbereitung: Einen Klassensatz Karteikarten mit Patterns herstellen (insgesamt 8 verschiedene Patterns, je 1 pro Karte).

Schritt 1
An jeden Schüler eine Rhythmuskarte austeilen. Jeder Schüler lernt „sein" Pattern auswendig.

Schritt 2
Die Schüler gehen im Raum umher. Wenn zwei Schüler sich treffen, begrüßen sie sich, indem zuerst der eine, dann der andere sein Pattern spricht.

Schritt 3
Haben zwei Schüler das gleiche Pattern, so bleiben sie zusammen und suchen nach weiteren Gruppenmitgliedern. Die Gruppe, die zuerst vollständig ist, gewinnt.

ÜBUNG 09 — VERBINDUNG DER PATTERN-RHYTHMEN MIT EINEM LIED

Ziel:
Patterns als rhythmisches Gestaltungsmittel im musikalischen Zusammenhang erfahren

Aufgabe:
Singen von Liedern und rhythmisches Begleiten nach Noten in verschiedenen Varianten

Zeitbedarf:
In 2–3 Stunden ca. 5 Minuten

Material/Medien:
Rhythmusinstrumente; SH S. 4 Aufgabe 9 (Lexikon)

DURCHFÜHRUNG

Eine Hälfte der Klasse singt die erste Strophe eines bereits bekannten Liedes, die andere klatscht oder patscht eine Auswahl aus den Patterns 1–8 (Rhythmusbaustein 1), die der Lehrer an der projizierten Folie zeigt. Zur zweiten Strophe wird gewechselt.

Ein Beispiel (das Vor- und Zwischenspiel wird von allen Schülern gemeinsam – ohne zusätzlich geklatschtes Pattern – ausgeführt):

Sascha

M.: trad. aus Russland
Text 1. Str.: trad.
Dt. Text 2–4. Str.: A. B. Kraus
© Fidula

S. 4
Nr. 9

1. Sa - scha geiz - te mit den Wor - ten ü - ber - all und al - ler - or - ten,
konn - te ho - he Bo - gen spu - cken, fröh - lich mit den Oh - ren zu - cken.

Ref.: Nja, nja, nja, nja, nja, nja, nja, nja, nja, nja, nja, nja, nja. nja. Hei!

2. Saschas Vater wollt' mit Pferden
reich und wohlbehäbig werden,
viele drehten manche Runde,
zehn Kopeken in der Stunde.

3. Sascha liebte nur Geflügel,
Rosse hielt er streng am Zügel,
tat sie striegeln oder zwacken
an den beiden Hinterbacken.

4. Und die kleinen Pferdchen haben
Sascha, diesen Riesenknaben,
irgendwo herum gebissen
und die Hose ihm zerrissen.

▶ Begleitpattern für Klavier: CD-A, Pattern Nr. 1

Varianten und Erweiterungen

- Das Lied am Klavier spielen, die ganze Klasse führt die Patterns in einer zuvor verabredeten Reihenfolge aus, ohne zu singen.
- Eine Auswahl an Patterns, z. B. Nr. 1 bis 4, als Zwischenspiel in dieses oder ein anderes bekanntes Lied einfügen.
- Zu einem bekannten Lied eine einfache Rhythmusbegleitung aus den geübten Patterns gemeinsam arrangieren (für Bodypercussion oder mit Rhythmusinstrumenten).

GERADES METRUM: ZWEI KLEINE SCHLÄGE AUF EINEN GROSSEN SCHLAG

PATTERN-RHYTHMEN ALS BEGLEITUNG

ÜBUNG 10

Ziel:
Audiation und Wiedererkennung von Patterns

Aufgabe:
Rhythmisches Begleiten von Musik in verschiedenen Varianten

Zeitbedarf:
Ca. 10 Minuten

Material / Medien:
Rhythmusinstrumente; CD-B 5 und 6 (Maple Leaf Rag; Rondo alla turca)

DURCHFÜHRUNG

Zu ausgewählter Musik verschiedener Genres einzelne Patterns (Rhythmusbaustein 1) mit Klatschen, Tippen oder mit anderen Körperklängen ausführen. Der Lehrer zeigt auf Folie verschiedene passende Patterns, die von der Klasse gespielt werden. Je nach Musik können auch Rhythmusinstrumente eingesetzt werden.

Geeignete Musikstücke im 4/4-Takt sind z. B.:

- Scott Joplin: „Maple Leaf Rag"
- W. A. Mozart: „Rondo alla turca"

NOTATION VON RHYTHMEN

In Bereich B dieses Buches werden – je nach Aufgabenstellung – drei verschiedene Möglichkeiten der Rhythmusnotation verwendet:

Rhythmuspatterns lesen und schreiben:
Notenköpfe werden auf einer Linie notiert

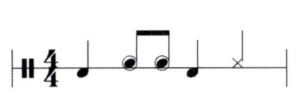

Bodypercussion-Stücke spielen:
Verschiedene Körperklänge werden durch unterschiedliche Notensymbole auf einem Ein-Liniensystem notiert:

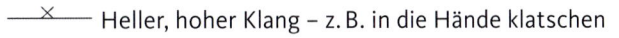

— ✗ — Heller, hoher Klang – z. B. in die Hände klatschen

— ● — Voller, mittlerer Klang – z. B. auf Oberschenkel schlagen, mit hohlen Händen klatschen

— ● — Dunkler, tiefer Klang – z. B. mit den Füßen stampfen, mit der Hand auf den Brustkorb schlagen

Schlagzeugnotation:
Fortgeschrittene Schüler, die Stücke auf dem Schlagzeug begleiten, verwenden die heute übliche Schlagzeugnotation (▷ S. 87)

RHYTHMISCHE KOMPETENZ

B: RHYTHMISCHE KOMPETENZ /// BAUSTEIN 1

ÜBUNG 11 — „THREE SOUNDS" – EIN STÜCK FÜR BODYPERCUSSION

Ziel:
Festigung der Rhythmussprache beim Lesen von Patterns

Aufgabe:
Erarbeitung eines Stückes für Bodypercussion nach Noten

Zeitbedarf:
Ca. 20 Minuten

Material/Medien:
SH S. 5 Aufgabe 10; CD-B 7/MP3 B5 (Playback „Three Sounds")

DURCHFÜHRUNG

Three Sounds

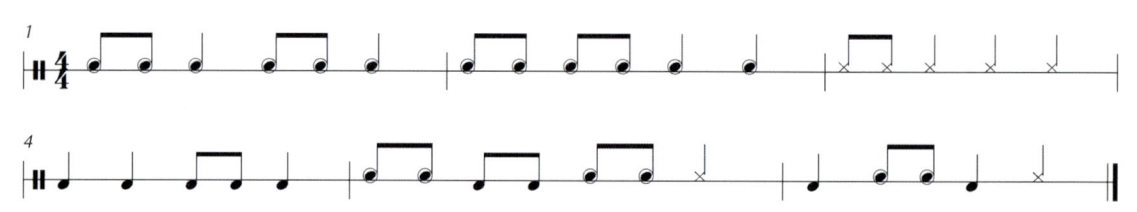

Schritt 1

Einzelne Takte, Zeilen oder das ganze Stück in Rhythmussprache lesen und sprechen: Gruppen oder einzelne Schüler lesen vor, alle sprechen nach.

Schritt 2

Einzelne Takte mit Körperklängen bzw. entsprechenden Bewegungen ausprobieren (vor-/nachmachen), z. B. Klatsch- und Haltehand, Patschen auf die Oberschenkel, Stampfen mit beiden Füßen; Lautstärke absprechen.

Schritt 3

Das ganze Stück erarbeiten. Das Einzählen in langsamem Tempo sollen bei solchen Übungen zunehmend auch Schüler übernehmen.

Schritt 4

Das Stück in verschiedenen Tempi spielen und den Begriff „Tempo" einführen.

Aufgabe Schülerheft

- Lexikoneintrag („Tempo")
- Das Stück „Three Sounds" zur Aufnahme üben. In der Folgestunde aufgreifen und perfektionieren.

GERADES METRUM: ZWEI KLEINE SCHLÄGE AUF EINEN GROSSEN SCHLAG

W. A. MOZART: „RONDO ALLA TURCA" ÜBUNG 12

Ziel:
Festigung der Rhythmussprache beim Lesen von Patterns und Kennenlernen ausgewählter Fachbegriffe zur Notation

Aufgabe:
Erarbeitung eines Mitspielstückes für Bodypercussion nach Noten

Zeitbedarf:
Ca. 20 Minuten

Material/Medien:
SH S. 6 Aufgabe 11; CD/MP3 B6 (Rondo alla turca)

DURCHFÜHRUNG

Rondo alla turca

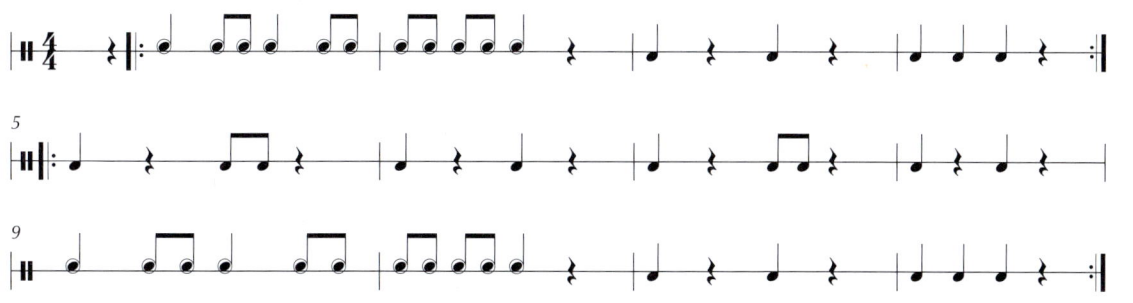

Schritt 1

Die viertaktigen Einheiten nacheinander in der Rhythmussprache lesen und sprechen. Eine Verabredung zur Kennzeichnung der Pausen treffen (z. B. „stumm" oder „nix" oder „pau" sagen oder eine Handbewegung ausführen). Wenn die Schüler wegen der Pausen damit Schwierigkeiten haben, dann jedenfalls in den Füßen das Metrum „mitlaufen" lassen.

Schritt 2

Zwei verschiedene Klänge für die verschieden hoch notierten Töne festlegen (z. B. Klatschen und mit der Handfläche leise auf die Tischplatte schlagen).

Schritt 3

Das gesamte Mitspiel-Stück erarbeiten, schwierige Stellen wiederholen und sichern.

82 B: RHYTHMISCHE KOMPETENZ /// BAUSTEIN 1

Schritt 4
Die Klasse in zwei Gruppen aufteilen und den zwei verschiedenen Klängen zuordnen.

Schritt 5
Das gesamte Mitspielstück in der Schule zur CD üben, wobei ein Schüler den Einsatz geben kann:

(Notenbeispiel: 4/4-Takt mit Text "Num-mer zwei, fer-tig und:")

S. 6 — Nr. 11

Aufgabe im Schülerheft

Bodypercussion zur Musik üben.

ÜBUNG 13 — W. A. MOZART: OUVERTÜRE AUS „DIE ENTFÜHRUNG AUS DEM SERAIL"

Ziel:
Festigung der Rhythmussprache beim Lesen von Patterns

Aufgabe:
Erarbeitung eines Mitspielstückes für Bodypercussion nach Noten

Zeitbedarf:
Ca. 30–40 Minuten

Material/Medien:
SH S. 6 Aufgabe 12; CD-B 8/MP3 B7 (Playback „Entführung")

S. 6 — Nr. 12

DURCHFÜHRUNG

Die Entführung aus dem Serail

(Notenbeispiel: Bodypercussion-Partitur, 4/4-Takt, Takte 1–36+, mit Dynamikangaben f, p, cresc., f)

Music Step by Step — HELBLING

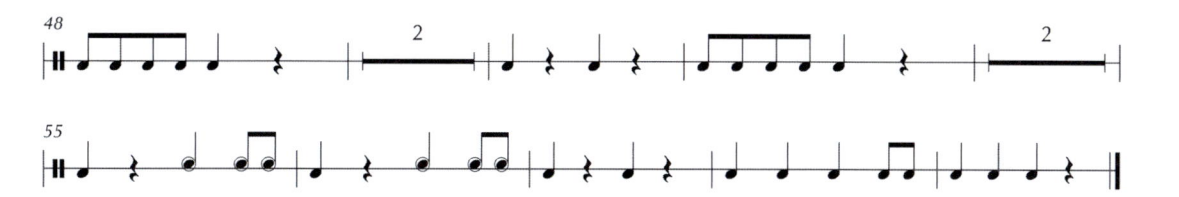

GERADES METRUM: ZWEI KLEINE SCHLÄGE AUF EINEN GROSSEN SCHLAG

Erarbeitung in fünf Schritten wie bei Übung 12, S. 81 (Rondo alla turca).

DER PATTERN-RANGIERBAHNHOF (OPTIONAL) — ÜBUNG 14

Ziel:
Einfache Patterns lesen, rhythmisch sprechen und mit Schlaginstrumenten darstellen können – auch wenn zugleich andere Patterns gespielt werden

Aufgabe:
Mehrere einfache Patterns zu einem komplexen, kleinen Stück Minimal-Music kombinieren, kanonartig überlagern, verschieben oder Patterns ausblenden

Zeitbedarf:
je nach Situation und Schülermotivation eine Unterrichtsstunde oder mehrere kürzere Unterrichtsphasen in zwei bis vier aufeinander folgenden Stunden

Material/Medien:
Percussioninstrumente, Stompinstrumente (Besen, Eimer, Stöcke …); CD-B 9 (Clapping Music)

DURCHFÜHRUNG

Ein Hinweis vorweg

Die Idee zum Pattern-Rangierbahnhof entstammt natürlich der Minimal Music. Da es aber in Klasse 5 in der Regel nicht um Minimal Music und um ihre Geschichte und Kompositionsprinzipien gehen wird, wird der Begriff „Minimal Music" hier zunächst weder verwendet noch erläutert.

Schritt 1

Gemeinsam die Patterns 1 und 2 sprechen (Folie), dazu Einzählen in relativ schnellem Tempo:

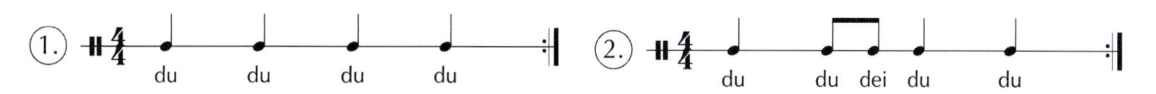

Schritt 2

- Die Klasse in zwei Gruppen teilen. Die eine Hälfte klatscht Pattern 1, die zweite Hälfte klatscht oder patscht Pattern 2.
- Einige Zeit laufen lassen, dann die Patterns tauschen. Andere Klangerzeuger erproben (Tisch, Fuß …). Wichtig sind Tempo und Präzision.

RHYTHMISCHE KOMPETENZ

Schritt 3

- Die Klasse in drei Gruppen teilen. Kurze Ausprobier-Phase, wie Klatschen, Patschen und Stampfen mit möglichst gut unterscheidbaren Klängen realisiert werden können. Danach:

  Erste Gruppe: Pattern 1 klatschen
  Zweite Gruppe: Pattern 2 patschen
  Dritte Gruppe: Pattern 2 um einen halben Takt versetzt stampfen

- Einige Zeit laufen lassen, dann die Patterns wechseln.

Tipp:
Evtl. anstatt der Bodypercussion-Klänge Percussioninstrumente verwenden.

Schritt 4

Die Patterns 2–5 zunächst gemeinsam lesen und in Rhythmussprache sprechen, dann nacheinander mit Wiederholung klatschen.

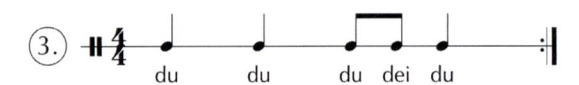

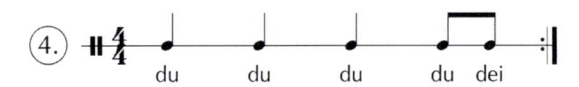

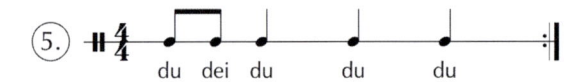

(3.) 4/4 du du du dei du

(4.) 4/4 du du du du dei

(5.) 4/4 du dei du du du

ÜBUNGEN MIT VIER PATTERNS

Vorstufe „Unechter" Kanon (wenn nötig)

Die Schüler in vier Gruppen teilen (möglichst im Sitzkreis). Jede Gruppe spielt fortwährend nur eines der vier Patterns 2–5, sodass alle vier Patterns gleichzeitig erklingen. Die Patterns werden getauscht, bis jede Gruppe alle vier Patterns in der Vierstimmigkeit sicher durchhalten kann. Hier könnte in jeder Gruppe ein Schüler eine Führungsrolle als „Taktgeber" übernehmen.

„Echter" Kanon in vier Gruppen mit den Patterns 2–5

Die Gruppen setzen im Abstand von zwei (später auch einem) Takten nacheinander ein. Jede der vier Gruppen klatscht alle vier Patterns 2–5 ohne Wiederholung durch und endet auf Zählzeit 1. Gegebenenfalls Percussioninstrumente, deren Klänge gut unterscheidbar sind, einsetzen.

Erweiterung

Der Durchlauf durch die vier Patterns wird insgesamt vier Mal wiederholt.

Variante 1

Alle beginnen gleichzeitig, aber jede Gruppe mit einem anderen Pattern.

Variante 2

Alle vier Gruppen spielen permanent, beginnend mit Pattern 2. Auf Zeichen wechselt eine der Gruppen in das vom Lehrer mit den Fingern gezeigte Pattern 3, 4 oder 5, dann wechselt eine andere Gruppe auf Zeichen in ein weiteres angezeigtes Pattern usw. Der gemeinsame Schluss auf Zählzeit 1 wird durch den Lehrer angezeigt.

Variante 3 für Fortgeschrittene

Jeder Schüler klatscht leise auf den Handballen ein selbst gewähltes Pattern aus den Patterns 2–5 in gemeinsamem Tempo. Während der Übung dürfen die Patterns gewechselt werden. Auf Zeichen des Lehrers alle gemeinsam Pausen einfügen: Start ab Zählzeit 1, Länge nach Anzeige, z. B. 3, 4, 5, 6 oder 7 oder auch mehr Zählzeiten. Zuvor an der Tafel diese Zahlen anschreiben und mit den Schülern die Übung und ihren Ablauf besprechen. Wichtig: Der Einsatz nach den Stopp-Takten wird nicht angezeigt, jeder muss für sich den Puls durchhalten!

Variante 4

Wie Variante 3, nun aber wieder in vier Gruppen mit je einem Pattern (ohne die Patterns während der Übung zu wechseln), die um eine oder um zwei oder um drei Zählzeiten versetzt einsetzen.

Hinweis

Anleitungsfunktionen (Einsätze geben, Schluss anzeigen, Wechsel der Rhythmuspatterns …) können und sollen auch von Schülern übernommen werden.

EINEN PATTERN-RANGIERBAHNHOF GESTALTEN

Gemeinsam einen Verlauf planen und erproben – auch unter Einbeziehung von dynamischen, klangfarblichen und formalen Gestaltungsmomenten sowie von Besetzungsvarianten (Bodypercussion und/oder Percussioninstrumenten). Evtl. anstatt der Patterns von der Folie andere, von den Schülern ausgewählte und zusammengestellte Patterns dafür verwenden.

In Klassen mit vielen rhythmisch sicheren Schülern kann diese Gestaltungsaufgabe auch in Arbeitsgruppen bearbeitet werden.

METHODISCHE HINWEISE

▶ Abwechslung motiviert. Deshalb ist es sinnvoll, die Rhythmen nicht nur zu klatschen, sondern auch verschiedene Klänge und Klangfarben einzusetzen (z. B. Bodypercussion, Percussioninstrumente, Alltagsgegenstände). Eine gute Möglichkeit ist es z. B., bei der Aufteilung in Gruppen diesen jeweils eine eigene Klangfarbe zuzuordnen. Auch Lautstärkeveränderungen machen die Übungen interessanter.

▶ Auf große Präzision und stabiles Tempo sollte Wert gelegt werden. Die Schüler können so die motivierende Erfahrung des Gelingens und einer gewissen Virtuosität erleben.

▶ Dies ist auch eine Voraussetzung für die eigene Gestaltung eines Stückes, das dann aufgeführt werden kann.

MÖGLICHE ERWEITERUNG

Minimal-Music

Hören eines Stückes aus dem Bereich der Minimal Music (z. B. Steve Reich: „Clapping Music" oder „Music for Pieces of Wood"). Gespräch über das Gehörte: Wie wurde das gemacht? Wie wirkt es auf die Schüler?

Beispiel: Beginn von „Clapping Music"

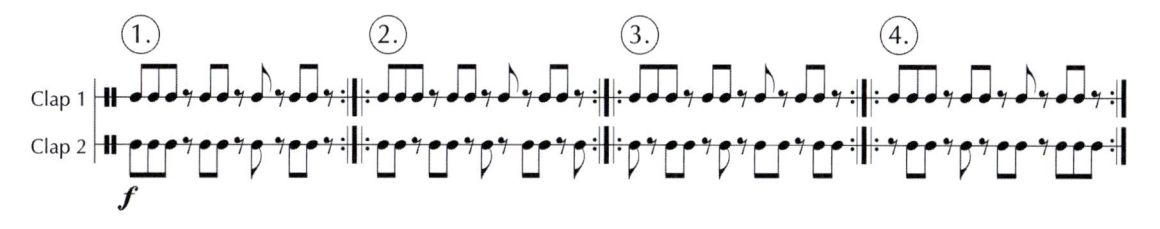

„Minimale Materialpercussion"

Übertragen der Rhythmen des Pattern-Rangierbahnhofs (s. o.) auf Bewegungs- und Aktionsformen nach dem Muster von „Stomp" (mit Besen, Eimern, Stöcken …).

Hinweis

Ein Stück für Instrumente aus Alltagsgegenständen („Recyclical") mit Playback befindet sich in: mip-Journal 18 / 2007, S. 12 („Let's go bottle").

ÜBUNG 15 — NOTEN SCHREIBEN

Ziel:
Das Schlagzeug mit seinen Einzelinstrumenten namentlich und klanglich kennenlernen, einfache Rhythmuspatterns in Notenschrift aufschreiben können

Aufgabe:
Eigene Patterns aus zwei verschiedenen Notenwerten (hier: Viertel- und Achtelnoten) notieren und ausführen, Wissen zum Schlagzeug erwerben

Zeitbedarf:
Größere Abschnitte von zwei oder drei Schulstunden

Material / Medien:
SH S. 7 Aufgabe 13–17; Schlagzeug;
CD-B 10/MP3 B8 (Diktat Rhythmusbaustein 1)

Stufen:
- Noten schreiben
- Noten lesen
- Verändern und erfinden
- Übersetzen in Rhythmussprache
- Hören und imitieren mit Rhythmussprache
- Rhythmen hören und imitieren

DURCHFÜHRUNG

S. 7, Nr. 13

Schritt 1

Da das Schreiben von Noten für viele Schüler neu ist, sind als Einstieg „Zeichenübungen" sinnvoll:

- Verschiedene Rhythmuspatterns von Tafel oder OHP abschreiben.
- Diese Pattens zum Musizieren und für Übungen benutzen wie auf Ebene 5, Übungen 7–11 (▷ S. 76).
- Notensymbole und ihre Elemente benennen: Notenwerte Viertel- und Achtelnoten, Begriffe Notenkopf, Notenhals, Balken.

S. 8, Lexikon

Aufgabe im Schülerheft

Lexikoneintrag: Notensymbole beschriften.

GERADES METRUM: ZWEI KLEINE SCHLÄGE AUF EINEN GROSSEN SCHLAG 87

Schritt 2: Schlagzeug-Rhythmen

- Einführung: Das Schlagzeug

S. 8
Nr. 14

[Abbildung Schlagzeug mit Beschriftungen: Crash-Becken, Toms, Ride-Becken, Hi-Hat, Snare-Drum, Bass-Drum]

- Die Schlagzeug-Notation im Fünf-Linien-System einführen (Eintrag in das Lexikon im Schülerheft).
- Den notierten Takt gemeinsam in „richtige" Bewegung umsetzen („Luft-Schlagzeug"):

Bassdrum: Vorne auf dem Stuhl sitzend den rechten Fuß auf den Ballen stellen, vor jedem Impuls vom Boden heben und auf den Zählzeiten 1, 3, 3+ auf den Boden fallen lassen.

Snare: Die linke Hand patscht auf das rechte (!) Bein (alternativ auch in die Hände klatschen).

- Die Schüler schreiben die folgenden drei Schlagzeugrhythmen von der Tafel ab.

S. 9
Nr. 15

- Die Rhythmen gemeinsam üben.

   Tipp:
   Zu Musik vom Tonträger spielen. Hier können die Schüler auch eigene Musik auswählen.

- Zu Musikstücken vom Tonträger gemeinsam im Unterricht oder individuell als Hausaufgabe eine gut passende Auswahl und Abfolge aus den Patterns zusammenstellen und spielen.

RHYTHMISCHE KOMPETENZ

HELBLING · Music Step by Step

B: RHYTHMISCHE KOMPETENZ /// BAUSTEIN 1

S. 9
Nr. 16

Schritt 3

- Die Schüler komponieren drei eigene Schlagzeugrhythmen (in Stillarbeitsphase oder als Hausaufgabe).
- Die Ergebnisse werden in Rondoform auf dem „Luft-Schlagzeug" (s. o.) vorgestellt. Alle spielen ihre ersten beiden Rhythmen gemeinsam im Tutti, dazwischen spielen jeweils Einzelne ihre eigenen Rhythmen als Solo.
- Schwierigere Variante für Musikräume mit Schlagzeug: Im Tutti-Teil (Refrain) können einzelne Schüler den gemeinsamen Rhythmus am Schlagzeug mitspielen (Bassdrum mit rechtem Fuß, Snare mit Stick in linker Hand).

Tipp:
Damit alle drankommen, können die Schlagzeug-Spieler immer während der Solo-Teile (Ritornell) wechseln. Die jeweils nächsten „Einwechselspieler" machen sich rechtzeitig bereit und stellen sich beim Schlagzeug an.

S. 9
Nr. 17

Aufgabe im Schülerheft

Rhythmusdiktat

ZUR METHODIK

Einen Rhythmus nach Diktat in Noten aufzuschreiben ist für die Schüler eine neue Herausforderung. Um diese bewältigen zu können müssen sie ihre Fähigkeiten des Übersetzens von Rhythmen aus neutralen Silben in die Rhythmussprache anwenden (▷ Übung 3, S. 72). Das lässt sich unterrichtsmethodisch durch folgende Arbeitsschritte unterstützen:

▶ Einen ein- oder später auch zweitaktigen Rhythmus auf neutraler Silbe vorsprechen oder auf dem Schlagzeug vorspielen (evtl. einen rhythmisch sicheren Schüler vorspielen lassen), die Schüler sprechen ihn zunächst gemeinsam übersetzt in Rhythmussprache nach.

▶ Erst danach übertragen die Schüler den Rhythmus in Notenschrift.

▶ Den Schwierigkeitsgrad nicht zu schnell erhöhen: Zunächst einen Takt auf einer einzigen Tonhöhe vorgeben, dann auch Rhythmen auf zwei, später auf mehr Tonhöhen. Erst danach übergehen zu zwei- oder mehrtaktigen Rhythmen.

▶ Erst wenn auf diese Weise alle Schüler Sicherheit im Aufschreiben von Rhythmen gewonnen haben, kann zunehmend auf den Zwischenschritt des gemeinsamen Nachsprechens in Rhythmussprache verzichtet werden.

Vorschläge zur Erweiterung dieser kurzen Unterrichtseinheit zum Schlagzeug:

▶ Ein oder mehrere Schlagzeug-Patterns verschiedener Stilistiken einführen (evtl. als Rhythmus-Diktat), Hörbeispiele dazu hören und die Patterns gemeinsam ausführen (Bodypercussion und am Instrument).

▶ Einen oder zwei Schlagzeuger (Rock und/oder Jazz) mit Hörbeispielen vorstellen.

▶ Einen Schlagzeuger in den Unterricht holen (Schüler einer höheren Klasse; Musikschule; regionale Band).

GERADES METRUM: ZWEI KLEINE SCHLÄGE AUF EINEN GROSSEN SCHLAG

MY THREE SOUNDS — ÜBUNG 16

Ziel:
Eigene Patterns notieren und ausführen können

Aufgabe:
Komponieren und Ausführen eines eigenen Bodypercussion-Stücks

Zeitbedarf:
In einer Schulstunde ca. 5 Minuten, in einer oder zwei Folgestunden je ca. 20 Minuten oder mehr

Material/Medien:
Leere Folienschnipsel; SH S. 5 Aufgabe 10 und 18; CD-B 7/MP3 B5 (Playback „Three Sounds")

DURCHFÜHRUNG

Schritt 1
Wiederholung des Bodypercussion-Stücks „Three Sounds", ▷ S. 80.

Schritt 2
Komponieren eines eigenen Stücks: „My three Sounds". (Hinweis: Jeder muss seine Komposition selbst spielen können!)

Schritt 3
Ergebnisse im Unterricht vorspielen lassen.

Schritt 4
In Partnerarbeit je ein oder zwei Takte auf Folienschnipsel notieren, ausprobieren und auf dem OHP zu einem gut klingenden Stück zusammensetzen, das dann alle spielen.

EIN EIGENES RHYTHMUSARRANGEMENT — ÜBUNG 17

Ziel:
Eigene Patterns notieren und ausführen können

Aufgabe:
Komponieren und Ausführen eigener Begleitpatterns zu einem Repertoirelied

Zeitbedarf:
Ca. eine Schulstunde

Material/Medien:
Rhythmusinstrumente; SH S. 10 Aufgabe 19 (Leere Notensysteme)

RHYTHMISCHE KOMPETENZ

B: RHYTHMISCHE KOMPETENZ /// BAUSTEIN 1

S. 10
Nr. 19

DURCHFÜHRUNG

Schritt 1

Zu einem bekannten Lied notieren die Schüler passende Rhythmen aus dem Fundus der Patterns und stellen ein eigenes Arrangement zusammen (Stillarbeit, Partnerarbeit oder Gruppenarbeit).

Schritt 2

Die Arrangements spielen (Bodypercussion und/oder auf passenden Rhythmusinstrumenten, z. B. mit geteilter Klasse (eine Hälfte singt das Lied, die andere Hälfte spielt eines der Schülerarrangements. Dann die Gruppen wechseln).

METHODISCHER HINWEIS

Das Spielen am Schlagzeug zum Tonträger kann später (z. B. gegen Ende von Klasse 6) wieder aufgegriffen werden. Dann können die durchlaufenden Sechzehntel am Hi-Hat ergänzt werden, um den kompletten „Rock-Grundrhythmus" zu erarbeiten.

RHYTHMUSPATTERNS ZU BAUSTEIN 1

(eine Kopiervorlage zum Ausdrucken befindet sich auf CD-A)

BAUSTEIN 2

UNGERADES METRUM: DREI KLEINE SCHLÄGE AUF EINEN GROSSEN SCHLAG (TEIL 1)

[Notenbeispiel 6/8-Takt: du – du – du da di du]
[Notenbeispiel 6/4-Takt: du – du – du da di du]

Ausgangspunkt sind Patterns mit großen Schlägen (punktierte Viertel- oder halbe Noten) und drei kleinen Schläge (Dreiergruppen von Achtel- oder Viertelnoten) (▷ S. 102)[6] im ungeraden Metrum.

- Die ersten vier Ebenen rhythmischer Kompetenz werden auf die gleiche Weise, wie in Baustein 1 ausführlich beschrieben, Schritt für Schritt erarbeitet, nun aber für ungerade Metren (= Übungen 1 bis 6).
- Es wird ein auf diese Patterns abgestimmtes Liedrepertoire erarbeitet. Vorschläge: „Ein Loch ist im Eimer" (S. 94), „My Bonnie Is Over the Ocean" (S. 97); andere Lieder im 6/8 oder 6/4 Takt können nach Bedarf hinzugefügt werden.
- Für die Ebenen 5 und 6 werden Übungen und Stücke für das gemeinsame Musizieren, für Bodypercussion, Liedbegleitung und für Hausaufgaben vorgeschlagen.

ÜBUNGEN 1–6

Die Übungen 1 bis 6 beziehen sich auf die Ebenen 1 bis 4 der Pyramide der rhythmischen Kompetenz. Die Übungen sind die gleichen wie in Baustein 1 (S. 69–75), die verwendeten Patterns jedoch stehen im ungeraden Metrum und haben eine Länge von zwei Takten (▷ Patterns zu Rhythmusbaustein 2, S. 102). Sie sind in der Regel im 6/8-Takt notiert, können aber auch als 6/4-Takt auftreten (▷ das Lied „Vem kann segla förutan vind?", in: SING & SWING: DAS Liederbuch, 1. Aufl., S. 86).

- Verändern und erfinden
- Übersetzen in Rhythmussprache
- Hören und imitieren mit Rhythmussprache
- Rhythmen hören und imitieren

WICHTIGER HINWEIS:
Die Übungen werden hier nicht erneut wiedergegeben. Sie müssen aber mit den Patterns in angepasster Form für das ungerade Metrum auch hier vollständig erarbeitet werden, weil den Schülern sonst die Voraussetzungen für die anschließenden Übungen von Baustein 2 fehlen.

---

[6] Der 6/8-Takt ist numerisch gesehen eine gerade Taktart, die aus zwei Dreiergruppen besteht. Weil es im Zusammenhang des Aufbauens rhythmischer Kompetenz in den Bausteinen 2 und 5 um die Relation von großen und drei kleinen Schlägen geht, bezeichnen wir ihn als „ungerades Metrum".

B: RHYTHMISCHE KOMPETENZ /// BAUSTEIN 2

Hörbeispiele zu den Patterns der Übungen 1 bis 6:		
Übung 1 (▷ S. 69)	Hören und imitieren: zweitaktige Patterns im ungeraden Metrum (6/8-Takt) auf neutrale Silbe	CD-B 11/MP3 B9 SH S. 11 Aufgabe 1 Vgl. CD-A, Video B1
	My Bonnie Is Over the Ocean	CD-B 12/MP3 B10 SH S. 11 Aufgabe 2
Übung 2 (▷ S. 71)	Hören und imitieren: zweitaktige Patterns im ungeraden Metrum (6/8-Takt) in Rhythmussprache	CD-B 13/MP3 B11 SH S. 11 Aufgabe 3
Übung 3 (▷ S. 72)	Übersetzen: zweitaktige Patterns im ungeraden Metrum (6/8-Takt) in Rhythmussprache	CD-B 11/MP3 B9 SH S. 11 Aufgabe 4
Übung 4 (▷ S. 73)	Verändern und erfinden: zweitaktige Patterns im ungeraden Metrum (6/8-Takt) in Rhythmussprache	CD-B 13/MP3 B11 SH S. 11 Aufgabe 5
	My Bonnie Is Over the Ocean	CD-B 12/MP3 B10 SH S. 11 Aufgabe 6
Übung 5 (▷ S. 73)	Hinweis: Variante 2 (Motivabspaltung): In Baustein 1 wird hier von eintaktigen Patterns zu zwei Takten übergegangen. Weil die Patterns im ungeraden Metrum bereits zweitaktig sind, ist es hier nicht sinnvoll, die Länge auf vier Takte zu erweitern.	----
Übung 6 (▷ S. 75)	Ein kleines Rondo improvisieren	----

In Baustein 2 werden nur folgende Notengruppen verwendet (bzw. ihre Entsprechungen im 6/4-Takt)[7]:

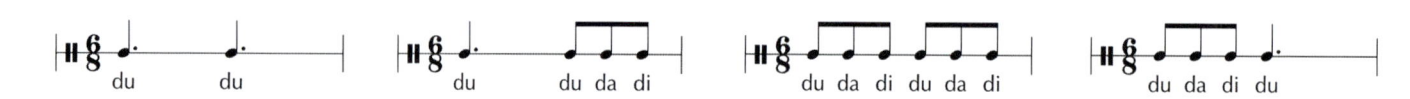

[Notenbeispiele:
- 6/8 | punktierte Viertel punktierte Viertel | du du
- 6/8 | punktierte Viertel Achtel Achtel Achtel | du du da di
- 6/8 | sechs Achtel | du da di du da di
- 6/8 | Achtel Achtel Achtel punktierte Viertel | du da di du]

Der Zeitbedarf für die Übungen 1 bis 6 in Baustein 2 ist etwas geringer als in Baustein 1, da die Arbeitsweisen bereits vertraut sind.

METHODISCHE HINWEISE

▶ Parallel zum Durchgang durch die Übungen 1 bis 6 soll mindestens ein Lied im 6/8-Takt erarbeitet werden. Vorschlag: „My Bonnie Is Over the Ocean" (S. 97).

▶ 6/8-Patterns für die Dreier-Unterteilung ▷ S. 102.

▶ Zum Zeitpunkt der Erarbeitung von Baustein 2 spielen für die Schüler die Unterschiede zwischen 6/8- und 3/4-Takt sowie Triolen noch keine Rolle. Sie werden mit den Bausteinen 5, 6 und 8 musikalisch-praktisch eingeführt und kognitiv sowie im Schriftbild erarbeitet.

▶ Zur Vertiefung bzw. als Hausaufgabe stehen die Aufgaben 1 bis 6 im Schülerheft zur Verfügung.

---

[7] Notengruppen aus jeweils einer Viertel- und einer Achtelnote werden nicht in Baustein 2, sondern in Baustein 5 erarbeitet.

UNGERADES METRUM: DREI KLEINE SCHLÄGE AUF EINEN GROSSEN SCHLAG (TEIL 1)

NOTEN LESEN — ÜBUNG 07

Ziel:
Erweiterung der Fähigkeit Noten zu lesen: „du" und „du-da-di" in Verbindung mit punktierten Viertelnoten sowie mit Achtelnoten in Dreiergruppen

Aufgabe:
Rhythmuspatterns aus punktierten Viertelnoten und Achtelnoten in Dreiergruppen lesen und in verschiedenen Umgangsweisen musikalisch ausführen

Zeitbedarf:
Ca. 5–10 Minuten; in mehreren Stunden mit steigender Schwierigkeit wiederholen

Material/Medien:
SH. S. 12 Aufgabe 7 und 8; CD-B 14/MP3 B12 (Hör-Rätsel aus den Rhythmuspatterns 2)

- Noten lesen
- Verändern und erfinden
- Übersetzen in Rhythmussprache
- Hören und imitieren mit Rhythmussprache
- Rhythmen hören und imitieren

RHYTHMISCHE KOMPETENZ

DURCHFÜHRUNG

Schritte 1 bis 3

Wie in Baustein 1 (S. 76), jedoch im ungeraden Metrum (6/8-Takt), Einzählen bzw. Ansagen im 6/8-Takt ausführen, z. B.:

[Notenbeispiel 6/8-Takt: „Num-mer drei, fer-tig und los!"]

Variante

Die Patterns als Bodypercussion ausführen.

Aufgabe im Schülerheft

- Rhythmen mit Rhythmussilben lesen, Reihenfolge herausfinden und Lösungswort in das Lexikon eintragen.
- Unterschiede zwischen geradem und ungeradem Metrum herausarbeiten und im Lexikon festhalten.

S. 12
B 14
MP3 B12
Nr. 7
Nr. 8

GRUPPENRHYTHMUS — ÜBUNG 08

Wie in Baustein 1 (S. 77), jedoch mit den Patterns für ungerade Metren. Kopiervorlagen für die benötigten Patternkärtchen im Klassensatz ▷ CD-A

HELBLING Music Step by Step

B: RHYTHMISCHE KOMPETENZ /// BAUSTEIN 2

ÜBUNG 09 — VERBINDUNG DER PATTERN-RHYTHMEN MIT EINEM LIED

Ziel:
Patterns als rhythmisches Gestaltungsmittel im musikalischen Zusammenhang erfahren

Aufgabe:
Singen von Liedern und rhythmisches Begleiten nach Noten in verschiedenen Varianten

Zeitbedarf:
Ca. 10 Minuten (ohne Varianten und Erweiterungen)

Material/Medien:
Keine

DURCHFÜHRUNG

Eine Hälfte der Klasse singt die erste Strophe eines Liedes im 6/8-Takt (z. B. „Ein Loch ist im Eimer", „My Bonnie Is Over the Ocean", S. 97 oder „Wir reiten geschwinde", S. 129), der Rest klatscht oder patscht eine Auswahl aus den Patterns 1 bis 8, die der Lehrer an der projizierten Folie zeigt. Zur zweiten Strophe wird gewechselt.

Ein Beispiel:

Ein Loch ist im Eimer   T. u. M.: trad.

1. Ein Loch ist im Ei-mer, Karl Ot-to, Karl Ot-to, ein Loch ist im Ei-mer, Karl Ot-to, ein Loch.

2. Verstopf es, o Henri, o Henri, o Henri,
   verstopf es, oh Henri, oh Henri, machs dicht!

3. Womit denn … Karl Otto … womit?

4. Mit Stroh, oh Henri … mit Stroh.

5. Das Stroh ist zu lang, Karl-Otto … zu lang.

6. Dann kürz es, oh Henri … hacks ab!

7. Womit denn, Karl-Otto … womit?

8. Mit 'ner Axt, oh Henri … 'ner Axt.

9. Die Axt ist zu stumpf, Karl-Otto … zu stumpf.

10. Dann schärf sie, o Henri … mach sie scharf!

11. Womit denn Karl-Otto … womit?

12. Mit 'm Stein, oh Henri … mit'm Stein.

13. Der Stein ist zu trocken, Karl-Otto … zu trocken.

14. Hol Wasser, oh Henri … hol Wasser.

15. Womit denn Karl-Otto … womit?

16. Im Eimer, oh Henri … im Eimer!

17. Ein Loch ist im Eimer, Karl-Otto …

▶ Begleitpattern für Klavier: CD-A, Pattern Nr. 6

UNGERADES METRUM: DREI KLEINE SCHLÄGE AUF EINEN GROSSEN SCHLAG (TEIL 1)

Varianten und Erweiterungen

- Das Lied am Klavier spielen, die ganze Klasse führt die Patterns in einer zuvor verabredeten Reihenfolge aus, ohne zu singen.
- Eine Auswahl an Patterns als Zwischenspiel in dieses oder ein anderes bekanntes Lied einfügen.
- Zu einem bekannten Lied eine einfache Rhythmusbegleitung aus den geübten Patterns gemeinsam arrangieren (für Bodypercussion oder mit Rhythmusinstrumenten).

Weitere Lied-Vorschläge

Ludwig v. Beethoven: Lied des Marmottebuben (Ich komme schon durch manche Land), op. 52/7 (in: SING & SWING: DAS Liederbuch, 1. Aufl., S. 222); Vem kann segla förutan vind? (in: ebd., S. 86); „Kommt der Herbst" (Autumn Comes, in: ebd., S. 260).

Hinweise

Die Lieder „My Bonnie Is Over the Ocean", „Lied des Marmottebuben" und „Vem kann segla" können für eine Präsentation der Klasse (Schulfest, Elternabend…) mit dem Thema „Lieder vom Reisen in ferne Länder" aufführungsreif erarbeitet werden.

Hier kann der Begriff Auftakt eingeführt werden („My Bonnie Is Over the Ocean", „Lied des Marmottebuben").

PATTERN-RHYTHMEN ALS BEGLEITUNG — ÜBUNG 10

Ziel:
Audiation und Wiedererkennen von Patterns

Aufgabe:
Rhythmische Begleitung von Musik in verschiedenen Varianten

Zeitbedarf:
Ca. 10 Minuten

Material / Medien:
CD-B 15–17 (Vivaldi; James Brown; Mozart)

DURCHFÜHRUNG

Zu ausgewählter Musik verschiedener Genres einzelne Patterns mit Klatschen, Tippen oder mit anderen Körperklängen ausführen. Der Lehrer zeigt auf der Folie verschiedene passende Patterns, die von der Klasse gespielt werden sollen. Je nach Musik können auch Rhythmusinstrumente eingesetzt werden.

Geeignete Musikstücke im 6/8-Takt sind z. B.:

- Antonio Vivaldi: „Die vier Jahreszeiten", 3. Satz (Frühling)
- James Brown: „It's a man's world"
- Wolfgang Amadeus Mozart: „Konzert in A-Dur" für Klarinette und Orchester, KV 622, 3. Satz

Je nach Klasse eignet sich zum Einstieg Hörbeispiel B16 (James Brown) aufgrund des langsameren Tempos besser als B15 (Vivaldi).

RHYTHMISCHE KOMPETENZ

ÜBUNG 11

SCHNECKEN-BLUES

Ziel:
Festigung der Rhythmussprache und kreatives Einsetzen rhythmischer Patterns

Aufgabe:
Mit eintaktigen Patterns improvisieren

Zeitbedarf:
Ca. 5–10 Minuten – je nach Variante auch länger, in mehreren Stunden mit steigender Schwierigkeit wiederholen

Material/Medien:
SH S. 13 Aufgabe 9 und Lexikon; CD-B 18/MP3 B13 (Playback „Schnecken-Blues")

DURCHFÜHRUNG

Schnecken-Blues

Schritt 1

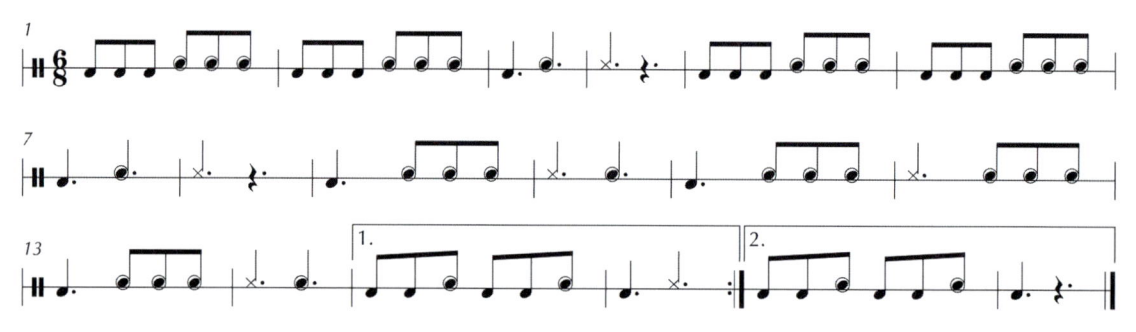

Leseübung: Einzelne Takte, Zeilen oder das ganze Stück in Rhythmussprache lesen und sprechen: Gruppen oder einzelne Schüler lesen vor, alle sprechen nach.

Schritt 2

Übertragen auf Bodypercussion (Patschen, Klatschen und Stampfen).

Schritt 3

Den ganzen Blues erarbeiten. Das Einzählen in langsamem Tempo sollen möglichst oft Schüler übernehmen.

Schritt 4

Die Bezeichnungen für 1. und 2. Klammer und Wiederholungszeichen klären und im Lexikon eintragen.

Aufgabe im Schülerheft

Hausaufgabe: Das Stück zum Playback üben. In der Folgestunde aufgreifen und perfektionieren.

UNGERADES METRUM: DREI KLEINE SCHLÄGE AUF EINEN GROSSEN SCHLAG (TEIL 1)

MY BONNIE IS OVER THE OCEAN

ÜBUNG 12

Ziel:
Festigung der Rhythmussprache beim Lesen von Patterns

Aufgabe:
Erarbeitung eines Klassenarrangements für Gesang, Bodypercussion, Stabspiele und andere Instrumente

Zeitbedarf:
Ca. 20–30 Minuten, Wiederaufnahme in späterer Stunde

Material/Medien:
Stabspiele; SH S. 10 Aufgabe 10; CD-B 12/MP3 B10 („My Bonnie Is Over the Ocean"); optional: CD-A (Klassenarrangement „Memory"); CD-B 19/MP3 B14 (Playback „Memory")

DURCHFÜHRUNG

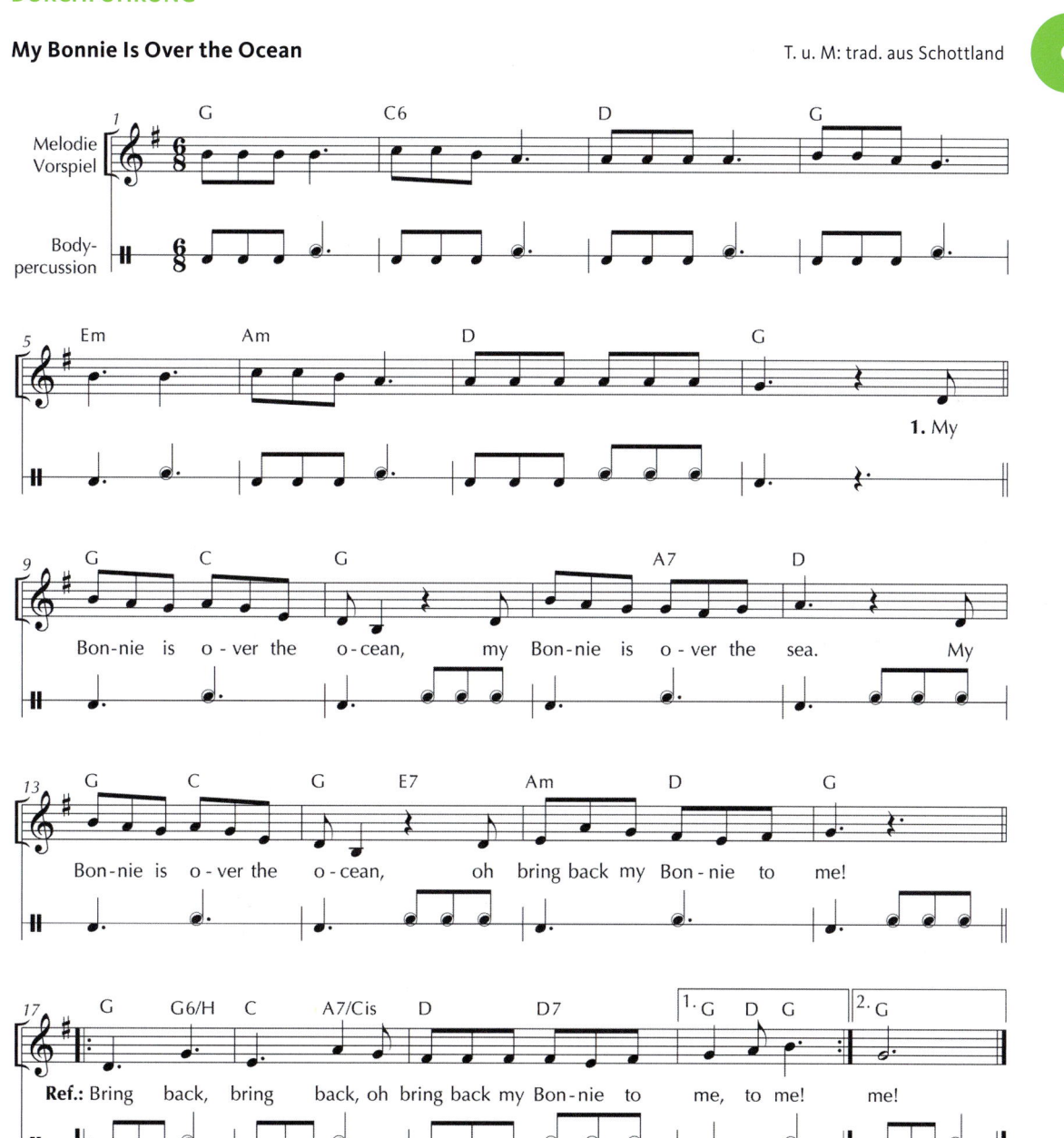

My Bonnie Is Over the Ocean

T. u. M: trad. aus Schottland

RHYTHMISCHE KOMPETENZ

B: RHYTHMISCHE KOMPETENZ /// BAUSTEIN 2

2. Last night as I lay on my pillow,
   last night as I lay on my bed,
   last night as I lay on my pillow,
   I dreamed that my Bonnie was dead.

   Ref.: Bring back …

3. Oh blow you winds over the ocean,
   oh blow you winds over the sea,
   oh blow you winds over the ocean,
   and bring back my Bonnie to me.

   Ref.: Bring back …

4. The winds have gone over the ocean,
   the winds have gone over the sea,
   the winds have gone over the ocean,
   and brought back my Bonnie to me.

   Ref.: **Brought** back …

▶ Begleitpattern für Klavier: CD-A, Pattern Nr. 6

Schritt 1
Einstieg: Erarbeitung (oder ggf. Wiederholung) des Liedes.

Schritt 2
Erarbeiten der Bodypercussion-Stimme: Zunächst in Rhythmussprache lesen, dann mit Bodypercussion spielen, auch zur CD.

Schritt 3
Das Lied zusammen mit der Bodypercussion-Stimme üben bzw. singen.

Schritt 4
Erarbeiten der Stimme für Stabspiele, die denselben Rhythmus wie die Bodypercussion-Stimme hat. Nur einige Schüler spielen am Stabspiel, die anderen bleiben weiter bei der Bodypercussion-Stimme bzw. singen.

Hinweis

Die Töne der hier benötigten pentatonischen Skala c, d, e, g und a werden in Bereich C (tonale Kompetenz) erst in Baustein 5 erarbeitet und können deshalb hier vermutlich noch nicht vorausgesetzt werden. Je nach den gegebenen Voraussetzungen ist es deshalb sinnvoll, aus den Stabspielen die nicht benötigten Platten für diese Übung zu entfernen.

Aufgabe im Schülerheft

Hausaufgabe: Das Stück zur Aufnahme üben.

> **HINWEIS:**
> Als Alternative zu „My Bonnie" kann das Stück „Memory" aus dem Musical „Cats" von Andrew Lloyd Webber mit dem Klassenorchester musiziert werden.

UNGERADES METRUM: DREI KLEINE SCHLÄGE AUF EINEN GROSSEN SCHLAG (TEIL 1)

STOMP AND CLAP

ÜBUNG 13

Ziel:
Festigung der Fähigkeit des Notenlesens einschließlich dynamischer Bezeichnungen

Aufgabe:
Erarbeitung eines Spielstücks für Bodypercussion

Zeitbedarf:
Ca. 15–20 Minuten

Material/Medien:
SH S. 15 Aufgabe 11 und Lexikon; CD-B 20/MP3 B15 (Stomp and Clap)

DURCHFÜHRUNG

Stomp and Clap

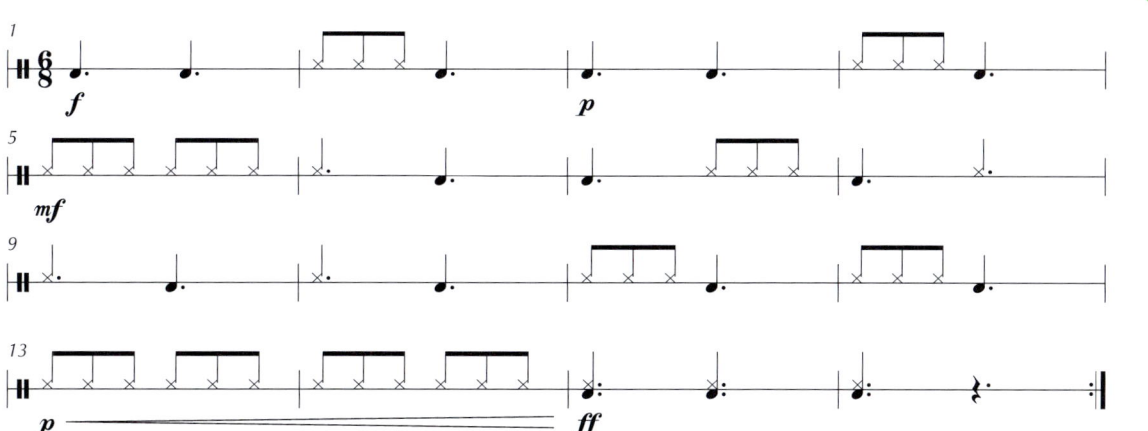

Schritt 1
Erarbeiten des Stücks mit zwei unterschiedlichen Klängen.

Schritt 2
Dynamik herausarbeiten, Bezeichnungen besprechen. Informationen zur Dynamik im Schülerheft eintragen.

Schritt 3
Danach das Stück nochmals mit stärkerer Ausführung der Dynamik spielen.

Aufgabe im Schülerheft
Hausaufgabe: Das Stück zum Playback üben.

RHYTHMISCHE KOMPETENZ

ÜBUNG 14 — NOTEN SCHREIBEN

Ziel:
Einfache Rhythmuspatterns in ungeradem Metrum notieren können
(punktierte Viertelnoten und Achtelnoten in Dreiergruppen)

Aufgabe:
Eigene Patterns notieren und ausführen

Zeitbedarf:
Größere Abschnitte von zwei oder drei Schulstunden

Material/Medien:
Percussioninstrumente; SH. S. 16 Aufgabe 12 und Lexikon

- Noten schreiben
- Noten lesen
- Verändern und erfinden
- Übersetzen in Rhythmussprache
- Hören und imitieren mit Rhythmussprache
- Rhythmen hören und imitieren

DURCHFÜHRUNG

Lucky Spaces

Schritt 1

- Das Stück in Rhythmussprache üben. Die leeren Takte gelten zunächst als Pause.
- Erarbeiten der Bodypercussion (z. B. Patschen und Klatschen).
- Die Füße zu den großen Schlägen hörbar mitlaufen lassen (im Stehen auf der Stelle „laufen", im Sitzen leise auf den Boden stampfen).
- Einführung der punktierten Viertelpause: Zeichen für eine Pause, die drei kleine Schläge umfasst (Eintrag in das Lexikon im Schülerheft).

Schritt 2

- Die Klasse in vier Gruppen teilen, für jede Zeile mit Lücke eine Gruppe. Jeder Schüler komponiert individuell zweitaktige Patterns aus „du" und „du da di" in seine Lücke auf dem Arbeitsblatt.
- Alle üben leise die eigene Bodypercussion-Stimme (Patschen und Klatschen).

UNGERADES METRUM: DREI KLEINE SCHLÄGE AUF EINEN GROSSEN SCHLAG (TEIL 1)

Schritt 3

- Alle spielen gemeinsam die je ersten zwei Takte einer Zeile, immer eine Gruppe ergänzt mit ihren komponierten Patterns (dabei klingen die unterschiedlich komponierten Takte zusammen, sodass die Einzelpatterns zunächst nicht unterscheidbar sind).
- Zuletzt das ganze Stück spielen, wobei acht Solisten (immer zwei aus einer Gruppe) für die Lückentakte festgelegt werden.
- Evtl. auf Percussioninstrumente übertragen.

Aufgabe im Schülerheft

Hausaufgabe: Komponieren von Patterns für die restlichen Lücken.

EIGENES RHYTHMUS-ARRANGEMENT — ÜBUNG 15

Ziel:
Einfache Rhythmusbegleitpatterns in ungeradem Metrum notieren können (punktierte Viertelnoten und Achtelnoten in Dreiergruppen)

Aufgabe:
Eigenes Rhythmus-Arrangement zu einem Repertoire-Lied erfinden und ausführen

Zeitbedarf:
15–20 Minuten

Material/Medien:
SH S. 17 Aufgabe 13 und 14; CD-B 21/MP3 B16 (Diktat Rhythmusbausteine 2)

DURCHFÜHRUNG

Schritt 1

Jeder Schüler schreibt eine eigene zweitaktige ostinate Begleitung zum Refrain von „My Bonnie" oder einem anderen mit der Klasse erarbeiteten Lied im 6/8-Takt.

Schritt 2

Anschließend gehen die Schüler herum und suchen, ob es „Zwillinge" mit demselben Pattern gibt, indem sie sich gegenseitig ihre Patterns in Rhythmussprache vorlesen.

Schritt 3

Präsentation: Zwei (oder mehr) Gruppen führen ihr Ostinato aus, während der Rest der Klasse den Refrain singt.

Aufgaben im Schülerheft

Sicherung:

- Wie oft wird das Pattern gebraucht? Wie viele Takte hat demzufolge der Refrain von „My Bonnie"? (= doppelt so viele).
- Rhythmen hören und aufschreiben.

RHYTHMISCHE KOMPETENZ

RHYTHMUSPATTERNS ZU BAUSTEIN 2

(eine Kopiervorlage zum Ausdrucken befindet sich auf CD-A)

BAUSTEIN 3

GROSSE SCHLÄGE MIT VERLÄNGERUNG: PUNKTIERUNG IM GERADEN METRUM

Ausgangspunkt sind Patterns mit Punktierungen in geradem Metrum (▷ S. 113).[8]

- Die ersten vier Ebenen rhythmischer Kompetenz werden auf die gleiche Weise, wie in Baustein 1 ausführlich beschrieben, Schritt für Schritt erarbeitet, nun aber für Punktierungen im geraden Metrum (Übungen 1 bis 7).
- Es wird ein auf diese Patterns abgestimmtes Liedrepertoire erarbeitet. Vorschläge: „Michael Row the Boat ashore" (S. 109), „Sailing" (S. 110 f.). Andere Lieder im Zweier- oder Vierertakt mit punktierten Noten auf der Basis von geraden Metren, zu denen die Patterns passen, können nach Bedarf hinzugefügt werden.
- Für die Ebenen 5 und 6 werden Übungen und Stücke für das gemeinsame Musizieren, für Bodypercussion, Liedbegleitung und für Hausaufgaben vorgeschlagen.

ÜBUNGEN 1–6

Die Übungen 1 bis 6 beziehen sich auf die Ebenen 1 bis 4 der Pyramide der rhythmischen Kompetenz. Die Übungen sind die gleichen wie in Baustein 1 (S. 69–75), die verwendeten Patterns jedoch beinhalten nun auch punktierte Noten (▷ Patterns zu Rhythmusbaustein 3, S. 113). Sie sind in der Regel im 4/4-Takt notiert, können aber auch als 2/4- oder als 2/2-Takt auftreten.

- Verändern und erfinden
- Übersetzen in Rhythmussprache
- Hören und imitieren mit Rhythmussprache
- Rhythmen hören und imitieren

WICHTIGER HINWEIS:
Die Übungen werden hier nicht erneut wiedergegeben. Sie müssen aber in angepasster Form mit den Patterns für Punktierungen im geraden Metrum auch hier vollständig erarbeitet werden, weil den Schülern sonst die Voraussetzungen für die anschließenden Übungen von Baustein 3 fehlen.

---

[8] Da die beiden Silben *du* und *dei* ausreichen, um diese Patterns in der Rhythmussprache darzustellen, ist es hier noch nicht nötig, die Schreibweise der Punktierung einzuführen. Dieser Schritt erfolgt erst auf der 5. Ebene (Noten lesen) der Rhythmuspyramide in Übung 8 dieses Bausteins.

B: RHYTHMISCHE KOMPETENZ /// BAUSTEIN 3

Hörbeispiele zu den Patterns der Übungen 1 bis 6:		
Übung 1 (▷ S. 69)	Hören und imitieren: zweitaktige Patterns punktiert im geraden Metrum (4/4-Takt) auf neutrale Silbe	CD-B 22/MP3 B17 SH S. 19 Aufgabe 1 Vgl. Video CD-A, Video B1
	Michael Row the Boat Ashore	CD-B 23/MP3 B18 SH S. 19 Aufgabe 2
Übung 2 (▷ S. 71)	Hören und imitieren: zweitaktige Patterns punktiert im geraden Metrum (4/4-Takt) in Rhythmussprache	CD-B 24/MP3 B19 SH S. 19 Aufgabe 3
Übung 3 (▷ S. 72)	Übersetzen: zweitaktige Patterns punktiert im geraden Metrum (4/4-Takt) in Rhythmussprache	CD-B 22/MP3 B17 SH S. 19 Aufgabe 4
Übung 4 (▷ S. 73)	Verändern und erfinden: zweitaktige Patterns punktiert im geraden Metrum (4/4-Takt) in Rhythmussprache	CD-B 24/MP3 B19 SH S. 19 Aufgabe 5
	Michael Row the Boat Ashore	CD-B 23/MP3 B18 SH S. 19 Aufgabe 6
Übung 5 (▷ S. 73)	Kreatives Spielen und Experimentieren	----
Übung 6 (▷ S. 75)	Ein kleines Rondo improvisieren	----

Der Zeitbedarf für die Übungen 1 bis 6 in Baustein 3 ist etwas geringer als in Baustein 1, da die Arbeitsweisen bereits vertraut sind.

METHODISCHE HINWEISE

▶ Parallel zum Durchgang durch die Übungen 1 bis 6 soll mindestens ein Lied im geraden Metrum mit Punktierungen erarbeitet werden. Vorschlag: „Michael, Row the Boat Ashore" (S. 109).

▶ Patterns für punktierte Rhythmen im geraden Metrum ▷ S. 113.

▶ Zur Vertiefung bzw. als Hausaufgabe stehen die Aufgaben 1 bis 6 im Schülerheft zur Verfügung.

GROSSE SCHLÄGE MIT VERLÄNGERUNG: PUNKTIERUNG IM GERADEN METRUM

NOTEN LESEN — ÜBUNG 07

Ziel:
Erweiterung der Fähigkeit Noten zu lesen: „du" und „dei" in Verbindung mit punktierten Noten im geraden Metrum

Aufgabe:
Rhythmuspatterns aus punktierten Viertelnoten, Achtelnoten und halben Noten lesen und in verschiedenen Umgangsweisen musikalisch ausführen

Zeitbedarf:
Ca. 5 Minuten, in mehreren Stunden mit steigender Schwierigkeit wiederholen

Material/Medien:
SH S. 20, Aufgabe 7 und 8; CD-B 25/MP3 B20 (Hör-Rätsel aus den Rhythmuspatterns 3)

- Noten lesen
- Verändern und erfinden
- Übersetzen in Rhythmussprache
- Hören und imitieren mit Rhythmussprache
- Rhythmen hören und imitieren

RHYTHMISCHE KOMPETENZ

DURCHFÜHRUNG

Schritt 1

- Patterns zu Rhythmusbaustein 3 projizieren.
- Eines der Patterns in Rhythmussprache vorsprechen.
- Alle suchen dieses Pattern im Notenbild und identifizieren die richtige Nummer.
- Dann dieses Pattern vor- und nachsprechen. Ebenso mit weiteren Patterns verfahren.

Einzählen bzw. Ansage z. B.:

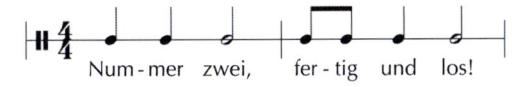

[Notenbeispiel 4/4-Takt: „Num-mer zwei, fer-tig und los!"]

Schritt 2

Das Zeichen der halben Note einführen: Aussehen beschreiben, die Begriffe Notenkopf und Notenhals wiederholen, Dauer erläutern.

Schritt 3

Nach dem Einzählen Ketten von zwei oder mehreren Patterns gemeinsam sprechen; auch in Gruppen (Fensterseite, Türseite, Mädchen, Jungen etc.), als Kanon usw.

Schritt 4

In der nächsten Stunde die Patterns dann in anderer Reihenfolge lesen und sprechen.

Variante

Die Patterns als Bodypercussion ausführen.

B: RHYTHMISCHE KOMPETENZ /// BAUSTEIN 3

S. 20
Nr. 8
MP3 B20
B 25

Aufaben im Schülerheft

Hausaufgabe: Rhythmen mit Rhythmussilben lesen, Reihenfolge herausfinden und Lösungswort eintragen.

ÜBUNG 08 — GRUPPENRHYTHMUS

Ziel, Aufgabe, Zeitbedarf, Durchführung und **Hausaufgabe** wie in Baustein 1, Übung 8 (S. 77), jedoch nun mit den Patterns mit Punktierungen im geraden Metrum

Material/Medien:
CD-A, Patternkärtchen; Karteikarten im Klassensatz

ÜBUNG 9 — VERBINDUNG DER PATTERN-RHYTHMEN MIT EINEM LIED

Ziel:
Patterns als rhythmisches Gestaltungsmittel im musikalischen Zusammenhang erfahren

Aufgabe:
Singen von Liedern und rhythmisches Begleiten nach Noten in verschiedenen Varianten

Zeitbedarf:
Ca. 10 Minuten (ohne Variationen und Erweiterungen)

Material/Medien:
Keine

DURCHFÜHRUNG

Eine Hälfte der Klasse singt die erste Strophe eines bereits bekannten Liedes im geraden Metrum, die andere klatscht oder patscht eine Auswahl aus den Patterns 1 bis 8 dieses Bausteins 3, die der Lehrer an der projizierten Folie zeigt. Zur zweiten Strophe wird gewechselt.

ÜBUNG 10 — PATTERN-RHYTHMEN ALS BEGLEITUNG

Ziel:
Audiieren und Wiedererkennen von Patterns

Aufgabe:
Begleiten von Musik mit Rhythmen in verschiedenen Varianten

Zeitbedarf:
Ca. 10 Minuten

Material/Medien:
SH S. 20; CD-B 26–28 (Bizet; Haydn; Beatles)

GROSSE SCHLÄGE MIT VERLÄNGERUNG: PUNKTIERUNG IM GERADEN METRUM **107**

DURCHFÜHRUNG

Zu ausgewählter Musik verschiedener Genres einzelne Patterns mit Klatschen, Tippen oder mit anderen Körperklängen ausführen. Der Lehrer zeigt auf der Folie verschiedene passende Patterns, die von der Klasse gespielt werden. Je nach Musik können auch Rhythmusinstrumente eingesetzt werden.

Geeignete Musikstücke (Beispiele):

- Georges Bizet: „Habanera" (aus „Carmen"), hierbei besonders auf die Habanera-Begleitung in der Unterstimme achten!
- Joseph Haydn: Sinfonie Nr. 94, G-Dur, „Sinfonie mit dem Paukenschlag", 4. Satz
- Stevie Wonder: „I Just Called to Say I Love You"

Aufgabe im Schülerheft

Unterschiede und Gemeinsamkeiten von halber Note und punktierter Viertelnote im geraden Takt herausarbeiten und im Lexikon sichern.

TRUMPET VOLUNTARY — ÜBUNG 11

Ziel:
Festigung der Rhythmussprache beim Lesen von Patterns

Aufgabe:
Erarbeiten einer Bodypercussion-Begleitung nach Noten

Zeitbedarf:
Ca. 20 Minuten. In späteren Stunden wieder aufgreifen und weiter entwickeln

Material/Medien:
SH S. 21 Aufgabe 9; CD-B 29/MP3 B21 (Trumpet Voluntary)

DURCHFÜHRUNG

- Leseübung: Einzelne Takte, Zeilen oder das ganze Stück in Rhythmussprache lesen und sprechen.
- Übertragen auf Bodypercussion
- Das ganze Stück erarbeiten.
- Die Bezeichnungen für Dynamik wiederholen bzw. erklären.
- Beim Üben besonders auf die Dynamik achten.
- Wegen der Länge und unterschiedlichen Teile sollte das Stück über mehrere Stunden immer wieder kurz geübt werden.

Aufgabe im Schülerheft

Das Stück zur Aufnahme üben.

Hinweis

Als Erweiterung könnte hier eine Unterrichtseinheit zur Trompete (Instrumentenkunde) angeschlossen werden.

Trumpet Voluntary

Musik: Jeremiah Clarke

GROSSE SCHLÄGE MIT VERLÄNGERUNG: PUNKTIERUNG IM GERADEN METRUM

MICHAEL ROW THE BOAT ASHORE
ÜBUNG 12

Ziel:
Festigung der Rhythmussprache beim Lesen von Patterns

Aufgabe:
Erarbeitung eines Liedes mit Bodypercussion

Zeitbedarf:
Ca. 30 Minuten

Material/Medien:
SH S. 22, Aufgabe 10 und Lexikon; CD-B 23/MP3 B18 (Playback „Michael Row the Boat Ashore")

DURCHFÜHRUNG

Michael Row the Boat Ashore

T. u. M.: Spiritual, USA

2. Jordan's river is deep and wide, hallelujah.
   Meet my mother on the other side, hallelujah.

3. Jordan's river is chilly and cold, hallelujah.
   Chills the body, but not the soul, hallelujah.

▸ Begleitpattern für Klavier: CD-A, Pattern Nr. 8

Schritt 1
Falls nicht bereits geschehen: Erarbeiten des Liedes „Michael Row the Boat Ashore".

Schritt 2
Bodypercussion-Stimme zum Lied erarbeiten. Zunächst alle gemeinsam sprechen. Dann sollen die Schüler sich individuell eine Verteilung auf verschiedene Bodypercussion-Klänge überlegen und vormachen. Die Klasse entscheidet, welcher Vorschlag für die Klänge übernommen werden soll. Diesen Rhythmus mit der ganzen Klasse einüben.

110 B: RHYTHMISCHE KOMPETENZ /// BAUSTEIN 3

Schritt 3

Anschließend in zwei Gruppen wechselnd musizieren (Sänger und Percussion-Spieler).

S. 23
Lexikon

Schritt 4

Einführung der fehlenden Pausenwerte.

Aufgabe im Schülerheft

Die Bodypercussion-Stimme zum Playback üben.

ÜBUNG 13 — SAILING

Ziel:
Festigung der Rhythmussprache beim Lesen von Patterns

Aufgabe:
Erarbeitung eines Klassenarrangements für Gesang, Bodypercussion, Stabspiele und andere Instrumente

Zeitbedarf:
Ca. 20–30 Minuten, Wiederaufnahme in späterer Stunde

Material/Medien:
Stabspiele und andere Instrumente; SH S. 24 Aufgabe 11; CD-B 30/MP3 B22 (Playback „Sailing"); CD-A, Einzelstimmen

DURCHFÜHRUNG

Sailing

T. u. M.: G. Sutherland
© 1972 Island Music

[Notenbeispiel: Gesang, Bodypercussion 1 und Bodypercussion 2 — „I am sailing, I am sailing home again 'cross the sea. I am sailing stormy waters to be near you, to be free." Akkorde: F, Dm, B, F, Gm, Dm, Gm, C, F]

Music Step by Step   HELBLING

GROSSE SCHLÄGE MIT VERLÄNGERUNG: PUNKTIERUNG IM GERADEN METRUM

2. I am flying, I am flying,
   like a bird, 'cross the sky,
   I am flying passing high clouds,
   to be with you, who can say.

3. Can you hear me, can you hear me,
   through the dark nights, far away,
   I am dying, forever crying,
   to be with you, who can say.

4. We are sailing, we are sailing,
   home again, 'cross the sea,
   we are sailing, stormy waters,
   to be near you, to be free.

▶ Begleitpattern für Klavier: CD-A, Pattern Nr. 9

Erarbeitung wie „My Bonnie" in Baustein 2, Übung 12 (S. 97 f.).

METHODISCHER HINWEIS

Sobald die Schüler Sicherheit beim Lesen der Rhythmen dieses Bausteins erreicht haben, kann zu Ebene 6 („Noten schreiben") übergegangen werden. Je nach Lerntempo der Klassen können evtl. einzelne Übungen übersprungen werden. Wenn die Schüler hingegen Schwierigkeiten haben, ist es sinnvoll, ein weiteres Lied mit Bodypercussion zu arrangieren und zu erarbeiten.

NOTEN SCHREIBEN — ÜBUNG 14

Ziel:
Einfache Rhythmuspatterns notieren können

Aufgabe:
Eigene Patterns im geraden Metrum mit Achtel-, Viertel- und halben Noten sowie punktierten Viertelnoten notieren und ausführen

Zeitbedarf:
Größere Abschnitte von zwei oder drei Schulstunden

Material/Medien:
SH S. 25 Aufgabe 12

- Noten schreiben
- Noten lesen
- Verändern und erfinden
- Übersetzen in Rhythmussprache
- Hören und imitieren mit Rhythmussprache
- Rhythmen hören und imitieren

DURCHFÜHRUNG

Schritt 1
Jeder Schüler notiert aus der Erinnerung das Spezialpattern aus Übung 1. Wer es vergessen hat, fragt seine Mitschüler.

Schritt 2
Dann schreibt jeder Schüler ein zweitaktiges Pattern mit Punktierung, das anders als das Spezialpattern ist. Wer fertig ist, übt dieses Pattern leise in Rhythmussprache.

RHYTHMISCHE KOMPETENZ

Schritt 3

- Alle sprechen und spielen (patschen, klatschen) ihre komponierten Patterns zugleich und im Metrum, dann spricht ein Einzelner solistisch sein Pattern, dann wieder alle usw.
- Bleibt ein Schüler stecken, zählt der Lehrer im Metrum das nächste Tutti ein.

Hausaufgabe

Die Schüler üben dieses Pattern zu einer Tonaufnahme ihrer Wahl.

ÜBUNG 15 — EINE RHYTHMUSBEGLEITUNG ERFINDEN

Ziel:
Einfache Rhythmuspatterns notieren können

Aufgabe:
Zu einem bekannten Lied passende Rhythmuspatterns notieren und ausführen

Zeitbedarf:
Eine Schulstunde

Material/Medien:
Instrumente; SH S. 25 Aufgabe 13

DURCHFÜHRUNG

Nehmt Abschied, Brüder
T. u. M.: trad. aus Schottland

(Noten: 4/4-Takt, F-Dur, mit Akkordsymbolen F, Dm, Gm, C, B)

1. Nehmt Abschied, Brüder, ungewiss ist alle Wiederkehr, die Zukunft liegt in Finsternis und macht das Herz uns schwer. **Ref.:** Der Himmel wölbt sich übers Land, ade, auf Wiedersehn! Wir ruhen all in Gottes Hand, lebt wohl, auf Wiedersehn!

GROSSE SCHLÄGE MIT VERLÄNGERUNG: PUNKTIERUNG IM GERADEN METRUM

2. Die Sonne sinkt, es steigt die Nacht, vergangen ist der Tag.
   Die Welt schläft ein, und leis erwacht der Nachtigallen Schlag.

   Ref.: Der Himmel wölbt sich …

3. So ist in jedem Anbeginn das Ende nicht mehr weit.
   Wir kommen her und gehen hin und mit uns geht die Zeit.

   Ref.: Der Himmel wölbt sich …

4. Nehmt Abschied, Brüder, schließt den Kreis, das Leben ist ein Spiel.
   Nur wer es recht zu spielen weiß, gelangt ans große Ziel.

   Ref.: Der Himmel wölbt sich …

▶ Begleitpattern für Klavier: CD-A, Pattern Nr. 2

Schritt 1
Warm-up: Einsingen und Auffrischen, ggf. Einüben des Liedes „Nehmt Abschied, Brüder".

Schritt 2
Die Schüler schreiben ein rhythmisches Ostinato (2 Takte) zu diesem Lied: Vorschläge sammeln und die Klasse entscheiden lassen, welche Vorschläge ausgeführt werden sollen. Für unterschiedliche Formteile können verschiedene Ostinati erfunden werden.

Schritt 3
Ein Teil der Klasse musiziert das Ostinato (Bodypercussion und/oder Percussioninstrumente). Die anderen Schüler singen das Lied.

Schritt 4
Das Ostinato kann nun auch auf Boomwhackers oder Stabspiele übertragen werden. Dazu die Dreiklangstöne der Akkorde (F, Dm, Gm, C, B) auf fünf Schülergruppen verteilen. Harmonischer Ablauf:

/F Dm /Gm C /F Dm/B Gm/

/F Dm /Gm C /B C /F F /

RHYTHMUSPATTERNS ZU BAUSTEIN 3
(eine Kopiervorlage zum Ausdrucken befindet sich auf CD-A)

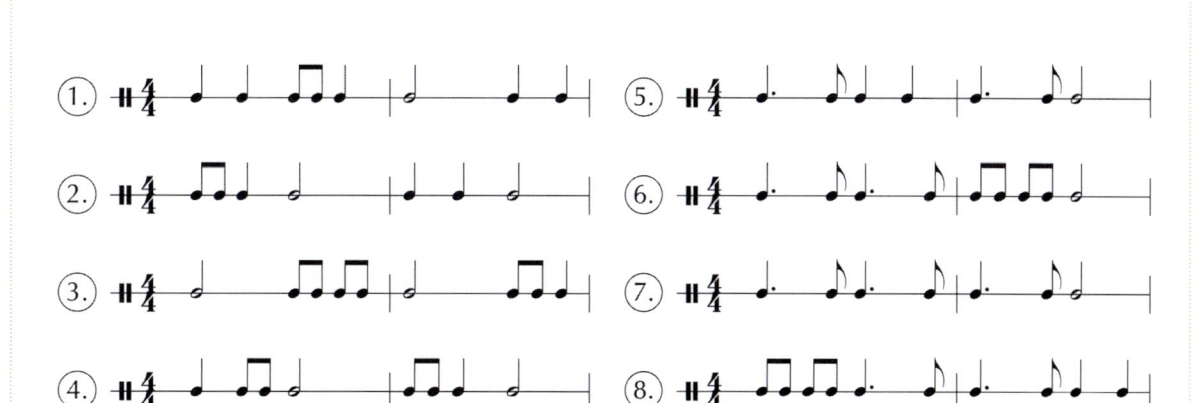

RHYTHMISCHE KOMPETENZ

BAUSTEIN 4

SYNKOPEN IM GERADEN METRUM

Ausgangspunkt sind Patterns mit Synkopen im geraden Metrum (▷ S. 125).

- Die ersten vier Ebenen rhythmischer Kompetenz werden auf die gleiche Weise, wie in Baustein 1 ausführlich beschrieben, Schritt für Schritt erarbeitet, nun aber für Patterns mit Synkopen im geraden Takt (= Übungen 1 bis 4).
- Es wird ein auf diese Patterns abgestimmtes Liedrepertoire erarbeitet. Vorschläge: „Nobody Knows the Trouble I've Seen" (S. 123), „Somebody's Knocking" (in: SING & SWING: DAS Liederbuch, 1. Aufl. S. 317). Andere Lieder, zu denen die Synkopenpatterns passen, können nach Bedarf hinzugefügt werden.
- Für die Ebenen 5 und 6 werden Übungen und Stücke für das gemeinsame Musizieren, für Bodypercussion, Liedbegleitung und für Hausaufgaben vorgeschlagen.

ÜBUNGEN 1–4

Die Übungen 1 bis 4 beziehen sich auf die Ebenen 1 bis 4 der Pyramide der rhythmischen Kompetenz. Die Übungen sind dieselben wie in Baustein 1 (S. 69–73), die Patterns verwenden jedoch Synkopen im geraden Metrum und haben eine Länge von zwei Takten (▷ Patterns zu Rhythmusbaustein 4, S. 125). Sie sind in der Regel im 4/4-Takt notiert, können aber auch als 2/2- oder als 2/4-Takt auftreten.

- Verändern und erfinden
- Übersetzen in Rhythmussprache
- Hören und imitieren mit Rhythmussprache
- Rhythmen hören und imitieren

WICHTIGER HINWEIS:

Die Übungen werden hier nicht erneut wiedergegeben. Sie müssen aber in angepasster Form mit den Patterns für Synkopen im geraden Metrum auch hier vollständig erarbeitet werden, weil den Schülern sonst die Voraussetzungen für die anschließenden Übungen von Baustein 4 fehlen.

Die Übungen 5 und 6 aus Baustein 1 (S. 73–75) können dann entfallen, wenn die Schüler auf der Grundlage der Übungen 1 bis 4 bereits mit Synkopen hörend und musizierend sicher umgehen können. Sind die Schüler hingegen nach Übung 4 noch unsicher, so sollen auch die Übungen 5 und 6 auf die Synkopen-Patterns hin angepasst und erarbeitet werden.

SYNKOPEN IM GERADEN METRUM

Hörbeispiele zu den Patterns der Übungen 1 bis 4:		
Übung 1 (▷ S. 69)	Hören und imitieren: zweitaktige Patterns mit Synkopen im geraden Metrum (4/4-Takt) auf neutrale Silbe	CD-B 31/MP3 B23; SH S. 27 Aufgabe 1 Vgl. CD-A, Video B1
	Chick Corea: Eleanor Rigby	CD-B 32/MP3 B24; SH S. 27 Aufgabe 2
Übung 2 (▷ S. 71)	Hören und imitieren: zweitaktige Patterns mit Synkopen im geraden Metrum (4/4-Takt) auf Rhythmussprache	CD-B 33/MP3 B25 SH S. 27 Aufgabe 3
Übung 3 (▷ S. 72)	Übersetzen: zweitaktige Patterns mit Synkopen in Rhythmussprache	CD-B 31/MP3 B23 SH S. 27 Aufgabe 4
Übung 4 (▷ S. 73)	Verändern und erfinden: zweitaktige Patterns mit Synkopen im geraden Metrum (4/4-Takt) auf Rhythmussprache	CD-B 33/MP3 B25 SH S. 27 Aufgabe 5
	Chick Corea: Eleanor Rigby	CD-B 32/MP3 B24 SH S. 27 Aufgabe 6

Der Zeitbedarf für die Übungen 1 bis 4 in Baustein 4 ist etwas geringer als in Baustein 1, da die Arbeitsweisen bereits vertraut sind.

RHYTHMISCHE KOMPETENZ

METHODISCHE HINWEISE

- Parallel zum Durchgang durch die Übungen 1 bis 4 soll mindestens ein Lied mit Synkopen erarbeitet werden. Vorschläge: „Nobody Knows the Trouble I've Seen" (▷ S. 123), „Somebody's Knocking" (in: SING & SWING: DAS Liederbuch, 1. Aufl., S. 317).
- Patterns zu Synkopen ▷ S. 125.
- Zur Vertiefung bzw. als Hausaufgabe stehen die Aufgaben 1 bis 6 im Schülerheft zur Verfügung.

NOTEN LESEN — ÜBUNG 5

Ziel:
Erweiterung der Fähigkeit Noten zu lesen: „du" und „dei" in Verbindung mit Synkopen im geraden Metrum

Aufgabe:
Rhythmuspatterns mit Synkopen lesen und in verschiedenen Umgangsweisen musikalisch ausführen

Zeitbedarf:
Ca. 5 Minuten, in mehreren Stunden mit steigender Schwierigkeit wiederholen

Material/Medien:
SH S. 28, Aufgaben 7 und 8; CD-B 34/MP3 B26 (Hör-Rätsel aus den Rhythmuspatterns 4)

- Noten lesen
- Verändern und erfinden
- Übersetzen in Rhythmussprache
- Hören und imitieren mit Rhythmussprache
- Rhythmen hören und imitieren

DURCHFÜHRUNG

Schritt 1

- Patterns zu Rhythmusbaustein 4 (▷ S. 125) projizieren.
- Eines der Patterns in Rhythmussprache vorsprechen.
- Alle suchen dieses Pattern im Notenbild und identifizieren die richtige Nummer.
- Dann dieses Pattern vor- und nachsprechen. Ebenso mit weiteren Patterns verfahren.

Einzählen bzw. Ansage z. B.:

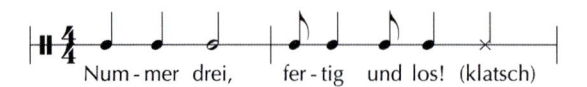

(Notenbeispiel: 4/4-Takt – "Num-mer drei, fer-tig und los! (klatsch)")

Schritt 2

Nach dem Einzählen Ketten von zwei oder mehreren Patterns gemeinsam sprechen; auch in Gruppen (Fensterseite, Türseite, Mädchen, Jungen etc.), als Kanon usw.

Schritt 3

In der nächsten Stunde die Patterns dann in anderer Reihenfolge lesen und sprechen.

Variante

Die Patterns als Bodypercussion ausführen.

Aufgabe im Schülerheft

Rhythmen mit Rhythmussilben lesen, Reihenfolge herausfinden und Lösungswort eintragen.

S. 28
Nr. 7
Nr. 8
MP3 B26
B 34

ÜBUNG 6 — VERBINDUNG DER PATTERN-RHYTHMEN MIT EINEM LIED

Ziel:
Patterns als rhythmisches Gestaltungsmittel im musikalischen Zusammenhang erfahren

Aufgabe:
Singen von Liedern und rhythmisches Begleiten nach Noten in verschiedenen Varianten

Zeitbedarf:
ca. 10 Minuten (ohne Variationen und Erweiterungen)

Material/Medien:
Keine

DURCHFÜHRUNG

Die Hälfte der Klasse singt die erste Strophe eines bereits bekannten Liedes im geraden Metrum, der Rest klatscht oder patscht eine Auswahl aus den Patterns 1 bis 8 dieses Bausteins 4, die der Lehrer an der projizierten Folie zeigt. Zur zweiten Strophe wird gewechselt.

PATTERN-RHYTHMEN ALS BEGLEITUNG — ÜBUNG 7

Ziel:
Audiieren und Wiederkennen von Patterns

Aufgabe:
Begleiten von Musik mit synkopierten Rhythmen in verschiedenen Varianten

Zeitbedarf:
ca. 10 Minuten

Material/Medien:
CD-B 32, 35, 5 (Corea; Grieg; Joplin)

DURCHFÜHRUNG

Zu ausgewählter Musik verschiedener Genres einzelne Patterns mit Klatschen, Tippen oder mit anderen Körperklängen ausführen. Der Lehrer zeigt auf der Folie verschiedene passende Patterns, die von der Klasse gespielt werden. Je nach Musik können auch Rhythmusinstrumente eingesetzt werden.

Geeignete Musikstücke (Beispiele):

- Chick Corea: „Eleanor Rigby"
- Edvard Grieg: „In der Halle des Bergkönigs" (aus der „Peer-Gynt-Suite")
- Scott Joplin: „Maple Leaf Rag"

TOMATEN-TANGO — ÜBUNG 8

Ziel:
Synkopierte Rhythmen lesen und ausführen können

Aufgabe:
Erarbeiten eines Spielstücks für Bodypercussion nach Noten

Zeitbedarf:
Ca. 20 Minuten

Material/Medien:
SH S. 28 Aufgabe 9; CD-B 36/MP3 B27 (Playback „Tomaten-Tango")

DURCHFÜHRUNG

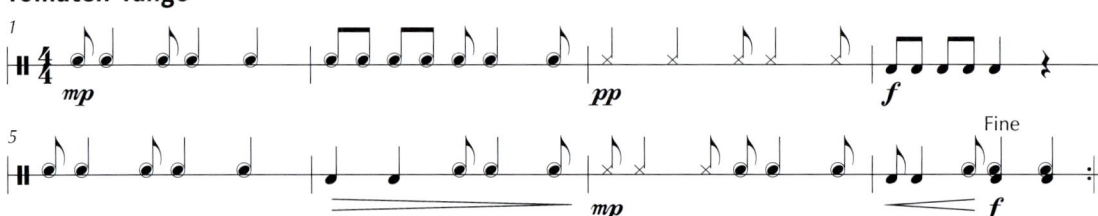

Tomaten-Tango

(B 36)

Schritt 1

Leseübung: Einzelne Takte, Zeilen oder das ganze Stück in Rhythmussprache lesen und sprechen.

Schritt 2

Übertragen auf Bodypercussion.

Schritt 3

Das ganze Stück erarbeiten, neue Dynamikzeichen erläutern und einüben.

Schritt 4

Sichern der neu eingeführten Dynamikzeichen im Lexikon.

ÜBUNG 9 — SYNKOPEN-MEMORY

Ziel:
Synkopierte Rhythmen audiieren können

Aufgabe:
Synkopen-Patterns auditiv und visuell im Gedächtnis behalten und schließlich zum Musizieren verwenden

Zeitbedarf:
Ca. 20 Minuten

Material/Medien:
CD-A, Synkopenmemory

DURCHFÜHRUNG

Schritt 1

Den Spielplan (Folienvorlage) mit acht Rhythmenpärchen auf OHP legen und die einzelnen Felder mit den Deckkärtchen verdecken.

Schritt 2

- Das Spiel wird im Klassenverband gespielt. Ein Schüler beginnt, indem er die Nummern von zwei Feldern, die aufgedeckt werden sollen, benennt und das jeweils zum Vorschein kommende Pattern laut auf Rhythmussilben spricht. Anschließend werden die Felder wieder verdeckt und der Schüler wählt seinen „Nachfolger".
- Hat ein Schüler ein Pattern-Paar entdeckt, bekommt er das entsprechende Patternkärtchen. Das aufgedeckte Patternpaar bleibt nun sichtbar.

Schritt 3

Nachdem alle acht Pattern-Paare aufgedeckt wurden, können die Patterns auf vielfältige Weise zum Musizieren verwendet werden (eigene Gestaltungsversuche, Liedbegleitung etc.).

Beispiel für eine musikalische Gestaltung:
Patterncrescendo – Bodypercussion mit nacheinander einsetzenden Patterns

Schritt 1

Die zur Verfügung stehenden Klänge (Klatschen, Patschen, Stampfen …) vereinbaren und ggf. an die Tafel schreiben.

Schritt 2

- Acht Schüler mit je einem Patternkärtchen stellen sich vor der Klasse als „Dirigenten" auf.
- Einer der acht Dirigenten beginnt: Er wählt einen Klang, mit dem er „sein" Pattern ausführt und fordert nacheinander bis zu vier weitere Schüler nonverbal auf, sein Pattern mit dem gleichen Klang mitzuspielen.

Schritt 3

- Das erste Pattern wird von der ersten Gruppe weitergespielt. Läuft es stabil und gleichmäßig, beginnt der nächste Dirigent, „sein" Pattern auszuführen und wie sein Vorgänger eigene Mitspieler auszuwählen. Die erste Gruppe spielt ihr Pattern durchgehend weiter. Jede Patterngruppe verwendet einen eigenen Klang.
- So geht es weiter, bis gleichzeitig alle acht Patterns von allen Schülern musiziert werden.

Schritt 4

Das Stück kann auf ein Zeichen des Lehrers auf einem Schlag enden, oder es wird zu Ende geführt, indem der Lehrer bzw. ein Schüler die Patterns nach und nach durch Zeichen „ausschaltet".

ÜBUNG 10

THE ENTERTAINER

Ziel:
Synkopierte Rhythmen musizieren können

Aufgabe:
Ein Klassenarrangement für Melodieinstrumente, Bodypercussion, Stabspiele und Bass erarbeiten

Zeitbedarf:
Je nach Umfang 15–40 Minuten, spätere Wiederaufnahme sinnvoll

Material/Medien:
SH S. 29 Aufgabe 10 und Lexikon; CD-A, Einzelstimmen „The Entertainer"; CD-B 37/MP3 B28 („The Entertainer")

DURCHFÜHRUNG

The Entertainer

Musik: Scott Joplin

SYNKOPEN IM GERADEN METRUM **121**

Hinweis

Aus den vorliegenden Stimmen können verschiedene Arrangements kombiniert werden, z. B.:

- Arr. 1: Melodie (solistisch an Klavier oder Melodieinstrument) und Bodypercussion
- Arr. 2: Melodie, Bodypercussion und Bass-Stimme (an Klavier, Cello oder Bass)
- Arr. 3: Alle Stimmen erweiterbar durch in der Klasse vorhandene Instrumente (Hausaufgabe siehe unten)

Schritt 1

Die Bodypercussion-Stimme in Rhythmussprache lesen, dann mit vom Lehrer vorgegebenen oder gemeinsam mit den Schülern ausgewählten Körperklängen spielen.

Schritt 2

Die Bass-Stimme nur mit einigen Schülern auf geeigneten Instrumenten erarbeiten, dabei die Instrumente evtl. wechseln, die restlichen Schüler spielen die Bodypercussion-Stimme weiter.

Schritt 3

Laufen alle Teile sicher, wird zur Bodypercussion- und Bass-Stimme die Melodie gespielt.

Schritt 4

Je nach Leistungsstand und räumlichen Möglichkeiten können die zweite Melodiestimme, transponierte Stimmen oder die Klavierstimme parallel von einigen Schülern selbständig erarbeitet werden.

Aufgabe im Schülerheft

- Begriff „Synkope" einführen und im Lexikon sichern.
- Hausaufgabe: Die Stimmen zu „The Entertainer" üben.

ÜBUNG 11

"STOLPERFALLE" – NOTEN SCHREIBEN

Ziel:
Einfache Rhythmuspatterns notieren können

Aufgabe:
Eigene Patterns im geraden Metrum mit Synkopen notieren und ausführen

Zeitbedarf:
Größere Abschnitte von zwei oder drei Schulstunden

Material/Medien:
SH S. 30 Aufgaben 11 und 12; CD-B 38/MP3 B29 (Diktat)

- **Noten schreiben**
- Noten lesen
- Verändern und erfinden
- Übersetzen in Rhythmussprache
- Hören und imitieren mit Rhythmussprache
- Rhythmen hören und imitieren

Stolperfalle

DURCHFÜHRUNG

Erarbeitung in drei Schritten und mit Hausaufgabe in gleicher Weise wie Übung 14 in Rhythmus-Baustein 2 („Lucky Spaces", S. 100).

Aufgabe im Schülerheft

Ein Rhythmusdiktat zur Vertiefung.

SYNKOPEN IM GERADEN METRUM   123

NOBODY KNOWS THE TROUBLE I'VE SEEN

ÜBUNG 12

Ziel:
Einfache synkopierte Rhythmen hörend unterscheiden und musizieren können

Aufgabe:
Ein synkopiertes Pattern hörend erkennen und zu einem Lied als Begleitung ausführen

Zeitbedarf:
Ca. 20 Minuten

Material/Medien:
SH S. 31 Aufgabe 13

RHYTHMISCHE KOMPETENZ

DURCHFÜHRUNG

Nobody Knows the Trouble I've Seen

T. u. M.: Spiritual, USA

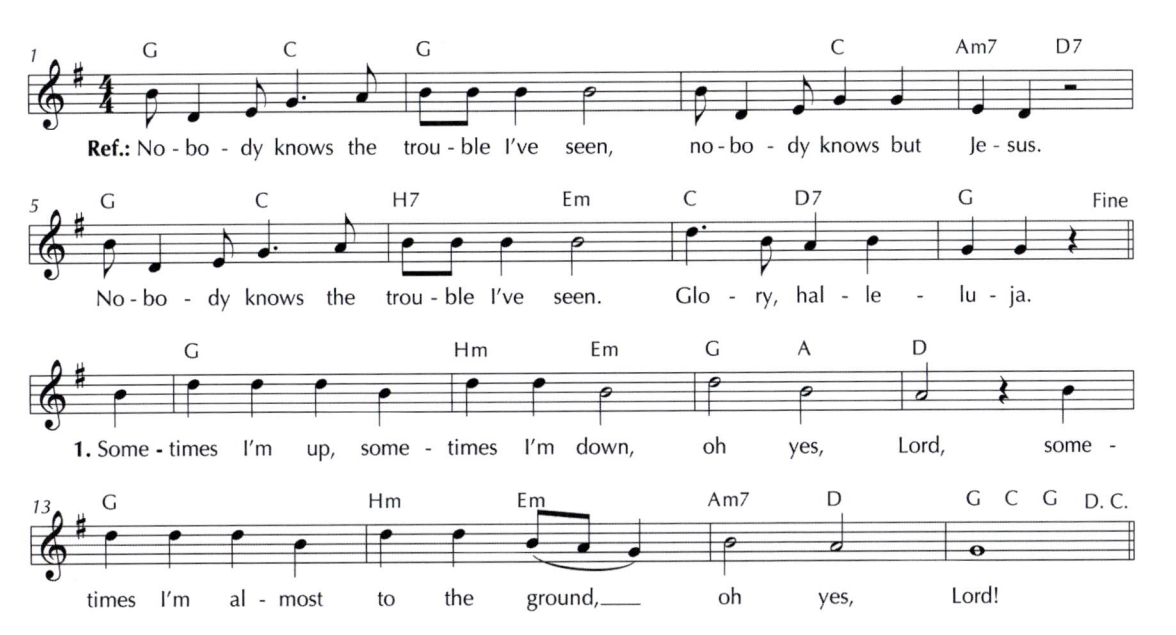

2. I never shall forget that day,
   oh, yes, Lord!
   When Jesus washed my sins away,
   oh, yes, Lord!

   Ref.: Nobody knows the trouble I've seen …

3. Although you see me going so,
   oh, yes, Lord!
   I have my troubles here below,
   oh, yes, Lord!

   Ref.: Nobody knows the trouble I've seen …

▶ Begleitpattern für Klavier: CD-A, Pattern Nr. 8

HELBLING   Music Step by Step

B: RHYTHMISCHE KOMPETENZ /// BAUSTEIN 4

S. 31
Nr. 13

Schritt 1

Jeder Schüler wählt ein zweitaktiges Pattern aus den acht vorgegebenen Rhythmuspatterns (▷ S. 125) als Begleitung zum Lied „Nobody Knows the Trouble I've Seen" und schreibt es im Schülerheft auf.

Schritt 2

Die Schüler gehen nun durch den Raum und suchen nach „Zwillingen" bzw. „Geschwistern", indem sie sich gegenseitig ihre Patterns in Rhythmussprache vorlesen.

Alternative:

Einzelne Schüler präsentieren ihren Rhythmus vor der Klasse. Schüler, die einen „Zwilling" heraushören, spielen den Rhythmus mit.

Schritt 3

- Präsentation: Zwei (oder mehr) Gruppen führen ihr Pattern als Ostinato aus, während der Rest der Klasse den Refrain singt.
- Wie oft wird das Pattern benötigt? Wie viele Takte hat demzufolge der Refrain?

ÜBUNG 13 — MEIN TOMATEN-TANGO

Ziel:
Komponieren eines Bodypercussion-Stücks

Aufgabe:
Vorgegebene und selbst erfundene Patterns zu einer Rhythmus-Komposition zusammenstellen

Zeitbedarf:
Jeweils ca. 20 Minuten in zwei aufeinanderfolgenden Stunden, ggf. auch mehr Zeit, um allen Schülern Gelegenheit zur Vorstellung ihrer Ergebnisse zu geben

Material/Medien:
SH S. 32 Aufgabe 14; evtl. Folienschnipsel mit Notenlinien

S. 32
Nr. 14

DURCHFÜHRUNG

Schritt 1

Das Bodypercussion-Stück „Tomaten-Tango" wiederholen (▷ Übung 8, S. 118).

Schritt 2

- Eigene Patterns zu „Mein Tomaten-Tango" komponieren. Eine Mindestanzahl der in diesem Baustein vorgestellten Patterns festlegen, die in „Mein Tomaten-Tango" Verwendung finden sollen.
- Alternativ können auch in Partnerarbeit je ein oder zwei Takte auf Folienschnipsel notiert werden, die dann auf dem OHP zu einem gut klingenden Stück zusammengesetzt werden. Diese Aufgabe kann auch als Hausaufgabe gestellt werden.

RHYTHMUSPATTERNS ZU BAUSTEIN 4

(eine Kopiervorlage zum Ausdrucken befindet sich auf CD-A)

RHYTHMISCHE KOMPETENZ

BAUSTEIN 5

UNGERADES METRUM: DREI KLEINE SCHLÄGE AUF EINEN GROSSEN SCHLAG (TEIL 2)

Ausgangspunkt sind Patterns mit zwei unterschiedlichen Notenwerten (▷ S. 137) im ungeraden Metrum.

- Zunächst geht es um ungerade Metren, die als 6/8-Takt (oder auch als 6/4-Takt) notiert werden. Erst wenn die Schüler damit sowohl musikpraktisch als auch lesend und schreibend gut umgehen können, wird mit Übung 11 der 3/4-Takt eingeführt.
- Die ersten drei Ebenen rhythmischer Kompetenz werden auf die gleiche Weise, wie in Baustein 1 ausführlich beschrieben, Schritt für Schritt erarbeitet, nun aber für ungerade Metren mit zwei unterschiedlichen Notenwerten, etwa halbe Note und Viertelnote oder Viertel- und Achtelnote (Übungen 1–3).
- Parallel wird ein auf diese Patterns abgestimmtes Liedrepertoire erarbeitet. Vorschläge: „Wir reiten geschwinde" (S. 129) und „Wir fahren übers weite Meer" (S. 131). Andere Lieder, zu denen die Patterns passen, können nach Bedarf hinzugefügt werden.
- Für die Ebenen 4, 5 und 6 werden Übungen und Stücke für das gemeinsame Musizieren, für Bodypercussion, Liedbegleitung und für Hausaufgaben vorgeschlagen.
- Nachdem die Ebenen rhythmischer Kompetenz mit dem 6/8-Takt vollständig durchlaufen wurden, ist es für die Schüler nicht schwierig, dieselben rhythmischen Strukturen in der Notation des 3/4-Takts zu erkennen, zu musizieren, zu lesen und zu schreiben. Deshalb genügen wenige Übungen zum Lesen und Schreiben im 3/4-Takt (Übungen 11 bis 14) in Verbindung mit einem Lied (Vorschlag: „Scarborough Fair", S. 135).

ÜBUNGEN 1–3

Übungen 1 bis 3 beziehen sich auf die Ebenen 1 bis 3 der Pyramide der rhythmischen Kompetenz. Die Übungen sind aus den Bausteinen 1 bis 4 bereits bekannt (▷ S. 69–72), die verwendeten Patterns jedoch beinhalten nun auch den Wechsel zweier Notenwerte innerhalb des ungeraden Metrums. Sie sind in der Regel im 6/8-Takt notiert, können aber auch als 6/4-Takt auftreten.

- Übersetzen in Rhythmussprache
- Hören und imitieren mit Rhythmussprache
- Rhythmen hören und imitieren

UNGERADES METRUM: DREI KLEINE SCHLÄGE AUF EINEN GROSSEN SCHLAG (TEIL 2)

WICHTIGER HINWEIS:

Die Übungen werden hier nicht erneut wiedergegeben. Sie müssen aber in angepasster Form mit den Patterns für ungerade Metren mit zwei unterschiedlichen Notenwerten auch hier vollständig erarbeitet werden, weil den Schülern sonst die Voraussetzungen für die anschließenden Übungen von Baustein 5 fehlen.

Hörbeispiele zu den Patterns der Übungen 1 bis 3

Übung 1 (▷ S. 69)	Hören und imitieren: zweitaktige Patterns im ungeraden Metrum (6/8-Takt) auf neutrale Silbe	CD-B 39/MP3 B30; SH S. 33 Aufgabe 1 Vgl. CD-A, Video B1
	Mozart: Klaviersonate Nr. 11	CD-B 40/MP3 B31; SH S. 33 Aufgabe 2
Übung 2 (▷ S. 71)	Hören und imitieren: zweitaktige Patterns im ungeraden Metrum (6/8-Takt) in Rhythmussprache	CD-B 41/MP3 B32; SH S. 33 Aufgabe 3
Übung 3 (▷ S. 72)	Übersetzen: Zweitaktige Patterns im ungeraden Metrum (6/8-Takt) in Rhythmussprache	CD-B 39/MP3 B30; SH S. 33 Aufgabe 4

Der Zeitbedarf für die Übungen 1 bis 3 in Baustein 5 ist deutlich geringer als in Baustein 1, da die Arbeitsweisen bereits vertraut sind.

METHODISCHE HINWEISE

- Parallel zum Durchgang durch die Übungen 1 bis 3 soll mindestens ein Lied im ungeraden Metrum mit zwei verschiedenen Notenwerten erarbeitet werden. Vorschläge: „Wir reiten geschwinde" (S. 129), „Wir fahren übers weite Meer" (S. 131).
- Patterns für Rhythmen im 6/8- und im 3/4-Takt dazu ▷ S. 137.
- Zur Vertiefung bzw. als Hausaufgabe stehen die Aufgaben 1 bis 4 im Schülerheft zur Verfügung.

VERÄNDERN UND ERFINDEN — ÜBUNG 4

Ziel:
Festigung der Rhythmussprache und kreatives Einsetzen rhythmischer Patterns

Aufgabe:
Call & Response: Einen zweitaktigen Ruf im ungeraden Metrum beantworten

Zeitbedarf:
Ca. 5–10 Minuten – je nach Variante auch länger, in mehreren Stunden kurz wiederholen

Material/Medien:
evtl. Percussioninstrumente; SH S. 33 Aufgabe 5;
CD B41/Mp 3 B32 (Rhythmuspatterns);
SH S. 33 Aufgabe 6; CD-B 40/Mp 3 B31 (Klaviersonate Mozart)

- Verändern und erfinden
- Übersetzen in Rhythmussprache
- Hören und imitieren mit Rhythmussprache
- Rhythmen hören und imitieren

B: RHYTHMISCHE KOMPETENZ /// BAUSTEIN 5

DURCHFÜHRUNG

Schritt 1

Die Schüler sprechen folgendes zweitaktiges Pattern nach:

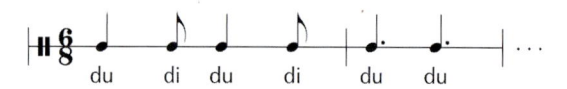

du di du di du du

Zwei stumme Takte folgen. Die großen Schläge in den Füßen mitlaufen lassen, dies hilft, die Pausentakte einzuhalten.

Schritt 2

Alle sprechen die ersten beiden Takte und einzelne Schüler sprechen in die zwei Pausentakte einen eigenen Solo-Rhythmus, der anders sein soll als der Tutti-Rhythmus (Rondo-Prinzip).

Varianten

- Wenn das Improvisieren schwierig ist oder die Schüler sich scheuen alleine zu sprechen, hilft es, zunächst kleinere Gruppen (Sitzreihe o. Ä.) gemeinsam improvisieren zu lassen. Solisten könnten sich dann zunächst freiwillig melden.
- Wenn das Improvisieren gut klappt, kann es auch auf Percussioninstrumente übertragen werden (möglichst in Rhythmussprache zur Improvisation sprechen).

Aufgabe im Schülerheft

- Improvisieren in der Rhythmussprache.
- Eine Rhythmische Begleitung zur Klaviersonate von Mozart erfinden.

ÜBUNG 5 — NOTEN LESEN

Ziel, Aufgabe und Zeitbedarf:
Wie Aufgabe 7 in Baustein 1 (▷ S. 76), jedoch bezogen auf ungerade Metren mit zwei unterschiedlichen Notenwerten

Material/Medien:
SH S. 34 Aufgaben 7 und 8;
CD-B 42/MP3 B33 (Hör-Rätsel aus den Rhythmuspatterns 5)

- Noten lesen
- Verändern und erfinden
- Übersetzen in Rhythmussprache
- Hören und imitieren mit Rhythmussprache
- Rhythmen hören und imitieren

DURCHFÜHRUNG

Schritte 1 bis 3: wie in Baustein 1, Aufgabe 7 (S. 76–77), jedoch mit den Rhythmuspatterns von Baustein 5, S. 137. Einzählen bzw. Ansagen im 6/8- bzw. 6/4-Takt ausführen, z. B.:

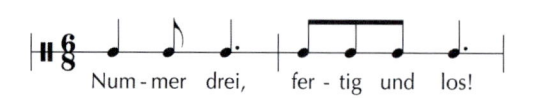

Num - mer drei, fer - tig und los!

Variante:

Die Patterns als Bodypercussion ausführen.

Aufgabe im Schülerheft

Rhythmen mit Rhythmussilben lesen, Reihenfolge herausfinden und Lösungswort ins Lexikon eintragen.

UNGERADES METRUM: DREI KLEINE SCHLÄGE AUF EINEN GROSSEN SCHLAG (TEIL 2) **129**

VERBINDUNG DER PATTERN-RHYTHMEN MIT EINEM LIED — ÜBUNG 6

Ziel:
Patterns als rhythmisches Gestaltungsmittel im musikalischen Zusammenhang erfahren

Aufgabe:
Singen von Liedern und rhythmisches Begleiten nach Noten in verschiedenen Varianten

Zeitbedarf:
Ca. 10 Minuten (ohne Variationen und Erweiterungen)

Material/Medien:
SH S. 34 (Notat „Wir fahren übers weite Meer" als Alternative zu „Wir reiten geschwinde")

RHYTHMISCHE KOMPETENZ

DURCHFÜHRUNG

Wir reiten geschwinde T. u. M.: trad.

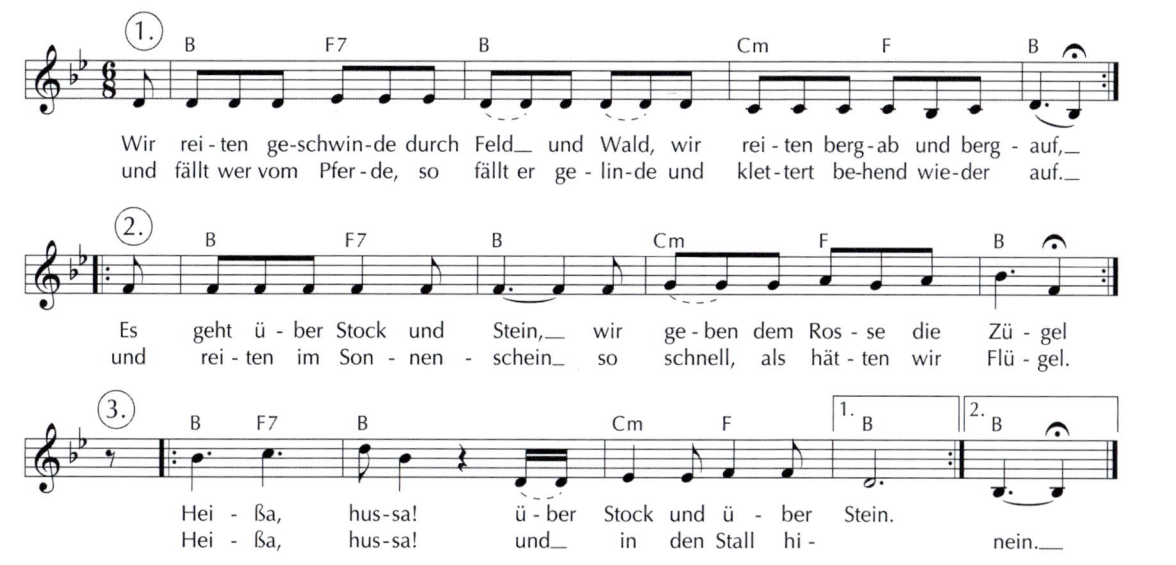

1. Wir reiten geschwinde durch Feld und Wald, wir reiten bergab und bergauf,
   und fällt wer vom Pferde, so fällt er gelinde und klettert behend wieder auf.
2. Es geht über Stock und Stein, wir geben dem Rosse die Zügel
   und reiten im Sonnenschein so schnell, als hätten wir Flügel.
3. Hei-ßa, hussa! über Stock und über Stein.
   Hei-ßa, hussa! und in den Stall hinein.

▶ Begleitpattern für Klavier: CD-A, Pattern Nr. 6

Eine Hälfte der Klasse singt die erste Strophe eines bereits bekannten Liedes, z. B. „Wir reiten geschwinde" (nicht im Schülerheft abgedruckt) oder „Wir fahren übers weite Meer" (im Schülerheft ▷ S. 34, im Lehrerband ▷ S. 131), die andere klatscht oder patscht eine Auswahl aus den Patterns 1–8 dieses Bausteins 5, die der Lehrer an der projizierten Folie zeigt. Zur zweiten Strophe wird gewechselt.

S. 34
„Wir fahren übers weite Meer"

Varianten und Erweiterungen
▷ Baustein 1, Übung 9, S. 78

Variante
Rhythmen mit Rhythmussilben lesen, Reihenfolge herausfinden und Lösungswort eintragen.

B 42 — MP3 B33 — S. 34 Nr. 7 Nr. 8

ÜBUNG 7 — PATTERN-RHYTHMEN ALS BEGLEITUNG

Ziel:
Audiieren und Wiedererkennen von Patterns

Aufgabe:
Begleiten von Musik mit Rhythmen in verschiedenen Varianten

Zeitbedarf:
Ca. 10 Minuten

Material/Medien:
CD-B 43, 44, 45 (Mozart, Domino, Neville)

DURCHFÜHRUNG
(B 43–45)

Zu ausgewählter Musik verschiedener Genres einzelne Patterns mit Klatschen, Tippen oder mit anderen Körperklängen ausführen. Der Lehrer zeigt auf der Folie verschiedene passende Patterns, die von der Klasse gespielt werden. Je nach Musik können auch Rhythmusinstrumente eingesetzt werden.

Geeignete Musikstücke (Beispiele):

- W.A. Mozart: „Romanze des Pedrillo", aus: „Entführung aus dem Serail", 3. Aufzug
- Fats Domino: „Blueberry Hill"
- Aaron Neville: „Tell It Like It Is"

ÜBUNG 8 — WIR FAHREN ÜBERS WEITE MEER

Ziel:
Festigung der Rhythmussprache beim Lesen von Patterns

Aufgabe:
Erarbeitung eines Klassenarrangements

Zeitbedarf:
25–30 Minuten

Material/Medien:
Stabspiele, Xylofone; SH S. 34, Aufgabe 9 (Notat „Wir fahren ..."); CD-B 46/MP3 B34 (Playback „Wir fahren ..."); CD-A, Einzelstimmen

DURCHFÜHRUNG

Wir fahren übers weite Meer

M: trad. aus England
Dt. Text: K. Seidelmann
© Voggenreiter

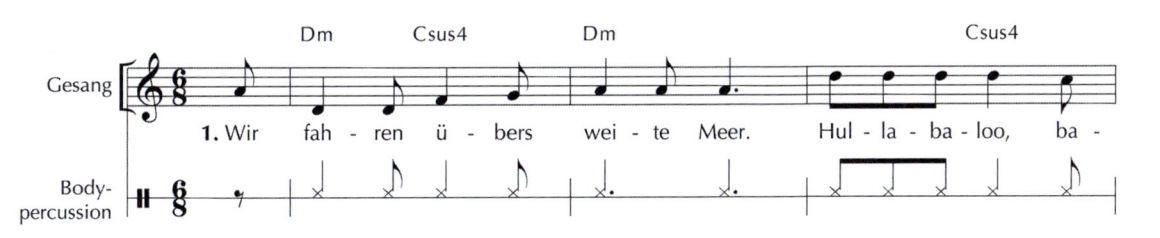

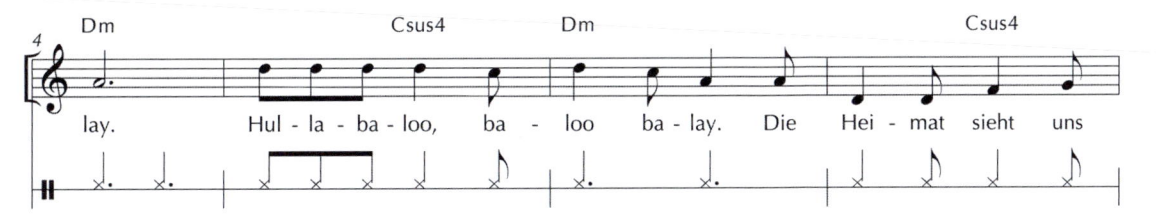

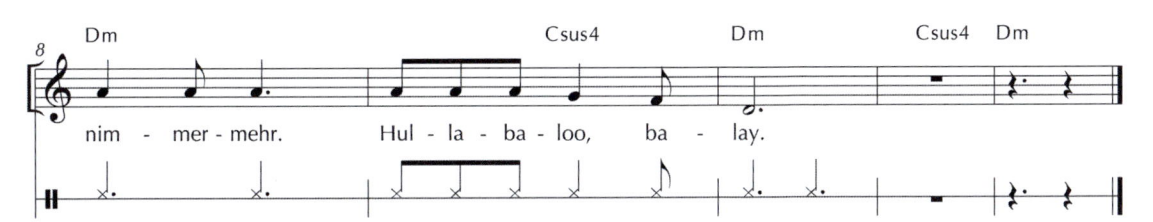

1. Wir fahren übers weite Meer. Hullabaloo, baloo balay. Hullabaloo, baloo balay. Die Heimat sieht uns nimmermehr. Hullabaloo, balay.

2. Vom Maste weht ein schwarzes Tuch. Hullabaloo …
   Vielleicht trifft uns der Heimat Fluch. Hullabaloo …

3. Das wilde Wasser rauscht und schäumt. Hullabaloo …
   Manch einer von der Liebsten träumt. Hullabaloo …

4. O Bruder, lass das Träumen sein. Hullabaloo …
   Vielleicht muss bald gestorben sein. Hullabaloo …

5. Und gilt's den Tod, wir fechtens's aus! Hullabaloo …
   Von uns will keiner mehr nach Haus. Hullabaloo …

▶ Begleitpattern für Klavier: CD-A, Pattern Nr. 6

Schritt 1
Einstieg: Erarbeitung (oder ggf. Wiederholung) des Liedes.

Schritt 2
Erarbeiten der Bodypercussion-Stimme: Zunächst in Rhythmussprache lesen, dann mit Bodypercussion spielen.

Schritt 3
Das Lied zusammen mit der Bodypercussion-Stimme üben bzw. singen
(Klasse aufgeteilt, Gruppen wechseln).

Schritt 4

Erarbeiten der Stabspielstimmen. Nur einige Schüler spielen am Stabspiel (evtl. zwischendurch abwechseln), die anderen bleiben weiter bei der Bodypercussion-Stimme bzw. singen.

Hinweise

- Melodieinstrumente können die Melodie mitspielen oder aber eine der Xylofonstimmen übernehmen. Schüler, die ein Melodieinstrument spielen, sollen vor der Erarbeitung in der Schule schon zu Hause üben. Dazu kann das Playback verwendet werden.
- Bei klaren Regeln zum Musizieren in der Klasse können Stabspiel-, Bass- und Xylofonstimmen auch ohne Anleitung des Lehrers geübt werden.

ÜBUNG 9 — NOTEN SCHREIBEN

Ziel:
Einfache Rhythmuspatterns notieren können

Aufgabe:
Eigene Patterns mit zwei unterschiedlichen Notenwerten im ungeraden Metrum notieren und ausführen

Zeitbedarf:
Größere Abschnitte von zwei oder drei Schulstunden

Material/Medien:
SH S. 35, Aufgabe 10

- Noten schreiben
- Noten lesen
- Verändern und erfinden
- Übersetzen in Rhythmussprache
- Hören und imitieren mit Rhythmussprache
- Rhythmen hören und imitieren

DURCHFÜHRUNG

Schritt 1
Anknüpfung an das Arrangement „Wir fahren übers weite Meer" (Übung 8): Jeder Schüler notiert den Rhythmus der beiden ersten Takte aus seiner Stimme des Arrangements aus dem Gedächtnis. Wer sie vergessen hat, fragt einen Mitschüler, der dieselbe Stimme spielte.

Schritt 2
Jeder Schüler erfindet ein zweitaktiges Pattern mit zwei verschiedenen Notenwerten im 6/8- (oder 6/4-) Takt, das anders als der Rhythmus ist, den er in Schritt 1 notiert hat und schreibt es auf. Wer fertig ist, übt dieses Pattern leise in der Rhythmussprache.

Schritt 3
- Alle sprechen und spielen mit Bodypercussion ihre komponierten Patterns im „Tutti", dann spricht ein einzelner sein Pattern, dann wieder alle usw.
- Bleibt ein Schüler stecken, zählt der Lehrer im Metrum das nächste Tutti ein.

UNGERADES METRUM: DREI KLEINE SCHLÄGE AUF EINEN GROSSEN SCHLAG (TEIL 2) **133**

EINE RHYTHMUSBEGLEITUNG ERFINDEN   ÜBUNG 10

Ziel:
Einfache Rhythmuspatterns notieren können

Aufgabe:
Zu einem bekannten Lied passende Rhythmuspatterns notieren und ausführen

Zeitbedarf:
Eine Unterrichtsstunde

Material/Medien:
Percussioninstrumente; SH S. 35 Aufgabe 11; SH S. 35 Aufgabe 12; CD-B 47/MP3 B35 (Rhythmusdiktat)

DURCHFÜHRUNG

Schritt 1
Warm-up, Einsingen und Auffrischen eines bereits bekannten Liedes, z. B. „Wir reiten geschwinde" (S. 129) oder eines anderen Liedes im 6/8- oder 6/4-Takt.

Schritt 2
Die Noten dieses Liedes auf Folie kopieren und projizieren.

S. 35
Nr. 11

Schritt 3
Jeder Schüler schreibt ein zweitaktiges Ostinato zu diesem Lied in die freien Notenzeilen im Schülerheft. Die Vorschläge sammeln, gemeinsam ausprobieren und die Klasse entscheiden lassen, welche als Liedbegleitung ausgeführt werden sollen. Diese auf Folie übertragen und projizieren.

Schritt 4
Ein Teil der Klasse musiziert die Ostinati von der Folie (Bodypercussion und/oder Percussioninstrumente). Die anderen Schüler singen das Lied.

Schritt 5
Bewertung: Passt das Ostinato gut? Begründungen? Evtl. Gespräch über mögliche Kriterien für die Bewertung.

Aufgabe im Schülerheft
Rhythmusdiktat zur Sicherung.

B 47 / MP3 B35 / S. 35 Nr. 12

RHYTHMISCHE KOMPETENZ

ÜBUNG 11 — DER 3/4-TAKT

Ziel:
Einführung in den 3/4-Takt mit halben Noten und Viertelnoten sowie punktierten halben Noten

Aufgabe:
Einfache Rhythmuspatterns (halbe Noten und Viertelnoten) im 3/4-Takt lesen und in verschiedenen Umgangsweisen musikalisch ausführen

Zeitbedarf:
Ca. 5–10 Minuten für die Arbeit mit den Patterns (S. 137), in einigen Stunden mit steigender Schwierigkeit wiederholen

Material/Medien:
SH S. 36 Aufgabe 13 und Lexikon; CD-B 39/MP3 B30 (Rhythmuspatterns)

DURCHFÜHRUNG

Schritt 1

- Zunächst ein bekanntes 6/8-Pattern in Rhythmussprache vorlesen und auf der Folie dazu zeigen.
- Erneut vorlesen und auf das entsprechende 3/4-Pattern zeigen.
- Die Schüler benennen Gemeinsamkeiten und Unterschiede des Gehörten und Gesehenen und halten das Ergebnis im Schülerheft fest (Lexikoneintrag).

Schritt 2

- Nach dem Einzählen Ketten aus zwei oder mehreren Patterns gemeinsam lesen: Zunächst wie in Schritt 1, also erst die 6/8-Pattern-Kette, danach die entsprechende 3/4-Pattern-Kette. Dann auch nur im 3/4-Takt, schließlich durcheinander gemischt 6/8- und 3/4-Takt.
- Schwierigere Varianten: Teilgruppen der Klasse lesen und sprechen lassen; als Kanon lesen und sprechen lassen u. ä.

Aufgabe im Schülerheft

Rhythmen im 3/4-Takt notieren.

Schritt 3

In der nächsten Stunde die Patterns dann in anderer Reihenfolge lesen und sprechen. Einzählen oder Ansagen nach folgendem Muster:

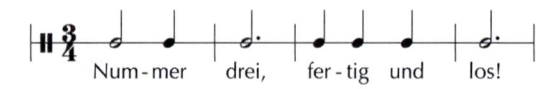

Num-mer drei, fer-tig und los!

Variante

Die Patterns als Bodypercussion ausführen.

UNGERADES METRUM: DREI KLEINE SCHLÄGE AUF EINEN GROSSEN SCHLAG (TEIL 2) **135**

SCARBOROUGH FAIR — ÜBUNG 12

Ziel:
Festigung der Rhythmussprache beim Lesen

Aufgabe:
Erarbeitung eines Klassenarrangements

Zeitbedarf:
In zwei Stunden je 20–25 Minuten (ohne Liederarbeitung)

Material/Medien:
CD-A Klassenarrangement; S. 37 Aufgabe 14, (Notat „Scarborough Fair");
CD-B 48/MP3 B36 (Playback „Scarborough Fair")

DURCHFÜHRUNG

Scarborough Fair

T. u. M.: trad. aus England

B 48

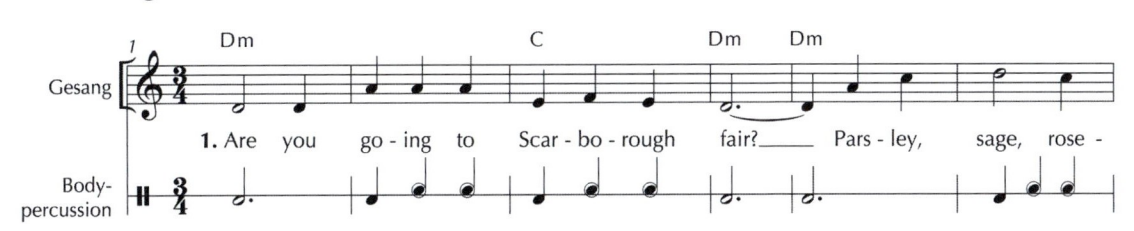

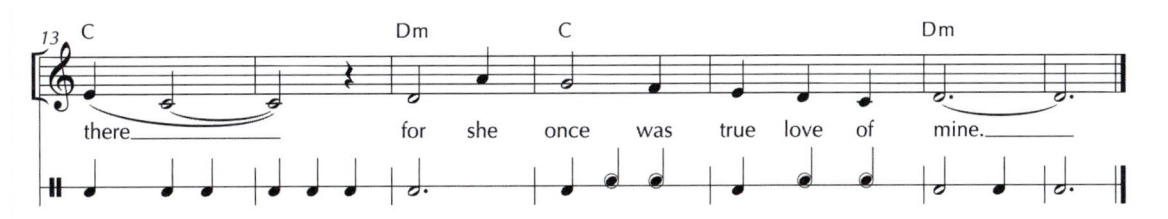

1. Are you going to Scarborough fair? Parsley, sage, rosemary and thyme. Remember me to one who lives there for she once was true love of mine.

2. Tell her to make me a cambric shirt.
Parsley, sage, rosemary and thyme.
Without no seams nor seedlework.
Then she'll be a true love of mine.

3. Tell her to find me an acre of land.
Parsley, sage, rosemary and thyme.
Between salt water and the sea strands.
Then she'll be a true love of mine.

▶ Begleitpattern für Klavier: CD-A, Pattern Nr. 7

S. 37
Nr. 14

Schritt 1

Erarbeiten des Liedes.

Schritt 2

Erarbeitung der Bodypercussion-Stimme.

HELBLING Music Step by Step

RHYTHMISCHE KOMPETENZ

Schritt 3

Kombination von Bodypercussion und Gesang.

Schritt 4

Erarbeiten der Bass-Stimme mit einigen Schülern, Instrumente evtl. wechseln. Die anderen spielen weiter die Bodypercussion-Stimme.

Schritt 5

Je nach Leistungsstand und räumlichen Möglichkeiten kann die 2. Stimme parallel von einigen Schülern erarbeitet werden

Schritt 6

Noten für Bläser, Klavier etc. für die Folgestunde austeilen.

Aufgabe im Schülerheft

Die Stimmen zum Playback üben.

Schritt 7

In der Folgestunde Lied mit Bodypercussion und Begleitstimmen vervollständigen und zu Ende erarbeiten.

ÜBUNG 13 — NOTEN IM 6/8- UND 3/4-TAKT SCHREIBEN

Ziel:
Einfache Rhythmuspatterns im 6/8- und 3/4-Takt notieren können

Aufgabe:
Eigene Patterns notieren und ausführen

Zeitbedarf:
10 Minuten, Wiederholung in Folgestunde(n) sinnvoll

Material/Medien:
SH S. 38 Aufgabe 15; SH S. 38 Aufgabe 16; CD-B 49/MP3 B37 (Diktat)

DURCHFÜHRUNG

Schritt 1

Anknüpfung an die Patternarbeit dieses Bausteins 5, Übung 3: Ein Pattern auf neutraler Silbe vorsprechen, die Schüler übersetzen es in Rhythmussprache (vgl. S. 127 und S. 72).

Schritt 2

Taktart vorgeben, die Schüler notieren das vom Lehrer vorgesprochene Pattern je nach Vorgabe im 3/4- oder 6/8-Takt. Alternativ dazu kann dieselbe Aufgabe mithilfe der MP3-Aufnahme auch als Hausaufgabe gestellt werden.

RHYTHMUSPATTERNS ZU BAUSTEIN 5

(eine Kopiervorlage zum Ausdrucken befindet sich auf CD-A)

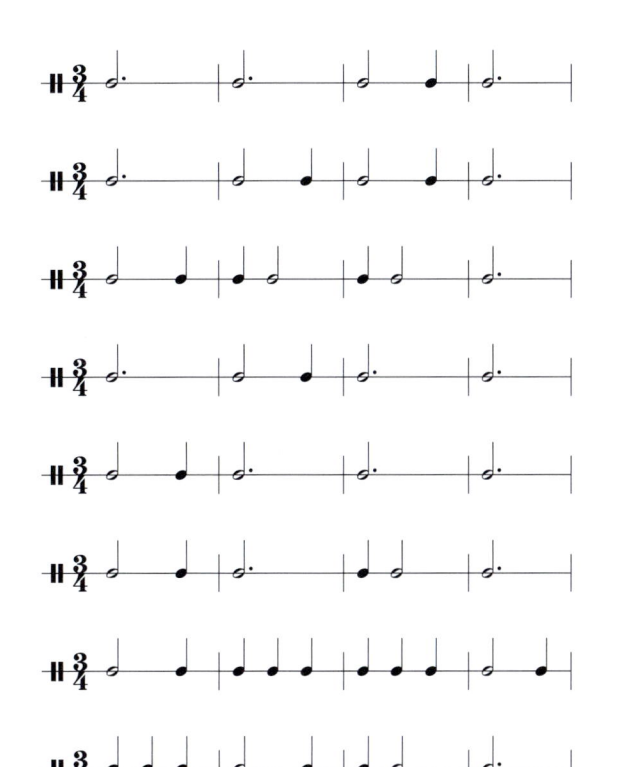

BAUSTEIN 6

GERADES METRUM: WEITERE UNTERTEILUNG DER KLEINEN SCHLÄGE

(Notenbeispiel 4/4-Takt: du – du te dei te – du dei – du)
(Notenbeispiel 2/2-Takt: du – du te dei te – du dei – du)

Ausgangspunkt sind Patterns mit drei unterschiedlichen Notenwerten im geraden Metrum (▷ S. 147).

- Die ersten vier Ebenen rhythmischer Kompetenz werden auf die gleiche Weise, wie in Baustein 1 ausführlich beschrieben, Schritt für Schritt erarbeitet, nun aber für gerade Metren mit drei unterschiedlichen Notenwerten.

- Parallel wird ein auf diese Patterns abgestimmtes Liedrepertoire erarbeitet. Vorschläge: „Ein Jäger längs dem Weiher ging" (S. 140 f.) und „What Shall We Do With the Drunken Sailor" (S. 144). Andere Lieder, zu denen die drei Notenwerte im geraden Metrum passen, können nach Bedarf hinzugefügt werden, z. B. „Portsmouth" (in: SING & SWING: DAS Liederbuch, 1. Aufl. S. 80), „Pfeifer Tim".

- Für die Ebenen 5 und 6 werden Übungen und Stücke für das gemeinsame Musizieren, für Bodypercussion, Liedbegleitung und für Hausaufgaben vorgeschlagen.

- Ausgehend von der Erarbeitung eines dritten Notenwertes bzw. der weiteren Unterteilung der kleinen Schläge im geraden Metrum kann am Schluss dieses Rhythmus-Bausteins das gleiche nun auch für das ungerade Metrum des 3/4-Takts erarbeitet werden.

ÜBUNGEN 1–4

Übungen 1 bis 4 beziehen sich auf die Ebenen 1 bis 4 der Pyramide der rhythmischen Kompetenz. Die Übungen sind aus den Bausteinen 1 bis 5 bereits bekannt (S. 69–73), die verwendeten Patterns jedoch beinhalten nun drei unterschiedliche Notenwerte im geraden Metrum. Sie sind im 4/4-Takt notiert, können aber auch als 2/4-Takt oder als 2/2-Takt auftreten.

- Verändern und erfinden
- Übersetzen in Rhythmussprache
- Hören und imitieren mit Rhythmussprache
- Rhythmen hören und imitieren

GERADES METRUM: WEITERE UNTERTEILUNG DER KLEINEN SCHLÄGE — 139

> **WICHTIGER HINWEIS:**
> Die Übungen werden hier nicht erneut wiedergegeben. Sie müssen aber in angepasster Form mit den Patterns für gerade Metren mit drei unterschiedlichen Notenwerten auch hier vollständig erarbeitet werden, weil den Schülern sonst die Voraussetzungen für die anschließenden Übungen von Baustein 6 fehlen.
>
> Hörbeispiele zu den Patterns der Übungen 1 bis 4:

Übung 1 (▷ S. 69)	Hören und imitieren: eintaktige Patterns mit drei unterschiedlichen Notenwerten im geraden Metrum (4/4-Takt) auf neutrale Silbe	CD-B 50/MP3 B38; SH S. 40 Aufgabe 1 Vgl. CD-A, Video B1
	Grieg: In der Halle des Bergkönigs	CD-B 35/MP3 B39; SH S. 40 Aufgabe 2
Übung 2 (▷ S. 71)	Hören und imitieren: eintaktige Patterns mit drei unterschiedlichen Notenwerten im geraden Metrum (4/4-Takt) in Rhythmussprache	CD-B 51/MP3 B40; SH S. 40 Aufgabe 3
Übung 3 (▷ S. 72)	Übersetzen: eintaktige Patterns mit drei unterschiedlichen Notenwerten im geraden Metrum (4/4-Takt) in Rhythmussprache	CD-B 50/MP3 B38; SH S. 40 Aufgabe 4
Übung 4 (▷ S. 73)	Verändern und erfinden: eintaktige Patterns mit drei unterschiedlichen Notenwerten im geraden Metrum (4/4-Takt) auf Rhythmussprache	CD-B 51/MP3 B40; SH S. 40 Aufgabe 5
	Grieg: In der Halle des Bergkönigs	CD-B 35/MP3 B39; SH S. 40 Aufgabe 6

Der Zeitbedarf für die Übungen 1 bis 4 in Baustein 7 ist deutlich geringer als in Baustein 1, da die Arbeitsweisen bereits vertraut sind.

METHODISCHE HINWEISE

▶ Parallel zum Durchgang durch die Übungen 1 bis 4 soll mindestens ein Lied im geraden Metrum mit drei verschiedenen Notenwerten erarbeitet werden. Vorschläge: „Ein Jäger längs dem Weiher ging" (S. 140 f.), „What Shall We Do With the Drunken Sailor" (S. 144).

▶ Patterns und Rhythmussilben dazu ▷ S. 147.

▶ Zur Vertiefung bzw. als Hausaufgabe stehen die Aufgaben 1 bis 6 im Schülerheft zur Verfügung.

NOTEN LESEN — ÜBUNG 5

Ziel, Aufgabe und Zeitbedarf:
Wie in Baustein 1, Übung 7 (S. 76–77), jedoch bezogen auf das gerade Metrum mit drei verschiedenen Notenwerten

Material/Medien:
SH S. 41 Aufgaben 7 und 8 (Hör-Rätsel);
CD-B 52/MP3 B41 (Hör-Rätsel aus den Rhythmuspatterns)

- Noten lesen
- Verändern und erfinden
- Übersetzen in Rhythmussprache
- Hören und imitieren mit Rhythmussprache
- Rhythmen hören und imitieren

RHYTHMISCHE KOMPETENZ

HELBLING — Music Step by Step

DURCHFÜHRUNG

Schritte 1 bis 3

Wie in Baustein 1, Übung 7 (S. 76–77); Einzählen bzw. Ansage z. B.:

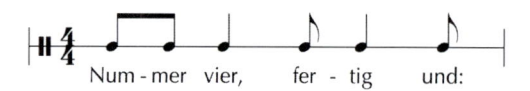

| 4/4 | Num-mer vier, fer-tig und: |

Variante

Die Patterns als Bodypercussion ausführen.

Aufgabe im Schülerheft

Rhythmen mit Rhythmussilben lesen, Reihenfolge herausfinden und Lösungswort eintragen.

ÜBUNG 6 — VERBINDUNG DER PATTERN-RHYTHMEN MIT EINEM LIED

Ziel:
Patterns als rhythmisches Gestaltungsmittel im musikalischen Zusammenhang erfahren

Aufgabe:
Singen von Liedern und rhythmisches Begleiten nach Noten in verschiedenen Varianten

Zeitbedarf:
ca. 10 Minuten (ohne Variationen und Erweiterungen)

Material/Medien:
Keine

DURCHFÜHRUNG

Ein Jäger längs dem Weiher ging

T. u. M.: trad.

1. Ein Jäger längs dem Weiher ging. Lauf, Jäger, lauf! Die Dämmerung den Wald umfing. Ref.: Lauf, Jäger, lauf, Jäger, lauf, lauf, lauf, mein lieber Jäger, guter Jäger, lauf, lauf, lauf, mein lieber Jäger, lauf, mein guter Jäger, lauf!

2. Was raschelt in dem Grase dort? …
Was flüstert leise fort und fort?
Ref.

3. Was ist das für ein Untier doch? …
Hat Ohren wie ein Blocksberg hoch!
Ref.

4. Das muss fürwahr ein Kobold sein! …
Hat Augen wie'n Karfunkelstein!
Ref.

5. Der Jäger furchtsam um sich schaut. …
Jetzt will ich's wagen - o mir graut!
Ref.

GERADES METRUM: WEITERE UNTERTEILUNG DER KLEINEN SCHLÄGE

6. O Jäger, lass die Büchse ruhn! …
   Das Tier könnt dir ein Leides tun!
   Ref.

7. Der Jäger lief zum Wald hinaus. …
   Verkroch sich flink im Jägerhaus.
   Ref.

8. Das Häschen spielt im Mondenschein. …
   Ihm leuchten froh die Äugelein.
   Ref.

▶ Begleitpattern für Klavier: CD-A, Pattern Nr. 1

Eine Hälfte der Klasse singt die erste Strophe eines bereits bekannten Liedes, (z. B. „What Shall we Do" oder „Ein Jäger längs dem Weiher ging"), der Rest klatscht oder patscht eine Auswahl aus den Rhythmen 1–8 dieses Bausteins 6 (▷ S. 147), die der Lehrer an der projizierten Folie zeigt. Zur zweiten Strophe wird gewechselt.

Varianten und Erweiterungen
▷ Baustein 1, Übung 9 (S. 78)

PATTERN-RHYTHMEN ALS BEGLEITUNG — ÜBUNG 7

Ziel:
Audiieren und Wiedererkennen von Patterns

Aufgabe:
Begleiten von Musik mit Rhythmen in verschiedenen Varianten

Zeitbedarf:
Ca. 10 Minuten

Material / Medien:
CD-B 53, 2, 54 (Vivaldi; Blood, Sweat & Tears; Beethoven)

DURCHFÜHRUNG
Zu ausgewählter Musik verschiedener Genres einzelne Patterns mit Klatschen, Tippen oder mit anderen Körperklängen ausführen. Auf Folie verschiedene passende Patterns anzeigen, die von der Klasse gespielt werden. Je nach Musik können auch Rhythmusinstrumente eingesetzt werden.

Geeignete Musikstücke (Beispiele):

- Antonio Vivaldi: „Vier Jahreszeiten", Largo „Winter"
- Blood, Sweat & Tears: „Spinning Wheel"
- Ludwig van Beethoven: „Sinfonie Nr. 1 C-Dur, 1. Satz" (ab dem Allegro con brio), evtl. auch 4. Satz (ab dem Allegro molto e vivace)

RHYTHMISCHE KOMPETENZ

ÜBUNG 8 — MUSETTE

Ziel:
Festigung der Rhythmussprache beim Lesen von Patterns

Aufgabe:
Erarbeitung eines Stückes mit Bodypercussion nach Noten

Zeitbedarf:
Ca. 20 Minuten, Wiederaufnahme in späterer Stunde sinnvoll

Material/Medien:
SH S. 42 Aufgabe 9 und Lexikon; CD-B 55/MP3 42 (Musette)

DURCHFÜHRUNG

Musette

Musik: J.S. Bach

GERADES METRUM: WEITERE UNTERTEILUNG DER KLEINEN SCHLÄGE

Schritt 1

Zunächst den Originalrhythmus, dann den zweiten Rhythmus erarbeiten:

- Gemeinsames Lesen in der Rhythmussprache.
- Festlegen von unterschiedlichen Körperklängen für beide Bodypercussion-Stimmen.
- Den 2/4-Takt als weiteren Takt im geraden Metrum einführen und im Lexikon sichern.
- Erarbeitung der beiden Bodypercussion-Stimmen: einzelne Stellen exemplarisch üben (noch nicht zweistimmig).
- Den Haltebogen thematisieren und im Lexikon sichern.

Schritt 2

- Die Rhythmen mit der „Musette" kombinieren.
- Beide Stimmen nacheinander zum live gespielten Klavier oder zur CD spielen.
- Klasse in zwei Gruppen teilen und die Bodypercussion zweistimmig zunächst ohne, dann mit CD bzw. Klavier spielen.

Aufgabe im Schülerheft

Hausaufgabe: Zur Festigung beide Stimmen zur Aufnahme üben.

WHAT SHALL WE DO WITH THE DRUNKEN SAILOR — ÜBUNG 9

Ziel:
Festigung der Rhythmussprache beim Lesen von Patterns

Aufgabe:
Erarbeitung eines Klassenarrangements für Gesang, Bodypercussion, Stabspiele und andere Instrumente

Zeitbedarf:
Ca. 20–30 Minuten, Wiederaufnahme in der Folgestunde

Material/Medien:,
Instrumente; SH S. 43 Aufgabe 10 und Lexikon; CD-B 56/MP3 B43 (Playback „What Shall We Do");
CD-A, Klassenarrangement

DURCHFÜHRUNG

What Shall We Do With the Drunken Sailor

T. u. M.: trad. aus Irland

1. What shall we do with the drunken sailor, what shall we do with the drunken sailor, what shall we do with the drunken sailor, early in the morning?

Ref.: Hooray and up she rises, hooray and up she rises, hooray and up she rises early in the morning.

2. Put him in the long boat until he's sober,
   put him in the long boat until he's sober,
   put him in the long boat until he's sober,
   early in the morning.

   Ref.: Hooray …

3. Pull out the plug and wet him all over,
   pull out the plug and wet him all over,
   pull out the plug and wet him all over,
   early in the morning.

   Ref.: Hooray …

4. That's what to do with a drunken sailor,
   that's what to do with a drunken sailor,
   that's what to do with a drunken sailor,
   early in the morning.

   Ref.: Hooray …

▶ Begleitpattern für Klavier: CD-A, Pattern Nr. 1

GERADES METRUM: WEITERE UNTERTEILUNG DER KLEINEN SCHLÄGE

Schritt 1

Erarbeitung (oder ggf. Wiederholung) des Liedes.

S. 43
Nr. 10

Schritt 2

Zunächst mit allen die (Body-)Percussionstimme erarbeiten.

Schritt 3

Erarbeiten der Bass-Stimme (nur mit einigen Schülern, die anderen machen weiter Bodypercussion). Mögliche Instrumente: E-Bass, tiefe Lagen am Klavier oder Keyboard, Bassstäbe, tiefe Streicher, tiefe Bläser.

Schritt 4

Erarbeiten und hinzufügen der Xylofonstimmen.

Schritt 5

Aufteilen der Klasse in Sänger, Percussionisten (Einsatz von Percussioninstrumenten statt Bodypercussion), Stabspielern und Bassisten. Noten für Bläser, Klavier etc. austeilen.

Schritt 6

Abschließend den „Shanty" als Seemannslied thematisieren und im Lexikon sichern.

S. 45
Lexikon

Aufgabe im Schülerheft

Hausaufgabe: Stimmen zur CD üben.

MP3 B43

Schritt 7

In der Folgestunde Lied mit Bodypercussion und Begleitstimmen vervollständigen und zu Ende erarbeiten.

NOTEN SCHREIBEN — ÜBUNG 10

Ziel:
Rhythmuspatterns notieren können

Aufgabe:
Eigene Patterns im geraden Metrum mit Viertel-, Achtel- und Sechzehntelnoten notieren und ausführen

Zeitbedarf:
Größere Abschnitte von zwei oder drei Schulstunden

Material/Medien:
SH S. 45 Aufgaben 11 und 12

- Noten schreiben
- Noten lesen
- Verändern und erfinden
- Übersetzen in Rhythmussprache
- Hören und imitieren mit Rhythmussprache
- Rhythmen hören und imitieren

RHYTHMISCHE KOMPETENZ

HELBLING — Music Step by Step

DURCHFÜHRUNG

S. 45 — Nr. 11a

Schritt 1

Anknüpfung an das Arrangement „What Shall We Do" (Übung 9): Jeder Schüler notiert den Rhythmus der ersten beiden Takte aus seiner Stimme des Arrangements aus dem Gedächtnis. Wer sie vergessen hat, fragt einen Mitschüler, der dieselbe Stimme spielte.

S. 45 — Nr. 11a

Schritt 2

Jeder Schüler erfindet ein zweitaktiges Pattern mit drei verschiedenen Notenwerten im 2/4-Takt, das sich von den Rhythmen seiner Stimme unterscheidet, und schreibt es auf. Wer fertig ist, übt dieses Pattern leise in der Rhythmussprache.

S. 45 — Nr. 11b

Schritt 3

Alle sprechen und spielen mit Bodypercussion ihre komponierten Patterns im „Tutti", dann spricht ein einzelner sein Pattern, dann wieder alle usw. Bleibt ein Schüler stecken, zählt der Lehrer im Metrum das nächste Tutti ein.

S. 45 — Nr. 12

Aufgabe im Schülerheft

Zur Vertiefung: Bermuda-Dreieck (Rhythmusdiktat mit Lücken: Die hervorgehobenen Noten stellen die von den Schülern zu notierenden dar).

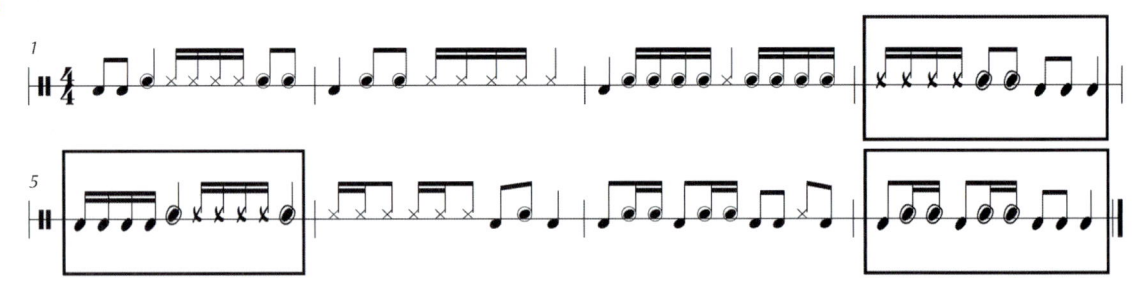

ÜBUNG 11 — UNSER BEGLEITRHYTHMUS

Ziel:
Erstellen eines eigenen Begleitrhythmus

Aufgabe:
Kombination von verschiedenen Patterns zu einem Begleitrhythmus

Zeitbedarf:
Ca. 20 Minuten

Material/Medien:
CD-B 57/MP3 B44 (Unser Begleitrhythmus); SH S. 46 Aufgabe 13

S. 46 — Nr. 13

DURCHFÜHRUNG

Schritt 1

In Dreiergruppen: Jeder Schüler erfindet ein zweitaktiges Pattern im 2/4-Takt. Die Gruppe schreibt sie so untereinander, dass die Grundschläge untereinander stehen.

Schritt 2
Gemeinsam besprechen, ob ein interessanter Begleitrhythmus entstanden ist. Dies ist nicht der Fall, wenn sich die Patterns zu ähnlich sind, denn dann „groovt" es nicht. Im Zweifelsfall korrigieren.

Schritt 3
Den einzelnen Stimmen nun Percussioninstrumente zuweisen.

Schritt 4
Die verschiedenen Begleitrhythmen üben und der Klasse vorführen.

Schritt 5
Zum Hörbeispiel kann jede Gruppe ihren Begleitrhythmus viermal spielen.

METHODISCHER HINWEIS

Auf der Basis dieses Bausteins kann nun auch ohne großen Aufwand die (gerade) Unterteilung im ungeraden Metrum des 3/4-Taktes erarbeitet werden:

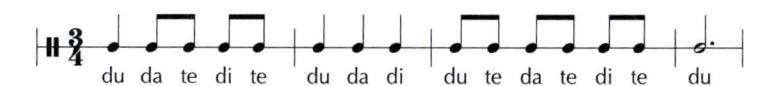

3/4 – du da te di te | du da di | du te da te di te | du

RHYTHMUSPATTERNS ZU BAUSTEIN 6
(eine Kopiervorlage zum Ausdrucken befindet sich auf der CD-A)

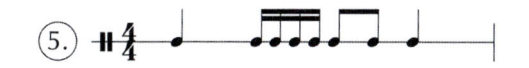

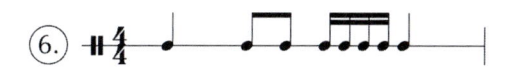

BAUSTEIN 7

SWING & CO.: TERNÄRE RHYTHMEN

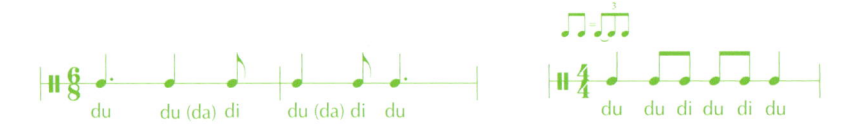

du   du (da) di   du (da) di   du

du   du di du di du

Die Unterteilung der großen Schläge (hier in der Regel gedacht als Viertelnoten) ist bei der Swing-Phrasierung als Dreiergruppe zu denken, deren mittleres Element (auf die Rhythmussilbe „da") aber nie artikuliert wird.[9]

- **Ausgangspunkt sind Patterns im 6/8-Takt, die als Grundlage für eine erste Annäherung an das Swing-Feeling dienen (▷ S. 154).**
- Die ersten fünf Ebenen rhythmischer Kompetenz werden auf die gleiche Weise, wie in Baustein 1 ausführlich beschrieben, Schritt für Schritt erarbeitet, nun aber für Rhythmen im Swing-Feeling.
- Parallel wird ein auf die ternäre Rhythmik abgestimmtes Liedrepertoire erarbeitet. Vorschläge: „I Like the Flowers" (in: SING & SWING: DAS Liederbuch, 1. Aufl. S. 81), „Swing Your Arms" (in: ebd., S. 50).
- Baustein 7 bringt keine wirklich neuen Anforderungen, sondern ist eine Ergänzung zu den Bausteinen 1 bis 6: Bereits Erarbeitetes wird in den für die Schüler hier neuen Zusammenhang des Swing gestellt. Deshalb kann dieser Baustein weniger umfangreich bleiben und benötigt nur eine kleinere Zahl spezifischer Übungen.

ERLÄUTERUNG

▶ Der „Triolen-Swing" ist nur eine von vielen Ausprägungen der Swing-Rhythmik. Tatsächlich werden langsame Swing-Stücke oft nahe an der Punktierung gespielt, während die Achtel in Uptempo-Nummern (Stücke, die schneller als etwa 208 bpm gespielt werden) fast gleichmäßig empfunden werden. Unterschiede resultieren auch aus unterschiedlichen Personalstilen. Der in diesem Baustein aufgezeigte Weg ist speziell für Anfänger gedacht. Er versteht sich als vereinfachende Einführung und beansprucht nicht, dem Jazz-Phänomen „Swing" insgesamt gerecht zu werden.

▶ Die Schüler haben durch die vorausgegangenen 6/8-Bausteine ein Gefühl für triolische Rhythmik entwickelt, das sich nun auch mit der Swing-Phrasierung verbinden lässt. Sie lernen ggf. für Patterns, deren Rhythmus ihnen bereits bekannt ist, eine alternative Notationsweise kennen, so dass sie auch authentisch notierte Swing-Rhythmen lesen können.

---

[9] Auf dieses Phänomen greift die weit verbreitete Swing-Notierung vereinfachend zurück: Klingend ist das notierte zweite Achtel in einer Achtelgruppe *immer* das eigentlich dritte Triolenachtel einer Dreiergruppe: ♫.

SWING & CO.: TERNÄRE RHYTHMEN

ÜBUNGEN 1–7

Die Übungen 1 bis 7 beziehen sich auf die Ebenen 1 bis 5 der Pyramide der rhythmischen Kompetenz. Die Übungen sind seit dem Baustein 1 bereits bekannt (S. 69–76), die verwendeten Patterns jedoch beinhalten nun den Swing-Rhythmus, auf den hin die Übungen nun angepasst werden müssen. Wenn eine Klasse gute Fortschritte macht, dann können eine oder zwei der Übungen 4 bis 6 aus Baustein 1 auch übersprungen werden.

Die Übungen in Baustein 7 sind im 4/4-Takt notiert, um die im Jazz gebräuchliche Notationsweise des Rhythmus einzuführen. Diese muss den Schülern bei der Erarbeitung von Übung 7 (Noten lesen) erklärt werden, insbesondere der Hinweis ♪♪=♪♩ zu Beginn von Liedern und Spielstücken.

- Verändern und erfinden
- Übersetzen in Rhythmussprache
- Hören und imitieren mit Rhythmussprache
- Rhythmen hören und imitieren

RHYTHMISCHE KOMPETENZ

WICHTIGER HINWEIS:
Die Übungen werden hier nicht erneut wiedergegeben. Sie müssen aber mit den Patterns in angepasster Form für Swing auch hier weitgehend erarbeitet werden, weil den Schülern sonst die Voraussetzungen für die anschließenden Übungen von Baustein 7 fehlen.

Hörbeispiele zu den Patterns der Übungen 1 bis 7:

Übung 1 (▷ S. 69)	Hören und imitieren: Patterns im Swing-Feeling auf neutrale Silben	CD-B 58/MP3 B45; SH S. 47 Aufgabe 1; vgl. CD-A, Video B1
	Hay Burner	CD-B 59/MP3 B46; SH S. 47 Aufgabe 2
Übung 2 (▷ S. 71)	Hören und imitieren: Patterns im Swing-Feeling in Rhythmussprache	CD-B 60/MP3 B47; SH S. 47 Aufgabe 3
Übung 3 (▷ S. 72)	Übersetzen: Patterns im Swing-Feeling in Rhythmussprache	CD-B 58/MP3 B45; SH S. 47 Aufgabe 4
Übung 4 (▷ S. 73)	Verändern und erfinden: Patterns im Swing-Feeling in Rhythmussprache	CD-B 60/MP3 B47; SH S. 47 Aufgabe 5
	Hay Burner	CD-B 59/MP3 B46; SH S. 47 Aufgabe 6
Übung 5 (▷ S. 73)	Kreatives Spielen und Experimentieren	----
Übung 6 (▷ S. 75)	Rondo improvisieren	----
Übung 7 (▷ S. 76)	Noten lesen	CD-B 61/MP3 B48; SH S. 48 Aufgabe 7 und 8

Der Zeitbedarf für die Übungen der Ebenen 1 bis 6 in Baustein 7 ist deutlich geringer als der Zeitbedarf für die entsprechenden Übungen in Baustein 1, da die Arbeitsweisen bereits vertraut sind.

METHODISCHER HINWEIS

Parallel zum Durchgang durch die Übungen 1 bis 7 soll mindestens ein Lied im ternären Feeling erarbeitet werden. Vorschläge: „I Like the Flowers" (in: SING & SWING: DAS Liederbuch, 1. Aufl., S. 81); „Kanon" (in: ebd., S. 50).

Als Rhythmussilben werden die Silben für die Dreier-Unterteilungen verwendet (▷ S. 154).

Zur Vertiefung bzw. als Hausaufgabe stehen die Aufgaben 1 bis 6 im Schülerheft zur Verfügung.

Weitere Übemöglichkeiten bietet Eckart Vogel: „Swing as Swing Can", in: mip-Journal 5/2002, S. 34–40.

Hörbeispiel CD-B 59 (Hay Burner): Hier ist kein Einzähler nötig. Die Schüler warten das Intro ab und setzen beim Thema ein.

ÜBUNG 8 — VERBINDUNG DER PATTERN-RHYTHMEN MIT EINEM LIED

Ziel:
Patterns als rhythmisches Gestaltungsmittel im musikalischen Zusammenhang erfahren

Aufgabe:
Singen von Liedern und rhythmisches Begleiten nach Noten in verschiedenen Varianten

Zeitbedarf:
Ca. 10 Minuten (ohne Variationen und Erweiterungen)

Material/Medien:
Keines

- Noten lesen
- Verändern und erfinden
- Übersetzen in Rhythmussprache
- Hören und imitieren mit Rhythmussprache
- Rhythmen hören und imitieren

DURCHFÜHRUNG

Die Hälfte der Klasse singt die erste Strophe eines bereits bekannten Liedes (z. B. „Wir fahren übers weite Meer", „I Like the Flowers", „Swing Your Arms") der Rest klatscht oder patscht eine Auswahl von zwei der Rhythmen 1–10, die der Lehrer an der projizierten Folie zeigt. Zur zweiten Strophe wird zwischen den Gruppen (Singen, Bodypercussion) gewechselt.

Anhand eines Liedes, das dann auch im Unterricht gesungen wird, die übliche Spielanweisung für Swing erläutern:

Varianten und Erweiterungen:
▷ Baustein 1, Übung 9 (S. 78)

PATTERN-RHYTHMEN ALS BEGLEITUNG — ÜBUNG 9

Ziel:
Auditieren und Wiedererkennung von Patterns

Aufgabe:
Rhythmisches Begleiten von Musik in verschiedenen Varianten

Zeitbedarf:
Ca. 10 Minuten

Material/Medien:
CD-B 62, 59, 63 (Mancini, Basie, Miller)

DURCHFÜHRUNG

Zu ausgewählter Musik verschiedener Swing-Stile einzelne Patterns (▷ S. 154) mit Klatschen, Tippen oder mit anderen Körperklängen ausführen, die der Lehrer mithilfe der Folie zeigt.

- Henry Mancini: „Pink Panther" (Patterns 1–5)
- Count Basie: „Hay Burner" (Patterns 5–10)
- Glenn Miller: „Tuxedo Junction" (Patterns 1–10)

B 62
B 59
B 63

SWING AUF DEM SCHLAGZEUG — ÜBUNG 10

Ziel:
Patterns als rhythmisches Gestaltungsmittel im musikalischen Zusammenhang erfahren

Aufgabe:
Rhythmisches Begleiten nach Noten in verschiedenen Varianten

Zeitbedarf:
Ca. 20 Minuten

Material/Medien:
SH S. 49 und Lexikon; Aufgaben 9 und 10

DURCHFÜHRUNG

Wiederholung bzw. Anknüpfung an Rhythmus-Baustein 1, Übung 15 (S. 86–88): Einführung des Schlagzeugs als Instrument und seine Notation).

S. 8
Nr. 14

Ein Hinweis vorweg:

Der wichtigste Teil eines Swing-Rhythmus wird auf der Hi-Hat oder dem Ride-Becken gespielt, hier als Kreuznotation notiert. Die nach unten gehaltsen Viertelnoten werden auf der Snare gespielt.

Hi-Hat / Ride: du du di du du di

Snare: m du m du

Schritt 1

Die Hi-Hat-Figur in der Rhythmussprache (s. o.) vorlesen.

Schritt 2

Die Snare einüben: Die Pause zunächst durch das Sprechen von „m" markieren, das „m" im weiteren Verlauf allmählich weglassen. Die Snare als Patscher auf den Brustkorb schlagen.

Schritt 3

Aufteilung des Schlagzeug-Patterns auf zwei Gruppen: eine Gruppe spielt die Hi-Hat, die andere die Snare als Bodypercussion zum Playback.

Schritt 4

Übertragung auf das Schlagzeug – auch als „Luft-Schlagzeug": Snare = linke Hand auf rechten (!) Schenkel, Hi-Hat oder Ride = rechte Hand auf Brusthöhe in die Luft.

S. 49/59
Nr. 9
Nr. 10

Aufgabe im Schülerheft

Als Einzelarbeit oder Hausaufgabe: Im Schülerheft Lexikon sowie Aufgaben 9 und 10 zum Swing bearbeiten.

ÜBUNG 11 — RHYTHMISCHES BEGLEITEN NACH NOTEN

Ziel:
Patterns als rhythmisches Gestaltungsmittel im musikalischen Zusammenhang erfahren

Aufgabe:
Singen von Liedern und rhythmisches Begleiten nach Noten in verschiedenen Varianten

Zeitbedarf:
Ca. 10 Minuten, in späterer Stunde wieder aufgreifen

Material/Medien:
SH S. 50 Aufgabe 11

DURCHFÜHRUNG

Die Schüler begleiten einen Turnaround, den der Lehrer auf dem Klavier vorspielt, in einem Tempo zwischen MM=60–100. Hinweis: Die Akkordwechsel können auch alle zwei oder alle vier Takte erfolgen.

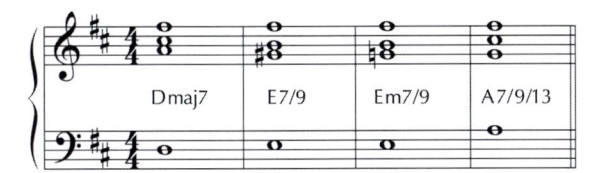

Schritt 1

Die Schüler singen zum Turnaround die Patterns 1 bis 5 (▷ S. 154) in einer auf der projizierten Folie angezeigten Reihenfolge auf den Ton fis.

Schritt 2

Wie Schritt 1, nun aber auf den zwei Tönen fis und e. Zuvor vereinbaren, wann welcher Ton gesungen wird (z. B. erste Takthälfte fis, zweite Takthälfte e).

Schritt 3

Wie Schritte 1 und 2, nun aber mit den Patterns 6 bis 10, später auch in gemischter Reihenfolge alle Patterns.

Schritt 4

Solo und Tutti im Wechsel:
Takt 1: Lehrer solo (call)
Takt 2: Klasse tutti (Wiederholung des call als response)
Takt 3: Solist 1 auf Xylofon oder anderem Instrument
Takt 4: Klasse (wie Takt 2) oder Solist 2

Schritt 5 (optional)

- Hinterher die Solisten befragen, welches Pattern sie gespielt haben, evtl. auch aufschreiben lassen.
- Im Zuge der Arbeit an Übung 11 kann der Kanon „Swing your Arms" (in: SING & SWING: DAS Liederbuch, 1. Aufl., S. 50) erarbeitet werden.

RHYTHMUSPATTERNS ZU BAUSTEIN 7

(eine Kopiervorlage zum Ausdrucken befindet sich auf CD-A)

Bereich C

TONALE KOMPETENZ

BEREICH C

Tonale Kompetenz

VORBEMERKUNGEN

Das Konzept des Erwerbs tonaler Kompetenz ermöglicht den Schülern, ihre musikalischen Fähigkeiten im tonalen Bereich zielgerichtet zu entwickeln und kreativ einzusetzen. Dies geschieht singend, auf Instrumenten musizierend, hörend und in Verbindung mit Bewegung. Dabei wird der Tonraum Schritt für Schritt erweitert.

Die kontinuierliche Schulung der musizierpraktischen Fähigkeiten zielt auf den Erwerb einer inneren klanglichen Vorstellung, die die Basis für musikalisches Verständnis bildet – die Audiation (zum Begriff ▷ S. 6). Am Ende können die Schüler ihre erworbenen vokalen und tonalen Fähigkeiten sicher und flexibel im vielfältigen musikalischen Gestalten mit Liedern, Spielstücken und beim Musikhören anwenden. Haben die Schüler diese Sicherheit erreicht, so gelingt der Übergang zum Lesen und Schreiben von Melodien in traditioneller Notation leicht und schnell. Das Sprechen über Musik wird so auf eine Grundlage gestellt, die aus musikalischen Handlungserfahrungen und aus der Hörerfahrung erwächst.

Den sieben Bausteinen mit Anregungen und Materialien zum Aufbau tonaler Kompetenzen sind Übungen mit Atem, Stimme und Körper vorangestellt. Sie sollen als kurze Einheiten regelmäßig in den Unterricht integriert und ausgeführt werden. Ausgangspunkt ist das Singen eines gemeinsamen Tones – zunächst ohne (Baustein 1), dann mit Grundton (Baustein 2).

Die Bausteine 3 bis 7 folgen einer mehrstufigen Gliederung, um Schritt für Schritt tonale Fähigkeiten beim Singen und Hören aufzubauen (Ebenen 1–4). Grundlegend ist immer die Entwicklung der Fähigkeit zur Audiation innerhalb des durch die Bausteine abgesteckten Tonraums.

Zentral für die hier vorgestellte Stufenfolge ist der musik- und lernpsychologisch fundierte Grundsatz „sound before sight": Die Notation tritt erst dann hinzu, wenn die Schüler einen tonalen „Sprachschatz" musikalisch aktiv beherrschen. Erst auf der 3. und 4. Ebene eines jeden Bausteins (Melodien lesen, schreiben) werden deshalb die bisher erworbenen Fähigkeiten in einer neuen Form des Handelns zusammengeführt: Die aus dem Hören und Singen entstandene Fähigkeit zur Audiation wird auf die Notation übertragen. Weil die Schüler spätestens am Ende von Baustein 4 schon gut vertraut mit der Notation sind, haben wir das bis dahin eingehaltene kleinschrittige Vorgehen und die strenge Bindung an die Stufenfolge ab dem Baustein 5 gelockert.

Die vier Ebenen der Kompetenzpyramide:

4. Ebene	Melodien schreiben
3. Ebene	Melodien lesen
2. Ebene	Melodien verändern und erfinden
1. Ebene	Melodien hören und imitieren
Basis	Den Grundton erfahren und finden
	Die Stimme finden, einen Ton finden

(Stimmbildung durchgängig)

Zur Unterstützung werden nach Möglichkeit Instrumente eingebunden. Stabspiele und Tasteninstrumente machen die „schrittige" Anordnung der Tonhöhen optisch deutlich und sind leicht erlernbar. Beide können „präpariert" werden – etwa durch Herausnehmen nicht benötigter Stäbe der Stabspiele oder mit farbigen Klebepunkten auf der Tastatur. Auch die Einführung von Versetzungszeichen ist so besonders augenfällig. Andere Klasseninstrumente (Blockflöte, Mundharmonika, ...) sind ebenso denkbar. Die gezielte Entwicklung der Fähigkeit zur Audiation mithilfe der hier vorgelegten Materialien kann außerdem die Arbeit in Bläser- oder Streicherklassen intensiv unterstützen und auf eine verbreitete Grundlage musikalischen Handelns stellen.

Solmisationsmethoden – ja oder nein?

Die hier vorgestellten Unterrichtsmaterialien folgen im Hinblick auf die Erarbeitung der Tonbezeichnungen (tonal-vokaler Bereich) einem gestuften, systematischen Aufbau. Die Beherrschung von so genannten „Solmisationsmethoden" wird nicht vorausgesetzt, weil in den deutschsprachigen Ländern nur ein geringer, allerdings neuerdings wachsender Anteil der Lehrer damit vertraut ist. Jedoch empfehlen wir Lehrern, die bereits mit der Solmisation vertraut sind, diese in Verbindung mit den Materialien einzusetzen.

Was ist und was leistet Solmisation?

Kurz gefasst: Unter „Solmisation" (oft auch „Solfège") werden in einem allgemeinen Sinn Methoden des Musik- bzw. Gesangunterrichts verstanden, die das Einüben von Melodien und das Blattsingen durch Tonsilben unterstützen. Der Begriff „Solmisation" im Speziellen geht auf die Einführung eines Silbensystems um das Jahr 1000 n. Ch. zurück, die Guido von Arezzo zugeschrieben wird. Die Solmisation wurde im 19. Jahrhundert in England durch John Curwen (1816–1880) durch die Einführung von Handzeichen ergänzt.

Heute werden die Tonika-Do- und die Kodály-Methode weltweit erfolgreich sowohl im Schul- als auch im Instrumental- und Vokalunterricht eingesetzt. Andere Silbensysteme haben sich regional und zum Teil bis heute durchgesetzt (z. B. die JaLe-Methode).

Basis ist meistens die „relative" Solmisation. Der Grundton der Dur-Tonleitern wird als „Do" bezeichnet. Das Do wird nicht festgelegt auf eine bestimmte (absolute) Tonhöhe, sondern ist die Bezeichnung für eine bestimmte Tonstufe in jeder beliebigen, gleich gebauten Tonleiter. Do bezeichnet demzufolge in Moll-Tonleitern die 3., in Dorisch die 7. Tonleiter-Stufe usw.

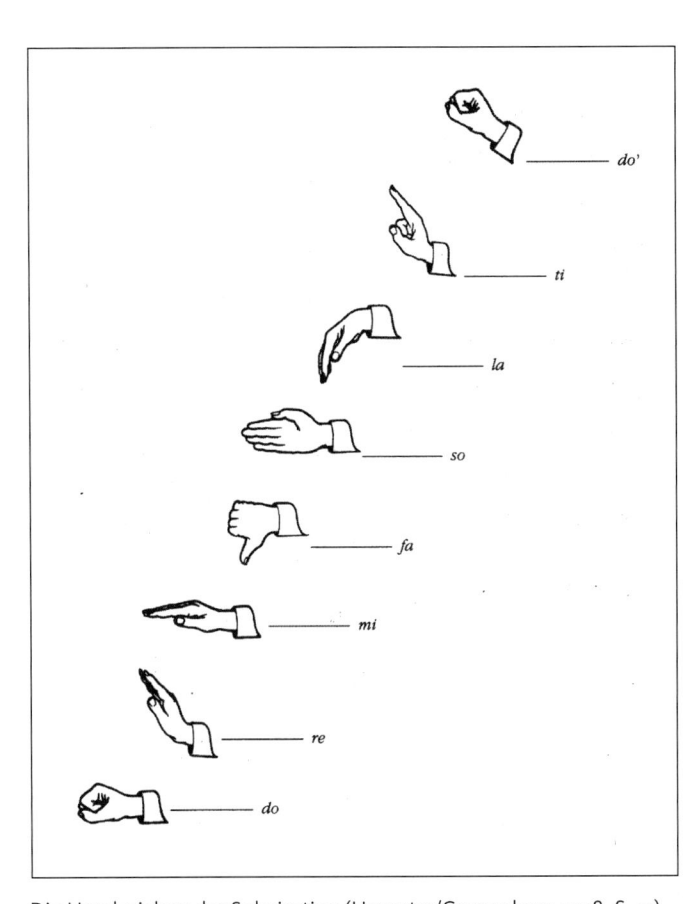

Die Handzeichen der Solmisation (Heygster/Grunenberg 1998, S. 15)

Wo liegen die Vorteile der Solmisation?

Die Solmisation schult das stufenbezogene Hören, die innere Klangvorstellung, die Fähigkeit zum durch das Gehör kontrollierten Singen und Instrumentalspiel sowie in der Folge die Fähigkeit zum Blattsingen und -spielen.

Dabei erweisen sich Solmisation und Handzeichen vor allem im Anfangsunterricht als höchst effektiv, weil sie die elementaren Hör- und Musizierfähigkeiten auf ein einfaches Begriffs- und Bewegungssystem abbilden und damit erste Differenzierungen des Hörens und das klangliche Gedächtnis unterstützen.

Literatur:

Gordon, Edwin E.: Learning Sequences in Music. Revised and updated edition. Chicago 2007.

Heygster, Malte/Grunenberg, Manfred: Handbuch der relativen Solmisation. Mainz 1998.

Jank, Werner/Schmidt-Oberländer, Gero: Aufbauender Musikunterricht. Grundlagen – Konzeption – Praxis. In: Bäßler, Hans/Nimczik, Ortwin (Hrsg.): Stimmen(n). Kongressbericht 26. Bundesschulmusikwoche. Mainz usw. 2008, S. 335–351.

Mayer, Conrad Wilhelm: Der Relative Weg – Die Kodály-Methode im deutschen Musikunterricht. Freiburg 1980.

Schnitzer, Ralf: Singen ist klasse. Mainz 2008.

Süberkrüb, Almuth: Denken in Musik: Audiation. Edwin E. Gordons „Music Learning Theory". In: mip-Journal 8/2003, S. 6–13.

Tappert-Süberkrüb, Almuth: „Music Learning Theory". Edwin Gordons Theorie des Musiklernens. In: Diskussion Musikpädagogik 2, 1999 (2. Quartal), S. 75–98.

ÜBERBLICK MIT LIEDERLISTE

Die folgende Übersicht gibt einen Überblick über den Aufbau und die verwendeten Lieder und hilft, Lieder vorausschauend zu erarbeiten: Lieder, an denen die Schüler später bestimmte Inhalte erarbeiten (z. B. notieren), können bereits zu einem früheren Zeitpunkt gesanglich erarbeitet werden. Die Erarbeitung von Liedern wird dadurch zu einem Prinzip und begleitet die Übungen grundsätzlich. Auf diese Weise lässt sich leicht vermeiden, dass das Singen und Spielen von Übungen zu lange isoliert den Unterricht dominiert.

Bei Berücksichtigung des Jahreslaufs (Erntedank, Weihnachten, Winteranfang bzw. -ende, Ostern usw.) können entsprechende Lieder ergänzt werden oder an die Stelle der von uns vorgeschlagenen Lieder treten, sofern sie etwa vergleichbare Funktionen einnehmen können (z. B. Lieder im pentatonischen Raum oder Lieder mit Skalenausschnitten).

Gliederung	Übungen	Lieder	Seite
Übungen für Körper, Atem, Stimme	Hinweise zur Stimmbildung Geschichten für den Einstieg Übungen zu Aktivierung, Lockerung und Haltung Übungen zur Atmung Übungen zu Resonanzempfinden und Vokalisation		161
Baustein 1: Die Stimme finden, einen Ton finden	Übung 1: Die Singstimme finden – das Bienenspiel		165
	Übung 2: Einen Ton treffen und halten – Verstecken und Suchen		167
Baustein 2: Den Grundton erfahren	Übung 1: Grundtöne hören und singen	Hans, der Hase	170
	Übung 2: Bordun: Der liegende Ton	Trommelklang Hotaru koi	173
	Übung 3: Das Grundtonempfinden stabilisieren		175
Baustein 3: „Höher"? „Tiefer"? – Tonschritte	**3.1 Zwei Töne – ein Ganztonschritt**		177
	Übung 1: Ganztonschritte hören und imitieren		
	Übung 2: Improvisationsrondo „Rock it"	Rock it	179
	Übung 3: Ganztonschritte lesen und musizieren, 1.Teil		180
	Übung 4: Ganztonschritte lesen und musizieren, 2.Teil		180
	Übung 5: Ganztonschritte schreiben		182
	Übung 6: What Shall We Do With the Drunken Sailor	What Shall We Do With the Drunken Sailor	184
	Übung 7: (optional) Kleine Seefahrerkantate	Weitere Seefahrerlieder	185
	3.2. Zwei Töne – ein Halbtonschritt		185
	Übung 8: Halbtonschritte hören und imitieren		
	Übung 9: Improvisationsrondo „Waves"	Waves	186
	Übung 10: Halbtonschritte lesen und musizieren		186
	Übung 11: Zwei-Ton-Bossa	Zwei-Ton-Bossa	187
	Übung 12: Halbtonschritte schreiben		188

TONALE KOMPETENZ

C: TONALE KOMPETENZ

	3.3. Drei Töne – zwei Schritte, ein Sprung		189
	Übung 13: Drei Töne hören und imitieren		
	Übung 14: Mit drei Tönen improvisieren		189
	Übung 15: Drei Töne lesen und musizieren		190
	Übung 16: Drei Töne schreiben		191
	Übung 17: Löcher im Lied	Hejo, spann den Wagen an	192
	Übung 18: Den Fälschern auf der Spur	Un poquito cantas	193
Baustein 4: Vier Töne	Übung 1: Die Glocken des Big Ben, Teil 1		194
	Übung 2: Glockentöne		195
	Übung 3: Die Glocken des Big Ben, Teil 2		196
	Übung 4: Die Quarte	Frosch und Maus	198
	Übung 5: Quarten lesen und schreiben		200
Baustein 5: Der pentatonische Raum	Übung 1: Mit fünf Tönen um die Welt		202
	Übung 2: Fünf Töne aus China	Kleine Wolke	203
	Übung 3: Fünf Töne aus Tansania	Si ma ma kaa	205
	Übung 4: Der Fünf-Töne-Kanon	Stimmglocken	208
	Übung 5: Wolkenlücken	Kleine Wolke (Wiederholung)	208
	Übung 6: Fünf-Töne-Blues, Teil 1		209
	Übung 7: Fünf-Töne-Blues, Teil 2: Morning Blues	Morning Blues	211
Baustein 6: Tonleitern in Dur und Moll	Übung 1: Lieder verfremden		213
	Übung 2: Piraten in Durmoll	Alles im Griff	214
	Übung 3: Von Dur nach Moll und zurück		216
	Übung 4: Wie heißt der letzte Ton?		216
	Übung 5: Tonleitern verschieben		217
	Übung 6: Dur oder Moll?	Herzenswünsche	219
	Übung 7: Fehler hören		221
	Übung 8: Gedächtniskünstler	Come, Follow Me	222
	Übung 9: Alle Töne in einer Reihe		224
Baustein 7: Dur- und Molldreiklänge	Übung 1: Terzen rocken	Terzen Rock 'n' Roll	226
	Übung 2: Terzen lesen und singen		228
	Übung 3: Terzen hören und schreiben		229
	Übung 4: Dreiklänge	To i hola	230
	Übung 5: Dur- oder Molldreiklang		232
	Übung 6: Dreiklänge vom Blatt singen	Oke awimba	233
	Übung 7 (optional): Bauanleitung für einen Kanon		235
	Übung 8: Vom Dreiklang zur Kadenz: Dur	Jamaica farewell	236
	Übung 9: Vom Dreiklang zur Kadenz: Moll	Hevenu Shalom	239
	Übung 10: Bauanleitung für eine Liedbegleitung	Un poquito cantas	241

ÜBUNGEN FÜR KÖRPER, ATEM, STIMME

Singen wird als ganzkörperlicher Vorgang erfahrbar und bewusst gemacht. Die Stimme wird gefunden und ihr Klang entwickelt sich.

- Die Schüler werden spielerisch an ihre eigene Singstimme herangeführt. Um zu Beginn die Motivation zu steigern, werden die Übungen in kleine Geschichten integriert (▷ „Geschichten für den Einstieg", S. 162).

- Es werden Übungen vorgeschlagen
  - zur körperlichen Aktivierung und Lockerung
  - zu Haltung und Atmung
  - zum Resonanzempfinden
  - zur Vokalisation

- Die Übungen helfen, die Klasse auf einen vergleichbaren sängerischen Stand zu bringen und den Gesang ständig zu verbessern.

- Wichtig ist die regelmäßige Ausführung der Übungen über längere Phasen. Die Übungen können durch eigene Ideen ergänzt werden, sodass sich nach und nach ein kleines beliebtes Repertoire herausbildet.

- Die Erfahrung zeigt, dass auch singerfahrene Schüler Spaß daran haben, ihre bereits gefestigte Stimme noch einmal auszutesten. Sie können kleine Führungsrollen übernehmen.

HINWEISE ZUR STIMMBILDUNG IN DER 5./6. KLASSE

- **Stimmumfang** von Kindern vor der Mutation (in der Regel gehören Fünftklässler dazu): natürlicherweise etwa a–a". Das Erreichen der oberen Grenze setzt Training voraus (vgl. Mohr 1997, S. 28). Ein günstiger Stimmumfang liegt zwischen f' (mit Aufsprungquarte c') und f", wenn möglich, auch höher. Auf jeden Fall sollte vermieden werden, nur im Raum von etwa c'–c" zu singen, wie es vielfach geschieht.

- Körperliche **Aktivierung** dient, gerade weil viele bereits auf Hochtouren sind, der Kanalisierung der Energie. Günstig sind Übungen wie etwa metrisierte Bewegungsabläufe, auch ein Anknüpfen an bewegungschoreografierte Lieder ist sinnvoll.

- Die körperliche **Haltung** soll thematisiert werden, damit den Schülern das Singen als ganzkörperlicher Vorgang bewusst wird.

- Die Schulung der **Atmung** ist sehr wichtig, denn schon bei Kindern ist eine flache Hochatmung verbreitet. Aufgerichtete Haltung mit geweitetem Brustraum und hängenden Schultern hilft, den Bauchraum als Atemraum zu erschließen und einen Rundrücken zu vermeiden.

- **Tongebung:** Viele Kinder neigen – oft wegen der Vorbilder aus Rock- und Popgesang – zu fast ausschließlichem und zu kräftigem Einsatz des **Bruststimmenregisters**. Wichtig sind Übungen, die tiefe Lagen nicht isoliert verwenden und insgesamt nicht zu tief und zu laut sind. Bewusste Bauchatmung kann das Singen mit zu viel Luft vermeiden helfen, das durch fehlende Haltespannung des Zwerchfells entsteht.

- Kleine Experimente mit dem **Stimmsitz** einbauen, um Gespür für die **Resonanzkörper** der Stimme zu wecken (z. B. „Die heiße Kartoffel", ▷ S. 164): Wo kann man Vibrationen wahrnehmen? Wie verändert sich der Klang, wenn man z. B. besonders nasal singt oder die dunklen Kopfresonanzen verstärkt? Was klingt eigentlich schön? Das Bewusstmachen und Verstärken der Resonanzräume im Kopf (v. a. Schädeldecke, Nase) kann helfen einen forcierten und isolierten Bruststimmklang abzubauen.

- Für einen homogenen Klang: Übungen zu **Vokalisation** und **Vokalausgleich**. Die Schüler erleben, wie Vokale durch das Zusammenwirken von Zunge, Lippen und Kiefer gebildet werden und sich unterschiedlich färben lassen.

- **Lautstärke:** Wenngleich Nicht- und Leise-Sänger gelegentlich einen Wink brauchen, sei nochmals auf die Gefahr des Hoch-Pressens der Bruststimme beim Forte-Singen hingewiesen. Ein Kompromiss, wie Stimmhygiene und sängerisches Engagement in Einklang zu bringen sind, ist das Singen in höheren Lagen und/oder mäßiger Lautstärke.

- Nach kurzer Anfangsphase mit isolierten Übungen zur Bewusstmachung stimmbildnerischer Aspekte werden Übungen sodann immer mit Fragen der **Gestaltung** und **Interpretation** verbunden.

- **Regelmäßigkeit** ist eine unbedingte Voraussetzung für Fortschritte in der stimmbildnerischen Arbeit.

- **Zeitaufwand:** als Warm-up für die Stimme regelmäßig 3–5 Minuten, bei Bedarf punktuell bis zu 15 Minuten.

GESCHICHTEN FÜR DEN EINSTIEG

Stimmbildungsgeschichten schaffen Motivation für das stimmliche Arbeiten. Sie verhelfen durch innere Vorstellungen zu einem zunehmend differenzierten Umgang mit der eigenen Stimme wie auch mit den Möglichkeiten, den Atem zu führen und Geräusche zu erzeugen. Da die Aufmerksamkeit der Schüler in erster Linie auf die Geschichte gerichtet ist, lässt sich das Gefühl des peinlichen Berührtseins, welches anfangs entstehen kann, wenn ungewohnte stimmliche Leistungen und Lautäußerungen abgefordert werden, weitgehend vermeiden.

PIRATEN! – EINE WARM-UP-GESCHICHTE

Diese Warm-up-Geschichte passt besonders gut, wenn im anschließenden Unterricht mit Seefahrer-Liedern gearbeitet wird, etwa mit dem Lied „Alles im Griff" (▷ S. 215) oder „What Shall We Do With the Drunken Sailor" (▷ S. 144 bzw. die Erweiterung zur „Kleinen Seefahrerkantate" ▷ S. 185).

Morgens steigen die Piraten aus ihren Hängematten.	Strecken, Dehnen, Gähnen
Sie ziehen sich ihre Stiefel an.	Vorbeugen und Hochziehen
Sie müssen in die Wanten klettern.	Überkreuz Arme und Beine hochziehen/-strecken
Sie ziehen die Segel hoch, das Segel bläht sich auf.	Beim Ziehen ausatmen auf „f", dann großer Einatmer mit Geste offene Arme
Die Piraten müssen trainieren.	Schattenboxen mit „f" in alle Richtungen, auch in Zeitlupe
Ein verzauberter Wind kommt auf, er bläst im Rhythmus.	4/4-Takt in die Füße, die Klasse in drei Gruppen aufteilen und die Übung dreistimmig ausführen **Tipp:** Zum Einstudieren der einzelnen Stimmen kann die erste Zeile im 3/8, die zweite im 4/8 und die dritte im 3/4-Takt ausgeführt werden. Am besten beginnt man mit Stimme 2, dann folgt Stimme 3 und zuletzt Stimme 1.
Die Piraten freuen sich aufs Frühstück.	„Nam nam nam"-Geste (Rhythmus s. u.): Sich über den Bauch streichen
Es gibt nur Grütze und Zwieback.	„Oe oe oh"-Geste (Rhythmus s. u.): Hände enttäuscht schütteln
Doch heute ist ja Sonntag! Es gibt Brötchen und Honig!	"Eja a leja"-Geste (Rhythmus s. u.): Klatsch auf 1, Schnips auf 3

Die Küste von Afrika kommt in Sicht. Die Piraten hören einen entfernten Rhythmus.	Br = Brust; Os = Oberschenkel Br/Os: 4/4 R L R L R L (klatsch)
Dazu erklingt ein Lied.	„Alles im Griff" (▷ S. 215)
Die Piraten tanzen mit den Eingeborenen.	Rechts leicht (tipp) 1 Rechts schwer (stampf) 2 Links leicht 3 Links schwer 4 dabei vier Takte nach vorne tippen/stampfen, vier zurück
Hier könnte sich dann z. B. die Arbeit an einem kleinen Aufführungsprojekt „Kleine Seefahrerkantate" anschließen, wie in Baustein C3, Übung 7 vorgeschlagen.	

ÜBUNGEN ZUR AKTIVIERUNG, LOCKERUNG UND HALTUNG

- In frei wählbarem oder gemeinsamem Metrum auf der Stelle **gehen, laufen, hüpfen, wippen** (aus dem Fuß heraus oder mit nachfedernden Knien).
- Falls der Platz vorhanden ist, in **verschiedenen Gangarten,** auch unter Einsatz der Arme, durch den Raum bewegen: schleichen wie ein Tiger, hüpfen wie ein Hase, galoppieren wie ein Pferd, rennen wie eine Wüstenrennmaus, schlendern wie ein Kamel, stolzieren wie ein Storch etc.
- **Schultern kreisen:** vor- und rückwärts, parallel und gegenläufig, auch Arme dazunehmen (Bild: Windmühle).
- **Kopfkreisen:** den Kopf auf eine Schulter hängen lassen und locker nach vorne abrollen, Kopf locker wieder aufrichten.
- **Früchte pflücken** von hohen Bäumen, nach den höchsten und schönsten Früchten greifen.
- **Marionette:** Körperglieder und Kopf sind in der Vorstellung an Fäden aufgehängt. Die einzelnen Glieder in die Höhe ziehen und langsam wieder losgelassen. Wichtig für die Haltung: den Kopf und das Brustbein gleichzeitig hochziehen.

ÜBUNGEN ZUR ATMUNG

- Alle Luft **kräftig ausatmen.** Bei gestrecktem Oberkörper **ruhig einatmen,** zugleich die Arme seitlich heben. Dabei Schultern unten lassen und in den Bauch atmen (Schwimmring aufblasen).
- Oberkörper vornüber hängen, tief **in den Rücken atmen;** mit seitlich gebeugtem Oberkörper in die Flanken atmen. Danach Wirbel für Wirbel langsam wieder aufrichten.
- Atem ruhig einfließen lassen und sich dabei besonders die weiche Dehnung des Bauches bewusst machen. Bauch weich und locker lassen, nicht „aufpumpen" und „feststellen". Den Ausatemvorgang vom Bauch aus steuern.
- Imaginäre **Kerzen ausblasen,** wahlweise jede einzeln (kurzer Atemimpuls) oder viele auf einmal (langer, gleichmäßiger Luftstrom mit gestülpten Lippen).
- Anfahrende und schneller werdende **Lokomotive** (längere oder kürzere Luftgeräusche auf sch, tsch, psch, ksch, f etc., Arme imitieren Gestängebewegung), am Ende langsamer werden und Restluft ablassen (pfeifen, Dampf ablassen etc.).
- Rhythmen bekannter Lieder mit **stimmlosen Konsonanten** wiedergeben, z. B. t, k, p, f, sch.
- **Call & Response:** Lehrer gibt improvisierte Eintaktpattern auf stimmlosen Konsonanten vor, Schüler imitieren unmittelbar. Mit einfachen Figuren beginnen.

ÜBUNGEN ZU RESONANZEMPFINDEN UND VOKALISATION

- Summen und alle Stellen erfühlen lassen, wo etwas vibriert. Lassen sich die **Vibrationen** an bestimmten Stellen verstärken? Dasselbe auf „ng" und „n".

- Verschiedene **Motorgeräusche** auf verschiedenen Tonhöhen imitieren, z. B. „rrrräng", „rrrrong", „rrrring" (möglichst mit gerolltem „r"), „bbbbmmmm" (mit Lippenflattern, sowohl mit ganzer schwingender Lippe als auch mit nur der mittleren Partie), mit den Klängen Geschichten erzählen, z. B.:
  - Flugzeug startet und landet; Fehlstart; falscher Flugplatz; Kunstpilot
  - „Gas geben", „Motor aufjaulen lassen", dazwischen „Standgas": eigenen Ton halten
- **„Die heiße Kartoffel"** – ein Summton wird durch extreme Gesichtsveränderung beeinflusst, durch Experimentieren entsteht kreatives Gestalten. Assoziation: Eine sehr heiße Kartoffel kauen, ohne sich zu verbrennen.
  - Die Klasse summt einen Ton (oder auch ein einfaches Lied), während ein Schüler pantomimisch die heiße Kartoffel „isst".
  - Der Kontrast beim Summen zwischen einem „Clowngesicht" und einem „Kartoffelgesicht" wird hörbar.
  - Wo liegt der schönste Klang? Die Schüler experimentieren zwischen den Extremen und hören sich gegenseitig zu.
  - Verschiedene Schüler führen die Klasse mimisch zu unterschiedlichen Klängen.
- Variante: Die Schüler denken sich selber Geschichten aus, die zu Gesichtsveränderungen führen, z. B. durch Staunen oder Erschrecken.
- **Vokalisation:** Die Schüler singen auf einem Ton ein „u", öffnen dann zum „o" (wie Ofen), zum „O" (wie „offen"), zum „a", ohne dass man hört, wo der eine Vokal endet und der andere beginnt. Dann der Weg zurück: „a – O – o – u". Ziel ist der fließende Übergang von Vokal zu Vokal. Dabei beobachten sie sich selber: „Was macht eigentlich mein Mund dabei?" Nun der Weg zum „i": „a – ä – e – i". Schließlich kann man den ganzen Weg hin und zurück beschreiben: „u – o – O – a – ä – e – i – e – ä – a – O – o – u".

WEITERFÜHRENDE LITERATUR:

Bäßler, Hans/Nimczik, Ortwin (Hrsg.): Stimme(n). Kongressbericht 26. Bundesschulmusikwoche Würzburg 2006. Mainz usw. 2008.

Ernst, Manfred: Praxis Singen mit Kindern. Rum/Innsbruck, Esslingen 2008.

Friedrich, Gerhard/de Galgoczy, Viola: Mit Kindern Stimme und Gesang entdecken, Weinheim 2010.

Hofbauer, Kurt: Praxis der chorischen Stimmbildung. Mainz 1978.

Mohr, Andreas: Handbuch der Kinderstimmbildung. Mainz u.a. 1997.

Pachner, Rainer: Vokalpädagogik. Theorie und Praxis des Singens mit Kindern und Jugendlichen, mit einem Beitrag von Volker Barth (= Musikpraxis in der Schule, Bd. 1, hg. v. Siegmund Helms und Reinhard Schneider). Kassel 2001.

Pöhlmann, Bernhard: Chorische Stimmbildung. Berlin 1983.

Trotz des Schwerpunkts auf solistisch orientierter Stimmbildung evtl. auch Seidner, Wolfram/Wendler, Jürgen: Die Sängerstimme. Phoniatrische Grundlagen für den Gesangunterricht, Berlin 1978.

MATERIALIEN ZUR UNTERRICHTSPRAXIS:

Bojack, Regina: Stimmfit. Einsingen im Chor – Übungsprogramm für 10 Abende. 4., rev. Aufl.. Stuttgart 1997.

Führe, Uli: Stimmicals. Bd. 1: Spaß beim Einsingen von Anfang an mit mehrstimmigen Ethno-, Pop- und Jazz-Klingern, 1999; Bd. 2: Stimmicals: Mehr Spaß beim Einsingen; Pop- & Ethnoklinger, Artikulation & Scatraps, Körperklang & Körperhören. Boppard am Rhein 2002.

Führe, Uli/Rizzi, Werner: Jazz-Kanons. Ostinati & Patterns. Boppard am Rhein 1989.

Guglhör, Gerd (Hrsg.): Stimmtraining im Chor. Eine systematische Anleitung zur chorischen Stimmbildung. Rum/Innsbruck, Esslingen 2005.

Heizmann, Klaus: 200 Einsing-Übungen für Chöre und Solisten. Mainz [7]2005.

Hermann, Gabriele: Sing' ein – Stimm' mit! 50 x 5 mal Einsingen im Chor: Eine Sammlung praktischer Übungen für Haltung, Atmung, Geläufigkeit und Intonation. Sulz (Neckar) 1997.

Maechtel, Bernhard: Auftakt: Chor in der Schule. Band 4: Einstimmen und mitsingen. Stuttgart 1996.

Maierhofer, Lorenz: Warm-ups for voice & body. 25 kanonische Songs & Chants für Stimmbildung, Chor, Klasse und Bühne. Rum/Innsbruck, Esslingen 2005.

Meseck, Siegfried: Stimmbildung im Chor. Anregungen – Einsichten – Übungen. Augsburg 2005.

Rizzi, Werner: Start Ups. Bd 1, Einstiege zum Singen, 1997; Bd 2, Neues für die Singwerkstatt. Boppard am Rhein 2000.

Rüdiger, Adolf: Stimmbildung im Schulchor. Handbuch für den Chorleiter mit 40 ausführlich kommentierten Kanons und Liedern. Rum/Innsbruck, Esslingen 1982.

Terhag, Jürgen: Warmups. Musikalische Übungen für Kinder, Jugendliche und Erwachsene. Mainz 2009.

BAUSTEIN 1

DIE STIMME FINDEN, EINEN TON FINDEN

Die Singstimme wird erprobt und gesichert und ein gemeinsamer Ton gefunden.
- Die Schüler lernen angstfrei mit der eigenen (Sing-)Stimme umzugehen.
- Sie lernen den Umfang ihrer Stimme kennen.
- Sie lernen auf andere Sänger zu hören.
- Schließlich lernen sie einen gemeinsamen Ton zu finden, diesen zu audiieren und aus der Vorstellung wieder abzurufen.

ÜBUNG 01 — DIE SINGSTIMME FINDEN – DAS BIENENSPIEL

Ziel:
Die Singstimme erproben und festigen

Aufgabe:
Einen Ton gemeinsam singen

Zeitbedarf:
In 1–2 Stunden jeweils ca. 5 Minuten

Material/Medien:
SH S. 5 Aufgabe 1; CD-A, Video C1 (Bienenspiel)

Die Stimme finden, einen Ton finden — Stimmbildung

TONALE KOMPETENZ

TEILÜBUNG 1: VON BLUME ZU BLUME
Mit Gesten führen und mit der Stimme folgen

Schritt 1
Der Lehrer lässt sich von einem Schüler führen: Dieser zeichnet die Bewegungen einer von Blume zu Blume fliegenden Biene mit dem Finger in der Luft nach. Der Lehrer folgt der Bewegung summend.

Schritt 2
Die Schüler wiederholen dieses Spiel paarweise im Wechsel miteinander.

Schritt 3
Verschiedene klingende Konsonanten ausprobieren. Welcher Klang ist am stärksten „bienengemäß"?

Schritt 4

Einige Paare präsentieren ihre Version vor der Klasse. Welches ist die verrückteste Biene?

Variante in Dreiergruppen

Ein Schüler führt, zwei Schüler folgen gleichzeitig (dies führt in der Regel zu unterschiedlichen „Interpretationen" der Vorgabe).

Schritt 5

Der Lehrer übernimmt die Rolle der „Bienenkönigin", sein Finger führt die ganze Klasse. Dabei allmählich den Schwierigkeitsgrad steigern: von der ruhig auf und ab fliegenden Biene bis zur wilden Hummel.

Variante

Zwei bis drei Schüler übernehmen nacheinander die Rolle der Bienenkönigin. Aufgabenstellung: „Erfindet mindestens eine neue Bewegung, die eure Vorgänger noch nicht hatten."

Aufgabe im Schülerheft

„Bienenspuren" 1a bis d: Grafische Notation von Tonbewegungen.

TEILÜBUNG 2: DER BIENENSTOCK
Die eigene Stimme in der Gruppe gegen andere behaupten

Schritt 1

Neue Situation: Eine zweite Bienenkönigin ist da! Welche Bienen folgen ihr, um einen neuen Bienenstock zu gründen? Der Lehrer führt mit beiden Händen, die am Anfang Ähnliches zeigen, dann aber zunehmend verschieden agieren. Jeder Schüler entscheidet sich zu Beginn für einen Finger und folgt diesem dann die ganze Zeit summend.

Schritt 2

Zwei Schüler führen die Bienen. Vorgabe für die Klasse: Jede Biene darf sich während der Übung einmal umentscheiden, welcher Bienenkönigin sie folgt.

Aufgabe im Schülerheft

„3 Bienen": Dreistimmige grafische Notation

TEILÜBUNG 3: DER GEHEIME TON
Einen gemeinsamen Summton finden

Schritt 1

Der Lehrer hält eine Hand auf einer bestimmten Höhe („der Eingang des Bienenstocks"), die andere Hand senkt sich von oben allmählich in Richtung des Eingangs, wobei die Schüler die Geste mit individuellem Summton nachahmen und auf einem gemeinsamen Ton vor dem Eingang stehenbleiben. Mit einer Geschichte von Bienen, die gemeinsam vor dem Bienenstock einen geheimen Zugangscode (= gemeinsamer Ton) finden müssen, um Einlass zu bekommen, kann die Übung ausgeschmückt werden.

Im Idealfall finden die Schüler den gemeinsamen Ton beim ersten Mal, meist dauert es zwei bis drei Versuche, bis sich ein Ton durchsetzt. Der gefundene Ton wird eine Weile ausgehalten.

Schritt 2

Der Eingang des Bienenstocks wird nun von unten angeflogen. Vermutlich fällt der Versuch, einen Ton von unten kommend zu finden, den Schülern schwerer.

DIE STIMME FINDEN, EINEN TON FINDEN **167**

Hinweis

Eine mögliche Alternative bzw. Variante zum Bienenspiel wäre „Der Kunstflieger" mit Start, Loopings, Landung, Fliegerstaffel, die gemeinsam landet, zwei konkurrierende Teams („Wer fliegt die tollsten Kapriolen?").

ÜBUNG 02 — EINEN TON TREFFEN UND HALTEN – VERSTECKEN UND SUCHEN

Ziel:
Einen Ton bewusst treffen und halten; eigene Stimme und Gehör verbinden

Aufgabe:
Einen Ton trotz wechselnder harmonischer und rhythmischer Zusammenhänge halten bzw. wiederfinden

Zeitbedarf:
In 2–3 Stunden jeweils ca. 5 Minuten

Material/Medien:
Stabspiele; SH S. 52 Aufgabe 2; CD-A, Video C2 und C3 (Ton im Puls, Glockenkobold)

METHODISCHE HINWEISE

- In dieser Phase ist es sinnvoll, die Schüler mit dem Stabspiel vertraut zu machen. Dieses wird zunächst weniger als eigenständiges Musikinstrument denn als Intonationshilfe benutzt. (Hinweis: Wenn möglich Metallofone benutzen, da der Klang der Einzeltöne im Vergleich zum Xylofon klarer zu identifizieren ist und länger klingt.)
- Die Schüler übernehmen nun ständig kleine Aufgaben am Stabspiel, um die Verwendung des Instruments selbstverständlich werden zu lassen.

TEILÜBUNG 1: STANDFEST BLEIBEN
Einen vorgegebenen Ton aushalten

Schritt 1
Einen Ton vorsingen und -spielen, die Schüler singen nach. Dabei so lange weitersingen, bis die Mehrheit der Klasse diesen Ton gefunden hat.

Schritt 2
Die Schüler spielen in Dreiergruppen nun auf einem Stabspielinstrument verschiedene Töne und singen diese nach. Der Lehrer geht herum und gibt einzelnen Schülern Tipps zu ihrer Intonation. Evtl. kommentieren sich die Schüler auch gegenseitig.

Hinweis

Die Vorstellung von Tonhöhe wird hier erstmals explizit benannt, ist aber durch die Glissando-Spiele der vorangegangenen Teilübungen des „Bienenspiels" bereits non-verbal angelegt.

Schritt 3
Den Ton in gemeinsamem Puls mehrmals auf neutrale Silbe (z. B. „don") singen, dann wieder am Stabspiel Intonation kontrollieren.

S. 52

Aufgabe im Schülerheft
Stammtöne vom Xylofon ins Schülerheft übertragen.

Nr. 2

TONALE KOMPETENZ

ZUR METHODIK

Die Singsilbe „don" ermöglicht durch das „d" einen punktgenauen Anfangston, sodass sich die Schüler nicht in den Klang einschleichen können.

TEILÜBUNG 2: STÖRFREQUENZEN
Einen Ton gegen Irritationen durch andere Klänge verteidigen, die Intonation halten

Schritt 1

Ein Ton wird gegeben, die Schüler singen und halten ihn. Der Lehrer schlägt dazu auf einem Harmonie-Instrument in mittlerer Lage leise drei Akkorde an, die den Ton enthalten (z. B. Tonika, Subdominante, Tonika). Die Akkordstütze hilft, den Ton sauber zu halten.

Schritt 2

Nun enthält der mittlere Akkord den Ton nicht mehr, er ist aber noch aus einer verwandten tonalen Sphäre.

Schritt 3

Zunehmende Schwierigkeitsgrade:

a) den ersten Akkord weglassen

b) einen oder mehrere leiterfremde Akkorde dazwischenspielen

c) nur fremde Akkorde dazuspielen

TEILÜBUNG 3: STÖRFREQUENZEN IM TAKT
Verbindung von intonatorischer und metrischer Kompetenz

Schritt 1

Ein Ton wird gegeben und auf neutraler Silbe gemeinsam im langsamen Puls gesungen, die Klasse kann dazu durch den Raum oder am Platz gehen. Der Lehrer begleitet auf einem Harmonie-Instrument zunächst mit zwei Akkorden, die den Ton beinhalten, im Wechsel, ein Schüler spielt den Ton im Metrum am Stabspiel mit.

Schritte 2–4

Die nächsten Schritte verlaufen analog zur vorigen Teilübung 2 „Störfrequenzen", aber metrisiert.

Tipp:
Das Spielen von Akkorden mit dem gesungenen Ton als Orgelpunkt ist dabei besonders hilfreich, da man gut von näheren zu entfernteren Akkorden fortschreiten kann; ebenso kann man aber auch den höchsten Ton durchklingen lassen oder den Bass verändern.

Beispiele: Orgelpunkt C: Akkordfolge: C fm As cm D7 am C

C als oberste Note: Akkordfolge: C am F dm7 Gsus C

Tipp:
Die Akkordfolgen können durch Rhythmisierungen und Akkordbrechungen lebendiger gestaltet werden.

DIE STIMME FINDEN, EINEN TON FINDEN

TEILÜBUNG 4: SUCHEN UND FINDEN IM TAKT
Einen metrisiert gesungenen Ton verlassen und wiederfinden

Schritt 1
Einen Ton angeben und auf neutrale Silbe im Puls singen. Der Lehrer zeigt mit der einen Hand die Ausgangstonhöhe, die andere markiert den Puls auf gleicher Höhe und verlässt die Tonhöhe ab und zu nach oben und unten. Dabei bilden sich verschiedene Patterns heraus, z. B.:

Schritt 2
Wie Schritt 1, nun aber häufiger einen entfernten hohen oder tiefen Cluster singen, auch als Pattern, z. B.:

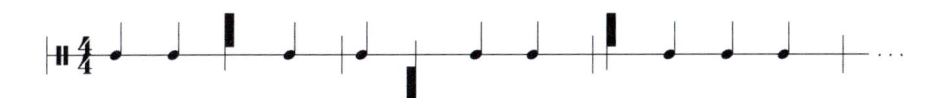

TEILÜBUNG 5: DER GLOCKENKOBOLD
Eine Klanggeschichte

Der Glöckner läutet die Glocke. Schön und gleichmäßig erklingt ihr Ton.	Auf „dang" den Ton im langsamen Metrum singen.
Ein Kobold kommt und will selbst die Glocke läuten.	Der Glockenton wird auf Zeichen des Lehrers einmal nach oben (beliebige Tonhöhe) verlassen (dabei zur Silbe „ding" wechseln und evtl. vorübergehend schnelleres Tempo wählen).
Doch der Glöckner setzt sich durch.	Der ursprüngliche Glockenton wird wiedergefunden.
Der Kobold aber wird stärker.	Der Glockenton wird immer öfter verlassen, gelegentlich auch nach unten (dabei zu „dong" wechseln und evtl. langsameres Tempo wählen).
Nun gibt es ein Tauziehen um die Glocke.	Zwischen ursprünglichem Glockenton und „Koboldton" abwechseln.
	Immer häufiger kommen zwei und später noch mehr schräge Töne hintereinander, gelegentlich ein hoher und ein tiefer nacheinander.
Doch am Ende ist der Glöckner der Stärkere!	Allmählich wird der richtige Ton wieder häufiger, bis er sich ganz durchgesetzt hat.

Varianten
1. Tauziehen als Kanon: Hier wird die Klasse in zwei Gruppen geteilt. Zwei Glocken mit gleichem Ton werden entweder vom Lehrer mit beiden Händen oder von zwei Schülern gezeigt. Der Glockenton ist trotz Störung immer hörbar.
2. Zwei Glocken mit unterschiedlichen Tonhöhen, z. B. im Terz- oder Quintabstand. Hier ist es hilfreich, wenn die beiden Töne leise auf einem oder zwei Instrumenten mitgespielt werden.

Tipp:
Übungen zum Führen und Folgen funktionieren (wie hier) auch mit metrumgebundenen Klanggeschichten. Dabei möglichst viele Schüler in die Rolle des Führenden einer Gruppe oder der ganzen Klasse gelangen lassen.

BAUSTEIN 2

DEN GRUNDTON ERFAHREN

Im Zentrum dieses Bausteins stehen die Entwicklung des tonalen Vorstellungsvermögens und die Erfahrung des Grundtons mit der Stimme.

- In Baustein 2 geht es um das Erfahren und Singen des Grundtons.
- Dazu werden Call & Response-Lieder, Lieder und Melodien mit liegendem Grundton (Bordun) und andere Übungen gesungen und auf Instrumenten gespielt. Hörbeispiele mit fehlendem Schlusston dienen zur Übung und Sicherung des Grundtonempfindens.
- Das Grundtonempfinden wird durch das Singen eines liegenden Tons (Bordun) zu einer gleichzeitig erklingenden Melodie weiter vertieft.

ÜBUNG 01 — GRUNDTÖNE HÖREN UND SINGEN

Ziel:
Singen und Audiieren eines Grundtons in einem Lied

Aufgabe:
An vorgegeben Stellen textiert und rhythmisiert Grundtöne singen

Zeitbedarf:
in 1–2 Stunden jeweils 5–7 Minuten

Material/Medien:
evtl. Stabspiele

Den Grundton erfahren und finden
Die Stimme finden, einen Ton finden
Stimmbildung

DURCHFÜHRUNG

Schritt 1

Stabilisierung der Tonart: Am Beginn des Singens im tonalen Raum muss grundsätzlich die Tonalität bzw. die Tonleiter, in der die Schüler singen, etabliert werden, um eine innere Vorstellung des Tonraums vorzubereiten.

DIE ETABLIERUNG DER TONALITÄT

Die Etablierung der Tonalität (Tonart und -geschlecht) kann mit der Stimme geschehen, etwa durch eine geeignete Tonfolge (siehe unten), oder am Klavier durch Spielen der entsprechenden Kadenz und abschließendes Spielen des Grundtons allein – diesen können die Schülern dann nachsingen.

Tonfolgen zur Etablierung der Tonalität müssen die charakteristischen Töne beinhalten. In Dur und Moll sind dies die Terz, die Sexte und der Leitton der Tonleiter. Der Lehrer singt auf neutraler Silbe (etwa „no") z. B.:

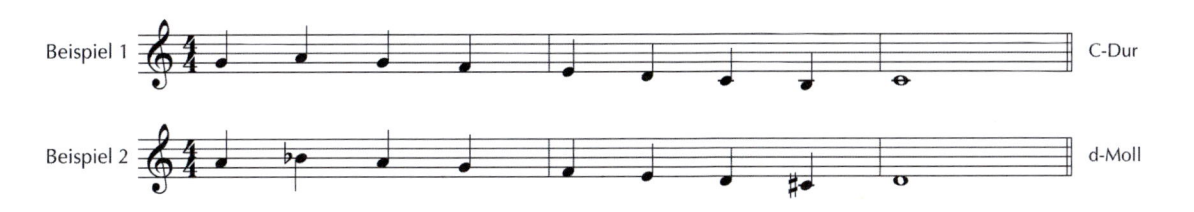

Beispiel 1 — C-Dur

Beispiel 2 — d-Moll

Schritt 2

Einstudieren des Liedes.

Übungsidee zum Einsingen:

Oh Hans, der Ha-se. Oh Hans, der Ha-se.
Oh Hans, der Ha-se. Oh Hans, der Ha-se.

Übungsidee: Quintsprung nach oben, Dreiklang in Moll abwärts singen. Möglichst schon im Rhythmus und auf den Text des Liedes.

Hinweis

Je höher man diese Übung singt, desto mehr muss darauf geachtet werden, dass die punktierte Viertel auf „Hans" mit möglichst lockerem Unterkiefer und offener Kehle gesungen wird.

Schritt 3

Der Lehrer singt „Hans, der Hase" ohne die Phrasen „Oh ja!" und „Oh nein!" mit Klavierbegleitung.

Hans, der Hase

T. u. M.: P. u. E. Allard
Dt. Text: H.-U. Gallus/G. Schmidt-Oberländer
© P. u. E. Allard

Oh Hans der Ha-se (oh ja!) mit der wei-chen Na-se (oh ja!),
der springt in mei-nem Gar-ten (oh ja!) und kann es kaum er-war-ten (oh ja!),
sich satt zu fres-sen (oh ja!) und al-les auf zu-es-sen (oh ja!).
Und nächs-tes Jahr__ (oh ja!), da ist es klar__ (oh ja!),
da ist nur Dreck__ (oh ja!) und mein Gar-ten ist weg (oh nein!).

▶ Begleitpattern für Klavier: CD-A, Pattern Nr. 10

Schritt 4

Die Schüler singen den vermuteten Grundton des Liedes auf „don".

Schritt 5

Auf die Zählzeiten 1 und 3 stampfen, auf die Zählzeiten 2 und 4 klatschen, dazu durch Call & Response die „oh ja!"-Phrase einführen. Danach das Lied singen: Der Lehrer singt den Text, die Schüler die „oh ja!"- bzw. „oh nein!"- Phrasen.

Hinweise

- Hier wird der Offbeat durch das Imitieren gelernt, jedoch nicht bewusst geübt, benannt und erklärt.
- Zur Stabilisierung der Intonation können die Grundtöne durch einen oder zwei Schüler auf Stabspielen auf den Zählzeiten 1 und 3 mitgespielt werden.
- Der Lehrer kann während des Singens auf Einzelne oder kleine Gruppen zeigen, die alleine mit dem Grundton antworten.

ERWEITERUNG

- ▶ Weitere Call & Response-Lieder zur Stabilisierung des Grundtonempfindens: „The Book of Call and Response" von John M. Feierabend (GIA Publications, Chicago 2000).
- ▶ Der Song „Moanin'" von Bobby Timmons aus der Soul-Jazz-Ära ist ein schönes Beispiel für ein anspruchsvolleres, gospelorientiertes Call & Response-Lied (▷ mip-journal 25/2009, S. 62 ff.).

DEN GRUNDTON ERFAHREN

BORDUN: DER LIEGENDE TON

ÜBUNG 02

Ziel:
Einen liegenden Ton als Grundton eines Liedes audiieren und aushalten

Aufgabe:
Den Grundton als Bordun zu einem Lied singen

Zeitbedarf:
In 1–2 Stunden jeweils 7–10 Minuten

Material/Medien:
Stabspiele; SH S. 53 Aufgabe 3 und Lexikon; CD-C 47 und 48 (Liedmelodien mit Bordun-Begleitung)

DURCHFÜHRUNG

Schritt 1

Das Lied „Trommelklang" einstudieren, dazu den Grundton d' in großen Schlägen auf dem Stabspiel mitspielen lassen.

Trommelklang

T. u. M.: L. Maierhofer
© Helbling

► Begleitpattern für Klavier: CD-A, Pattern Nr. 11

Aufgabe im Schülerheft

Den Grundton in der Melodie kennzeichnen.

S. 53
Nr. 3

Schritt 2

Die Schüler imitieren mit der Stimme eine Trommel, die gleichmäßig schlägt: Ton d' auf „dum"; wenn möglich auch zweistimmig mit der Quinte a' dazu; ein Teil der Klasse singt das Lied, der andere Teil schlägt immer die Trommel auf die Zählzeiten 1 und 3 – dies durch Bodypercussion unterstützen.

Schritt 3

Die Schüler erfinden Begleitrhythmen, die ostinat durch Bodypercussion und auf Ton („dum") ausgeführt werden.

TONALE KOMPETENZ

HELBLING

Music Step by Step

Schritt 4

Ein Teil der Klasse führt den ostinaten Begleitrhythmus aus Schritt 3 aus, Einzelne improvisieren in ruhigem Tempo auf Stabspielen zunächst im Tonraum T. 1–3 (d. h. Grundton bis Terz, also d'–f'), dann T. 1–4 (d'–g'), T. 1–5 (d'–a').

Ablauf: Sechs Takte Improvisation über Ostinato, dann singen alle zusammen die letzten beiden Takte: „He! Elaja! Dum ba dum! Uh!" Dann improvisiert der Nächste.

Hinweis

Das Ende der Soli bzw. den Beginn des Tutti durch Zeichen oder Einzählen anzeigen. So früh wie möglich sollen Schüler lernen, diese Rolle vom Lehrer zu übernehmen und damit das selbständige Einzählen und Einsatz geben üben.

Schritt 5

Den Begriff „Bordun" einführen (▷ SH S. 53, Lexikon). Anhand von Tonbeispielen verschiedener Genres erkennen die Schüler, ob es sich um einen liegenden Grundton (Bordun) handelt. Sie summen dabei den Grundton mit und melden sich, wenn der Bordun nicht mehr zu hören ist.

ERWEITERUNG

Weitere Lieder, die mit liegendem Grundton begleitet werden können:

- Shalom chaverim (z. B. in SING & SWING, DAS Liederbuch, 1. Aufl., S. 25)
- Gefühle-Blues, (z. B. in SIM • SALA • SING, S. 24)
- Hotaru koi (siehe unten)

Hotaru Koi

T. u. M.: trad. aus Japan
Arr.: Müller-Klusmann

Kanon zu 3 oder mehr Stimmen
Schnell

- Begleitpattern für Klavier: S. CD-A, Pattern Nr. 16

Aussprache: "Ho ho hotal koi. A-tschi no mi-su wa ni-ga-i so, ko-tschi no mi-su wa a-ma-i so".

Übersetzung: „Leuchtkäfer, Leuchtkäfer, komm her, das Wasser hier ist sehr bitter. Leuchtkäfer, Leuchtkäfer, komm her, das Wasser hier ist sehr süß."

DEN GRUNDTON ERFAHREN

DAS GRUNDTONEMPFINDEN STABILISIEREN — ÜBUNG 03

Ziel:
Grundtöne gegebener Musikbeispiele erkennen und singen können

Aufgabe:
An vorgegeben Stellen Grundtöne singen

Zeitbedarf:
In 2–3 Stunden jeweils 5–10 Minuten

Material/Medien:
SH S 53 Aufgabe 4; CD/MP3 C1–3 (Liedmelodien ohne Grundton); SH S. 53 Aufgabe 5; CD/MP3 C4 (Improvisations-Playback zu Trommelklang)

Schritt 1

Der Lehrer singt bekannte Melodien in Dur und Moll auf „don", die auf dem Grundton schließen – z. B. bekannte Lieder, Werbejingles, klassische und populäre Hits. Der Lehrer bricht vor dem Schlusston (= Grundton) ab. Die Schüler ergänzen diesen auf Zeichen.

Beispiele:

1. Radetzky-Marsch — Dur

2. McDonalds-Werbung (… ist einfach guuuut) — Dur

3. Scarborough fair — Moll

Aufgabe im Schülerheft

Drei weitere Liedmelodien („Pippi Langstrumpf", „Sascha", Thema aus „Die Moldau"), bei welchen der Grundton erst nach einer kurzen Pause eingespielt wird.

Schritt 2

Wie Schritt 1, mit improvisierten Melodien. Wichtig ist, dass Dur und Moll bei den Beispielen gleichermaßen vorkommen und dass der Schlusston unterschiedlich erreicht wird, z. B. durch Quintfall, Unterquarte, Sekundschritt von oben/unten, Terz von oben/unten.

TONALE KOMPETENZ

Beispiele für improvisierte Melodien:

Beispiel 1:

Unterquarte Dur

Beispiel 2:

Leitton Moll

VERTIEFUNG: DEN GRUNDTON EINER BEKANNTEN MELODIE HERAUSFINDEN

- Den Schülern bekannte, gemeinsam gesungene Lieder werden auf Zeichen des Lehrers abrupt, mitten im Lied, beendet. Die Schüler auffordern, sich den Grundton erst innerlich vorzustellen und dann zu singen. Dies setzt die Fähigkeit zur Audiation des Tons voraus.
- Lieder vorspielen mit der Aufgabe zu notieren, wie oft der jeweilige Grundton erklingt.

Aufgabe im Schülerheft

Zu „Trommelklang" mit der Stimme eine Melodie improvisieren.

METHODISCHER HINWEIS ZU HÖRÜBUNGEN

Diese Hörübungen funktionieren immer gleich und bauen auf dem Hören von Unterschieden auf. Sie sollen öfters durchgeführt und in einer späteren Stunde wiederholt werden, damit die Schüler ihre eigenen Fortschritte feststellen können. Die Vorgehensweise:

▸ Die Höraufgabe benennen (z. B. für Baustein C2: „Hörst Du einen, zwei oder drei Töne gleichzeitig?", oder für Baustein C3: „Ist der zweite Ton höher oder tiefer als der erste?", oder für Baustein C4: „Der erste Ton heißt f' – wie heißt der zweite Ton?")

▸ Sechs Aufgaben jeweils mehrfach vorspielen. Die Schüler tragen die Lösungen in die sechs Felder der Tabelle im Schülerheft ein.

▸ Auswertung der Ergebnisse und ggf. weitere Übungen zur Festigung.

BAUSTEIN 3

„HÖHER"? „TIEFER"? – TONSCHRITTE

Tonschritte – kleine oder große Sekunden – werden gehört, gesungen, gelesen und geschrieben.

- Mit diesem Intensivkurs zu Sekundschritten wird die Voraussetzung für die spätere Orientierung im Tonraum und die Unterscheidung von „höher" und „tiefer" eingeführt, geübt und gesichert.
- Die Schüler üben, die körperliche und die klangliche Vorstellung sowie deren stimmliche Umsetzung miteinander zu verbinden. Sie wenden dies singend, auf Instrumenten spielend und hörend an.
- Die bisher erworbenen Fähigkeiten im Lesen und Schreiben von Noten im Bereich des Rhythmus (Bereich B, rhythmische Kompetenz) werden nun weitergeführt zum Lesen und Schreiben unterschiedlicher Tonhöhen im 5-Linien-System.

METHODISCHER HINWEIS

- In besonders motivierten Klassen, in denen den Schülern das Erlernen der Notenschrift im Bereich der rhythmischen Kompetenz (Teil B) sehr leicht fiel, können möglicherweise die Ebenen 1 und 2 übersprungen werden. Dann erfolgt der Einstieg in diesen Baustein 3 mit Übung 3 (S. 175).
- Voraussetzung für das Gelingen der Übungen im Folgenden ist jeweils ein Einsingen! Das Einsingen soll in der Regel für die Schüler fast unmerklich in die Übungen übergehen. Zwei Beispiele:
- Zur hier anschließenden Übung 1:
  – Übungen zum Stimmklang, z. B. „Kartoffelgesicht" (▷ S. 164)
    › mit vorgegebenem Ton a'
    › mit vorgegebenem Ton g'
  – Übergehen auf den Wechsel zwischen diesen beiden Tönen = Schritt 1 der anschließenden Übung 1.
- Zu Übung 4 auf S. 180:
  – Hektische Bienen: zwischen den beiden Tönen a' und g' langsam, dann immer schneller hin- und hersummen. Verschiedene stimmhafte Konsonanten verwenden, dann auch Vokale
  – Übergehen zu Schritt 1 der Übung 4: Zweitonmelodien von Noten singen (▷ S. 181).

TONALE KOMPETENZ

3.1 ZWEI TÖNE – EIN GANZTONSCHRITT

In diesem Baustein werden die Ebenen der Pyramide mehrmals durchschritten. Die Pyramidengrafik beginnt deshalb mehrmals bei der Ebene „Melodien hören und imitieren".

ÜBUNG 01 — GANZTONSCHRITTE HÖREN UND IMITIEREN

Ziel:
Zwei Töne im Abstand einer großen Sekunde hörend unterscheiden und singend nachvollziehen können

Aufgabe:
Melodien im Bereich einer großen Sekunde singen und auf Instrumenten spielen

Zeitbedarf:
In 2–3 Stunden jeweils ca. 5–10 Minuten

Material/Medien:
Stabspiele; SH S. 55 Aufgabe 1; CD/MP3 C5 (6 Zweitondiktate)

DURCHFÜHRUNG

Schritt 1

- Die Töne a' und g' mehrfach im Wechsel auf neutraler Silbe vorsingen – dabei den Tonhöhenwechsel gestisch mit einer Hand verdeutlichen. Die Schüler singen jeweils nach und zeigen den Wechsel ebenfalls gestisch (Die Ton*namen* – hier: a' und g' – werden später eingeführt und hier noch nicht benannt).
- Übergehen zu einem langsamen, regelmäßigen Puls, in dem die Töne in unregelmäßiger Abfolge nicht mehr vorgesungen, sondern nur noch gezeigt und nachgesungen werden.

Schritt 2

Einige Schüler machen dies auf Stabspielen mit.

Schritt 3

Schritte 1 und 2 rhythmisiert mit solchen Taktarten und Rhythmen wiederholen, die in Teil B zuvor bereits erarbeitet worden sind. Dabei nicht die Rhythmussprache verwenden (dieser Schritt kommt später), sondern weiterhin eine neutrale Silbe.

Schritt 4

- Eine rhythmisierte 2-Ton-Melodie (Länge: 1 Takt) mehrfach vor- und nachsingen.
- An die Regeln des Spezialpattern-Spiels aus Teil B (Baustein 1, S. 70) erinnern: Es werden verschiedene 2-Ton-Melodien vorgesungen, die Klasse singt nach. Wenn aber die Spezialmelodie vorgesungen wird, denken sich die Schüler die Antwort nur, ohne sie zu singen.

Aufgabe im Schülerheft

„Höher, tiefer, gleich?" – 6 Zweitondiktate

"HÖHER"? "TIEFER"? – TONSCHRITTE

IMPROVISATIONSRONDO „ROCK IT"   ÜBUNG 02

Ziel:
Mit zwei Tönen im Abstand einer großen Sekunde improvisieren

Aufgabe:
Melodien mit diesen zwei Tönen mit der Stimme und auf Instrumenten improvisieren

Zeitbedarf:
In 2–3 Stunden jeweils ca. 5–10 Minuten

Material/Medien:
Stabspiele; CD-C 49 (Playback „Rock it")

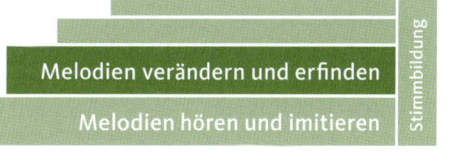

DURCHFÜHRUNG

Schritt 1
Eine Melodie wird auf neutrale Silbe gemeinsam gesungen, z. B.:

Im Improvisationsrondo wechseln sich diese vier gesungenen Takte und viertaktige Improvisationen der Schüler mit den beiden Tönen a' und g' auf Stabspielen ab. Die Schüler improvisieren reihum nacheinander. Als Begleitung und zur metrischen Stabilisierung spielt eine Gruppe von Schülern den letzten Takt (klatsch – klatsch – stampf) zur Improvisation weiter.

Schritt 2
Wie Schritt 1, nun aber werden die Improvisationstakte der einzelnen Schüler gesungen (neutrale Silbe). Spätestens hier ist eine harmonisch-rhythmische Begleitung sinnvoll (Beispiel siehe oben), entweder live oder als Playback. Wer möchte, kann anstatt der neutralen Silbe verschiedene frei gewählte Silben benützen, z. B. du bi dap do di dub usw. (Vorübung in Richtung Scat-Gesang).

Hinweis

Wenn den Schülern die Übertragung auf die Stimme anfangs zu schwer fällt, dann Zwischenschritte einbauen, z. B.:

- Schüler wählen, ob sie singen oder auf dem Instrument spielen
- Schüler spielen ihre Improvisation auf dem Instrument und singen leise dazu

ÜBUNG 03 — GANZTONSCHRITTE LESEN UND MUSIZIEREN, 1. TEIL

Ziel:
Zwei Noten im Abstand eines Ganztons in Klang übersetzen und mit Notennamen verbinden

Aufgabe:
Zwei an der Tafel gezeigte Noten lesen, singen und auf Instrumenten spielen

Zeitbedarf:
In 1–2 Stunden jeweils ca. 5 Minuten

Material/Medien:
Stabspiele; SH S. 55 Aufgabe 2; CD/MP3 C6 (Schlusston hören)

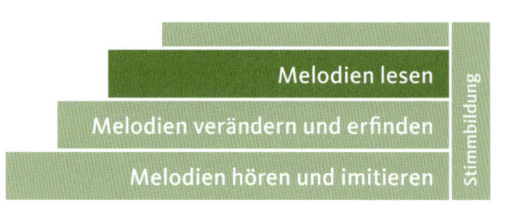

Melodien lesen
Melodien verändern und erfinden
Melodien hören und imitieren
Stimmbildung

DURCHFÜHRUNG

An der Tafel stehen a' und g' mit Violinschlüssel ohne Notennamen.

Schritt 1
Den Ton a' an der Tafel zeigen und ihn danach singen bzw. auf dem Stabspiel spielen. Die Schüler singen auf neutraler Silbe nach. Dasselbe geschieht mit dem Ton g'. Danach die Noten benennen oder von Schülern, die Noten lesen können, nennen lassen.

Schritt 2
Die beiden Töne nun in einem langsamen Puls in beliebiger Reihenfolge zeigen. Die Schüler singen „vom Blatt" bzw. von der Tafel – erst auf neutraler Silbe, dann auf Notennamen. Später spielen einige Schüler die Tonfolgen auf Stabspielen.

Schritt 3
Die Übung in Schritt 2 nun mit kurzen und langen Noten ausführen (z. B. gedachte Viertel und Halbe), später übernehmen einzelne Schüler die Rolle des Lehrers.

Aufgabe im Schülerheft
Zweitonmelodien: Wie heißt der letzte Ton?

ÜBUNG 04 — GANZTONSCHRITTE LESEN UND MUSIZIEREN, 2. TEIL

Ziel:
Notation von zwei rhythmisierten Tönen im Abstand eines Ganztons in Klang übersetzen

Aufgabe:
Notierte Zweitonmelodien (große Sekunde) lesen, singen und auf Instrumenten spielen

Zeitbedarf:
In 2–3 Stunden jeweils ca. 5 Minuten

Material/Medien:
Folie der Notenbeispiele von S. 181; SH S. 56 Nr. 3; CD/MP3 C7 (Reihenfolgen-Rätsel)

"HÖHER"? "TIEFER"? – TONSCHRITTE

DURCHFÜHRUNG

Schritt 1

Zweitonmelodien von Noten singen. Dazu eine Folie der Notenbeispiele erstellen:

[Notenbeispiele 1.–4.: vier Zweitonmelodien im 4/4-Takt]

Die erste Melodie auf Notennamen vorsingen, die Schüler singen nach.

Schritt 2

Die Schüler singen die zweite Melodielinie ohne das Vorsingen des Lehrers.

Schritt 3

Eine der Melodien von der Folie vorsingen – die Schüler finden heraus, welche Melodie vorgesungen wurde. Evtl. die Anzahl der Melodien zu Beginn der Übung einschränken.

Schritt 4

Die Schüler benennen reihum die Töne eines bestimmten Beispiels mit Notennamen. Abschließend das Beispiel gemeinsam singen.

Vertiefung

Die Melodien nicht auf Tonnamen, sondern auf die aus Teil B bekannten Rhythmussilben erst sprechen, dann auf die gegebenen Tonhöhen singen.

Aufgabe im Schülerheft

Verschiedene Hörübungen

TONALE KOMPETENZ

ÜBERTRAGUNG AUF INSTRUMENTE

Sehr schnell sollte die Übertragung auf Instrumente erfolgen, die von allen erlernt werden können (Stabspiele, Tasteninstrumente oder andere Klasseninstrumente. Boomwhackers sind nur dann geeignet, wenn für viele Schüler je ein a' und g' vorhanden sind, wobei analog zum Stabspiel das g' links und das a' rechts gespielt wird). Das festigt die Tonhöhenvorstellung und die Hör-, Lese- und Musizier-Kompetenz.

Zunächst spielen nur einige Schüler als Korrektiv die gesungenen Tonhöhenschritte vom Blatt mit, auch als Intonationshilfe, später dann mehr Schüler oder auch die ganze Klasse.

ÜBUNG 05 — GANZTONSCHRITTE SCHREIBEN

Ziel:
Klang in Notation übersetzen: zwei Töne im Abstand eines Ganztons

Aufgabe:
Auf dem Stabspiel vorgespielte, von den Schülern nachgesungene Zweitonmelodien notieren

Zeitbedarf:
Ab jetzt regelmäßig jeweils ca. 5–10 Minuten
(kann später reduziert werden)

Material/Medien:
Stabspiele; SH S. 56–58, Aufgabe 4–7 und Lexikon; CD/MP3 C 8–10
(Diktate mit zwei Tönen)

- Melodien schreiben
- Melodien lesen
- Melodien verändern und erfinden
- Melodien hören und imitieren

Stimmbildung

DURCHFÜHRUNG

S. 56 — Lexikon

Schritt 1

Anhand des Lexikons die Grundsätze der Musiknotation einführen.

S. 57 — Nr. 4

Aufgabe im Schülerheft

Zeichenübung: Violinschlüssel zeichnen.

Schritt 2

An der Tafel ist notiert: Violinschlüssel, eine Taktart und der Anfangston einer Zweitonmelodie mit seinem rhythmischen Wert – siehe Zweitonmelodien in Schritt 3. Einzählen und auf dem Stabspiel eine der zweitaktigen Zweitonmelodien vorspielen. Die Schüler singen die Melodie nach.

Schritt 3

An der Tafel die Töne der Melodie nach Angabe durch die Schüler notieren. Dieses Vorgehen an mehreren Beispielen üben.

S. 57 — Nr. 5

Aufgabe im Schülerheft

Die Töne a' und g' in ein Notensystem notieren.

Schritt 4

Wenn die Schüler mit dieser Arbeitsweise vertraut sind, kann zu Tonhöhendiktaten übergegangen werden.

"HÖHER"? "TIEFER"? – TONSCHRITTE

Aufgaben im Schülerheft

- Drei Melodiediktate mit den Tönen g' und a'.
- Die Schüler erfinden selbst zwei eigene Melodien mit den Tönen g' und a' und schreiben sie auf.

METHODISCHE HINWEISE

- Die Funktion von Tonhöhendiktaten ist nicht die Benotung der Schüler, sondern die Festigung des Audiierens von Tonhöhen und die Rückmeldung für den Lehrer, wie erfolgreich sein Unterricht bzgl. der Audiierfähigkeit der Schüler war.

- Ein Tonhöhendiktat muss stets eine musikalische Gestalt haben, d. h. eine Melodie darstellen, die von den Schülern problemlos nachgesungen werden kann. Deshalb enthalten die ersten Tonhöhendiktate nur zwei Notenwerte und verzichten auf rhythmische Finessen. Sie sind so gestaltet, dass möglichst alle Schüler sie bewältigen können. Dies motiviert statt zu frustrieren.

- Vor dem ersten Melodiediktat sollte das Zeichnen des G-Schlüssels gelernt werden, z. B. mit Hilfe eines Wettbewerbs: Wer kann den schönsten Schlüssel malen?

- Im Zusammenhang mit den Melodiediktaten werden auch **die Grundsätze der Notenschrift** erarbeitet (SH S. 56: Wie wir Musik aufschreiben):
  - die Begriffe Notenlinie und Notenzwischenraum
  - Richtung und Ansatzpunkte der Notenhälse
  - Kleinschreibung der Notennamen

  Achtung: Die Inhalte von „Wie wir Musik aufschreiben: Linien und Schlüssel" sind nicht zum Auswendiglernen gedacht! Es geht hier um die grundsätzlichen Elemente der Notenschrift. Eine Gesamtübersicht des Tonraums folgt erst auf S. 61.

- Die Notation von Melodien kann auf verschiedene Weise geübt werden:
  - **Lückennotation:** Fehlende Noten in Liedern ergänzen.
    Das Vorgehen hierfür beschreiben wir unten bei den einzelnen Liedbeispielen (▷ z. B. S. 192).
  - **Melodiediktate**
    Diktieren von Tonfolgen und den Schülern nicht bekannten Beispielen.
  - **Tonfolgen** von CD notieren.
    Diese Übung eignet sich besonders als Hausaufgabe, die mit der Schüler-CD bearbeitet werden kann.

- Wenn Diktate als Unterrichtsschritt etabliert worden sind, kann eine (Haus-)Aufgabenstellung sein: „Entwerft ein Diktat für euren Lehrer, das so gebaut ist, dass ihr es selbst spielen könnt" (SH S. 58, Aufgabe 7). Dieses wird dann dem Lehrer diktiert. Hier wird die Kreativität, die Audiation und die Spielfähigkeit gleichermaßen gefordert, wie auch Spaß an der ungewohnten Situation der vertauschten Rollen entstehen kann.

- Weitere Übungen zu den Notennamen und zur Notation sollten hinzutreten, z. B. als Hausaufgabe.

ÜBUNG 06 — WHAT SHALL WE DO WITH THE DRUNKEN SAILOR

Ziel:
Musizieren mit zwei Tönen

Aufgabe:
Erarbeitung eines Liedes und instrumentalen Mitspielstückes

Zeitbedarf:
In 2–3 Stunden jeweils 10 Minuten

Material/Medien:
Instrumente; CD-B, 56 (Playback), CD-A Klassenarrangement „What Shall We Do With the Drunken Sailor"

DURCHFÜHRUNG

Das Lied „What Shall We Do With the Drunken sailor" wurde eventuell bereits in Teil B als Klassenarrangement erarbeitet. In diesem Fall kann es hier mit Schwerpunkt auf die Ganztonschritte vertiefend wiederholt werden: Alle Begleitstimmen bewegen sich im Ganztonraum, lediglich in der Stabspielstimme 2 kommen die Halbtöne e' und f' vor. Dabei üben die Schüler, auch zwei andere als die bisher bekannten Töne im Höher-Tiefer-Wechsel zu spielen.

Tipp:
Das Lied lässt sich sehr schön durch drei Schüler pantomimisch darstellen: Ein betrunkener Seemann und zwei Matrosen, die ihn „behandeln".

HINWEIS

Auch in anderen Liedern gibt es an bestimmten Stellen häufige Sekundwechsel, die man singen oder spielen kann, entweder als Etüde oder im Rahmen eines einfachen, mit der Klasse entwickelten Zweitonarrangements. Die Töne a' und g' kommen als Wechselnoten vor in der Strophe von „Guantanamera" (in G) und in der Strophe von „Blowin' in the Wind" (in C).

„HÖHER"? „TIEFER"? – TONSCHRITTE

KLEINE SEEFAHRERKANTATE — ÜBUNG 07 (OPTIONAL)

An das Lied „What Shall We Do With the Drunken Sailor" kann sich eine in Szene gesetzte **„Seefahrerkantate"** anschließen: Verschiedene Seemannslieder und Shantys werden von den Schülern zu einem kleinen Musiktheater zusammengesetzt. Eine Möglichkeit wird hier vorgeschlagen:
- Ouvertüre: „Eine Seefahrt, die ist lustig"
- 1. Akt: „Ein Mann, der sich Kolumbus nannt`" mit verteilten Rollen (Kolumbus, König, Eingeborene, Häuptling), Requisiten und Bühnenbild (Kaffeetasse, Straßenbahn, Schiff, Palme, auch als Bild an die Tafel malbar oder projizierbar) und eigenen Regieeinfällen (Skateboard als Schiff...)
- 2. Akt: Piraten! „Wir fahren über's weite Meer" oder ein anderes Piratenlied („Wir lagen vor Madagaskar")
- 3. Akt: Landgang: „What Shall We Do With the Drunken Sailor"
- Finale: Rückkehr nach Spanien: „Un poquito cantas" mit von den Schülern selbst erfundenen Tanzschritten

Die Klasse kann zur Vorbereitung und Durchführung in mehrere Arbeitsgruppen aufgeteilt werden:
- Bühne und Requisiten
- Kostüme und Maske
- Libretto (Entwurf einer die Lieder verbindenden Geschichte)
- Tänzerinnen und Tänzer für Choreografie zu „Un poquito cantas"
- Regie
- Band (z. B. Percussion oder improvisierte „Stummfilm-Musik" auf Orff-Instrumentarium)

3.2 ZWEI TÖNE – EIN HALBTONSCHRITT

Die Ebenen 1–4 der Pyramide werden auf die gleiche Weise, wie am Beginn dieses Bausteins (3.1 „Zwei Töne – ein Ganztonschritt": Übungen 1–5, S. 178–183) ausführlich beschrieben, Schritt für Schritt erarbeitet, nun jedoch mit den beiden Tönen f' und e'. In leistungsstarken und besonders motivierten Klassen kann Ebene 1 übersprungen und die anderen Ebenen in komprimierter Form durchlaufen werden.

HALBTONSCHRITTE HÖREN UND IMITIEREN — ÜBUNG 08

Ziel:
Zwei Töne im Abstand einer kleinen Sekunde hörend unterscheiden und singend nachvollziehen können

Aufgabe:
Melodien im Bereich einer kleinen Sekunde singen und auf Instrumenten spielen

Zeitbedarf:
In 2–3 Stunden jeweils ca. 5 Minuten

Material/Medien:
Stabspiele

DURCHFÜHRUNG

Erarbeiten der Töne f' und e' sowie des Halbtonschrittes mit den gleichen bzw. entsprechend angepassten Übungen wie beim Ganztonschritt a'–g' (▷ Übung 1 oben, S. 178).

186 C: TONALE KOMPETENZ /// BAUSTEIN 3

ÜBUNG 09 — IMPROVISATIONSRONDO „WAVES"

Ziel:
Mit zwei Tönen im Abstand einer kleinen Sekunde improvisieren

Aufgabe:
Melodien mit diesen zwei Tönen mit der Stimme und auf Instrumenten improvisieren

Zeitbedarf:
In 1–2 Stunden jeweils 5–10 Minuten

Material/Medien:
Stabspiele; CD-C, 50 (Playback „Waves")

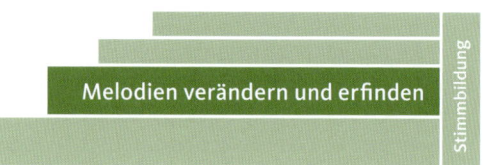

Melodien verändern und erfinden | Stimmbildung

DURCHFÜHRUNG

Improvisationsrondo „Waves" erarbeiten wie Übung 2, S. 179, jedoch mit den Tönen e' und f'.

Waves © Helbling

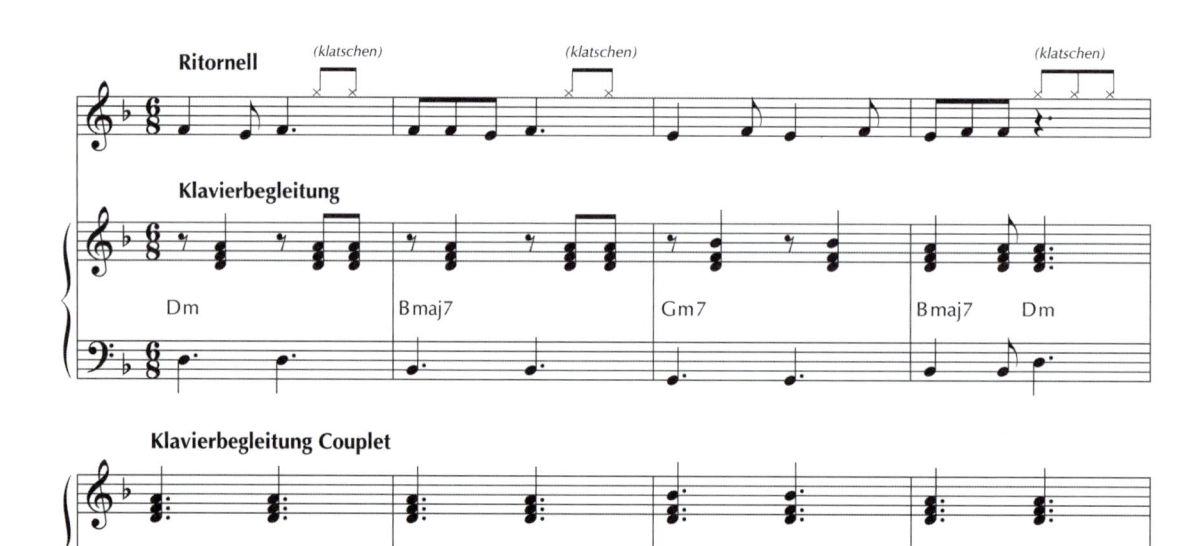

[Notenbeispiel: Ritornell (klatschen), Klavierbegleitung mit Akkorden Dm – Bmaj7 – Gm7 – Bmaj7 – Dm; Klavierbegleitung Couplet mit denselben Akkorden]

ÜBUNG 10 — HALBTONSCHRITTE LESEN UND MUSIZIEREN

Ziel:
Notation von zwei Tönen im Rhythmus in Klang übersetzen: zwei Töne im Abstand eines Halbtons

Aufgabe:
Notierte Zweitonmelodien (kleine Sekunde) lesen, singen und auf Instrumenten spielen

Zeitbedarf:
In 1–2 Stunden jeweils ca. 5 Minuten

Material/Medien:
Stabspiele; Folie mit Notenbeispielen

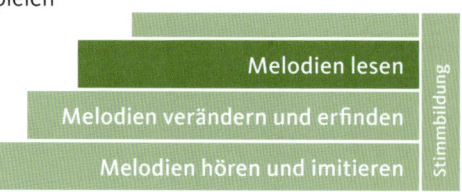

Melodien lesen
Melodien verändern und erfinden
Melodien hören und imitieren | Stimmbildung

Music Step by Step — HELBLING

"HÖHER"? "TIEFER"? – TONSCHRITTE

DURCHFÜHRUNG

Erarbeiten wie oben, S. 180–181, Übungen 3 und 4, jedoch mit den Tönen e' und f'. In sehr guten Klassen evtl. gleich zu Übung 4 gehen.

Dazu eine Folie der Notenbeispiele erstellen:

1.

2.

3.

4.

ZWEI-TON-BOSSA   ÜBUNG 11

Ziel:
Notation von zwei Tönen im Rhythmus in Klang übersetzen: zwei Töne im Abstand eines Halbtons

Aufgabe:
Erarbeitung des „Zwei-Ton-Bossa"

Zeitbedarf:
In 2 Stunden jeweils 10–15 Minuten

Material/Medien:
SH S. 58, Aufgabe 8; CD/MP3 C11 (Playback „Zwei-Ton-Bossa")

TONALE KOMPETENZ

DURCHFÜHRUNG

Schritt 1

Den „Zwei-Ton-Bossa" hören und feststellen, wie viele verschiedene Tonhöhen die Melodie des Stückes enthält. Der Lehrer kann als Hörhilfe die Melodie auf dem Klavier mitspielen:

Zwei-Ton-Bossa

A

B 3 mal

C: TONALE KOMPETENZ /// BAUSTEIN 3

Schritt 2

Gemeinsames Erarbeiten der Zweitonmelodie:

- Töne e' und f' mit Hilfe eines Instrumentes festigen (vorspielen – nachsingen).
- Sprechen der Rhythmen in der Rhythmussprache.
- Übertragen der rhythmisierten Melodie auf Instrumente.

S. 58
Nr. 8
Mp3 C11
C 11

Aufgabe im Schülerheft

Höraufgabe: Reihenfolge der Teile A und B notieren.

ÜBUNG 12 — HALBTONSCHRITTE SCHREIBEN

Ziel:
Klang in Notation übersetzen: zwei Töne im Abstand eines Halbtons

Aufgabe:
Auf dem Stabspiel vorgespielte, von den Schülern nachgesungene Zweitonmelodien notieren

Zeitbedarf:
Ab jetzt regelmäßig jeweils ca. 5–10 Minuten (kann später reduziert werden)

Material/Medien:
SH S. 59, Aufgabe 9

DURCHFÜHRUNG

Erarbeiten wie Übung 5, S. 182.

S. 59
Nr. 9

Aufgabe im Schülerheft

Leere, zweitaktige Notenzeilen für Hördiktate des Lehrers mit e' und f' (zwei auswählen).

3.3 DREI TÖNE – ZWEI SCHRITTE, EIN SPRUNG

Die Ebenen 1–4 der Pyramide werden auf die gleiche Weise, wie am Beginn dieses Bausteins (3.1 „Zwei Töne – ein Ganztonschritt") ausführlich beschrieben, Schritt für Schritt erarbeitet, nun jedoch mit den drei Tönen a', g' und f'.

DREI TÖNE HÖREN UND IMITIEREN — ÜBUNG 13

Ziel:
Drei Töne, jeweils im Abstand einer großen Sekunde, hörend unterscheiden und singend nachvollziehen können

Aufgabe:
Melodien im Bereich einer großen Terz singen und auf Instrumenten spielen

Zeitbedarf:
In 1–3 Stunden jeweils ca. 5 Minuten

Material/Medien:
Stabspiele

DURCHFÜHRUNG

Erarbeiten des Raumes der drei Töne f', g' und a' mit ähnlichen Übungen wie bei der Erarbeitung von zwei Tönen, Übung 1, S. 178.

MIT DREI TÖNEN IMPROVISIEREN — ÜBUNG 14

Ziel:
Mit drei Tönen, jeweils im Abstand einer großen Sekunde, Melodien erfinden

Aufgabe:
„Komposition" einer kleinen 4-taktigen Melodie

Zeitbedarf:
In 1–2 Stunden jeweils 5–10 Minuten

Material/Medien:
Stabspiele

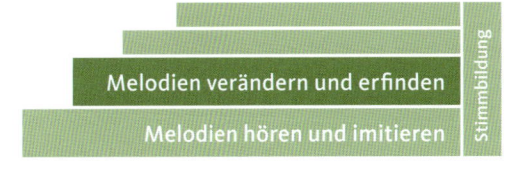

DURCHFÜHRUNG

Schritt 1

Der Lehrer spielt das Begleitmuster mehrmals vor.

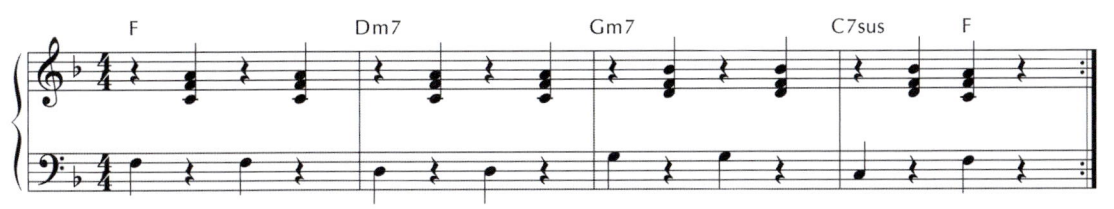

Schritt 2

Einige Schüler erfinden dazu auf dem Stabspiel oder singend eine Melodie mit den Tönen a', g' und f'. Die ganze Klasse wiederholt diese Melodie.

Schritt 3

Klassendiskussion darüber, welche die schönste Melodie sei. Die Bewertungen werden musikalisch begründet und die Gründe diskutiert. Die Klasse wählt schließlich die schönste Melodie, der Lehrer schreibt sie an die Tafel. Sie kann nun als Ritornell für ein Improvisationsrondo dienen.

ÜBUNG 15 — DREI TÖNE LESEN UND MUSIZIEREN

Ziel:
Drei Noten im Abstand zweier Ganztöne in Klang übersetzen und mit Notennamen verbinden

Aufgabe:
Drei an der Tafel gezeigte Noten lesen, singen und auf Instrumenten spielen

Zeitbedarf:
In 2–3 Stunden jeweils ca. 5 Minuten

Material/Medien:
Stabspiele, Folie von Notenbeispielen

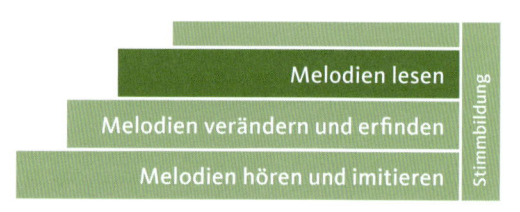

- Melodien lesen
- Melodien verändern und erfinden
- Melodien hören und imitieren

(Stimmbildung)

DURCHFÜHRUNG

Erarbeiten wie oben, Übungen 3 und 4, S. 180–181, jedoch mit den Tönen f', g' und a'.

Dazu eine Folie der Notenbeispiele erstellen:

DREI TÖNE SCHREIBEN

ÜBUNG 16

Ziel:
Klang in Notation übersetzen: drei Töne im Abstand von jeweils einem Ganzton

Aufgabe:
Auf dem Stabspiel vorgespielte, von den Schülern nachgesungene Dreitonmelodien notieren

Zeitbedarf:
In mehreren Stunden jeweils ca. 5–10 Minuten

Material/Medien:
SH S. 59, Aufgabe 10–13; CD/MP3 C 12–15 (Hördiktate)

- Melodien schreiben
- Melodien lesen
- Melodien verändern und erfinden
- Melodien hören und imitieren

Stimmbildung

DURCHFÜHRUNG

Erarbeiten wie Übung 5, S. 182.

Aufgabe im Schülerheft

- Zwei Hördiktate mit drei Tönen in aufsteigender Schwierigkeit (zwei auswählen).
- Eigene Melodien erfinden und gegenseitig diktieren.

Notenbeispiele:

[Notenbeispiele 1.–4.]

TONALE KOMPETENZ

METHODISCHER HINWEIS

Auf der Basis der bisher in Baustein 3 erarbeiteten musikpraktischen Übungen und Höraufgaben werden nun der Begriff „Intervall" und die ersten Intervallnamen Prime, Sekunde und Terz eingeführt. Diese Begriffe können nun angewandt und geübt werden (▷ SH S. 59 ff., Aufgabe 11–13). Die Lieder in diesen beiden Übungen sind nur Beispiele. Die Übungen sollen auch mit anderen bekannten Liedern wiederholt werden.

192   C: TONALE KOMPETENZ /// BAUSTEIN 3

Aufgaben im Schülerheft

- Erkennen von Intervallen (Prime, Sekunde, Terz) vom Hören her.
- Intervalle aus dem Notenbild bestimmen.

ÜBUNG 17 — LÖCHER IM LIED

Ziel:
Lied aus der Klangvorstellung heraus mit Hilfestellung notieren

Aufgabe:
Lückenhaftes Notenbild ergänzen

Zeitbedarf:
Ca. 10 Minuten (ohne Einstudierung)

Material/Medien:
SH S. 61, Aufgabe 14

DURCHFÜHRUNG

Schritt 1
Erarbeitung geeigneter Lieder (z. B. „Hejo, spann den Wagen an" in g-Moll, „Sometimes I feel" in d-Moll, "Au clair de la lune" in F-Dur).

Schritt 2
Die im Schülerarbeitsheft fehlenden Stellen in „Hejo" nachsingen.

Schritt 3
Notieren der Noten in den Lücken. Das in der Lücke einzutragende d" ist zwar noch nicht eingeführt worden, sollte aber als gleich hoher Ton erkannt und notiert werden können.

Hejo, spann den Wagen an   T. u. M.: trad. aus England

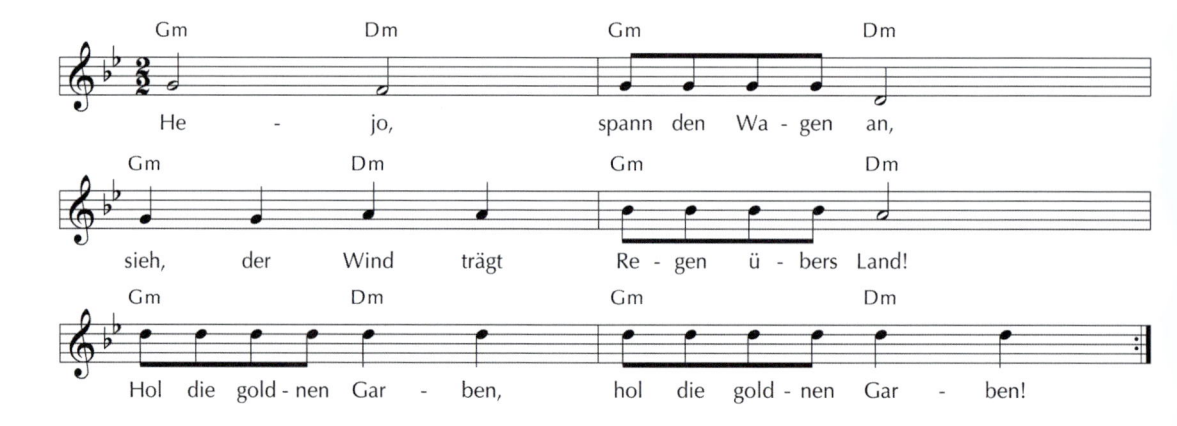

▶ Begleitpattern für Klavier: CD-A, Pattern Nr. 10

DEN FÄLSCHERN AUF DER SPUR

ÜBUNG 18

Ziel:
Erkennen von Abweichungen eines Notentextes gegenüber der inneren Klangvorstellung

Aufgabe:
Korrektur von Fehlern in einem Notentext

Zeitbedarf:
ca. 15–20 Minuten

Material/Medien:
Folie des Textes und des ganzen Liedes ▷ S. 241; SH S. 62/63, Aufgabe 15 und 16

DURCHFÜHRUNG

Schritt 1
Lied „Un poquito cantas" ohne Noten einstudieren, nur Text auf einer Folie (das unverfälschte Notat mit Text befindet sich in Baustein 7, Übung 10, S. 241).

Schritt 2
„Gefälschte" Noten im Schülerarbeitsheft bearbeiten. Dazu könnte eine Geschichte von Notenfälschern zur Ausschmückung erzählt werden: Diese haben einige Noten geändert, um das Stück als ihr eigenes ausgeben zu können. Die Schüler müssen jetzt den Fälschern auf die Schliche kommen und die Noten korrigieren.

S. 62
Nr. 15
Nr. 16

Schritt 3
Abgleich mit dem fehlerlosen Satz (Folie).

METHODISCHER HINWEIS

▶ Auf der Grundlage der bisherigen Erfahrungen mit dem Lesen und Schreiben von Noten kann nun ein Überblick über die Noten im Violinschlüssel gegeben werden ▷ SH S. 61: „Die Noten im Überblick".

▶ Wenn der Überblick gegeben wurde, kann im SH S. 63 Aufgabe 16 bearbeitet werden.

BAUSTEIN 4

VIER TÖNE

Tonschritte und Tonsprünge in einem Viertonraum werden gehört, gesungen, gelesen und geschrieben.

In diesem Baustein wird mit dem Ton c' die Auftaktquarte als charakteristisches Motiv abendländischer Musik eingeführt und damit der Grundton in das Zentrum des Tonraums c', f', g', a' verlagert.

ÜBUNG 01 — DIE GLOCKEN DES BIG BEN, TEIL 1

Ziel:
Tonraumerweiterung: Tonschritte und -sprünge im Raum der vier Töne c', f', g' und a' hörend erkennen und singen können

Aufgabe:
Die vier genannten Töne in vielfältigen musikalischen Zusammenhängen hören und mit ihnen musizieren

Zeitbedarf:
In 1–2 Stunden jeweils ca. 5–10 Minuten

Material/Medien:
Stabspiele; SH S. 64, Aufgabe 1

Melodien hören und imitieren / Stimmbildung

DURCHFÜHRUNG

Wiederholung:
„Der Glockenkobold – eine Klanggeschichte" (▷ Baustein 1, Übung 2, Teilübung 5, S. 169).

Schritt 1
Vorspielen oder Vorsingen des Ausschnitts aus der Big-Ben-Melodie des Westminster Palace in London:

- Auf „don" nachsingen
- Frage: „Wie viele verschiedene Glocken muss Big Ben dafür haben?"

Schritt 2
Vor- und Nachsingen einiger melodischer Glockenton-Figuren mit den vier Tönen in ruhigem Zeitmaß, evtl. selbst auf dem Glockenspiel mitspielen, die Schüler spielen auf Instrumenten nach.

VIER TÖNE 195

Schritt 3
Vier Gruppen, für jede Gruppe einer der Töne. Einen Cluster aller vier Töne a'-g'-f'-c' in ruhigem Zeitmaß pulsierend auf Handzeichen des Lehrers singen (große Schläge). Von diesem Cluster aus den „Glockenkobold" musizieren (▷ Baustein 1, Übung 2, Teilübung 5, S. 169).

Schritt 4
Spezialpattern-Spiel mit Big-Ben-Patterns:

- Verschiedene Glockentonmelodien vor- und nachsingen. Immer wenn der erste Teil der Big-Ben-Melodie (a' f' g' c') erklingt, antworten die Schüler mit dem zweiten Teil (c' g' a' f').
- Instrumentalvariante: Dasselbe Spiel nun nicht vokal, sondern mit einigen Schülern an Instrumenten, idealer Weise Metallofonen.

Aufgabe im Schülerheft
Die vier Töne benennen.

S. 64
Nr. 1

GLOCKENTÖNE — ÜBUNG 02

Ziel:
Tonschritte und -sprünge im Raum der vier Töne c', f', g' und a' improvisieren

Aufgabe:
Kurze melodische „Glockenton"-Figuren mit vier Tönen erfinden und variieren

Zeitbedarf:
In 1–2 Stunden jeweils ca. 5–10 Minuten

Material/Medien:
Stabspiele

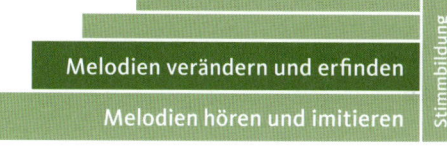

Melodien verändern und erfinden
Melodien hören und imitieren
Stimmbildung

TONALE KOMPETENZ

DURCHFÜHRUNG
Schritt 1
Frage und Antwort auf Glockenspielen oder anderen Instrumenten mit unterschiedlichen melodischen Glockenton-Figuren mit den vier Tönen in ruhigem Zeitmaß.

- Wie Schritt 2 in Übung 1 oben, jedoch ‚antworten' die Schüler mit einer anderen, selbst erfundenen Glockenmelodie.
- Variante: Dieselbe Aufgabe, nun aber vokal.

Schritt 2
Zwei Gruppen bilden und ihnen jeweils einen Glockenton zuweisen. Mit Hilfe von Handzeichen immer zwei Glocken läuten lassen, durchaus auch im Sekundabstand f'/g' bzw. g'/a', leichter: f'/a', c'/g'. Jede Gruppe kann ihr eigenes Metrum verfolgen. Dasselbe auch mit vier Gruppen für jeweils einen der vier Glockentöne, wobei jede Gruppe von einem Schüler angeleitet wird.

Schritt 3
Bei Bedarf Übungen aus Baustein 3 aufgreifen, z. B. die Improvisationsrondos in F-Dur auf den Tonvorrat a' – g' – f' – c' anwenden (Übung 2, S. 179, Übung 9, S. 186, Übung 14, S. 189).

ÜBUNG 03 — DIE GLOCKEN DES BIG BEN, TEIL 2

Ziel:
Noten (vier Töne) in Klang übersetzen und mit Notennamen verbinden

Aufgabe:
Notierte Viertonmelodien lesen, singen, auf Instrumenten spielen, gehörte Viertonmelodien aufschreiben

Zeitbedarf:
In 2–3 Stunden jeweils ca. 5–10 Minuten

Material/Medien:
Folie der Glockenmelodien; SH S. 65 ff., Aufgabe 2 und 3;
CD/MP3 C16 (Big Ben)

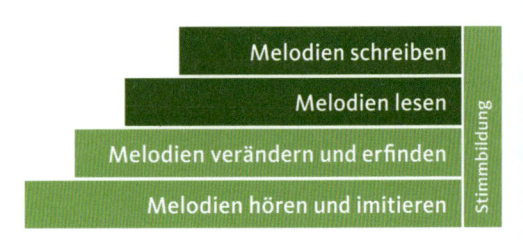

- Melodien schreiben
- Melodien lesen
- Melodien verändern und erfinden
- Melodien hören und imitieren

Stimmbildung

DURCHFÜHRUNG
TEILÜBUNG 1: GLOCKENMELODIEN

Schritt 1

Big-Ben-Motiv wiederholen und nach dem Grundton fragen: Ist es der tiefste Ton oder ein anderer? Den gefundenen Ton an der Tafel als f' notieren (Hinweis: Hier könnte es zwei unterschiedliche Meinungen geben. Beides – f' und c' – gelten lassen).

S. 64 — Nr. 2a

Schritt 2

Da die Schüler mit den 4 Glockentönen bereits gespielt und experimentiert haben, können sie nun die Big-Ben-Melodie (als zwei Motive) auf Stabspiele übertragen und notieren.

Schritt 3

Singen und spielen einiger Glockenmotive von der projizierten Folie.

S. 65 — Nr. 2b

Aufgabe im Schülerheft

Drei weitere Glocken-Motive üben.

TEILÜBUNG 2: WAS HAT DIE UHR GESCHLAGEN?

Das Uhrwerk des Westminster Palace schlägt vier Mal im Lauf einer Stunde, jeweils verschieden lang und zu jeder Viertelstunde mit einer bestimmten Tonfolge:

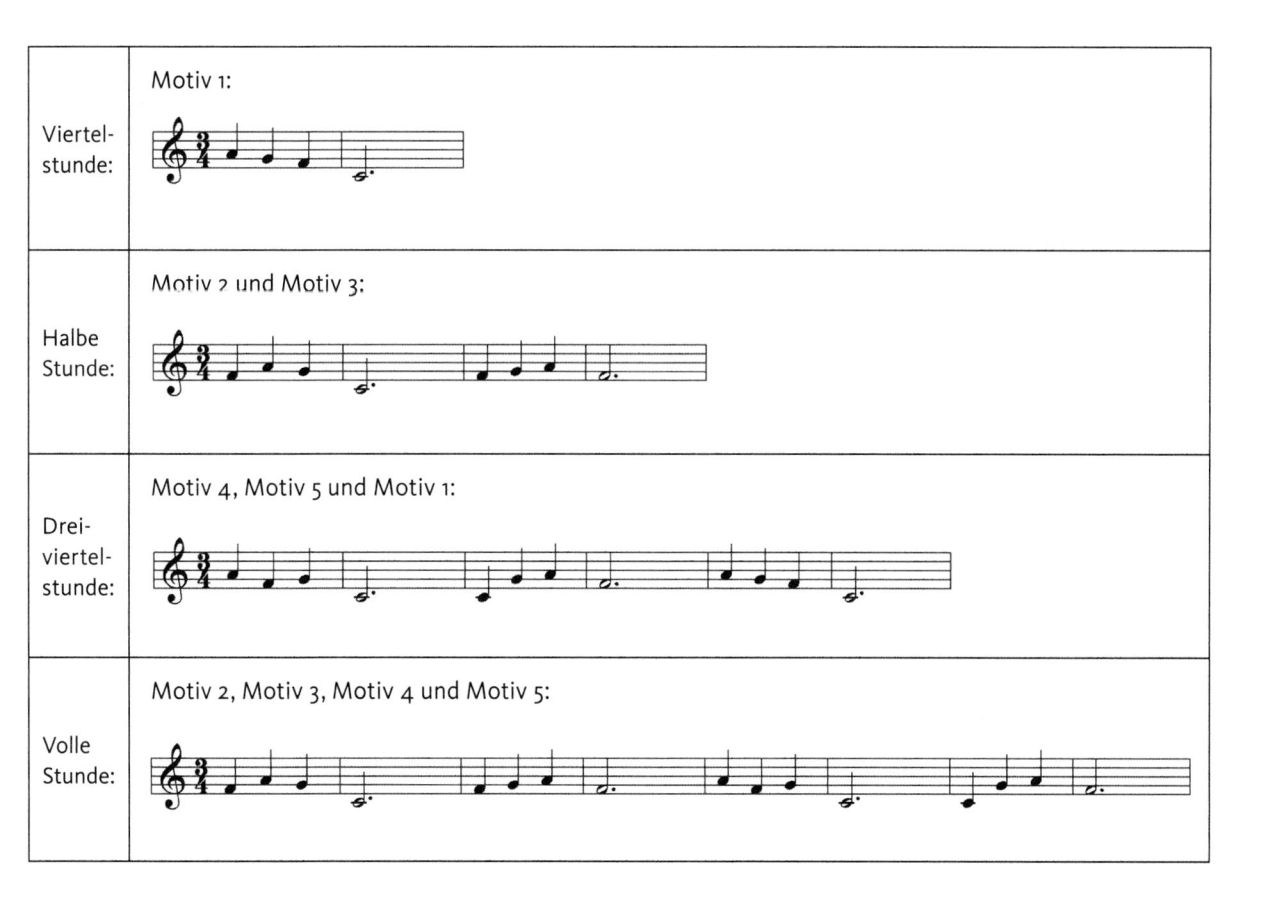

Viertelstunde:	Motiv 1:
Halbe Stunde:	Motiv 2 und Motiv 3:
Dreiviertelstunde:	Motiv 4, Motiv 5 und Motiv 1:
Volle Stunde:	Motiv 2, Motiv 3, Motiv 4 und Motiv 5:

Schritt 1
Die Tonfolgen des Big Ben zur halben, dreiviertel und vollen Stunde als Hör-Diktat diktieren.

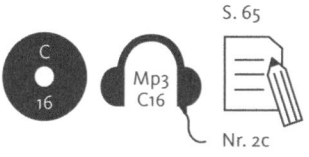

S. 65
Nr. 2c

Schritt 2
Ratespiel: Jeweils nur das letzte oder das erste Motiv (zwei Takte) einer dieser vier Melodien vorsingen oder vorspielen. Die Schüler finden heraus, zu welchen Viertelstunden die Melodie passt. Methodisch kann hier entweder der Lehrer die Melodien vorspielen oder die Schüler diese Übung in Partnerarbeit mit je einem Glockenspiel durchführen.

Achtung: Einer der ersten Takte und einer der letzten Takte passt jeweils zu zwei verschiedenen Viertelstunden.

Schritt 3
Einzel- und Partnerarbeit: Die Schüler denken sich eine eigene Glockenmelodie aus, schreiben sie auf und diktieren sie einem Partner.

S. 66
Nr. 3

ÜBUNG 04 — DIE QUARTE

Ziel:
Vom intuitiven Singen der Quarte zum bewussten Hören, Singen und Lesen

Aufgabe:
Das Intervall von der Unterquarte zum Grundton hörend, singend und spielend erfassen und die Klangvorstellung mit der Notation verknüpfen

Zeitbedarf:
Jeweils mind. 10 Minuten in einer oder zwei Stunden zur Erarbeitung des Lieds „Frosch und Maus" sowie jeweils 5–10 Minuten in 2–3 weiteren Stunden

Material/Medien:
Folie Liedtext; SH S. 66/67 Lexikon und Aufgaben 4–6; CD/MP3 C17 (Hörübungen)

DURCHFÜHRUNG

Schritt 1

- Das Lied „Frosch und Maus" ohne Noten erarbeiten: Die Schüler singen zunächst nur das Echo auf den jeweiligen „Textkommentar", also das mit unterschiedlichen Lauten vorgetragene (gesungene, gepfiffene etc.) Quartmotiv.
- Sobald die Melodie durch das Vorsingen der vielen Strophen hinreichend gefestigt ist, können einzelne Schüler oder kleine Gruppen die Rolle des singenden oder sprechenden Erzählers übernehmen. Die Strophen können auf verschiedene Sängergruppen aufgeteilt werden, damit möglichst viele Schüler die Rolle des Vorsängers einmal übernommen haben. Dazu den Liedtext auf Folie projizieren. Evtl. weitere Strophen erfinden.

ÜBUNGSIDEE ZUM EINSINGEN:

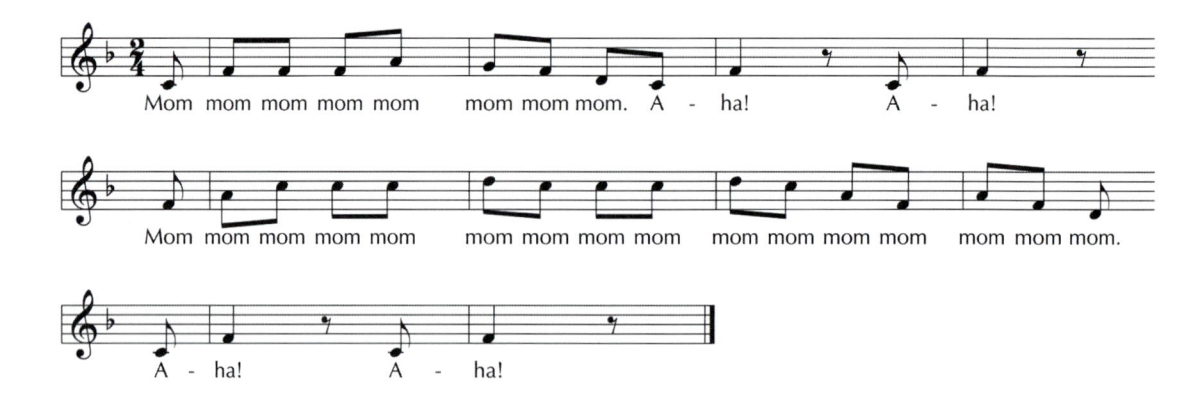

Bei diesem Lied kommt es auf die lebendige Darbietung des Textes an. Die Geschichte von Frosch und Maus will gut erzählt werden: Alle Strophen oder Rollen des Liedes werden auf einzelne Schüler verteilt, die ihren Text wie einen Rap im Rhythmus des Liedes sprechen. Dazu singt der Rest der Klasse die Melodie auf „mom mom". Nur die Quarteinwürfe werden auf die jeweiligen Texte „O je! Ha Ha! Wo Wo! Ju ju! Miau!" etc. gesungen. Auf diese Weise können einzelne Schüler lernen, ihren Text „theatralisch" und deutlich zu sprechen, während die anderen die Melodie mitlernen und gleichzeitig eine Resonanzübung ausführen.

Frosch und Maus

T.: F. Koch (Bearbeitung)
M.: trad.

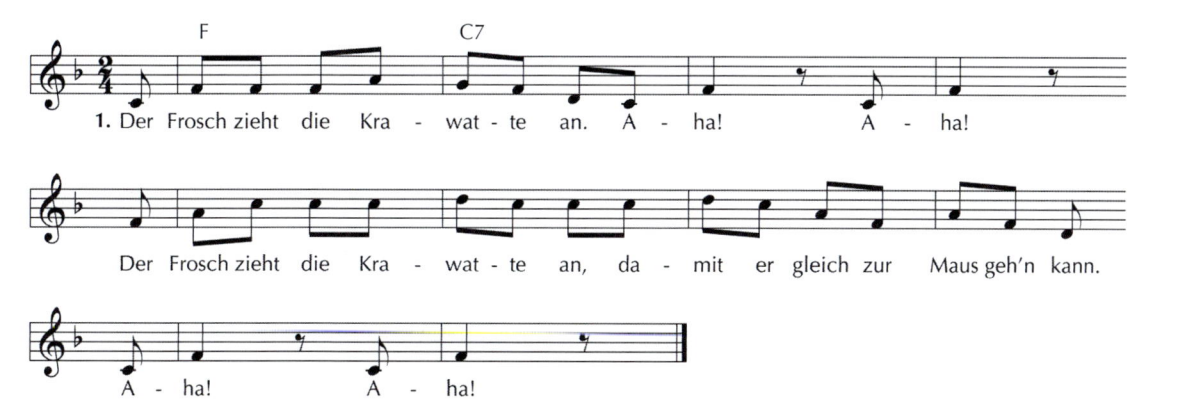

[Notenzeilen mit Text:]
1. Der Frosch zieht die Kra-wat-te an. A-ha! A-ha!
Der Frosch zieht die Kra-wat-te an, da-mit er gleich zur Maus geh'n kann.
A-ha! A-ha!

2. Und bei der **Maus**, da fragt er laut. M-m? M-m?
   Und bei der Maus, da fragt er laut: „Willst du jetzt werden meine Braut?" M-m? M-m?

3. „Siehst du den großen Tümpel dort? O-ho! O-ho!
   Siehst du den großen Tümpel dort, da leben wir dann ab sofort." O-ho! O-ho!

4. „Für dich verlass ich's Mauseloch. Ja-ja. Ja-ja.
   Für dich verlass ich's Mauseloch, nur Tante **Ratte** frag ich noch." Ja-ja. Ja-ja.

5. Die **Tante** kommt spät nachts erst heim. Oh je! Oh je!
   Die Tante kommt spät nachts erst heim und sagt: „Hier riecht's nach Tümpelschleim!" Oh je! Oh je!

6. „Zur Aufwartung der Frosch war da. M-m. M-m.
   „Zur Aufwartung der Frosch war da und bitte sag zur Hochzeit ja!" M-m. M-m.

7. Die Tante lacht so laut wie nie. Ha-ha. Ha-ha.
   Die Tante lacht so laut wie nie, der Frosch ist eine Glückspartie! Ha-ha. Ha-ha.

8. Sie holt dann wie ein Wirbelwind. (pfeifen)
   Sie holt dann wie ein Wirbelwind das Hochzeitskleid für's Mausekind. (pfeifen)

9. Und auf dem Weg fragt sie die **Kuh**. Wo-wo? Wo-wo?
   Und auf dem Weg fragt sie die Kuh: „Wo kauf ich nur die Hochzeitsschuh?" Wo-wo? Wo-wo?

10. „Da musst du hier die Straße rauf." Muh-muh. Muh-muh.
    „Da musst du hier die Straße rauf, zum Salamander-Schlussverkauf." Muh-muh. Muh-muh.

11. Am Hochzeitstag sind alle da. Ju-hu! Ju-hu!
    Am Hochzeitstag sind alle da und jubeln zu dem Hochzeitspaar. Ju-hu! Ju-hu!

12. So singen **Frosch**- und **Mäuseschar**. La-la. La-la.
    So singen Frosch- und Mäuseschar: „Wir freuen uns hurra, hurra!" La-la. La-la.

13. Die **Katze** sitzt im hohen Gras. Mi-au. Mi-au.
    Die Katze sitzt im hohen Gras und denkt, das wär ein toller Fraß. M-iau. Mi-au.

... wie geht die Geschichte weiter?

▶ Begleitpattern für Klavier: CD-A, Pattern Nr. 1

200 C: TONALE KOMPETENZ /// BAUSTEIN 4

Schritt 2

In der nächsten Stunde das Lied „Frosch und Maus" wiederholen:

- Wer singt noch mal den Einwurf auf „a-ha"? Alle Schüler übernehmen den Einwurf und singen die Quarte aufwärts.
- Fragen, woher die Schüler diesen Klang kennen, z. B. als Signal (Martinshorn).
- Auf Stabspiele übertragen, Zahl der Töne auf der diatonischen Stabreihe abzählen.

Schritt 3

- Welche Lieder kennen die Schüler, die mit der Quarte beginnen?

    In der Regel werden genannt z. B.

    - die „Eurovisionshymne"
    - „Ein Männlein steht im Walde"
    - „La Cucaracha"
    - „Harry Potter-Thema"
    - „Star Wars-Thema" etc.

    Hier kann der Lehrer auch selber bekannte Beispiele wie die drei zuletzt genannten anführen.

- Die genannten Lieder und Stücke gemeinsam ansingen.

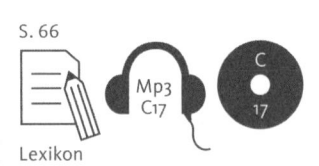

Aufgaben im Schülerheft

- Definition des Intervalls der Quarte.
- Verschiedene Lese- und Höraufgaben zur Festigung der Quarte.

ÜBUNG 05 — QUARTEN LESEN UND SCHREIBEN

Ziel:
Vom Lesen zum Schreiben der Quarte

Aufgabe:
Das Intervall an bekannten Beispielen lesend üben, Lückentexte durch das Intervall schreibend ergänzen

Zeitbedarf:
10–15 Minuten

Material/Medien:
Folie Übungen mit Quarten; SH S. 67/68, Aufgabe 7–9; CD/MP3 C18 (Liedanfänge)

DURCHFÜHRUNG

Auflegen der Folie:

- Welche Musik steht hier aufgeschrieben?
  (1. Eine kleine Nachtmusik; 2. Nun will der Lenz uns grüßen; 3. Old McDonald; 4. Pippi Langstrumpf; 5. Mein Hut, der hat drei Ecken)
- Tonart stabilisieren und das erste Beispiel singen.
- Alle weiteren Beispiele aufdecken, ein Beispiel vorsingen oder vorspielen – die Schüler finden heraus, welches.

VIER TÖNE **201**

Aufgabe im Schülerheft
- Aus dem Notenbild Lieder mit Quarten lesend erkennen.
- Lückenhafte Melodieanfänge ergänzen.
- Quarten-Schreibübung.

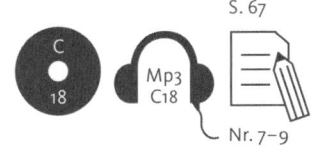

Kopiervorlage für Folie:

BAUSTEIN 5

DER PENTATONISCHE RAUM

Tonschritte und Tonsprünge im Fünftonraum werden gehört, gesungen, gelesen und geschrieben.

- Der Tonraum wird um die Unterterz auf fünf Töne in pentatonischer Anordnung (c', d', f', g', a') erweitert.
- Das Musizieren mit diesen fünf Tönen ermöglicht erste Zugänge zu Musik aus Ostasien und Afrika sowie aus dem Stilbereich des Blues.
- Die Pentatonik erlaubt außerdem vertiefende Zugänge zur Improvisation.

HINWEIS

Ab diesem Baustein lockern wir den strengen Aufbau nach dem Pyramidenprinzip, weil die Schüler nun über genügend Basis-Erfahrungen mit Notation im rhythmischen Bereich und im Bereich der Tonhöhe verfügen. Deshalb verzichten wir ab diesem Baustein auf die vertraute Pyramiden-Grafik. Das eigene musikalische Gestalten erhält jetzt immer mehr Bedeutung. Jedoch werden die Prinzipien musikalischen Lernens, vor allem der Grundsatz „sound before sight", weiterhin beachtet.

ÜBUNG 01 — MIT FÜNF TÖNEN UM DIE WELT

Ziel:
Mit den Tönen der fünf schwarzen Klaviertasten improvisieren können

Aufgabe:
Frei improvisieren, unter anderem als Call & Response und Gruppenimprovisation

Zeitbedarf:
In 1–2 Stunden jeweils mind. 20 Minuten

Material/Medien:
Stabspiele; (mit Klebepunkten auf der Tastatur präparierte) Keyboards

DURCHFÜHRUNG

Schritt 1

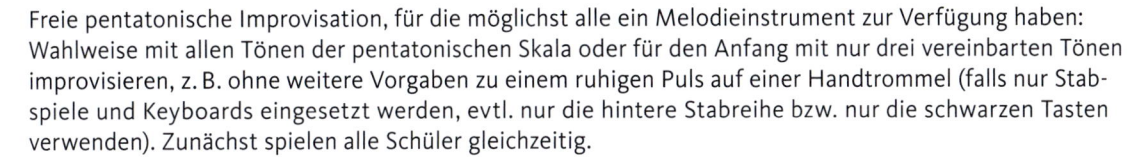

Freie pentatonische Improvisation, für die möglichst alle ein Melodieinstrument zur Verfügung haben: Wahlweise mit allen Tönen der pentatonischen Skala oder für den Anfang mit nur drei vereinbarten Tönen improvisieren, z. B. ohne weitere Vorgaben zu einem ruhigen Puls auf einer Handtrommel (falls nur Stabspiele und Keyboards eingesetzt werden, evtl. nur die hintere Stabreihe bzw. nur die schwarzen Tasten verwenden). Zunächst spielen alle Schüler gleichzeitig.

Schritt 2

Klasse in Gruppen und Solisten einteilen, zwischen denen ein Wechselspiel stattfindet – auch der Lehrer kann hier als Solist fungieren, um melodische Anregungen zu liefern.

Schritt 3

a) Vereinbarung einer Reihenfolge bestimmter Klangfarben (erst alle Keyboards, dann alle Glockenspiele etc.).

b) Vereinbarung der musikalischen Gestaltung, z. B. nach dem Parameter Lautstärke, Tempo, Klangdichte und -artikulation (z. B. viele kurze repetierte Töne, Tremolo, wenige lang gehaltene) und Metrum (mit oder ohne Puls).

FÜNF TÖNE AUS CHINA — ÜBUNG 02

Ziel:
In einem Liedrondo mit den fünf Tönen c', d', f', g', a' improvisieren können

Aufgabe:
Ausgehend von einem chinesischen Lied eine instrumentale Improvisation innerhalb einer Rondoform ausführen

Zeitbedarf:
In 2–3 Stunden jeweils ca. 10–15 Minuten

Material/Medien:
Folie Lied „Kleine Wolke"; Boomwhackers in f, g und c; Stabspiele, mind. 3 Gläser mit nicht zu dickem Rand, Percussioninstrumente

Hinweis

Mit dem chinesischen Lied „Die kleine Wolke" wird die Audiation im pentatonischen Tonraum bei einem nur diffusen (nicht europäisch-funktionsharmonischen) Grundtonbezug geübt.

DURCHFÜHRUNG

Schritt 1

„Die kleine Wolke" nach dem Gehör abschnittsweise durch Vor- und Nachsingen erarbeiten, am Klavier mit Quinten- und Quartenharmonik begleiten.

ÜBUNGSIDEE ZUM EINSINGEN:

Klei - ne Wol - ke, klei - ne Wol - ke, klei - ne Wol - ke, klei - ne Wol - ke, ...

Hoch hi - naus, hoch hi - naus, hoch hi - naus, hoch hi - naus, ...

Quarten und Quinten sind in diesem Lied die Hauptintervalle. In der ersten Übung wird der Quart-Abwärtssprung geübt. Aufpassen, dass man sich nicht auf den unteren Ton „draufsetzt" und in der Folge zu tief singt.

Die zweite Übung trainiert den Quint-Auf- und Abwärtssprung. Auch hier den Grundton hoch genug denken!

Kleine Wolke

M.: trad. aus China
Dt. T.: E. Bücken
© KONTAKTE

1. Klei - ne Wol - ke, flieg, flieg weit und hoch in die Welt,
flieg, so hoch du kannst, und flieg, so weit du willst.

Ref.: Hoch hi - naus, ach wär ich dort, das wär schön, so weit zu sehn,
ich wä - re gern bei dir.

* Die Buchstaben über den Noten sind keine Akkordbezeichnungen, sondern die Töne, die mit Boomwhackers gespielt werden.

2. Kleine Wolke flieg, und steig auf mit dem Wind,
   Bruder Wind, komm und blas, treib meine Wolken an!
   Ref.

▸ Begleitpattern für Klavier: CD-A, Pattern Nr. 11

Schritt 2

Üben der Trillertechnik auf Boomwhackers: schnelle Hin- und Herbewegung zwischen Hand und Oberschenkel/Knie. Üben der Spieltechniken auf in c', f' und g' gestimmten, wasserbefüllten Gläsern: Kreisen mit nassen Fingern auf dem Glasrand (kann einen Klang ähnlich chinesischen Röhrengeigen erzeugen) oder diese leicht anschlagen.

Tipp:
Billige Weingläser eignen sich am besten. Probieren Sie selber zuvor die Klangerzeugung und den Klang aus und geben Sie den Schülern ein wenig Zeit zum Üben. Die Gläser am besten vor der Stunde vorbereiten und einen leeren Behälter und einen Behälter mit Wasser bereitstellen, damit Sie die Tonhöhen bei Bedarf schnell nachstimmen können.

DER PENTATONISCHE RAUM 205

Schritt 3
Auflegen der Folie „Kleine Wolke", Begleitung des Klassengesangs mit den auf der Folie angegebenen Tönen auf Boomwhackers und Gläsern. Dazu ruhige Rhythmusbegleitung mit Percussioninstrumenten.

Schritt 4
Kleines Rondo: Den Refrain gemeinsam singen und spielen, im Strophenabschnitt erklingt nur die Boomwhackerbegleitung ohne Melodie:

- dazu reihum auf präparierten Stabspielen (ohne e und h) im Charakter der Musik improvisieren
- „fliegender Stabwechsel" während des gemeinsam gesungenen Refrains
- evtl. improvisieren zwei Schüler gleichzeitig
- die Schüler singen ihre eigenen improvisierten Melodien mit
- einen besonderen Reiz hat es, mit zwei Schlägeln zu tremolieren, indem die Stäbe von oben und unten in schnellem Wechsel angeschlagen werden (beide Schlägel in einer Hand halten; dieses Tremolo geht technisch nur mit Instrumenten, deren Stäbe weit genug über den Corpus hinausragen).

Schritt 5
Evtl. zur Festigung des Gefühls für Pentatonik das Lied „Frosch und Maus" wiederholen (Baustein 4, Übung 4, S. 199).

METHODISCHE HINWEISE

- Die Töne d', c" und d" wurden als neue Töne in Schritt 3 und zuvor in Baustein 4 bereits gelesen, aber noch nicht benannt. Dies geschieht in der unten folgenden Übung 3.
- In Verbindung mit dem Fach Kunst können pentatonisch gestimmte Stabspiele selbst gebaut werden. Eine Anleitung: http://www.musikinstrumentenbau.de/Instrumentenbau/Stabspiele/stabspiele.htm (23.06.2010).

FÜNF TÖNE AUS TANSANIA — ÜBUNG 03

Ziel:
Mit der Stimme pentatonisch improvisieren können

Aufgabe:
Ausgehend von einem ostafrikanischen Lied eine vokale Improvisation, teils auf der Basis von Call & Response, in Verbindung mit einer kleinen Choreografie ausführen

Zeitbedarf:
In 1–2 Stunden jeweils ca. 10–15 Minuten

Material/Medien:
Stabspiele; evtl. Bassklangstäbe oder Xylofone; Percussioninstrumente, SH S. 70, Aufgabe 1 und 2; CD/MP3 C19, 20 (verschiedene Calls)

DURCHFÜHRUNG

Schritt 1

Einstudieren von „Si ma ma kaa" ohne Noten durch Vor- und Nachsingen.

ÜBUNGSIDEE ZUM EINSINGEN:

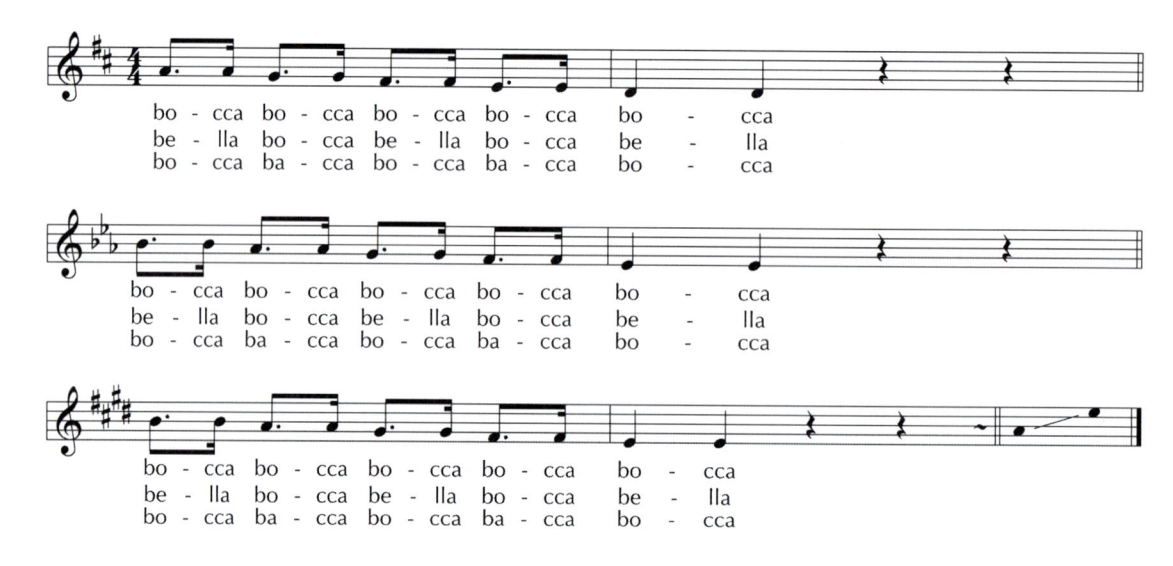

bo - cca bo - cca bo - cca bo - cca bo - cca
be - lla bo - cca be - lla bo - cca be - lla
bo - cca ba - cca bo - cca ba - cca bo - cca

bo - cca bo - cca bo - cca bo - cca bo - cca
be - lla bo - cca be - lla bo - cca be - lla
bo - cca ba - cca bo - cca ba - cca bo - cca

bo - cca bo - cca bo - cca bo - cca bo - cca
be - lla bo - cca be - lla bo - cca be - lla
bo - cca ba - cca bo - cca ba - cca bo - cca

Das Wort „bocca" ist gut geeignet, um den Klang als „Wurfübung" nach vorne zu transportieren. Vorstellungshilfe: das „bocca" wie einen Ball werfen (Bewegung mitmachen). Auf der Zählzeit 1 des Taktes den Ball gemeinsam mit dem Klang loswerfen – am Ende der Übung kommt der Klang beim Partner an. Das hilft den Schülern, die Spannung bis zum Ende der Übung zu halten.

Si ma ma kaa[1]

T. u. M.: trad. aus Tansania

Si ma ma kaa, si ma ma kaa. Ru-ka, ru-ka, ru-ka, si ma ma kaa.

Ref.: Tem - be - a, kim-bi - a, tem - be - a, kim-bi - a. Ru-ka, ru-ka, ru-ka, si ma ma kaa.

▶ Begleitpattern für Klavier: CD-A, Pattern Nr. 4

Das Lied mit einer Choreografie erarbeiten:
Die Klasse sitzt in einem engen Kreis auf Stühlen.

1. Die kleinen Schläge auf den eigenen Knien mitpatschen.

2. Auf Zählzeit 1 nach links patschen (linke Hand auf rechtem Knie des linken Nachbars, rechte Hand auf eigenem linken Knie), dann auf Zählzeit 2 in die Mitte (Hände auf den eigenen Knien), dann rechts, dann Mitte.

3. Bei „Tembea kimbia" vom Patschen links mit beiden Händen einen großen Halbkreis zum Patschen rechts beschreiben, dabei Patschen mitte überspringen.

---

[1] Das Lied ist in unterschiedlichen Fassungen überliefert. Hier die pentatonische Version mit c'' anstatt b' am Ende von T. 3 und T. 7.

DER PENTATONISCHE RAUM 207

4. Bei „ruka ruka" mit beiden Händen Shaker/Cabazas imitieren, wieder bei Patschen links landen.
5. Erweiterungen erfinden: Aufstehen, umdrehen, Platz wechseln …

Mögliche Bewegungsbegleitung für das Intro: In Takt 1 mit rechter Hand Halbkreis nachzeichnen, vom Gesicht beginnend nach oben außen, mit Handfläche nach vorn, in Takt 2 dasselbe mit linker Hand, Takt 3 und 4 dasselbe.

Schritt 2

Der Lehrer improvisiert pentatonisch mit den Tönen d" – c" – a' – g' – f' – d' – c' auf den Text „Hey, si ma ma" oder „Hey, si ma ma, si ma ma kaa" ein- oder zweitaktige Phrasen, die im Call & Response-Stil von der Klasse imitiert werden, evtl. mit Cajón- oder Trommelbegleitung:

Beispiele für eintaktige Patterns:

Hey, si ma ma. Hey, si ma ma. Hey, si ma ma. Hey, si ma ma. Hey, si ma ma.

Beispiele für zweitaktige Patterns:

Hey, si ma ma, si ma ma kaa. Hey, si ma ma, si ma_ ma_ kaa.

Hey, si ma ma, si ma_ ma_ kaa. Hey, si ma ma, si ma ma kaa.

- Nun kann die Rolle des Vorsängers im Kreis wandern, wobei entweder bereits gesungene Patterns verwendet werden oder eigene neue Patterns erfunden werden können.
- Evtl. Bordunklang zur Stütze: Zwei Schüler spielen f und c' ganztaktig auf Bassklangstäben bzw. Xylofonen.

Aufgabe im Schülerheft

Vorgesungene Calls von der CD nachsingen.

Schritt 3

- Anknüpfend an Baustein C2 nach dem Grundton fragen. Einzelne werden den Ton singen können, von allen nachsingen lassen.
- Vom Grundton aus mehrfach gemeinsam die verwendete Skala auf „no" singen lassen, auf Stabspielen begleiten: f' – g' – a' – c" – d" – c" – a' – g' – f' – d' – c' – d' – f'.

TONALE KOMPETENZ

ÜBUNG 04 — DER FÜNF-TÖNE-KANON

Ziel:
Im pentatonischen Raum lesen können

Aufgabe:
Blattsingen einfacher pentatonischer Lieder

Zeitbedarf:
In 1–2 Stunden jeweils 5–10 Minuten

Material/Medien:
Stabspiele; SH S. 70, Aufgabe 2

DURCHFÜHRUNG

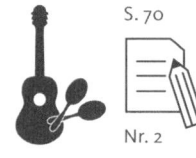

Schritt 1

Den neuen Ton d' eintragen, die Tonart stabilisieren, den Grundton bestimmen und das Lied z. B. auf „don" singen. Danach als Kanon mit Stabspielbegleitung musizieren (Begleitung: Quinten f–c' auf Halbe).

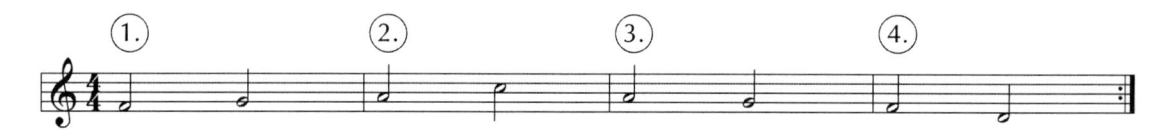

Schritt 2

Blattsingen von weiteren pentatonischen Liedern.

Mögliche Liedauswahl:

- „Nehmt Abschied, Brüder" (▷ S. 112).
- „Swing low" (z. B. in SING & SWING: DAS Liederbuch, 1. Aufl., ▷ S. 313).
- „Hotaru koi", (▷ S. 174)

ÜBUNG 05 — WOLKENLÜCKEN

Ziel:
Im pentatonischen Raum schreiben können

Aufgabe:
Nach Gehör die Lücken in einer bekannten Melodie ergänzen

Zeitbedarf:
Ca. 15–20 Minuten

Material/Medien:
SH S. 71 ff., Aufgabe 3–5; CD/MP3 C21, 22 (Kleine Wolke, Hörübung: Quarten und Quinten)

DER PENTATONISCHE RAUM

DURCHFÜHRUNG

Schritt 1
Wiederholung des Liedes „Kleine Wolke".

Schritt 2
Die Lücken im Lied ausfüllen und mit dem Original vergleichen.

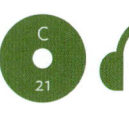

S. 71 — C 21 / Mp3 C21 — Nr. 3a

Schritt 3
Zur Wiederholung: „Wo kommen in dem Lied Quarten vor?" Quarten umkreisen.

S. 71 — Nr. 3b

Schritt 4
Nicht in derselben Stunde wie Schritt 3 (Quarten): Das in diesem Lied häufig vorkommende Intervall der Quinte einführen und mit einer anderen Farbe umkreisen.

S. 72 — Nr. 3c

Aufgaben im Schülerheft
- Hörübung: „Quarte oder Quinte?"
- Alle im Lied „Kleine Wolke" vorkommenden Töne notieren und Begriff „Pentatonik" im Lexikon sichern.

S. 72 — C 22 / Mp3 22 — Nr. 4, 5 Lexikon

FÜNF-TÖNE-BLUES, TEIL 1 — ÜBUNG 06

TONALE KOMPETENZ

Ziel:
Vokale Scat-Improvisation im Blues-Idiom ausführen können

Aufgabe:
Rhythmische Patterns als Basis für vokale Call & Response-Improvisation nutzen

Zeitbedarf:
Ca. 20 Minuten

Material/Medien:
Claves; SH S. 73, Aufgabe 6a–c; CD/MP3 C23, 24 (Scatsilben gesprochen, Scatsilben gesungen)

METHODISCHER HINWEIS

Nachdem der pentatonische Raum erarbeitet wurde, geht es im Folgenden um das pentatonische Improvisieren im Blues-Idiom. In einem durchlaufenden Wechsel von Call & Response improvisieren die Schüler rhythmisch auf Claves, vokal auf Scat-Silben sowie instrumental auf Stabspielen. Hinweis: Übung 6 kann sehr gut mit Modul 4 des Vorhabens „Alles mit der Stimme" verbunden werden und dieses erweitern.

DURCHFÜHRUNG

Schritt 1

Kreisaufstellung, der Lehrer in der Mitte. Ein Schüler und der Lehrer haben Claves. Füße: rechts – ran – links – ran (= zwei Takte), für den Rest der Übung beibehalten, der Lehrer macht die Bewegungen mit.

Schritt 2

Der Lehrer improvisiert mit den Klanghölzern ein einfaches, zweitaktiges Rhythmuspattern in geradem Takt, das von dem Schüler mit den Klanghölzern im nächsten Takt imitiert wird (d. h. jedes Pattern hat die Dauer eines Bewegungsablaufs).

Während danach der Lehrer das nächste Pattern spielt, reicht der Schüler die Claves weiter – so geht es weiter, bis alle einmal dran waren.

Schritt 3

Die Schüler antworten mit einem jeweils eigenen Rhythmus.

Schritt 4

Der Lehrer spricht zu seinem auf den Claves gespielten Pattern im selben Rhythmus Scatsilben (z. B. zum Rhythmus ♩ ♩ ♫ die Silben „dab dab du-ab du", „du wab wa-bi du" o. ä.), die Schüler antworten reihum mit eigenen Rhythmen und eigenen Silben.

Schritt 5

Wie Schritt 4, aber nun singt der Lehrer die Scatsilben im Blues-Idiom auf der pentatonischen Skala, erweitert um Bluenotes, z. B.:

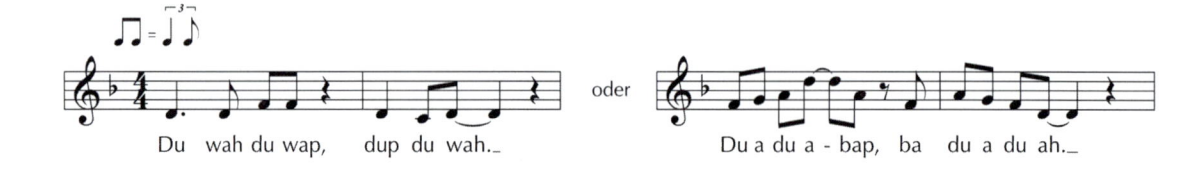

Du wah du wap, dup du wah. oder *Du a du a-bap, ba du a du ah.*

Die Kinder übernehmen ebenfalls gesungen, es geht wieder reihum.

Schritt 6

Die Claves weglassen und nur vokal improvisieren.

Aufgabe im Schülerheft

Scatsilben von der CD nachsprechen und -singen.

METHODISCHER HINWEIS

Der hier geschilderte Weg, in einem quasi unmerklichen Übergang von rhythmischer Improvisation über das gesprochene zum gesungenen Scatten zu gelangen, hat sich bewährt, um die Schüler behutsam an die vokale Improvisation heranzuführen. Selbst wenn sich der eine oder andere Schüler nicht trauen sollte zu singen und stattdessen die Scatsilben nur spricht, führt das nicht zum „Scheitern" des Call & Response-Ablaufs, denn der nächste Schüler wird durch das abermalige Vorsingen des Lehrers neu angeregt, singend zu antworten.

FÜNF-TÖNE-BLUES, TEIL 2: MORNING BLUES — ÜBUNG 07

Ziel:
Instrumentale Improvisation im Blues-Schema auf Stabspielen ausführen können

Aufgabe:
Zweitaktige Soloimprovisation als Response ausführen

Zeitbedarf:
Ca. 20–30 Minuten

Material/Medien:
Stabspiele; Begleitinstrument Klavier oder Gitarre; SH, S. 73, Aufgabe 7 a, b
CD/MP3 C25 (Playback Blues)

DURCHFÜHRUNG

Schritt 1

Der Lehrer spielt zum „Morning Blues" eine langsame Bluesbegleitung oder spielt das Playback von CD ein. Die Schüler lernen den Blues durch vor- und nachsingen. Evtl. spielen einige Schüler die Melodie auf Stabspielen mit.

Morning Blues
M.: Ralph Abelein
© Helbling

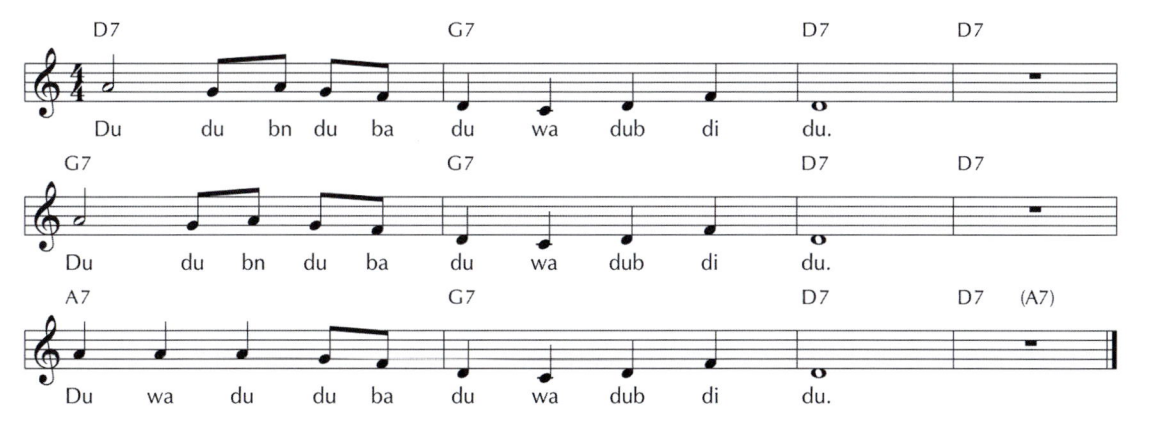

[Notation: Morning Blues, 4/4, mit Akkorden D7, G7, D7, D7 / G7, G7, D7, D7 / A7, G7, D7, D7 (A7); Text: „Du du bn du ba du wa dub di du." (Zeile 1 und 2); „Du wa du du ba du wa dub di du." (Zeile 3)]

▶ Begleitpattern für Klavier: CD-A, Pattern Nr. 15

Schritt 2

- Wie Schritt 1, aber nun spielt immer ein Schüler auf einem Stabspiel (eventuell präpariert, d. h. ohne e und h) in Takt 3 und 4 einer jeden Blueszeile weiter.
- Während der Takte 1 und 2 der nächsten Zeile gibt er die Schlägel weiter. So ergibt sich ein Wechsel zwischen Tutti-Call und Solo-Response-Impro.

Schritt 3

Der jeweils improvisierende Schüler singt seine Improvisation auf „du-ba-du-ba" oder andere Scat-Silben mit.

Schritt 4 (optional):

Wer sich traut, kann auch nur singen.

S. 73
Nr. 7 a, b

Aufgabe im Schülerheft

Improvisieren zum „Morning Blues" mit CD-Begleitung.

Weitere pentatonische Blues-Lieder, die anstelle des vorgeschlagenen Scat-Blues verwendet werden können:

– „Blues and Trouble" (z. B. in SING & SWING: DAS Liederbuch, 1. Aufl., S. 107)
– „Backwater Blues"
– „Freight Train Blues"

METHODISCHER HINWEIS

Viele Blueslieder oder -stücke bieten in den Takten 3 und 4 jeder Zeile Raum für eigene Improvisationen, sodass in der Klasse nach dem Call & Response-Prinzip improvisiert werden kann.

Vom blues-artigen Musizieren ausgehend ist es sinnvoll, kulturelle Kontexte zu erschließen: Weitere Blueslieder singen und sowohl auf den Textinhalt als auch auf seinen Call & Response-Charakter eingehen, Informationen zur sozialgeschichtlichen Entwicklung des Blues geben oder von Schülern durch Internet-Recherche erarbeiten lassen.

▶ afrikanische Wurzeln
▶ Sklaverei/Sozialgeschichte
▶ Funktion
▶ Merkmale (Skala, Bluesform, Call & Response)
▶ Wirkung auf z. B. R & B, R'n'R, Soul, Jazz

BAUSTEIN 6

TONLEITERN IN DUR UND MOLL

Auf der Basis tonalen Empfindens und bei gleichwertiger Behandlung der Tongeschlechter Dur und Moll wird nun der stimmlich und auditiv verfügbare Tonraum bis zur Oktave und darüber hinaus erweitert.

- Zu Beginn erleben die Schüler die klangcharakteristischen Unterschiede von Dur und Moll.
- Davon ausgehend üben die Schüler die Fähigkeit, Dur und Moll anhand von vollständigen oder ausschnittweisen Dur- und Mollskalen sowie von Melodien hörend zu unterscheiden.
- Auf der Basis der eigenen Klangvorstellung erfahren die Schüler Sinn und Funktion von Vor- und Versetzungszeichen.
- Die Schüler lernen die Vorzeichen einiger gebräuchlicher Dur- und Molltonarten.

LIEDER VERFREMDEN — ÜBUNG 01

Ziel:
Fähigkeit zur Wahrnehmung der klangcharakteristischen und -sinnlichen Unterschiede zwischen Liedern bzw. Liedabschnitten in Dur und Moll

Aufgabe:
Lieder original singen und verfremdet im jeweils anderen Tongeschlecht, außerdem Lieder mit kontrastierenden Dur- und Mollteilen singen

Zeitbedarf:
In 1–2 Stunden jeweils ca. 5–10 Minuten

Material/Medien:
keine

DURCHFÜHRUNG

Schritt 1
Ein bereits bekanntes Dur-Lied singen, anschließend in Moll ausführen und umgekehrt.

Schritt 2
Ein Lied mit kontrastierendem Dur- und Mollteil singen, z. B. „Kriminal Tango" (z. B. in SING & SWING: DAS Liederbuch, 1. Aufl., S. 171), „Casatschok" (ebd., S. 88).

C: TONALE KOMPETENZ /// BAUSTEIN 6

> **HINWEIS**
>
> An dieser Stelle geht es noch *nicht* um die Systematisierung der Unterschiede zwischen Dur und Moll. Diese erfolgt erst, wenn die Schüler Dur und Moll hörend sicher erkennen und sicher singen können (▷ Übung 9 dieses Bausteins, S. 224). Allerdings können und sollen die Begriffe „Dur", „Moll" und „Tongeschlecht" nun eingeführt und ab jetzt benutzt werden (Kurzdefinition ▷ SH S. 75).

ÜBUNG 02 — PIRATEN IN DURMOLL

Ziel:
Ein Lied mit Dur- und Mollabschnitten intonationssicher singen und die Dur- und Mollabschnitte benennen können

Aufgabe:
Singen des Liedes, Benennen des Tongeschlechts von Teilen des Liedes

Zeitbedarf:
In 1–2 Stunden jeweils ca. 5–10 Minuten

Material/Medien:
SH S. 75, Aufgabe 1; CD/MP3 C26 (Hörübung: Dur oder Moll?)

DURCHFÜHRUNG

Schritt 1

Erlernen des Liedes „Alles im Griff".

ÜBUNGSIDEE ZUM EINSINGEN:

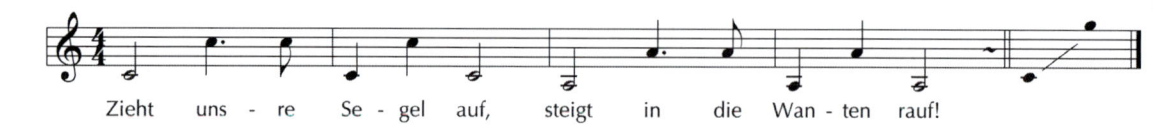

(Notenbeispiel: „Zieh uns-re Se-gel auf, steigt in die Wan-ten rauf!")

Oktavensingen: Wichtig ist beim Singen der oberen Oktave, die Basis des unteren Tones nicht zu verlieren, also beim Hochsingen nach unten zu denken. Dabei kann eine Bewegung, z. B. die Arme schwingen, oder eine Kniebeuge auf dem oberen Ton hilfreich sein.

Alles im Griff

T. u. M.: G. Schmidt-Oberländer
© Helbling

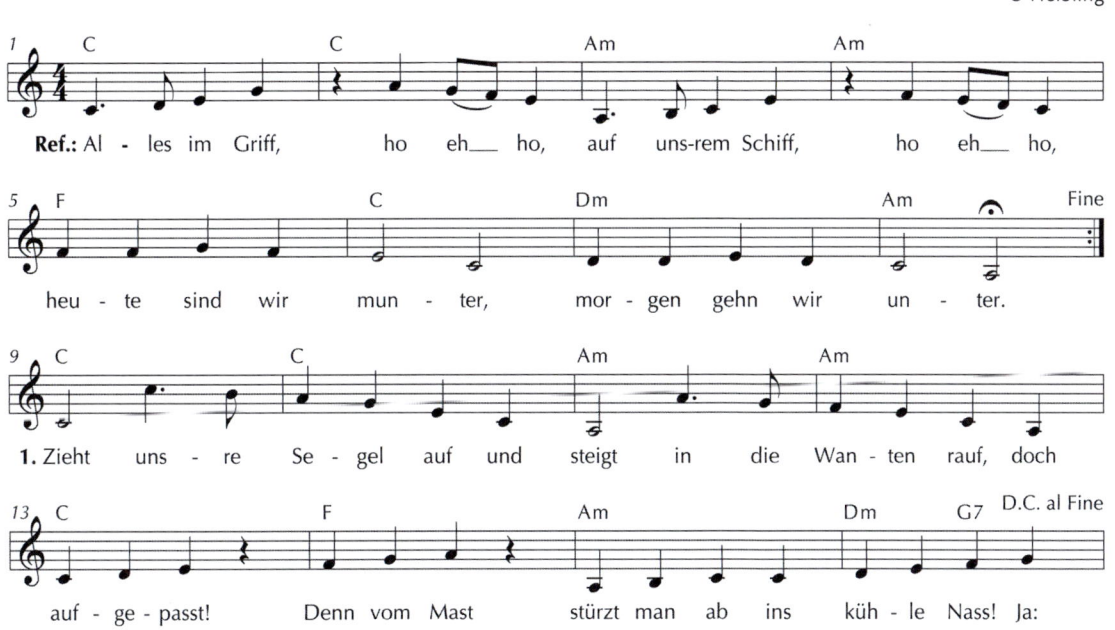

Ref.: Al-les im Griff, ho eh ho, auf uns-rem Schiff, ho eh ho, heu-te sind wir mun-ter, mor-gen gehn wir un-ter.

1. Zieht uns-re Se-gel auf und steigt in die Wan-ten rauf, doch auf-ge-passt! Denn vom Mast stürzt man ab ins küh-le Nass! Ja:

2. Macht für den Käpten Platz,
er zeigt uns den Weg zum Schatz
und denkt daran,
jedermann schwor ihm Treu,
es bleibt dabei. Ja:

Ref.

3. Steuert die Küste an
mit unsrem Piratenkahn,
doch Missgeschick!
Ohne Glück sucht das Gold
ein Trunkenbold. Ja:

Ref.

4. Holt nun den Schatz an Bord,
wir segeln jetzt weiter fort.
Ja, komm Pirat,
der Passat bringt uns bald
zum Zauberwald! Ja:

Ref.

▶ Begleitpattern für Klavier: CD-A, Pattern Nr. 13

Schritt 2
Anzeigen des Tongeschlechtes durch hochgestreckte Faust (Dur) oder flache Hand (Moll).

Schritt 3
Singen in zwei Gruppen (Dur- und Moll-Gruppe), später in kleinere Gruppen oder pro Bank unterteilen.

Aufgabe im Schülerheft
Dur oder moll? 6 Melodien von CD.

ÜBUNG 03 — VON DUR NACH MOLL UND ZURÜCK

Ziel:
Melodien im Oktavbereich in Dur und Moll audiieren können

Aufgabe:
Melodien im Oktavbereich in Dur und Moll hörend unterscheiden, singen, lesen und ins jeweils andere Tongeschlecht übertragen

Zeitbedarf:
In 1–2 Stunden jeweils ca. 5 Minuten

Material/Medien:
Stabspiele; SH S. 75, Aufgabe 2a und b

DURCHFÜHRUNG

Schritt 1

S. 75, Nr. 2a

Tonart etablieren. Der Lehrer zeigt in langsamem Puls von c' aus Tonschritte an, die Schüler singen die Töne von der Tafel ab. Allmählich den verwendeten Tonraum bis c'' vergrößern, c' bleibt Bezugston. Die Notennamen können von Anfang an über den Noten stehen, spätestens aber nach Schritt 2 sollten sie über allen Noten stehen. Übertragen in das Schülerheft.

Schritt 2

Einige Schüler spielen dies auf Stabspielen mit.

Schritt 3

S. 76, Nr. 2b

Schritte 1 und 2 nun in a-Moll im Tonraum a bis a'. Übertragen der Notennamen in das Schülerheft.

Schritt 4

Der Lehrer erfindet kleine Melodien entweder in C-Dur oder in a-Moll und gibt danach den Anfangston für dieselbe Melodie im jeweils anderen Tongeschlecht. Die Schüler singen dieselbe Melodie nun im veränderten Tongeschlecht.

ÜBUNG 04 — WIE HEISST DER LETZTE TON?

Ziel:
Melodien im Oktavbereich in Dur und Moll audiieren können

Aufgabe:
Melodien im Oktavbereich hörend verfolgen und Töne identifizieren

Zeitbedarf:
In 1–2 Stunden jeweils ca. 5 Minuten

Material/Medien:
SH S. 76, Aufgabe 3a und b; CD/MP3 C27 und 28 (Hörübung: Wie heißt der letzte Ton?)

TONLEITERN IN DUR UND MOLL

DURCHFÜHRUNG

An der Tafel stehen die Töne c' bis c'' im Violinschlüssel.

Schritt 1
Der Lehrer spielt oder singt eine kurze C-Dur-Melodie in Tonschritten, beginnend bei c'. Er hört auf einem beliebigen Ton auf, die Schüler benennen den letzten Ton.

Schritt 2
Schwierigkeit allmählich steigern durch mehrfache Auf- und Abwärtsbewegungen.

Schritt 3
Dasselbe in a-Moll

Hinweis

Die gleichen Übungen können nun auch ausgehend vom c'' bzw. a' ausgeführt werden.

Aufgaben im Schülerheft

Die Höraufgaben aus Übung 4 können auch per Audio-CD von den Schülern selbständig erarbeitet werden.

S. 76
C 27, 28
Mp3 C28
Nr. 3a, b

TONLEITERN VERSCHIEBEN — ÜBUNG 05

Ziel:
Notwendigkeit von Ton-Alterationen bei unbekannten Skalen erkennen

Aufgabe:
Dur- und Molltonleitern von anderen Grundtönen aus spielen, dabei die alterierten Töne finden und ausführen

Zeitbedarf:
In 4–5 Stunden jeweils ca. 5–10 Minuten

Material/Medien:
Chromatische Stabspiele; evtl. Keyboards; SH S. 76, Aufgabe 4–7 und Lexikoneintrag

TONALE KOMPETENZ

DURCHFÜHRUNG

Schritt 1
An der Tafel stehen die Stammtöne c' bis e''. Die C-Dur-Tonleiter gemeinsam vom Tafelbild absingen, Einzelne übertragen diese auf Stabspiele.

Schritt 2
D-Dur als neue Tonart etablieren. An der Tafel die Stammtöne (nun also teilweise „falsche" Töne) anzeigen, die Schüler singen D-Dur.

C: TONALE KOMPETENZ /// BAUSTEIN 6

S. 76
Nr. 4

Schritt 3

Die Schüler versuchen, die D-Dur-Tonleiter auf ein chromatisches Stabspiel (oder Keyboard) zu übertragen. Sie finden dabei heraus, dass statt f' und c" Stäbe der hinteren Reihe (bzw. schwarze Tasten) benutzt werden müssen (fis' und cis") und erklären, *was* sie herausgefunden haben.

Schritt 4

An der Tafel die Versetzungszeichen ergänzen.

S. 77
Lexikon

Schritt 5

Den Lexikon-Eintrag zu den Versetzungszeichen im Schülerarbeitsheft S. 77 erläutern.

Schritt 6

Schritte 1–5 mit der Transposition von C-Dur nach F-Dur: Das Versetzungszeichen b wird vorgestellt (entweder nur an der Tafel oder auf separatem Notenpapier).

Schritt 7

Dasselbe in einer späteren Stunde mit der Transposition von Moll-Tonleitern.

S. 77
Nr. 5, 6

Aufgabe im Schülerheft

Rätselwörter und Rätselmelodien.

S. 78
Nr. 7

Vertiefung

Mit dem „Kriminal-Tango" werden die Vorzeichen und deren Anwendung an einem Originalstück veranschaulicht und der Umgang mit Noten/Partituren geübt.

METHODISCHE HINWEISE

▶ Dur und Moll werden in dieser Übung zunächst jeweils für sich bearbeitet (*nicht* in ein und derselben Stunde), damit sich die Klangvorstellungen von Dur und Moll und der entsprechende Einsatz von Versetzungszeichen jeweils unabhängig voneinander „setzen" können.

▶ Aus demselben Grund ist es auch sinnvoll, # und b nicht in derselben Unterrichtsstunde einzuführen.

▶ Hilfreich bei der Erläuterung der Versetzungszeichen ist die ergänzende Veranschaulichung anhand der Anordnung der Tasten auf der Klaviatur und/oder der Stäbe auf chromatischen Stabspielen.

TONLEITERN IN DUR UND MOLL

DUR ODER MOLL?

ÜBUNG 06

Ziel:
Dur und Moll aus dem musikalischen Zusammenhang heraus hörend unterscheiden können

Aufgabe:
Bestimmung des Tongeschlechts bei unbekannten Liedern und Stücken

Zeitbedarf:
In 1–2 Stunden jeweils ca. 10 Minuten

Material/Medien:
SH S. 79, Aufgabe 8; CD/MP3 C29–31 (3 Lieder in der falschen Tonart)

DURCHFÜHRUNG

Schritt 1

- Der Lehrer singt oder spielt auf dem Instrument verschiedene Lieder und Stücke mit deutlicher Dur- oder Mollcharakteristik. Die Melodien sollen stärker skalen- als dreiklangsorientiert sein – so, wie in den bisherigen Übungen auch, z. B. „Hambani kahle" (SING & SWING: DAS Liederbuch, 1. Aufl., S. 94), „Shalom chaverim" (ebd., S. 25), „Yellow Submarine" (z. B. in Highlights of Rock and Pop, S. 174), „Sag mir, wo die Blumen sind", „Der Vogelfänger bin ich ja", „Morgen kommt der Weihnachtsmann".

- Als immanente Wiederholung ist es sinnvoll, hier einige Lieder bzw. Spielstücke aus den Bereichen A und B zu wählen, z. B. Obwisana (▷ S. 51), Reisetante (▷ S. 55), Hans, der Hase (▷ S. 172), Peter Hammer (▷ S. 45).

Schritt 2

Die Schüler erfahren möglichst oft, dass ihre erworbene Blattsingefähigkeit ihnen schon jetzt dabei hilft, sich Lieder teilweise selbst anzueignen. Sie singen Abschnitte aus unbekannten Liedern mit vielen Skalenausschnitten vom Blatt, bevor das ganze Lied erlernt wird. Um dieses Erfolgserlebnis nicht zu mindern ist es sinnvoll, das spezifische Einsingen erst *nach* dem Blattsingen des Liedes mit den Schülern zu erarbeiten.

Herzenswünsche

T. u. M.: M. Ansohn
© Ansohn

TONALE KOMPETENZ

2. Ein Leben ohne Schmerzen,
ohne Krieg, ohne Gewalt,
nicht selber schlagen müssen,
auch Streit soll warm sein und nicht kalt.

   Ref.

3. Jemanden, der mich lieb hat,
jemand, den ich lieben kann,
jemand der für mich da ist,
wenn ich ihn brauche, kommt er an.

   Ref.

4. Was ich mir sonst noch wünsche,
das verrate ich dir nicht,
es wird nicht schneller Wahrheit,
wenn man zuviel darüber spricht.

   Ref.

5. Summen …

   Ref. (2x)

▶ Begleitpattern für Klavier: CD-A, Pattern Nr. 2

ÜBUNGSIDEE ZUM EINSINGEN:

Du du du du du di du, — du du du du du di du, —
Dap-n dap dap dap-n dap, — dap-pn dap dap dap-n dap, —
Je-der weiß, wo-ran er glaubt. Je-der weiß, wo-ran er glaubt.

du du du du du di du, — du du du du du di du, …
dap-n dap dap dap-n dap, — dap-n dap dap dap-n dap, …
Je-der weiß, wo-ran er glaubt. Je-der weiß, wo-ran er glaubt, …

Die Schwierigkeit dieses Liedes liegt bei den Synkopen auf der Textzeile „Jeder weiß woran er glaubt". Stimmbildnerisch kann diese Stelle herausgegriffen und auf Rhythmussilben als separate Übung gesungen werden. Wichtig: Beim Einsingen nicht chromatisch sondern in Ganztonschritten nach oben versetzt singen und die 1 und 3 des Taktes dazu schnipsen.

Weitere Lieder zur Erarbeitung:

„Die Menschen sind alle verschieden" (z. B. in SIM • SALA • SING, S. 131),
„I like the flowers" (z. B. in SING & SWING: DAS Liederbuch, 1. Aufl., S. 81),
„Portsmouth" (z. B. in ebd., S. 80),
„Sag mir, wo die Blumen sind", „Shalala" (z. B. in ebd., S. 46),
„Ghost of John", „Schön ist die Welt" (z. B. in ebd., S. 257),
„La cucaracha" (z. B. in ebd., S. 110),
„Fata Morgana", „Kriminal-Tango" (z. B. in ebd., S. 171),
„Tumbalalaika", „Vem kan segla" (z. B. in ebd., S. 85).

Aufgabe im Schülerheft

Drei Melodien in der falschen Tonart von CD erkennen und jeweils falsch und richtig nachsingen.

FEHLER HÖREN ÜBUNG 07

Ziel:
Notation in Klangvorstellung übersetzen

Aufgabe:
Notierte Melodien im Bereich einer Oktave lesen und singen

Zeitbedarf:
In 2–3 Stunden jeweils ca. 5 Minuten

Material/Medien:
Stabspiele; SH S. 79/80, Aufgabe 9 und 10; CD/MP3 C32–37 (Fehler in der Melodie)

DURCHFÜHRUNG

Die folgenden Schritte zunächst mit den Moll-, dann mit den Durbeispielen gesondert durchführen. Bei Bedarf weitere Beispiele selbst entwickeln und nach dem Muster der Schritte 1–4 erarbeiten.

Schritt 1

Tonart etablieren und Anfangston des jeweiligen Beispiels finden. Einzählen, die Klasse singt auf „don".

Schritt 2

Eine der Melodien mit einem falschen Ton (im Notat eingekreist) vorsingen oder von CD vorspielen, die Schüler finden und benennen den falschen Ton und markieren ihn im Schülerheft:

TONALE KOMPETENZ

222 C: TONALE KOMPETENZ /// BAUSTEIN 6

Schritt 3

Einige Schüler übertragen nach eigener Wahl eine der Melodien auf Stabspiele, die anderen Schüler finden heraus, welche.

Schritt 4

Je ein Beispiel von Dur nach Moll bzw. von Moll nach Dur an der Tafel durch Eintragen der entsprechenden Versetzungszeichen übertragen und die Übertragung singen.

S. 80

Aufgabe im Schülerheft

Nr. 10

Die Tonart einer Melodie bestimmen und in das andere Tongeschlecht umwandeln.

ÜBUNG 08 — GEDÄCHTNISKÜNSTLER

Ziel:
Klangvorstellung einer Dur- und einer Mollmelodie in Notation übersetzen können

Aufgabe:
Lieder bzw. Melodien aus dem Gedächtnis notieren

Zeitbedarf:
In 2 Stunden jeweils ca. 10–15 Minuten

Material/Medien:
SH S. 80, Aufgabe 11a und b

DURCHFÜHRUNG

Schritt 1

Kanon „Come, Follow" ohne Noten so intensiv erarbeiten, dass die Melodie audiiert werden kann. Den Grundton des Liedes finden und benennen lassen.

ÜBUNGSIDEE ZUM EINSINGEN:

Der hohe Einstiegston kann durch die untere Oktave vorbereitet werden – beim hohen Einsatz nach unten denken. Bewegungen wie Arme schwingen oder in die Knie gehen erleichtern den Einsatz. Der zweite Teil ist eine Artikulationsübung. Das Doppel-l in „follow" klingen lassen!

TONLEITERN IN DUR UND MOLL 223

Come, Follow

M.: John Hilton
T.: 16. Jhd.

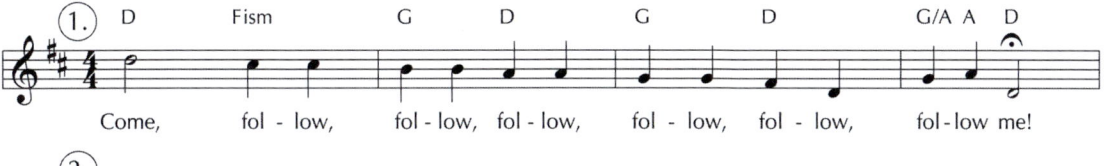

1. Come, fol-low, fol-low, fol-low, fol-low, fol-low, fol-low me!
2. Whith-er shall I fol-low, fol-low, fol-low, whith-er shall I fol-low, fol-low thee?
3. To the green wood, to the green wood, to the green wood, green wood tree.

▶ Begleitpattern für Klavier: CD-A, Pattern Nr. 2

Schritt 2

Melodie-Lücken im Schülerheft aus dem Gedächtnis füllen. Dabei ist es wichtig, dass die Schüler immer wieder sich selbst überprüfen, indem sie den entsprechenden Melodieausschnitt singend wiederholen. Der Lehrer kann Hilfestellung geben, indem er mit dem Schüler zusammen singt.

S. 80
Nr. 11a

Schritt 3

Wie Schritt 2, nun aber mit der Melodie des Themas der „Moldau" von Smetana. Gegebenenfalls hier als kurze Wiederholung auf die Übungen zum 6/8-Takt in Bereich B, Baustein 2 zurückgreifen, um das Gefühl für das Metrum zu stabilisieren.

Das Thema der „Moldau" von Smetana:

S. 81
Nr. 11b

ERWEITERUNG

Im letzten Teil der „Moldau" („... fließt breit dahin") wird der Melodie durch die Übertragung in die Dur-Version eine besondere Wirkung verliehen. Dies könnte als ein Einstieg in die Diskussion des Verhältnisses von musikalischem Klang und seiner Wirkung bzw. Aussage genutzt werden, insbesondere was die Charakteristika der Tongeschlechter betrifft.

TONALE KOMPETENZ

ÜBUNG 09 — ALLE TÖNE IN EINER REIHE

Ziel:
Systematisierung des bisher bekannten Tonmaterials und der Intervalle

Aufgabe:
Tonleitern bilden

Zeitbedarf:
In ca. 3 Stunden jeweils ca. 10–15 Minuten

Material / Medien:
Stabspiele oder andere Melodie-Instrumente; SH S. 81 ff., Aufgabe 12–16 und Lexika,
CD/MP3 C38 (Hörübungen große oder kleine Sekunde)

DURCHFÜHRUNG

Schritt 1

Das Tonmaterial der Beispiele in D-Dur und d-Moll aus Übung 8 jeweils zu einer Tonleiter zusammenfassen.

Schritt 2

Beide Tonleitern singen und spielen sowie vergleichen. Dabei die Begriffe „große" und „kleine" Sekunde einführen und in den Tonleitern markieren.

Schritt 3

Nachprüfen durch Spielen, wie große und kleine Sekunden in den Tonarten C-Dur und a-Moll verteilt sind. Übertragung auf weitere Tonarten.

Schritt 4

Eintragen der Lage der Halbtonschritte in das Lexikon. Evtl. einen Merkvers erfinden oder einführen.

Schritt 5

Hörübung mit kleinen und großen Sekunden: Der Lehrer spielt in unregelmäßiger Folge auf verschiedenen Tonhöhen kleine und große Sekunden auf dem Instrument. Die Intervalltöne nacheinander spielen, nicht gleichzeitig, zu Beginn nur von unten nach oben, später auch von oben nach unten. 6 Beispiele auch auf der Schüler-CD.

Schritt 6

Tonleiter-Spiele und -Übungen (evtl. in einer Folgestunde):

- Viel Spaß macht das Spielen von Leitern von möglichst allen Tönen aus um die Wette, oder möglichst alle unisono.
- Aufschreiben von Dur- und Moll-Tonleitern von verschiedenen Tönen aus auf Notenblatt, evtl. auch um die Wette.
- Call & Response-Improvisation: Durchführung wie in der Blues-Improvisation in Baustein 5 (Übungen 6 und 7, S. 209). Tonvorrat und Begleitung am Beispiel in Dur/Moll, siehe folgendes Modell:

TONLEITERN IN DUR UND MOLL

Call & Response-Modell:

Tonvorrat

Begleitung in Dur

D | Hm7 | Em7 | A7sus

Begleitung in Moll

Fism | Hm

Schritt 7

Die noch fehlenden Intervallnamen Sexte, Septime und Oktave einführen.

S. 84
Lexikon

METHODISCHER HINWEIS

Die Intervallnamen Sekunde und Terz wurden bereits in Baustein 3, Übung 16 eingeführt (S. 191), dort jedoch noch ohne die Unterscheidung kleiner und großer Intervalle. Zur Vorbereitung und zum intensiveren Üben der Unterscheidungsfähigkeit von großen und kleinen Sekunden können bei Bedarf Übungen aus Baustein 3 hier wiederholt werden (z. B. die Improvisationsrondos – Übungen 2 und 9, S. 179 und 187; der Zwei-Ton-Bossa – Übung 11, S. 186).

BAUSTEIN 7

DUR- UND MOLLDREIKLÄNGE

> Im Zentrum dieses Bausteins stehen Dreiklänge als harmonisches Element der Begleitung von Liedern. Deshalb spielt instrumentales Musizieren – auch in Form von Liedbegleitungen – in diesem Teil eine besondere Rolle.
>
> - Ziel ist die Entwicklung eines harmonischen Vorstellungsvermögens unmittelbar aus dem musikalischen Gestalten heraus.
> - Ausgehend vom Singen, Lesen und Notieren von Terzen lernen die Schüler Dur- und Moll-Dreiklänge zu audiieren und zu unterscheiden.
> - Die Dreiklänge werden u.a. bei der Liedbegleitung mit Kadenzharmonik, bei Spielstücken und beim Komponieren von Kanons angewendet.
> - Die Schüler lernen Möglichkeiten ‚guter' Stimmführung im praktischen Musizieren und die Funktion von Dreiklangsumkehrungen kennen.

ÜBUNG 01 — TERZEN ROCKEN

Ziel:
Terzen singen, spielen und lesen können

Aufgabe:
Melodien mit Terzen singen und auf Instrumenten spielen, improvisieren und lesen

Zeitbedarf:
In 1–2 Stunden jeweils ca.10–15 Minuten

Material/Medien:
Stabspiele; CD-C, 51 (Playback „Terzen Rock 'n' Roll"); SH S. 85/86, Lexikon, Aufgabe 1a

DURCHFÜHRUNG

Schritt 1
Stimme 1 auf typischen Rock 'n' Roll-Scatsilben („Rock rock rock", „Be bop a lula" etc.) vorsingen, die Schüler imitieren ohne Noten mit der Stimme. Begleitung erfolgt entweder mit Klavier oder Gitarre oder mit Playback von der CD.

DUR- UND MOLLDREIKLÄNGE 227

Terzen-Rock 'n' Roll

M.: F. Cramer
© Cramer

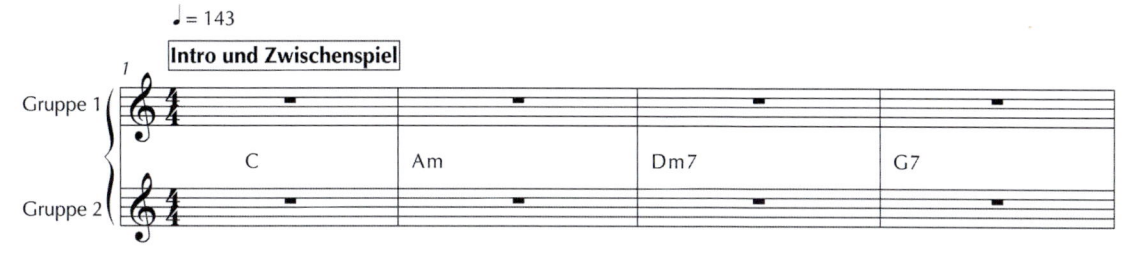

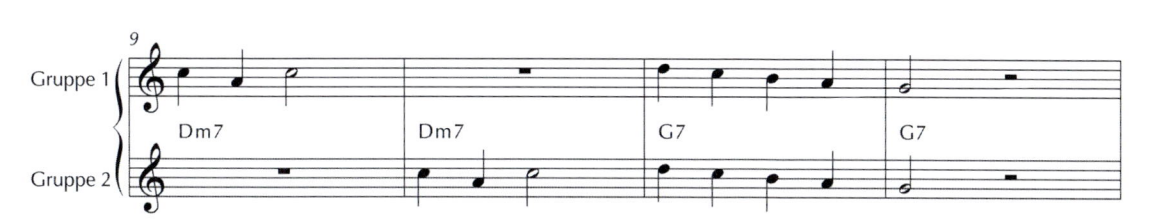

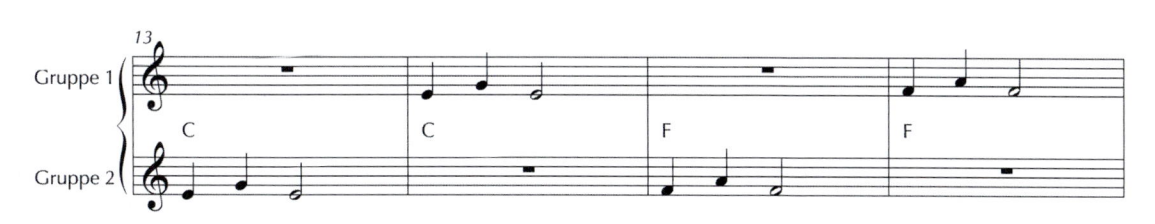

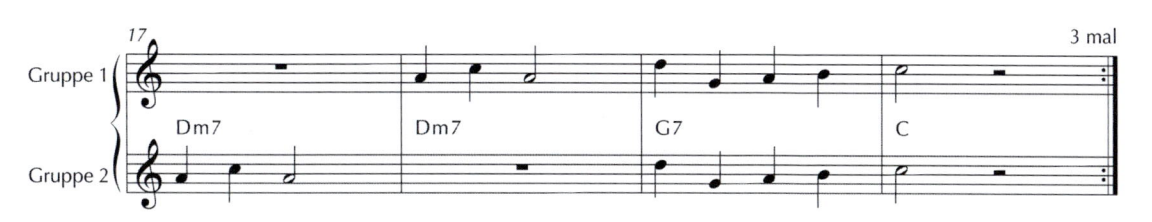

♩ = 143

[Notation: Intro und Zwischenspiel, Takte 1–4, Gruppe 1 und Gruppe 2, Akkorde: C, Am, Dm7, G7]

[Notation: Strophe, Takte 5–8, Akkorde: C, C, F, F]

[Notation: Takte 9–12, Akkorde: Dm7, Dm7, G7, G7]

[Notation: Takte 13–16, Akkorde: C, C, F, F]

[Notation: Takte 17–20, 3 mal, Akkorde: Dm7, Dm7, G7, C]

▶ Begleitpattern für Klavier: CD-A, Pattern Nr. 14

Schritt 2
Die Klasse teilen und das Stück nach Noten zweistimmig singen und auf Stabspielen musizieren.
Der Lehrer begleitet.

Schritt 3
Den Begriff Terz wiederholen.

S. 85
Lexikon

Schritt 4
Zur Wiederholung: Im Notenblatt „Terzen-Rock 'n' Roll" die Terzen markieren.

S. 86
Nr. 1a

TONALE KOMPETENZ

Schritt 5 (optional)

Weitere Lieder, in deren Notenbild Terzen bestimmt werden können: Rock around the clock (z. B. in SING & SWING, 1. Aufl., S. 120), Komm, lieber Mai und mache (ebd., S. 240), Die Gedanken sind frei (ebd., S. 43) oder Dracula-Rock (z. B. in SIM•SALA•SING, S. 82), Mathilda (z. B. in ebd., S. 127), Die alte Moorhexe (z. B. ebd., S. 78), Kumbayah my Lord (z. B. ebd., S. 213).

ÜBUNG 02 — TERZEN LESEN UND SINGEN

Ziel:
Audiation der für den Dreiklang wichtigen großen und kleinen Terzen

Aufgabe:
Große und kleine Terzen singen, spielen und lesen

Zeitbedarf:
In 2 Stunden jeweils ca. 10 Minuten

Material/Medien: SH S. 87, Aufgaben 1b bis d und 2

DURCHFÜHRUNG

Schritt 1

In einem langsamen Puls an der Tafel folgende Töne zeigen, die Klasse singt jeweils unmittelbar nach:

Schritt 2

Wie Schritt 1, aber immer dann, wenn der Lehrer einen Ton zeigt und dazu die andere Hand auf seinen Mund legt, diesen Ton nur innerlich singen, nicht laut.

Schritt 3

Ausgehend von c' beim Zeigen an der Tafel zunächst unsystematisch einzelne Töne überspringen. Evtl. soll ein Schüler auf dem Stabspiel mitspielen. Zwischenschritt: den eigentlich auszulassenden Ton ganz leise singen.

Schritt 4

Den stumm „gesungenen" Ton d' an der Tafel löschen und die stehen bleibende große Terz singen.

Schritt 5

Von beliebigen Tönen aus große Terzen nach oben und unten, später auch nach unten und oben singen lassen.

Schritt 6

In der Folgestunde auf die gleiche Weise die kleine Terz c'– es' lesen und singen.

Schritt 7

Den Unterschied in der Anordnung von Halb- und Ganztönen bei kleiner und großer Terz mit Hilfe der Tastatur und/oder der Stabspiele erläutern und dabei die Begriffe „große" und „kleine" Terz einführen.

S. 87

Nr. 1b–d
Nr. 2

Schritt 8

Verschiedene Lieder, die mit großer bzw. kleiner Terz aufwärts beginnen, werden als Hilfe eingeführt bzw. wiederholt und benutzt:

- Kleine Terz aufwärts: „To i hola" (▷ S. 231)
- Große Terz aufwärts: „Michael Row" (▷ S. 109)
- Kleine Terz abwärts: „Der Kuckuck und der Esel"
- Große Terz abwärts: „Swing Low, Sweet Chariot"

oder andere geeignete Lieder.

TERZEN HÖREN UND SCHREIBEN — ÜBUNG 03

Ziel:
Kleine und große Terzen hörend unterscheiden und notieren können

Aufgabe:
In unterschiedlichen Varianten hörend, lesend und schreibend mit kleinen und großen Terzen umgehen

Zeitbedarf:
In 1–2 Stunden jeweils 5–10 Minuten

Material/Medien:
Stabspiele; SH S. 87, Aufgabe 3 und 4; CD/MP3 C39 (Hörübung: Große oder kleine Terz?)

DURCHFÜHRUNG

Schritt 1

Große und kleine Terzen von verschiedenen Ausgangstönen aus sukzessiv im unregelmäßigen Wechsel vorspielen. Die Schüler singen das Intervall nach und bestimmen, ob große oder kleine Terz. Dies können auch einzelne Schüler auf Stabspielen anleiten.

Aufgabe im Schülerheft
Große oder kleine Terz? 6 Hörübungen auf CD.

S. 87

Nr. 3

Schritt 2

Von verschiedenen Tönen eine kleine bzw. große Terz aufwärts notieren und singen, danach das Gleiche auch abwärts.

S. 88

Nr. 4a, b

METHODISCHER HINWEIS

Wir schlagen vor, im gesamten Baustein 7 grundsätzlich den Begriff „Dreiklang", nicht jedoch „Akkord" zu verwenden. Der Begriff „Akkord" sollte besser später als Oberbegriff für unterschiedliche Arten von Mehrklängen eingeführt werden.

ÜBUNG 04 — DREIKLÄNGE

Ziel:
Dur- und Molldreiklänge singen, spielen und schreiben können

Aufgabe:
Lieder mit Dreiklängen singen und spielen und die Dreiklänge aufschreiben

Zeitbedarf:
In 2–3 Stunden jeweils 10–15 Minuten

Material/Medien:
Stabspiele; evtl. andere Melodie-Instrumente; SH S. 88 ff., Aufgabe 5–7; CD/MP3 C40
(Hörübung Dreiklänge: Dur oder Moll?)

DURCHFÜHRUNG

Schritt 1

Einstudieren der Lieder „To i hola" in d-Moll und „Michael Row the Boat Ashore" in D-Dur.

ÜBUNGSIDEE ZUM EINSINGEN VON „TO I HOLA":

Diese Übung trainiert das Singen von Moll-Dreiklängen sowie den Vokalausgleich mit rund und breit gebildeten Vokalen.

DUR- UND MOLLDREIKLÄNGE 231

To i hola

M: trad. aus Polen
Dt. Text: M. Graefe
© Friedrich Hofmeister

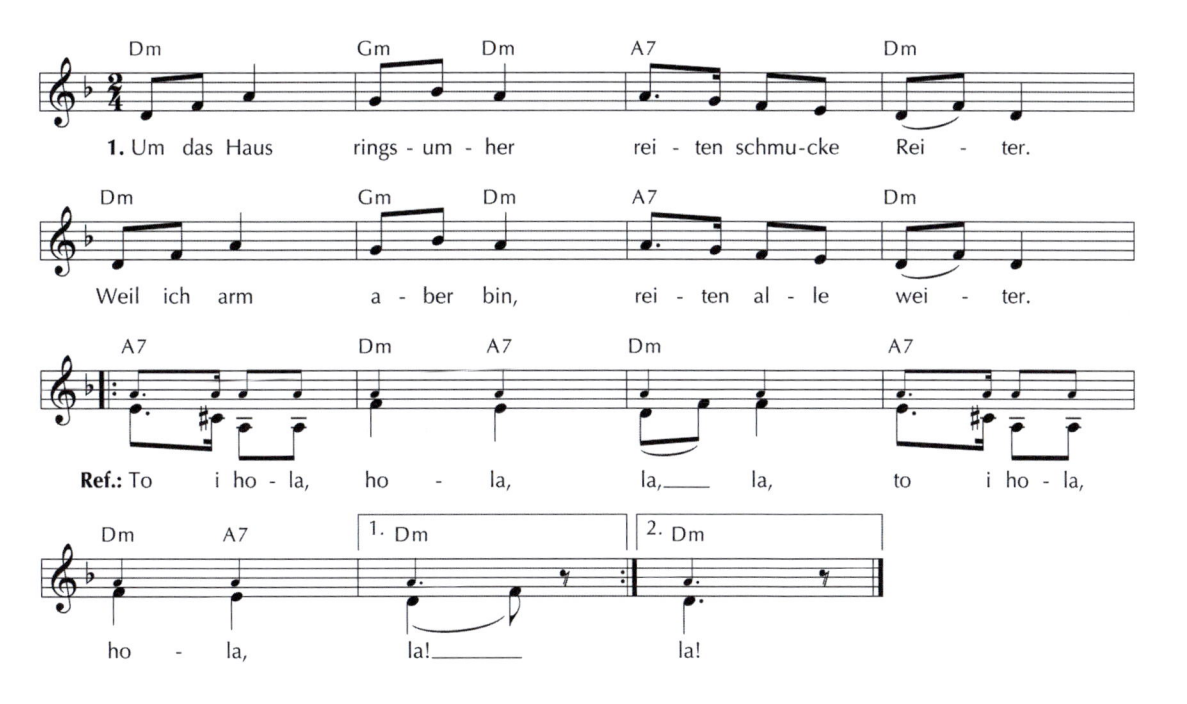

[Notensatz: Lied „To i hola" mit Akkorden Dm, Gm, A7]

1. Um das Haus rings-um-her reiten schmucke Reiter.
   Weil ich arm aber bin, reiten alle weiter.
   Ref.: To i ho-la, ho-la, la, la, to i ho-la, ho-la, la! la!

2. Bin ich arm, ohne Geld, nehm ich doch nicht jeden.
   Will er mich, muss er erst mit der Mutter reden.
   Ref.

3. Sagt man mir, ich sei stolz, ist das glatt gelogen.
   Hat mich doch Mütterchen ordentlich erzogen.
   Ref.

4. Mägdelein, blond und fein, du kannst mir gefallen.
   Wähle dich gleich für mich von den Mädchen allen.
   Ref.

▶ Begleitpattern für Klavier: CD-A, Pattern Nr. 1

ÜBUNGSIDEE ZUM EINSINGEN VON „MICHAEL ROW THE BOAT ASHORE":

[Notensatz: Stimmübung auf „Hallelujah"]

Ha-lle-lu-jah, Ha-lle-lu-jah. Ha-lle-lu-jah.
Ha-lle-lu-jah. Ha-lle-lu-jah. Ha-lle-lu-jah.
Ha-lle-lu-jah, Ha-lle-lu-jah. Ha-lle-lu-jah.
Ha-lle-lu-jah. Hal-lle-lu-jah. Ha-lle-lu-jah.

Das Wort „Hallelujah" eignet sich wunderbar für Stimmübungen, bei denen am Vokalausgleich gearbeitet werden soll. Jeder Vokal sollte einmal nach oben gesetzt werden.

Hinweis

Das Lied „Michael, Row the Boat Ashore" wurde eventuell bereits in Teil B mit Klassenorchester erarbeitet, es kann an dieser Stelle mit Fokus auf die Dreiklangsbrechungen vertiefend wiederholt werden. Falls es hier neu erarbeitet wird: Vorschläge zur Erarbeitung ▷ S. 95.

TONALE KOMPETENZ

Schritt 2

Dur- und Molldreiklänge isoliert voneinander singen: Die Anfangsdreiklänge der beiden Lieder werden jeweils in d-Moll bzw. in D-Dur

- isoliert gespielt (Stabspiele oder evtl. andere Instrumente),
- mit Text gesungen,
- gespielt und gleichzeitig auf „don" gesungen.

Schritt 3

Ansagen, welcher der beiden Liedanfänge bzw. Dreiklänge gesungen werden soll. Die Schüler erhalten etwas Zeit, um sich den Dreiklang stumm vorzustellen, bevor sie ihn gemeinsam singen.

Schritt 4

S. 88

Nr. 5a–c
S. 88

Nr. 6a, b

Übergang zur Notation:

- Ein Schüler schreibt die Dreiklänge als sukzessiv aufsteigende Tonfolge an die Tafel. Übertragung in das Schülerheft.
- Die Schüler vergleichen die Notate des d-Moll- und des D-Dur-Dreiklangs und finden den Bezug zur Moll- bzw. Dur-Tonleiter durch Vergleich.
- Nun die Bezeichnungen der Dreiklänge als Dur-Dreiklang und Moll-Dreiklang sowie die Dreiklangsymbole einführen (große/kleine Buchstaben bzw. z. B. „D"/„dm").

S. 89

Nr. 6c
Nr. 7

Aufgabe im Schülerheft

- Große oder kleine Terz? Schreib- und Hörübungen mit Beispielen von der Schüler-CD (6 mal 2 Akkorde: Dur oder Moll?).
- Quiz: Merkmale von Dreiklängen.

ÜBUNG 05 — DUR- ODER MOLLDREIKLANG?

Ziel:
Dur- und Molldreiklänge hörend unterscheiden können

Aufgabe:
Nachsingen und Bestimmen vorgespielter Dreiklänge

Zeitbedarf:
In 2–3 Stunden jeweils 5–10 Minuten

Material/Medien:
SH S. 90 ff., Aufgabe 8 und 9; CD/MP3 C41–44 (Hörübungen Dreiklänge: Dur und Moll?);
CD/MP3 C45 und 46, (fehlenden Dreiklangston singend ergänzen)

DUR- UND MOLLDREIKLÄNGE   233

DURCHFÜHRUNG

Schritt 1

Im Schülerheft befinden sich verschiedene Hörübungen mitsamt Hörbeispielen zum Thema Dreiklänge. Der Lehrer kann entweder im Unterricht selbst Dreiklänge nach dem in der Aufgabe dargestellten Schema vorspielen oder die Aufgaben als Hausaufgaben stellen:

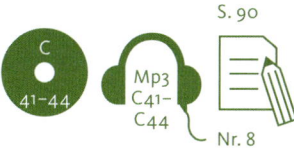

1. Variante Dur: Vorgespielt werden gebrochene Dur-Dreiklänge und verminderte oder übermäßige Dreiklänge (Grundstellung). Die Schüler tragen entweder „Dur" oder „?" in das Schülerheft ein.
2. Hörübung Variante Moll: Wie Schritt 1, aber Moll- anstelle von Dur-Dreiklängen
3. Variante Dur/Moll: Wie Schritt 1, aber nun mit Dur- und Moll- Dreiklängen.
4. Variante „Mixed Pickles": Wie Schritt 1, aber nun mit Dur-, Moll- und anderen Dreiklängen.

Schritt 2

Einen Ton vorsingen oder -spielen. Die Schüler bauen darauf nach Ansage Moll- oder Dur-Dreiklänge in Grundstellung auf: Zunächst stellen sie sich den Dreiklang bzw. seine Einzeltöne stumm vor. Danach singt die ganze Klasse die Einzeltöne sukzessive. (Tipp für die Schüler: „Stellt euch den Anfang von ‚Michael, Row' oder ‚To i hola' mit Text vor".)

Dies ist eine Aufgabe, die die Schüler auch zu zweit oder in Gruppen außerhalb des Unterrichts üben können.

Variante

Wie Schritt 5, aber nun mit drei Schülergruppen: Jede Gruppe singt einen der Dreiklangstöne. Die Gruppen setzen nacheinander ein und halten ihren Ton weiter aus, sodass dann der vollständige Dreiklang mit simultan gesungenen Tönen erklingt.

Hausaufgabe

Zu zwei vorgegebenen Dreiklangstönen auf CD in Dur und Moll den jeweils dritten dazusingen.

DREIKLÄNGE VOM BLATT SINGEN — ÜBUNG 06

Ziel:
Notation in Klangvorstellung übersetzen

Aufgabe:
Liedmelodien, in denen Dreiklänge enthalten sind, vom Blatt singen und spielen

Zeitbedarf:
In 1–2 Stunden jeweils ca. 10 Minuten

Material/Medien: keine

DURCHFÜHRUNG

Schritt 1

Ein Lied mit Dreiklangs-Melodik auswählen, das die Schüler noch nicht kennen (Vorschlag: „Oke awimba"). Die Tonart stabilisieren und den Grundton nachsingen.

Schritt 2

Die Melodie auf „don" zunächst unrhythmisiert, dann rhythmisiert und schließlich auf Text singen. (Bei „Oke awimba" lässt sich der etwas kindliche Strophentext gut durch selbstgedichtete Reime zu einem bestimmten Thema, z. B. Spottverse ersetzen, s. u.)

ÜBUNGSIDEE ZUM EINSINGEN:

Diese Übung trainiert neben dem Singen von Dreiklängen auch den Vokalausgleich. Hinweis: Die Vokale „e" und „i" werden anders (breiter) geformt als „u" und „o" (rund).

Oke awimba

T. u. M.: F. Vahle
© Patmos

▶ Begleitpattern für Klavier: CD-A, Pattern Nr. 4

Beispiele für Textvarianten:

Schüler: 1. „Unser Musiklehrer war leider etwas sonderbar, wollte immer mit uns singen, statt uns etwas beizubringen."

Lehrer: 2. „Die 6a (b, c, d) ist eine Klasse, die ich manchmal wirklich hasse. Sie ist gut in vielen Dingen, leider kann sie gar nicht singen."

Schüler: 3. etc.

Lehrer: 4. etc.

BAUANLEITUNG FÜR EINEN KANON — ÜBUNG 07 (OPTIONAL)

Ziel:
Komponieren eines Kanons

Aufgabe:
Einen Kanon nach zuvor erarbeiteten Regeln schreiben

Zeitbedarf:
In 2–3 Stunden jeweils ca. 10–15 Minuten

Material/Medien: keine

DURCHFÜHRUNG

Schritt 1
Die Stimmen einer dreistimmigen C-Dur-Kadenz (Quintlage, in guter Stimmführung) in einer Partitur mit drei Notenzeilen an die Tafel schreiben und zunächst einstimmig die Einzelstimmen, dann dreistimmig auf neutrale Tonsilben singen.

Schritt 2
Zusammenziehen der Notation in eine Notenzeile. Erkenntnis: drei verschiedene Dreiklänge. Benennen der Dreiklänge mit Dreiklangsymbolen (C, F, G).

Schritt 3
Die Schüler entwerfen einen dreizeiligen Text. Die Melodie fortlaufend dem Text entsprechend rhythmisiert an die Tafel schreiben und das Ergebnis gemeinsam singen.

Schritt 4
Entwickeln einer „Kanon-Bau-Gebrauchsanleitung", z. B.:

1. Dreiklangsfolge aufschreiben
2. Text ausdenken
3. Text rhythmisieren (Taktart?!)
4. Übertragen auf Dreiklangsfolge
5. Variationen erfinden (Durchgänge, Wechselnoten)
6. …

Schritt 5
Eine einfache Dreiklangsfolge vorgeben. Aufgabe: „Denkt euch selbst einen Text aus und rhythmisiert die Dreiklangsfolge" (jede Kanonzeile 2 oder 4 Takte). In der nächsten Stunde einige Lösungen an der Tafel aufschreiben und gemeinsam Singen.
Beispiel einer Sechstklässlerin:

Hans hat ein gro-ßes Loch ent-deckt, hat sich da-rin ganz schnell ver-steckt und war dann sehr ver-dreckt.

236 C: TONALE KOMPETENZ /// BAUSTEIN 7

ÜBUNG 08 — VOM DREIKLANG ZUR KADENZ: DUR

Ziel:
Dreiklangsymbole der C-Dur-Kadenz mit harmonischem Vorstellungsvermögen verknüpfen und das Prinzip der Umkehrung verstehen

Aufgabe:
Die erarbeiteten Dreiklänge C, F und G der C-Dur-Kadenz an einem Lied anwenden (spielen und aufschreiben)

Zeitbedarf:
In 2–3 Stunden jeweils ca. 10–15 Minuten

Material/Medien:
Stabspiele, evtl. andere Melodie-Instrumente; SH S. 91 ff., Aufgabe 10–12 und Lexikon

Hinweis

Wegen der Rhythmik des in diesem Baustein verwendeten Liedes „Jamaica farewell" und seiner Begleitung sollte in Bereich B (Rhythmische Kompetenz) der Baustein 4 (Synkopen) bereits erarbeitet worden sein.

DURCHFÜHRUNG

Schritt 1

Erarbeitung des Liedes „Jamaica farewell". Bestimmung der Tonart aus dem Notenbild.

ÜBUNGSIDEE ZUM EINSINGEN:

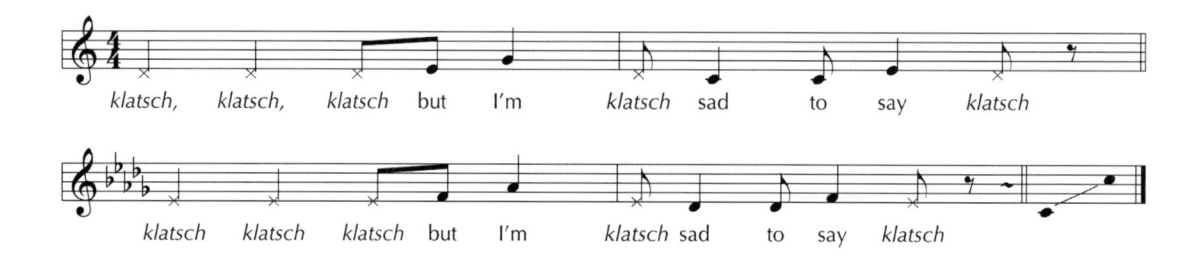

(Notenbeispiel: klatsch, klatsch, klatsch but I'm klatsch sad to say klatsch — zweimal, einmal in C-Dur, einmal in Es-Dur)

Diese Timing-Übung mit Klatschen in den Pausen bereitet die Synkopierung der Melodie am Beginn des Refrains vor.

Jamaica farewell

T. u. M.: trad. aus Jamaica

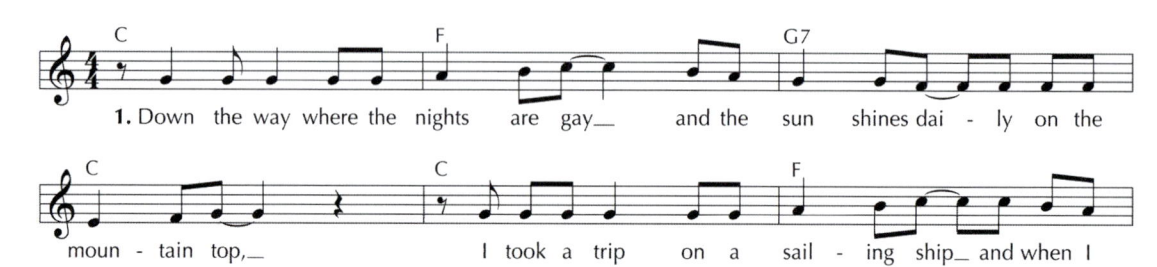

(Notenbeispiel mit Akkorden C – F – G7 – C – C – F)

1. Down the way where the nights are gay and the sun shines dai-ly on the moun-tain top, I took a trip on a sail-ing ship and when I

Music Step by Step — HELBLING

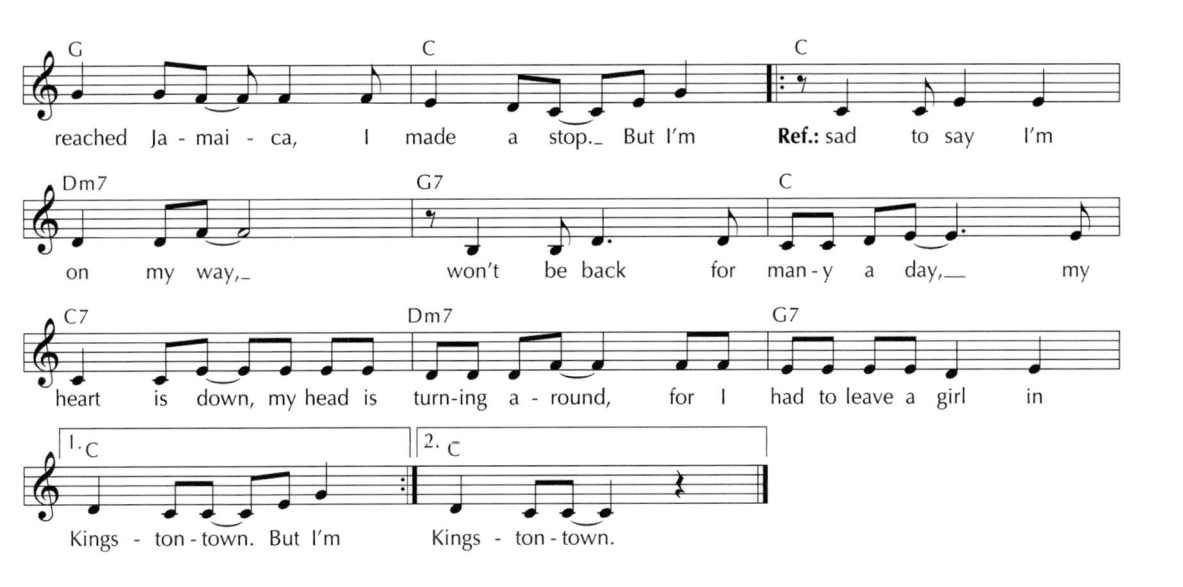

reached Ja-mai-ca, I made a stop. But I'm Ref.: **sad** to say I'm
on my way, won't be back for man-y a day, my
heart is down, my head is turn-ing a-round, for I had to leave a girl in

1. C Kings-ton-town. But I'm
2. C Kings-ton-town.

2. Sounds of laughter ev`rywhere,
   and the dancing girls swaying to and for.
   I must declare my heart is there
   thou I`ve been from Maine to Mexico.
   But I`m

   Ref.: sad to say, …

3. Down at the market you can hear
   ladies cry out while on their heads they bear,
   Ackee rice, salt fish are nice.
   And the rum is fine any time of the year.
   But I`m

   Ref.: sad to say,

▶ Begleitpattern für Klavier: CD-A, Pattern Nr. 12

Schritt 2

In der nächsten Stunde: Hinführung zu den Rhythmen des Begleitarrangements durch rhythmische Warm-up-Übungen (z. B. anknüpfend an Übungen aus Bereich B, rhythmische Kompetenz, Baustein 4, S. 114).

S. 91
Nr. 10a

Schritt 3

Erarbeitung des Begleit-Arrangements (s.u.) mit Stabspielen oder evtl. anderen Instrumenten.

Begleitung zu „Jamaica farewell":

Stabspiel 1
Stabspiel 2
Stabspiel 3
Bass

S. 91
Nr. 10b

Schritt 4

Im Schülerheft: Notieren der Stimmen 1–3 des Begleit-Arrangements zu Dreiklängen zusammengefasst in der unteren Notenzeile.

TONALE KOMPETENZ

C: TONALE KOMPETENZ /// BAUSTEIN 7

S. 91
Nr. 10b

Schritt 5

Die Töne e'-g'-c'' als Dreiklang an die Tafel schreiben. Den Ton c' hinzufügen und danach c'' löschen.

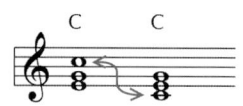

Fragen, welcher Dreiklang das ist → Dreiklänge können auch in Umkehrungen auftreten.

Dieses neue Wissen nun auf die vorhin notierten Dreiklänge aus dem Begleit-Arrangement anwenden und die Dreiklänge bestimmen und benennen. Hierfür jeweils klären, wie die Töne zu zwei übereinander liegenden Terzen umgestellt werden (Grundstellung).

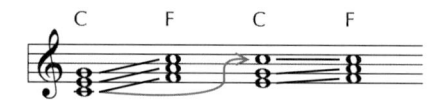

S. 91

Schritt 6

Nr. 10c
Nr. 10d

Bass-Stimme des Begleitarrangements aufschreiben und mit den Grundtönen der in Schritt 5 bestimmten Dreiklänge vergleichen.

Klären: Auf welchen „Stufen" der C-Dur-Tonleiter stehen die Grundtöne dieser Dreiklänge? Begriffe einführen: Musiker sagen dazu „Dreiklang auf der I. (IV., V.) Stufe" und verwenden zur Bezeichnung römische Ziffern.

Schritt 7

Der Lehrer spielt die Melodie, die Schüler singen als Bass-Begleitung dazu die Grundtöne der Begleit-Dreiklänge. Als Hilfe kann ein Schüler die Stufen mit den Fingern anzeigen.

> **Variante:**
>
> Eine Hälfte der Klasse singt die Melodie, die andere die Grundtonbegleitung, danach Wechsel der Gruppen.

Schritt 8

Vollständiges Arrangement aufführen (Gesang und Stabspiele oder andere Instrumente).

S. 92
Lexikon

Schritt 9

Auf der Grundlage der Dreiklangfolge dieses Lieds in der üblichen Weise (ganze Noten) die C-Dur-Kadenz notieren sowie den Begriff der „C-Dur-Kadenz" einführen und erläutern: Diese Dreiklänge und ihre Abfolge bilden die Grundlage für die Begleitung von Liedern, die in der Tonart C-Dur stehen. Definition für „Kadenz" geben und in das Schülerheft übertragen.

S. 92
Nr. 11
Nr. 12

Aufgaben im Schülerheft

- Eine Kadenz in G-Dur notieren
- Umkehrungen üben

VOM DREIKLANG ZUR KADENZ: MOLL

ÜBUNG 09

Ziel:
Dreiklänge erkennen, benennen und im musikalischen Zusammenhang einsetzen können

Aufgabe:
Eigene Begleitung auf der Grundlage von Dreiklangsymbolen schreiben

Zeitbedarf:
In 1–2 Stunden jeweils ca. 10–15 Minuten

Material/Medien:
Stabspiele; evtl. andere Melodieinstrumente; SH S. 93, Aufgabe 13

DURCHFÜHRUNG

Schritt 1
Erarbeiten des Liedes „Hevenu shalom". Bestimmung der Tonart aus dem Notenbild.

S. 93
Nr. 13

ÜBUNGSIDEE ZUM EINSINGEN:

He-we-nu sha-lom, he-we-nu sha-lom, he-we-nu sha - lom.

He-we-nu sha-lom, he-we-nu sha-lom, he-we-nu sha - lom.

He-we-nu sha-lom, he-we-nu sha-lom, he-we-nu sha - lom.

Bei diesem Lied können mehrere Übungsfelder zugleich bearbeitet werden: Gebrochene Moll-Akkorde mit ihren Umkehrungen sind intonatorisch eine große Herausforderung. Stimmbildnerisch wird hier der Registerausgleich geübt, da die Übung mit viel Schwung in die Höhe führt. Für den Vokalausgleich ist der Text mit den vielen Vokalen sehr gut geeignet.

TONALE KOMPETENZ

Hewenu Shalom alechem

T. u. M.: trad. aus Israel
Dt. Text: S. M. Kamm
© Helbling

He - we - nu sha - lom a - le - chem,
Wir wün - schen Frie - den für al - le,

he - we - nu sha - lom a - le - chem,
wir wün - schen Frie - den für al - le,

he - we - nu sha - lom a - le - chem,
wir wün - schen Frie - den für al - le,

he - we - nu sha - lom, sha - lom, sha - lom a - le - chem.
wir wün - schen Frie - den, Frie - den, Frie - den uns' - rer Welt!

▸ Begleitpattern für Klavier: CD-A, Pattern Nr. 1

Schritt 2

Dreiklänge mit Hilfe der Dreiklangsymbole benennen.

S. 93
Nr. 13

Schritt 3

- Einzelarbeit: Die Dreiklänge in das leere System im Schülerarbeitsheft eintragen.
- Gruppen zu dritt bilden. Jeder Schüler in einer Dreier-Gruppe spielt einen anderen Ton der Begleit-Dreiklänge auf Stabspielen oder anderen Instrumenten, sodass alle drei Töne gleichzeitig erklingen.
- Die Gruppen suchen sich einen Begleitrhythmus und üben ihre auf diese Weise rhythmisierte Begleitung auf den Instrumenten.
- Aufführung: Singen mit auf Stabspielen gespielter Dreiklangbegleitung (der Auftakt wird ohne Begleitung gespielt).

Schritt 4

Klären, mit welchen Dreiklängen welcher Kadenz man das gesamte Lied begleiten kann. Auf dieser Basis den Begriff und das Notat der d-Moll-Kadenz einführen.

DUR- UND MOLLDREIKLÄNGE 241

BAUANLEITUNG FÜR EINE LIEDBEGLEITUNG   ÜBUNG 10

Ziel:
Dreiklangs-Umkehrungen für eine ‚gute' Stimmführung einsetzen können

Aufgabe:
Alle Dreiklänge der d-Moll-Kadenz spielen, aus Umkehrungen Grundstellungen herausfinden und zu Harmonien Dreiklangsymbole aufschreiben

Zeitbedarf:
In 2–3 Stunden jeweils ca. 15–20 Minuten

Material/Medien:
SH S. 93, Aufgabe 14; Stabspiele, evtl. andere Melodie-Instrumente; Percussioninstrumente

DURCHFÜHRUNG

Schritt 1

Wiederholung des Liedes „Un poquito cantas". Bestimmung der Tonart aus dem Notenbild.

ÜBUNGSIDEE ZUM EINSINGEN:

Moll-Dreiklang mit angehänger Sexte: Die Silben le, lo und la eignen sich gut für einen weichen Stimmeinsatz und zum Üben der Vokalverbindungen.

Un poquito cantas   T. u. M.: trad. aus Südamerika

2. Un poquito vino, un poquito aire, (…)

3. Un poquito vientos, un poquito sombras, (…)

4. Un poquito machos, un poquito chicas, (…)

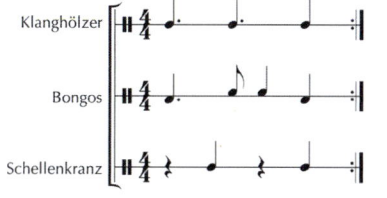

▶ Begleitpattern für Klavier: CD-A, Pattern Nr. 12

TONALE KOMPETENZ

C: TONALE KOMPETENZ /// BAUSTEIN 7

S. 93
Nr. 14a
Nr. 14b

Schritt 2
Übungen zur ‚guten' Stimmführung.

Schritt 3
Benennen der Harmonien der Begleitung, zugleich Wiederholung der Übungen 8 und 9 („Umkehrungen").

S. 94
Nr. 14c

Schritt 4
Stabspielarrangement in guter Stimmführung im Rhythmus der ostinaten Unterstimme in Gruppen erarbeiten (Hinweis: vier Takte reichen, weil es sich um ein Patternlied handelt).

Schritt 5
Vollständiges Arrangement an der Tafel als Ergebnis sichern und aufführen.

Schritt 6
Wiederholung: Welche Kadenz ist die Grundlage für die Begleitung dieses Stückes?

UNTERRICHTSVORHABEN

UNTERRICHTSVORHABEN 1: ALLES MIT DER STIMME

EINLEITUNG

AUF EINEN BLICK

Thema: Wie die Stimme funktioniert und was man alles mit ihr machen kann

Inhalte: Stimme in verschiedenen Zeiten und Stilen
Stimmexperimente
Stimmkunde
Singen, z. T. in Verbindung mit Bewegung oder Tanz

Kompetenzen:

Dimensionen musikalischer Kompetenz (hervorgehoben): Das Musizieren anleiten, Singen, Bewegen, Kontexte herstellen, Hören und beschreiben, Bearbeiten und erfinden. Nicht hervorgehoben: Instrumente spielen, Lesen und notieren.

Lieder / Spielstücke / Hörbeispiele:

- „Jambo Bwana" (afrikanisches Bewegungslied)
- Hörbeispiele aus der Zeit der Gregorianik bis heute, von Klassik bis Beatboxing

Bester Zeitpunkt: Zu unterschiedlichen Zeitpunkten während der Arbeit im Bereich C (tonale Kompetenz)

Zeitbedarf: 4 Module zu je ca. 1–3 Unterrichtsstunden

IDEE UND THEMATISCHER ZUSAMMENHANG:

Heute spielt Singen auch für Jugendliche eine immer größere Rolle, wie zahlreiche Casting Shows, die Teenager-Boy- oder Girl-Groups, Karaoke-Spiele (wie z. B. Sing-Star), Hip-Hop und Beatboxing zeigen. Zwar haben viele Schüler schlechte Voraussetzungen durch fehlendes Singen im familiären Umfeld und leider oft auch in Vor- und Grundschule. Trotzdem haben viele großes Interesse sowohl am Hören von gesungener Musik als auch am Singen für sich selber und zusammen mit anderen.

ZIELE

In diesem Unterrichtsvorhaben erfahren die Schüler auf vielfältige Weise ihre Stimme und gewinnen Sicherheit darin sie einzusetzen, Töne genau zu treffen und mehrstimmig zu singen.

Die Schüler lernen

- mit der Stimme zu experimentieren,
- improvisatorische Gestaltungsmöglichkeiten in der Gruppe auszuprobieren,
- sich selbst beim Singen rhythmisch und mit Bewegung zu begleiten,
- unterschiedliche Einsatzmöglichkeiten der menschlichen Stimme hörend zu erkennen und zu beurteilen,
- stimmliche Äußerungen zu imitieren,
- Gesang und Tanz als organische, ursprüngliche und aufeinander bezogene Ausdrucksmöglichkeiten zu erfahren.

Möglichkeiten zur Präsentation von Ergebnissen:

- Aufführen des Bewegungsliedes aus Afrika
- Aufführen experimenteller Stimmkompositionen bzw. -improvisationen
- Wandzeitung bzw. Lernposter zur Stimme, Stimmkunde und Physiologie der Stimme

ZU DEN MODULEN

Die vier Module dieses Vorhabens nehmen auf unterschiedliche Weise Bezug zur hohen Bedeutung des Singens für Jugendliche heute:

Modul 1 – „Stimmspiele" – knüpft an die Erfahrungen mit der eigenen Stimme aus Bereich C an und erweitert diese um die volle Bandbreite stimmlicher Ausdrucksmöglichkeiten und Funktionen, vom Sprechen über den Ausdruck von Emotionen sowie über vorwiegend unwillkürliche Lautäußerungen (Atmen, Schnarchen, Seufzen …) bis hin zum Singen.

Modul 2 – „Was die Stimme alles kann" – bietet vielfältige Hörerfahrungen mit dem Einsatz der Stimme in verschiedenen Stilen und Zeiten an und stellt die wichtigsten Informationen über physiologische Aspekte des Stimmapparats sowie des Sprechens und Singens dar.

Modul 3 – „Stimmtheater" – fordert die Kreativität der Schüler heraus und führt die Erfahrungen aus Modul 1 zu Experimenten und Improvisationen mit der Stimme weiter.

Modul 4 – „Afrikanische Stimmbewegung" – verknüpft das Singen mit Bewegung und eröffnet Zugänge zu Aspekten afrikanischer Musikkulturen.

ZEITPUNKT UND ZEITBEDARF

Die vier Module dieses Vorhabens können entweder zusammenhängend oder einzeln über die Schuljahre der Klassen 5 und 6 verteilt unterrichtet werden.

Die Module 1–3 können je nach Interesse der Klasse oder Lernstand der Gruppe bereits kurz nach Beginn der Arbeit mit dem Bereich C gemäß individueller Jahresplanung verwendet werden, eignen sich aber auch für spätere Zeitpunkte. Für die Schüler sollte die enge Verbindung zu ihren stimmlichen Erfahrungen im Bereich C immer deutlich werden.

Das Modul 4 setzt bereits Singerfahrung voraus und ist daher ab etwa dem Baustein 4 des Bereichs C besonders gut einsetzbar. Dieses Modul ermöglicht eine Verzahnung mit der Arbeit im Bereich A (metrische Kompetenz), die für die Schüler deutlich werden sollte.

Modul 2 benötigt etwa 3–4 Stunden, die anderen drei Module je etwa 1–3 Stunden.

MODUL 1: STIMMSPIELE

AUF EINEN BLICK

Thema: Spielerische Stimmexperimente

Inhalte: Geräusche und Klänge mit der Stimme imitieren
Mit der Stimme unterschiedliche Klanggeschichten gestalten

Kompetenzen:

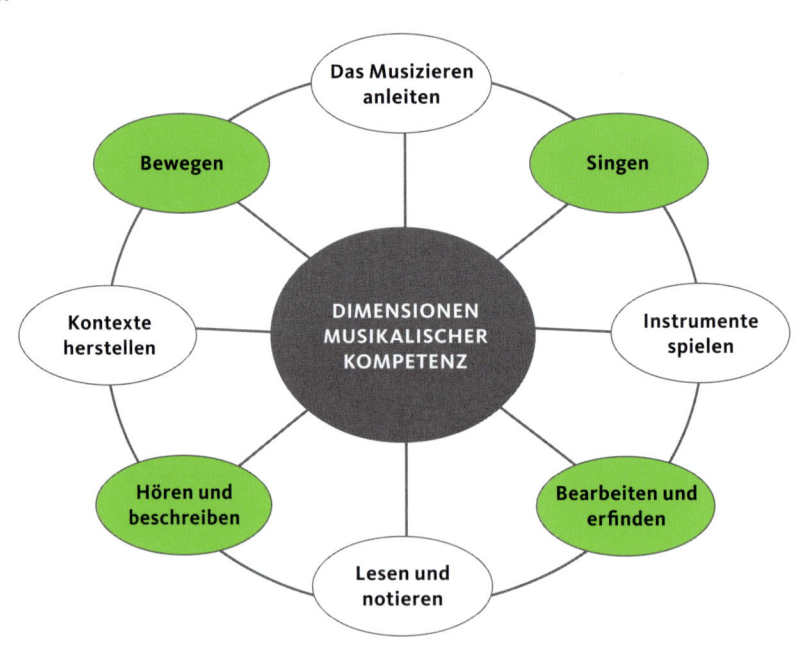

Dimensionen musikalischer Kompetenz: Das Musizieren anleiten, Bewegen, Singen, Kontexte herstellen, Instrumente spielen, Hören und beschreiben, Bearbeiten und erfinden, Lesen und notieren (hervorgehoben: Bewegen, Singen, Hören und beschreiben, Bearbeiten und erfinden)

Lieder / Spielstücke / Hörbeispiele:

- Stimmspiele, Stimmexperimente, Improvisationen
- „Jambo Bwana" (afrikanisches Bewegungslied)

Bester Zeitpunkt: Parallel zu oder nach Baustein 1 von Bereich C (tonale Kompetenz)

Zeitbedarf: 3–5 Stunden

IDEE

In Modul 1 – „Stimmspiele" – experimentieren die Schüler mit der Stimme und erproben spielerisch Möglichkeiten der Lautgebung. Dabei geht es noch nicht um den sängerischen Umgang mit der Stimme. Im Zentrum steht vielmehr die Erfahrung, wie vielseitig und variantenreich die Stimme – neben Sprechen und Singen – eingesetzt werden kann.

ZUM THEMA

Mit der Stimme können wir nicht nur Sachinformationen austauschen, sondern auch Geräusche erzeugen, Klänge imitieren, durch unterschiedliche Ausdrucksmöglichkeiten Angst einflößen, beruhigen, drohen, an andere appellieren etc. Mit der Stimme drücken wir willkürlich oder unwillkürlich Emotionen (Staunen, Angst, Überraschung, Freude …) und Körperzustände (Schnarchen, Schmerz, Husten …) aus.

MODUL 1 /// STIMMSPIELE

Mit den folgenden Übungen entdecken die Schüler experimentell unterschiedliche Möglichkeiten der Klangerzeugung mit ihrer Stimme. Modul 1 intensiviert so die wichtigsten Erfahrungen der ersten Bausteine des Bereichs C, nämlich die eigene Stimme zu finden und sie bewusst einzusetzen.

Wir beschreiben im Folgenden neun Übungen. Mindestens fünf dieser Übungen sollten durchgeführt werden.

ZEITPUNKT UND ZEITBEDARF

Zeitpunkt: parallel zu Bereich C, Baustein 1, etwa zur Übung „Einen Ton treffen und halten" (S. 167) oder zur Klanggeschichte vom „Glockenkobold" (S. 169) und nach der Erarbeitung von Bereich A, Baustein 1 (wegen Aufgabe 5 dieses Moduls „Maschinenmusik").

Ein Einsatz zu einem späteren Zeitpunkt ist ebenso möglich. Modul 1 kann dann z. B. Modul 3 dieses Vorhabens vorbereiten, die Stimmbildung intensivieren oder im Rahmen der Bausteine zur Tonraumerweiterung (Bereich C) Möglichkeiten zum kreativen Umgang mit der Stimme und zur Improvisation erschließen.

Zeitbedarf: In 3 bis 5 Stunden je nach Übung kleinere oder größere Anteile der Stunden.

DURCHFÜHRUNG

IMITIEREN VON KLÄNGEN UND GERÄUSCHEN DES ALLTAGS MIT DER STIMME — ÜBUNG 01

Sozialform: Partner- oder Kleingruppenarbeit **Zeitbedarf:** 20–30 Minuten

Schritt 1: Alltagsklänge und -geräusche auswählen, die imitiert werden sollen.

Schritt 2: Vokale, Konsonanten oder andere vokal erzeugte Klänge suchen, mit denen diese Alltagsgeräusche imitiert werden können.

Schritt 3: Experimentieren, bis die Imitation möglichst gut gelingt.

Schritt 4: Zwei besonders gelungene Klangimitationen auswählen und der Klasse vorführen.

Schritt 5: Die Klasse findet heraus, welches Alltagsgeräusch imitiert wurde.

METHODISCHE HINWEISE
- Begriffe Vokal und Konsonant erläutern.
- Falls nötig Tipps geben: Korken knallen lassen, Tiergeräusche nachmachen, Luft aus einem Fahrradschlauch entweichen lassen, Geräusch einer (Küchen-)Maschine imitieren …

NAMEN VERSTÜMMELN — ÜBUNG 02

Sozialform: Klassenunterricht im Sitzkreis **Zeitbedarf:** ca. 10 Minuten

Schritt 1: Der Reihe nach den eigenen Namen sprechen: in der ersten Runde nur die Vokale,

Schritt 2: in der zweiten Runde nur die Konsonanten.

Beispiele: Aus Anne wird „A-e" und „Nn"; aus Alexander wird „A-e-a-e" und „L-x-nd-r".

ÜBUNG 03 — STIMM-MARIONETTEN

Sozialform: Partnerarbeit   **Zeitbedarf:** ca. 10 Minuten

Arbeitsauftrag: Einer ist eine Marionette, der andere der Marionettenspieler. Der Marionettenspieler macht mit der Stimme vor, was die Marionette in Bewegung umsetzen soll.

Beispiele:

hohe Töne	Hals, Kopf, Körper strecken
tiefe Töne	in die Knie gehen, auf den Boden setzen
kurze Töne	hüpfen
Tonleitern	Oberkörper langsam hoch- oder hinunterbeugen

Variante: Umgekehrter Arbeitsauftrag: Marionettenspieler ist der, der sich bewegt, die Marionette muss die Bewegungen stimmlich nachzeichnen.

ÜBUNG 04 — WASSER-ATEM – GESTALTUNG EINES KLANGSTÜCKES

Sozialform: Gruppenarbeit   **Zeitbedarf:** 25–35 Minuten

Schritt 1: Ideen sammeln: Wie kann Wasser sich bewegen?
Hinweis: Nicht danach fragen, wie Wasser klingen kann, sondern wie es sich bewegt: Es kann fließen, rieseln, strömen, sprudeln, tropfen, rinnen, versickern, triefen, herausschießen, branden …

Schritt 2: Jede Gruppe stellt eine Auswahl dieser Formen der Wasserbewegung nacheinander vokal dar. So lange proben, bis das Ergebnis der Gruppe möglichst echt klingt. Einer in der Gruppe sagt die Verben und somit den Wechsel zwischen den Aktionen an.

Schritt 3: Präsentation der Ergebnisse in der Klasse.

Variante: Den Gruppen je unterschiedliche Bewegungsarten von Wasser vorgeben.

Erweiterung: In einer abschließenden Präsentation die Aktionen in der Form eines Rondos reihen: A – B – A – C – A – D – A – … (z. B.: fließen – tropfen – fließen – sprudeln …)

METHODISCHER HINWEIS

Als Vorübung Zischlaute und Atemlaute (ff, zz, ßß, sch etc.) ausprobieren und mit den Schülern Ideen zur akustischen Darstellung von Wasser entwickeln.

MASCHINENMUSIK   ÜBUNG 05

Sozialform: Arbeitsgruppen (je 6–8 Schüler)   **Zeitbedarf:** 15–20 Minuten

Arbeitsauftrag: Eine Fantasiemaschine mit der Stimme imitieren.

- Nur Konsonanten verwenden.
- Jeder denkt sich ein Rhythmuspattern über vier große Schläge aus. Zuvor in der Gruppe entscheiden, ob jeder große Schlag zwei oder drei kleine Schläge enthalten soll.
- Die Klänge in der Gruppe ausprobieren und zu einer „Maschinenmusik" zusammenbauen.

Beispiele:

	Zählzeit	1	+	2	+	3	+	4	+
Beispiel 1	Laut	tsch		f		p	t	zzz	
Beispiel 2	Laut	ts		trrr	k			f	ppp

Mögliche Erweiterung

Diese Aufgabe greift die Bewegungsübung „Mensch-Maschine" aus Bereich A, Baustein 1 auf (▷ S. 27). Beide Aufgaben können zu einer Bewegungs- und Stimm-Maschinenmusik verbunden werden. Um ein wirklich eindrucksvolles Ergebnis zu erzielen lohnt es sich, ein wenig mehr Zeit zu investieren und durch genaue Abstimmung der Stimmklänge und der Bewegungsabläufe die „Maschinen" zu perfektionieren.

METHODISCHE HINWEISE

- Wenn die Rhythmussprache schon bekannt ist (▷ Bereich B, rhythmische Kompetenz), können die Patterns zunächst in Rhythmussprache gesprochen und erst dann auf Konsonanten übertragen werden.
- Mit unterschiedlichen Rhythmen experimentieren. Erproben, ob es besser klingt, wenn die Konsonanten lang oder kurz klingend verwendet werden.

GEDICHTVORTRAG   ÜBUNG 06

Sozialform: Einzelarbeit und Präsentation   **Zeitbedarf:** 20–30 Minuten

Schritt 1: Ein lustiges, kurzes Gedicht auswählen (nicht mehr als 4 bis 8 Zeilen), z. B. von Ringelnatz, Morgenstern, Erhard o. a.

Schritt 2: Das Gedicht in unterschiedlichen Emotionen vortragen. Die Schüler erhalten dazu Karten mit Adjektiven wie: schwärmerisch, schüchtern, ängstlich, hektisch, gelangweilt, freudig erregt, aggressiv.

Schritt 3: Beim Vortrag vor der ganzen Gruppe raten die anderen Schüler, welche Emotion dargestellt wurde.

Vorschlag für ein Gedicht:

Mutig
(Verena Veil)

Kumm du wunstig brummer Schlork!
Ich bin ganz verdutzlich stork!
Brast mir bluß nicht an die Quere!
Sunst verpuss ich dir ne Bräre!
Dönkst wohl, ich hab vor dir Bräxen.
Mach, dass furtkümmst! Sunst gibt's Schrexen.

(aus: Wortstark 6. Hannover 1997, S.56 © Schroedel/Diesterweg)

ÜBUNG 07 — DAS GROSSE ELEFANTENNIESEN

Sozialform: Gruppenarbeit (vier Gruppen)   **Zeitbedarf:** ca. 15 Minuten

Schritt 1: Jede Gruppe übt zunächst ihren „Text", der Lehrer geht von Gruppe zu Gruppe und hilft den Schülern, zu eindrucksvollen Klang-Ergebnissen zu kommen.

Gruppe 1: Text: „Haaaaaaa!" – im glissando und crescendo die Stimme von unten bis ganz in die Höhe führen

Gruppe 2: Text: „Tschi!" – kurz, laut und impulsiv ausführen, dabei hell und freundlich bleiben

Gruppe 3: Text: „Rotz!" – mit rollendem „r", laut und kurz sprechen, sehr verärgert und mit Ausdruck der Abscheu

Gruppe 4: Text: „Platsch!" – knackig und kurz, sehr lautmalerisch und energisch

Schritt 2: Das Elefantenniesen als Konzert: alle Stimmen nacheinander im Tempo auf Zeichen des Dirigenten aufführen. Zum Schluss stöhnen alle gemeinsam erleichtert (langgezogenes „aaah") und beenden den Niesanfall.

METHODISCHER HINWEIS
Die Aktionen werden vom Lehrer als Dirigent gesteuert. Es gibt verschiedene Varianten: eine Gruppe öfter wiederholen lassen, das Tempo steigern, die Lautstärke variieren, die Aktionen in ihrer Reihenfolge variieren. Die Dirigentenrolle auch an Schüler abgeben.

TIERKONZERT ÜBUNG 08

Sozialform: Klassenunterricht im Stehkreis **Zeitbedarf:** ca. 10 Minuten

Schritt 1: Auf Kärtchen vier bis sechs Tiernamen nach folgendem Muster schreiben:

- Tier 1: „Muuuuh" (gelangweilte Kuh)
- Tier 2: „Kuckuck" (hoher, aufgeregter Kuckuckruf)
- Tier 3: „Miaaaau" (zärtlich schmeichelnde Katze)
- Tier 4: „Quak" (schnell und laut, energischer Frosch)
- Tier 5: „Wau wau" (freudig erregter Hund)
- Tier 6: „Määh" (aggressives Schaf)

Weitere Tiere: Biene, Ziege, Ente

Schritt 2: Der Lehrer geht von Schüler zu Schüler und zeigt jedem verdeckt, welches Tier er darstellen soll. Anschließend ahmen die Schüler ihr Tier stimmlich nach und finden ihre Partner, indem sie herumlaufen und ihre eigene stimmliche Äußerung mit denen der anderen vergleichen. Zum Abschluss stellen die Schüler jeder Gruppe gemeinsam ihr Tier dar.

STÖHN – SEUFZ – GÄHN ÜBUNG 09

Sozialform: Klassenunterricht (Stehen im Kreis oder hinter den Stühlen) **Zeitbedarf:** ca. 5 Minuten

Arbeitsauftrag: Die Hände vor dem Körper falten und dann umdrehen. Die Hände dann über den Kopf hochziehen und dabei Einatmen. Dann langsam absenken und Ausatmen, und zwar:

1. stöhnen
2. freudig überrascht sein
3. erschöpft seufzen
4. gelangweilt gähnen
5. vor Kälte zittern

VORSCHLAG ZUM ABLAUF DES MODULS 1

Wir schlagen vor, die Übungen dieses Moduls in zwei oder drei Unterrichtsstunden jeweils aus Übungen des Bereichs C heraus zu entwickeln und stellen eine von vielen denkbaren Möglichkeiten im Folgenden dar:

Schritt 1: Mit einer kleinen Auswahl an Übungen zur Aktivierung des Zwerchfells und der Atemstütze aus Bereich C: Übungen zu Atem, Stimme, Körper beginnen (ca. 5 Minuten).

Schritt 2: Übergehen zu Übung 1 („Imitieren von Alltagsklängen und -geräuschen"), siehe oben (ca. 20 Minuten).

Schritt 3: Beenden mit Übung 5 („Maschinenmusik"), siehe oben (ca. 20 Minuten).

MODUL 2:
WAS DIE STIMME ALLES KANN

AUF EINEN BLICK

Thema: Klangmöglichkeiten und Physiologie der Singstimme

Inhalte: Unterschiedliche Klangmöglichkeiten der Singstimme anhand von Hörbeispielen kennenlernen

Physiologische Aspekte der Singstimme und ihre wichtigsten Funktionen kennenlernen und diese bewusst wahrnehmen

Kompetenzen:

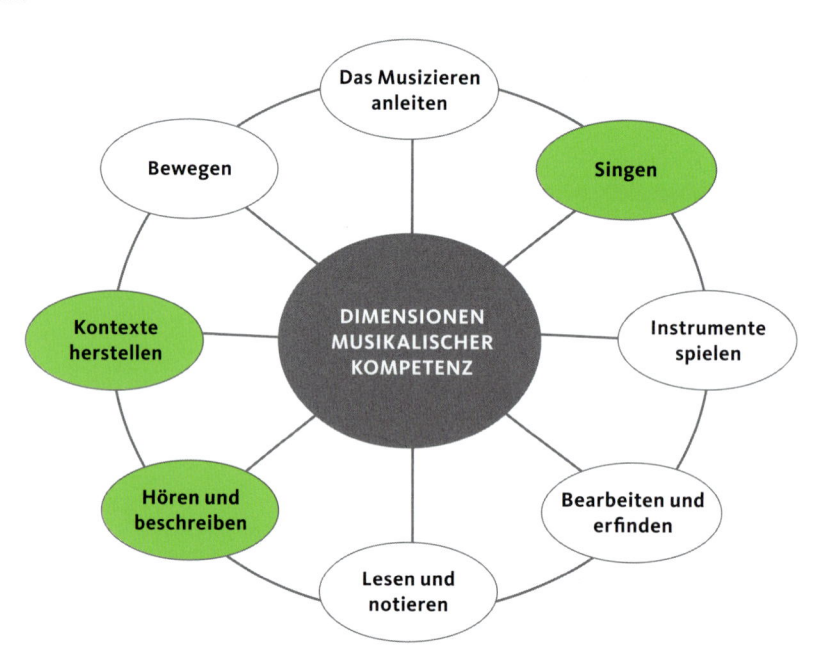

Hörbeispiele:

- „Sing mal wieder" (Wise Guys)
- „What power art thou" (Henry Purcell, aus „King Arthur", 2. Akt, 2. Szene)
- „Puer natus" (Gregorianischer Choral)
- „Blackbird" (Bobby McFerrin)
- „El cuarto de Tula" (Vocal Sampling)
- „Aure, deh per pietà" (Georg Friedrich Händel)

Bester Zeitpunkt: Parallel zu Bereich C (tonale Kompetenz), Bausteine 1–4 (▷ S. 165–201)

Zeitbedarf: 2–3 Stunden

MODUL 2 /// WAS DIE STIMME ALLES KANN

IDEE
Modul 2 – „Was die Stimme alles kann" – stellt die Vielseitigkeit der menschlichen Stimme vor und informiert über ihre Physiologie.

ZUM THEMA
Ging es in Modul 1 um die Bandbreite unterschiedlicher Möglichkeiten der Lautgebung mit der Stimme im Allgemeinen, so geht es in Modul 2 um die Bandbreite unterschiedlicher Klangmöglichkeiten der Singstimme. Die vorgestellten Hörbeispiele tragen zur Erweiterung der Hörerfahrungen der Schüler bei.

Durch die Stimmbildungsarbeit im Bereich C (tonale Kompetenz) verfügen die Schüler bereits über erste bewusste Erfahrungen mit der Physiologie und Funktionalität ihrer Stimme. Die praktischen Erfahrungen werden in diesem Modul ergänzt durch Basisinformationen dazu. Danach werden Anlässe, bei denen gesungen werden kann, thematisiert, Hörbeispiele nach verschiedenen Kriterien geordnet und die Wirkung des jeweiligen Einsatzes der Stimmen in den Hörbeispielen reflektiert.

ZEITPUNKT UND ZEITBEDARF
Zeitpunkt: 5. Klasse, frühestens parallel zur Arbeit in Bereich C (tonale Kompetenz), Baustein 1, je nach individueller Jahresplanung auch zu einem späteren Zeitpunkt.

Zeitbedarf: ca. 2 Stunden, evtl. verteilt auf mehrere Stunden (wenn die Arbeit mit diesem Modul verknüpft wird mit der Arbeit an Bausteinen des Bereichs C).

DURCHFÜHRUNG

KLANGMÖGLICHKEITEN DER STIMME — 1. STUNDE

Einstieg
Schritt 1: Gemeinsam ein bereits bekanntes Lied singen oder vom Tonträger einspielen: „Sing mal wieder" von den Wise Guys.

Schritt 2: Unterrichtsgespräch über Singanlässe – mögliche Impulse:
- Bei welchen Gelegenheiten singt ihr?
- Singt ihr in einem Chor? Kennt ihr jemanden, der im Chor singt?
- Warum singen Menschen eigentlich? Warum singt ihr? Warum nicht so gerne?
- Für wen singen Menschen, wenn sie singen?
- Welche Arten von Liedern gefallen euch / gefallen euch nicht?
- Warum gibt es so viele verschiedene Lieder und Gesangsstücke?

Schritt 3: Zusammenfassung: Menschen singen oder hören gesungene Musik aus ganz verschiedenen Gründen und bei ganz unterschiedlichen Gelegenheiten:
- für sich selber singen (z. B. Mitsingen zur CD, unter der Dusche)
- für andere oder vor anderen singen (z. B. im Chor, Karaoke)
- mit anderen singen (z. B. auf einer Busfahrt, am Lagerfeuer)
- andere singen für uns (z. B. im Radio, auf CD, in der Kirche, bei Konzerten)

Erarbeitung
Schritt 1: Die Schüler hören sechs Hörbeispiele (CD-D, 1–6) und bearbeiten dazu die Aufgabe auf Arbeitsblatt 1 (Erwartungshorizont ▷ Arbeitsblatt 3).

Schritt 2: Ergebnisse auf Folie eintragen. Unterrichtsgespräch über den Stimmklang, das Imitieren von Instrumenten mit der Stimme und den Countertenor (historische Aspekte, Stimmklang).

Schritt 3: Die Schüler hören die sechs Beispiele erneut und ordnen sie in Einzelarbeit kurzen Texten zu (Aufgabe 1 auf Arbeitsblatt 2).
- Ergebnisse auf einer Folie präsentieren
- offene Fragen klären

Schritt 4: Aufgabe 2 auf Arbeitsblatt 2 ausfüllen (Lückentext)

Hausaufgabe: Die Puzzleteile ausschneiden und in richtiger Zuordnung auf ein Blatt Papier kleben.

MÖGLICHE VERTIEFUNG

Dieses Modul geht von Hörbeispielen aus der zentraleuropäischen Musikgeschichte und -gegenwart aus. Eine Erweiterung zu Stimm-Klängen aus anderen Kulturkreisen bietet das mip-journal 22/2008: Markus Detterbeck: Stimmen der Welt. Stimm-Klänge der Kulturen (S. 65–69). Ca. 3 Stunden, Beispiele aus Zentralasien, von den Samen aus Nordskandinavien, den Navajo aus den USA, aus Südafrika, Gospelsong aus USA, aus Brasilien, von Bali und aus dem Vorderen Orient.

2. STUNDE — DIE STIMME – WIE SIE FUNKTIONIERT

Einstieg

Schritt 1: Warm-up möglichst im Kreis stehend:
- Kopf: nicken, schütteln, nach rechts und nach links neigen, im Halbkreis von der linken Schulter über den Brustkorb auf die rechte Schulterseite hin drehen.
- Schultern: symmetrisch und gegenläufig kreisen, bis zu den Ohren heben und wieder fallen lassen.
- Körper / richtiger Stand: „Die Bodenuhr": „Stelle dir eine auf den Boden gemalte Uhr vor. Du stehst mittendrin. Die 12 liegt vor dir, die 6 hinter dir."
- Mit dem Oberkörper langsam und vorsichtig zur 12 neigen, ohne dabei umzufallen,
- dann langsam zurück zur Mitte und
- anschließend ganz langsam ein Stück nach hinten zur sechs,
- danach seitwärts zur 9 und zur 3.
- Langsam und vorsichtig vorgehen, um das Gleichgewicht nicht zu verlieren. Darauf achten, dass die Mitschüler bei dieser Übung nicht berührt oder behindert werden.

Schritt 2: Unterrichtsgespräch über grundsätzlichen Sinn und Funktion von Warm-ups und Einsingen.

Schritt 3: Atemübungen (vgl. auch Bereich C, Übungen zu Atem, Stimme und Körper ▷ S. 161)
- hecheln wie ein Hund
- ruhig und tief einatmen, die Hände dabei seitlich auf die Hüften legen und die Flanken umfassen, ganz langsam und gleichmäßig auf „zzzhhhh" ausatmen (Vorstellung: Aus einem Fahrradschlauch mit einem winzigen Loch ganz langsam die Luft entweichen lassen.)
- „Einen Fahrradschlauch aufpumpen": Zunächst mit kräftigen („tsch, tsch"), dann mit schwächeren Luftstößen („pf, pf") die Pumpe imitieren. Im Laufe der Übung ein wenig schneller werden.
- Etwas sehr Schweres an einem Flaschenzug hochziehen, d. h. ein Seil herunterziehen, kräftig und sehr langsam. Dabei gleichmäßig auf ein langgezogenes „schhhh" ausatmen.

---
[1] Idee aus: Pachner, Rainer: Musikpraxis in der Schule – Vokalpädagogik. Kasssel 2001.

Erarbeitung

Was im Körper geschieht, wenn unsere Stimme erklingt.

Schritt 1: Vibrationen im Körper

Der Kehlkopf:

- Lehrer: zeigen, wo sich der Kehlkopf befindet
- Schüler: vorsichtig den eigenen Kehlkopf ertasten und auf einer angenehmen Tonhöhe das englische Wort „you" singen
- nach einiger Zeit zwischen hohen und tiefen Tönen wechseln
- Unterrichtsgespräch: Was können die Schüler spüren? (Vibration des Kehlkopfs, Stellung des Kehlkopfs bei verschiedenen Tonhöhen)

Der Kopf:

- beide Hände auf die Schädeldecke legen, auf „mm" summen
- Unterrichtsgespräch: Wo sind Schwingungen zu spüren? Was verändert sich, wenn eine Hand in Richtung Nacken nach unten tastet? (Vibration nimmt zum Hinterkopf hin etwas ab.)

Der Oberkörper:

- beide Hände flach auf den Brustkorb legen, wieder auf „mm" summen und die Stimme wie eine Sirene nach oben und unten gleiten lassen
- Unterrichtsgespräch: Was spüren die Schüler? Wann sind die Schwingungen stärker / schwächer? (Vibrationen sind im gesamten Brustbereich spürbar, je tiefer der Ton, desto deutlicher.)

Schritt 2: Resonanz und Resonanzräume

- Erläuterung: Was ist Resonanz, wo liegen die wichtigsten Resonanzräume, welche Funktion haben sie für das Singen? Resonanzräume beim Singen von Einzeltönen ertasten lassen.
- OHP-Folie der Zeichnung von Arbeitsblatt 4,1 erstellen (Oberkörper und Kopf) und Aufgabe 1 gemeinsam mit den Schülern erarbeiten (Lösung, von oben nach unten und von links nach rechts: Kehlkopfknorpel, Stimmlippen, Luftröhre, Nasenhöhle, Zunge, Resonanzrohr, Lunge, Zwerchfell, Rachen, Kehlkopf, Atemorgan).

AB 4,1

Schritt 3: Die Tonerzeugung

- Den Schülern eine Animation zu sich bewegenden Stimmlippen zeigen (z. B. Animation „Stimmlippen" auf der CD-Rom zum mip-journal 22/2008).
- Gemeinsam mit den Schülern die Aufgaben 2 und 3 von Arbeitsblatt 4,2 erarbeiten (Lösung Lückentext: a. Stimmlippen, b. Atemorgan, c. Luft, d. unterhalb, e. Druck, f. auseinander, g. Stimmritze, h. Schwingung).

AB 4,2

Mögliche Erweiterung

Die Stimmlagen: Stimmen klingen in Abhängigkeit von der Länge der Stimmbänder unterschiedlich hoch oder tief und werden deshalb in verschiedene Stimmlagen mit der Bezeichnung Sopran, Alt, Tenor und Bass eingeteilt. Dies kann den Schülern durch ein Hörbeispiel mit deutlich wahrnehmbaren Einsätzen der verschiedenen Stimmlagen verdeutlicht werden, z. B. „Tuba Mirum" aus dem Requiem von W. A. Mozart (vgl. auch mip-journal 22/2008).

Lehrerinformation: Stimmwechsel bzw. Mutation: Parallel zur Pubertät zwischen ca. 11 und 14 Jahren. Verlängerung und Verdickung der Stimmlippen. Bei Jungen beträgt der Unterschied zur Kinderstimme etwa acht Töne (eine Oktave), bei Mädchen bleibt der Unterschied geringer, etwa zwei bis drei Töne (eine Terz).

Daran anschließend evtl. kurzes Unterrichtsgespräch über Chorarbeit oder Singen in diesem Alter: Können Jungen / Mädchen dann nicht mehr singen? Wie lange dauert dieser Prozess? Kann man den Vorgang beeinflussen? Gibt es Jungen, die nicht in die Mutation kommen etc.

MODUL 3: STIMMTHEATER

AUF EINEN BLICK

Thema: Experimenteller und kreativer Umgang mit der Singstimme[2]

Inhalte: Mit unterschiedlichen Klangmöglichkeiten der Stimme im Rahmen einiger Vorgaben improvisieren

Kompetenzen:

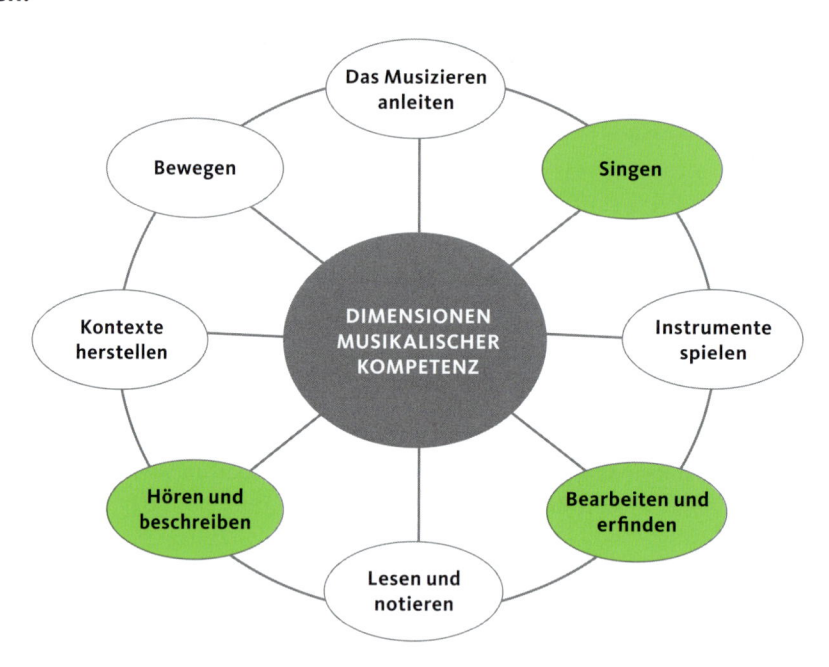

Dimensionen musikalischer Kompetenz: Das Musizieren anleiten, Bewegen, Kontexte herstellen, Hören und beschreiben (hervorgehoben), Lesen und notieren, Bearbeiten und erfinden (hervorgehoben), Instrumente spielen, Singen (hervorgehoben).

Bester Zeitpunkt: Gegen Ende von Klasse 6; frühestens ab Baustein 4 von Bereich C (tonale Kompetenz; ▷ S. 194)

Zeitbedarf: Ca. 2 Stunden (bei Bedarf ausbaubar)

IDEE

Modul 3 – „Stimmtheater" – fordert die Kreativität der Schüler heraus und führt die Erfahrungen aus Modul 1 zu Experimenten und Improvisationen mit der Stimme weiter.

ZUM THEMA

Im Zentrum dieser Unterrichtseinheit steht der experimentelle Umgang mit der Stimme. Dabei wird ein besonderer Akzent auf das selbstständige musikalische Handeln innerhalb eines vorgegebenen Handlungsrahmens gesetzt. Die Schüler üben die Wahrnehmung der eigenen musikalischen Aktionen im Zusammenklang mit den Aktionen der anderen Schüler. Im Gespräch über das Klangergebnis und ihren eigenen Beitrag dazu lernen die Schüler, Klangereignisse zu bewerten und sich (selbst-)kritisch mit den musikalischen Aktionen ebenso wie mit den Bewertungen der Mitschüler auseinanderzusetzen. Das Gespräch trägt dazu bei, ästhetische Kriterien zu entwickeln.

---

[2] Grundlage der folgenden Übungen sind einige Ideen aus dem Buch „Musik bewegt sich im Raum" von Diether de la Motte (Celle 1987).

ZEITPUNKT UND ZEITBEDARF

Klasse 6. Eine ganze und eine halbe Unterrichtsstunde.

Wenn die Schüler Lust an solchen Experimenten bekommen, kann das „Stimmtheater" oder eine andere Improvisationsidee auch für eine Aufführung vorbereitet und geübt werden.

DURCHFÜHRUNG

Vorbereitung

In der Mitte stehen im Raum verteilt sechs Notenpulte mit der Nummer der jeweiligen Station und den entsprechenden Anweisungen in großer Schrift. Die Klasse sitzt im Kreis am Rand des Raumes, sodass in der Mitte möglichst viel Platz für das „Stimmtheater" bleibt.

Station 1:

Sprich die Konsonanten k, p, t, in unterschiedlicher Reihenfolge (Wiederholungen sind erlaubt), mit kürzeren oder längeren Pausen, schnell oder langsam. Sprich sehr laut und deutlich.

Ausdruck: gemein, niederträchtig

Station 2:

Pfeife auf zwei verschiedenen Tönen in ganz langsamem Wechsel.

Ausdruck: unbeteiligt, gelangweilt

Station 3:

Sprich den Satz „Wer andern eine Grube gräbt, ist Totengräber" im Befehlston, ganz laut und entschlossen, mit unterschiedlichen Pausen zwischen den Wörtern.

Ausdruck: energisch, bestimmend

Station 4:

Sprich die folgenden Silben in einem fortlaufenden Singsang. Nutze auch ganz hohe oder ganz tiefe Töne. Die Reihenfolge der Silben ist egal, nur solltest du – außer zum Atmen – keine Pause machen.

Silben: mo – ma – mi – mu – me, lo – la – le – lu – lö – no – nä – ni – nü etc.

Ausdruck: erfreut, fröhlich

Station 5:

Sprich den Satz: „Mein zotteliger Hund wird dich ganz verschlingen". Sprich auf einen einzigen Ton, ganz gedehnt und sehr langsam, Silbe für Silbe.

Ausdruck: drohend, gefährlich

Station 6:

Sprich ganz leise und möglichst schnell den Satz: „Franz Funder fischt flotte Flundern". Lass nach einiger Zeit immer mehr Silben weg, bis nur noch einzelne Silben schnell hintereinander gesprochen und wiederholt werden.

Ausdruck: ängstlich, verschüchtert

Schritt 1: Erklärung der Regeln:
- Jeder Schüler hat am Ende drei der sechs Stationen absolviert. Es können auch Stationen doppelt belegt werden, auf jeden Fall müssen es aber drei verschiedene sein.
- Während der Aktionszeit können die Stationen beliebig angewählt werden, je nachdem, welche frei ist. Alle Schüler, die gerade nicht an einer Station aktiv sind, sitzen im Außenkreis und hören genau zu. Sie können zu einer Station gehen, wenn ein Platz frei wird.
- Es geht nicht um ein schnelles „Durchkommen". Deshalb müssen auch nicht alle Stationen zu jeder Zeit belegt sein. Es ist vielmehr wichtig zuzuhören, was gerade geschieht. (Dieser Hinweis soll den Schülern deutlich machen, dass die klangliche Entwicklung im Aktionsraum im Vordergrund steht.)
- Das Stimmspiel ist zu Ende, wenn entweder alle Schüler drei verschiedene Stationen absolviert haben oder wenn der Lehrer an einem gewissen Punkt die Klangaktion beendet.

Schritt 2: Durchführung der Klangaktion „Stimmtheater".

Schritt 3: Sitzkreis: Reflexion der Aktionen und ihrer Klangergebnisse im Plenum. Mögliche Impulse:
- Wie hat unsere Aufführung geklappt? Seid ihr mit dem Ergebnis zufrieden? Was könnte verbessert werden?
- Habt ihr euch an einer Station unwohl gefühlt? Warum?
- Habt ihr an einer Station besondere Schwierigkeiten gehabt? Woran lag das?
- Welche Station hat am meisten Spaß gemacht?
- Habt ihr etwas Neues über eure Stimme erfahren?

Schritt 4: Wiederholung der Klangaktion „Stimmtheater" und nochmaliges kurzes Nachgespräch.

ZUR METHODIK

- Die Stationen können vorbereitet werden, indem man beispielhaft einzelne Aktionen erläutert oder vorher ausprobiert.
- Spannender für die Schüler ist es, vorher nicht zu wissen, wie die Aufgaben derer lauten, denen sie zuhören. Jeder wird seine eigene Lösung finden. Spontaneität und Kreativität werden so gefördert.
- Wichtig ist, die Regeln für die Aktionsphase klar anzusagen. Selbst wenn weniger kreative Schüler sich zunächst überfordert fühlen und nicht genau wissen, was sie tun sollen, wird ihnen der akustische Schutz der gleichzeitigen Aktionen vieler Schüler helfen, eigene Ideen auszuprobieren, zumindest aber, die Ideen anderer zu übernehmen und selbst zu erproben.
- Nach einem Durchgang und der anschließenden Reflexionsphase wird das „Stimmtheater" wiederholt. Das wird vermutlich erst in der Folgestunde geschehen. Dabei stehen der Prozess und der reibungslose Ablauf im Vordergrund. Wichtig: Die Schüler führen nicht bloß Einzelaktionen aus, sondern hören aufeinander, empfinden sich als Teil der Interpretation und begreifen das Ganze als „Aufführung".

Mögliche Vertiefung
Stimmkompositionen hören, z. B. von

- Adriana Hölszky „ …geträumt". Für 36 Vokalsolisten, Einspielung z. B. vom ORF-Chor unter Erwin Ortner, CPO.
- Adriana Hölszky: „Monolog für eine Frauenstimme mit Pauke". Klangwerkstatt Weimar, Rca Red Se.
- Luciano Berio: „Sequenza III per voce femminile". Naxos.
- Andere Spielvorschläge umsetzen (etwa von Diether de la Motte: Musik bewegt sich im Raum, 16 Konzepte für Laien-Professionals aus Musik, Sprache, Sprachmusik und Bewegung. Celle 1987.)

MODUL 4:
AFRIKANISCHE STIMMBEWEGUNG

AUF EINEN BLICK

Thema: Gestalten eines afrikanischen Popsongs

Inhalte: Singen und Spielen eines Songs, dazu eine einfache Bewegung ausführen

Kompetenzen:

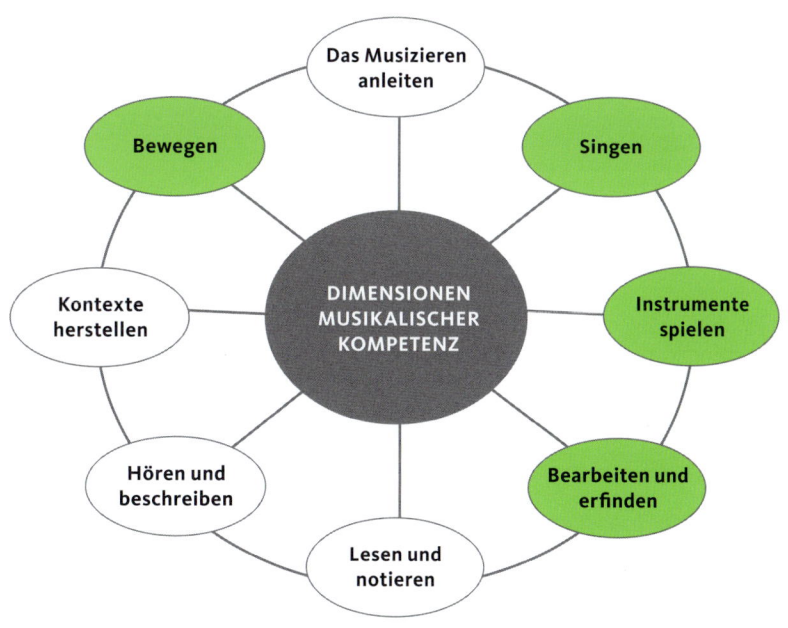

(Dimensionen musikalischer Kompetenz – hervorgehoben: Bewegen, Singen, Instrumente spielen, Bearbeiten und erfinden)

Lieder / Spielstücke / Hörbeispiele:

„Jambo Bwana" (Teddy Kalanda Harrison)

Bester Zeitpunkt: Parallel zu oder nach einem der Bausteine von Bereich C (tonale Kompetenz) ab Baustein 5. Vorausgesetzt wird außerdem der rhythmisch sichere Umgang mit Viertel- und Achtelnoten (Bereich B, rhythmische Kompetenz, Baustein 1).

Zeitbedarf: 2–3 Stunden

IDEE

In Modul 4 – „Afrikanische Stimmbewegung" – erlernen die Schüler einen afrikanischen Popsong, den sie mit einer einfachen Bewegung begleiten. In Gruppen erarbeiten sie eine instrumentale Begleitung mit Stabspielen und Boomwhackers. Die abschließende Gesamtpräsentation des Songs (mit oder ohne Playback) kann für eine kleine Aufführung mit ein bis zwei weiteren Songs verbunden werden.

ZUM THEMA

Modul 4 setzt den Schwerpunkt auf die Musizierpraxis. Dabei werden Kompetenzen aus den Bereichen A, B und C miteinander verknüpft. Die Beschäftigung mit einem ihnen fremden Kulturkreis (Afrika) und mit Aspekten der Musizierpraxis dort steht zwar nicht im Zentrum, soll aber doch zur Kulturerschließung beitragen und ein Fenster zu außereuropäischer Musikpraxis öffnen.

Der afrikanische Popsong „Jamba Bwana" wurde von dem kenianischen Musiker Teddy Kalanda Harrison 1980 geschrieben und mit seiner Band „Them Mushrooms" aufgenommen (▷ mip-journal 21/2008, S. 54–57).

ZEITPUNKT UND ZEITBEDARF

Zeitpunkt: Der Song kann je nach Fähigkeiten der Klasse bereits am Ende von Klasse 5 erarbeitet werden. Voraussetzung ist etwas Übung mit Stabspielen sowie Erfahrung mit Bewegung und die Beherrschung rhythmischer Patterns mit Viertel- und Achtelnoten.

Zeitbedarf: Je nach Vertiefung der instrumentalen Begleitung 2–3 Stunden.

DURCHFÜHRUNG

1. STUNDE

Einstieg

(D 7) Das Lied „Jamba Bwana" einspielen. Hörauftrag: Vermutungen über die Herkunft des Liedes entwickeln und darauf achten, welche Klänge / Geräusche / Instrumente außer dem Gesang noch zu hören sind.

Nach dem Hörbeispiel: Unterrichtsgespräch über

- die regionale Herkunft der Musik
- die Art der musikalischen Ausführung (klatschen, singen, mit Instrumenten percussiv begleiten)
- Unterschiede der Musizierpraxis zu unserer Kultur (Dominanz des Rhythmus, unterschiedliche Rolle des Call & Response-Prinzip etc.)
- die Funktionen der Musik und mögliche Gründe für die Art der Darbietung (Tanz, Kult und / oder Religion, Freude, Begleitung der Arbeit ...)

Erarbeitung

Schritt 1: Das Lied im Stehen erarbeiten:
- Metrum in die Füße nehmen (große Schläge auf halbe Noten)
- ohne Noten und ohne Instrumente die Melodie der Strophe durch Vor- und Nachsingen erarbeiten, entweder auf Tonsilbe („ba" oder „bo") oder auf den englischen Text (ggf. an die Tafel schreiben oder von einer Folie projizieren)

Schritt 2: (D 8) Liedblatt (Arbeitsblatt 8) kopieren, austeilen und den afrikanischen Text erarbeiten, das Lied üben und festigen:
- deutsche Übersetzung vorlesen und besprechen
- das Lied zum Playback singen, dabei die Zwischenrufe einbauen

Schritt 3: Die Bewegung zum Lied einstudieren und das Stück mit der Bewegung mehrmals wiederholen.

Bewegung:

Drei Positionen auf einem imaginären Halbkreis für den rechten Fuß: vorne, Mitte, hinten. Der linke Fuß wird auf Zählzeit 3 jedes Taktes am Platz nur kurz gehoben und wieder abgestellt. Nach 4 Takten wieder von vorne beginnen.

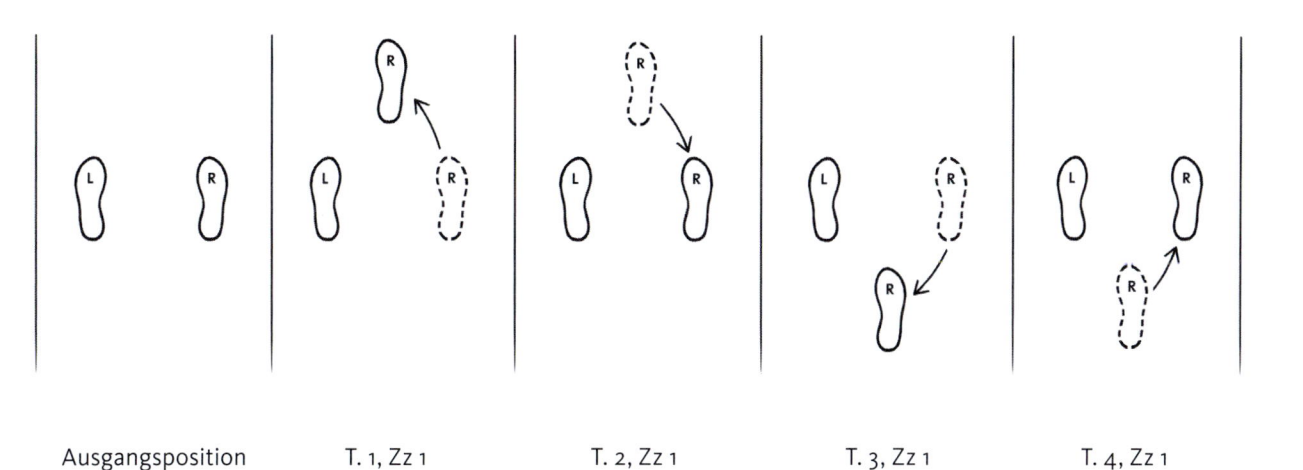

| Ausgangsposition | T. 1, Zz 1 | T. 2, Zz 1 | T. 3, Zz 1 | T. 4, Zz 1 |

2. STUNDE

Einstieg

Wiederholung des Liedes mit der Bewegung.

Erarbeitung

In drei Gruppen eine instrumentale Begleitung einstudieren.

AB 5,1
AB 5,2

Schritt 1: Im Raum verteilt sind vier Tischgruppen jeweils mit dem Instrumentarium und einem Arbeitsblatt für die Gruppenarbeit aufgebaut. Jede Gruppe erarbeitet in Eigenregie ihre Begleitung gemäß den Arbeitsaufträgen des Arbeitsblatts:

- Gruppe 1: Rhythmus (je nach Schülerzahl entsprechend viele Handtrommeln, Claves und 1–2 Tamburins für insgesamt ca. 10 Schüler). Wegen der Lautstärke sollte diese Gruppe nach Möglichkeit in einem anderen Raum arbeiten.
- Gruppe 2 und 3: Stabspiele: jede Gruppe erarbeitet zwei Stimmen.
- Gruppe 4: Boomwhackers

Schritt 2: Im Anschluss an die Probenphase stellt jede Gruppe ihr Ergebnis vor. Die anderen Gruppen singen dazu das Lied mit Klavierbegleitung.

Schritt 3: Zum Abschluss wird eine gemeinsame Version geprobt. Dafür eine kleinere Stabspiel- und Boomwhackergruppe bilden, damit genügend Kinder singen können.

Mögliche Vertiefung

Je nach Interesse der Lerngruppe kann das Lied zwischen Vorsänger und Gruppe (Call & Response) oder instrumentalen und vokalen Teilen variierend gestaltet werden.

Jambo Bwana

Musik u. Suaheli-Text: Teddy Kalanda Harrison
© by Hanseatic Musikverlag GmbH & Co KG
SVL: Warner Chappell Musikverlag Gesellschaft m.b.H.
Einrichtung u. engl. Text: Markus Detterbeck

[Notenzeilen mit Text:]

Strophe:
Jam-bo, (hu) jam-bo bwa-na! (hei) Ha-ba-ri ga-ni? (hu) Mzu-ri sa-na! (hei) Tu-im-be (hu) tu-che-ze so-te, (hei) Ki-swa-hi-li ni lu-gha ya Af-ri-ca.

Hel-lo! (hu) Feel the rhyth-m! (hei) En-joy the mu-sic! (hu) Join our danc-ing! (hei) To-geth-er (hu) let's have a good time! (hei) Take it ea-sy! Sing ha-ku-na ma-ta-ta!

Refrain:
Le-o tu-fu-ra-hi, ha-ku-na ma-ta-ta! sa-li, ha-ku-na ma-ta-ta! Reg-gae ba-bu kub-wa, ha-ku-na ma-ta-ta! Bu-ru-da-ni ta!

Lis-ten to the rhyth-m, ha-ku-na ma-ta-ta! Ah, tu-che-ze Let us sing to-geth-er: ha-ku-na ma-ta-ta! Lis-ten to the ta!

Übersetzung
Hallo, guten Tag der Herr! Wie geht's? Danke, sehr gut! Kommt und singt, kommt und tanzt. Suaheli ist die Sprache Afrikas. Lasst uns heute glücklich sein. Es gibt keine Schwierigkeiten. Reggae ist unser Gott. Es gibt keine Schwierigkeiten. Der Rhythmus ist gut. Es gibt keine Schwierigkeiten. Ah, lasst uns tanzen. Es gibt keine Schwierigkeiten.

Aussprachehinweise
j in **jambo**   stimmhaftes „dsch" wie in „Dschungel"   w in **bwana**   „u"
z in **mzuri**   stimmhaftes „s" wie im englischen „zero"   ch in **tucheze** stimmloses „tsch" wie in „klatschen"

Ablauf: Intro (8 T.) – Strophe (16 T.) – Zwischenspiel (8 T.) – Strophe (16 T.) – Refrain (8 T.)

UNTERRICHTSVORHABEN 2: STARS IN DER MUSIK

EINLEITUNG

AUF EINEN BLICK

Thema: Ein Blick hinter die Kulissen des Geschäfts mit Musikstars

Inhalte: Das Lied von den Stars

Musikvermarktung am Beispiel von Paul Potts und David Garrett

Aus Wunderkindern werden Stars: die Kindheit von Michael Jackson und Lang Lang

Kompetenzen:

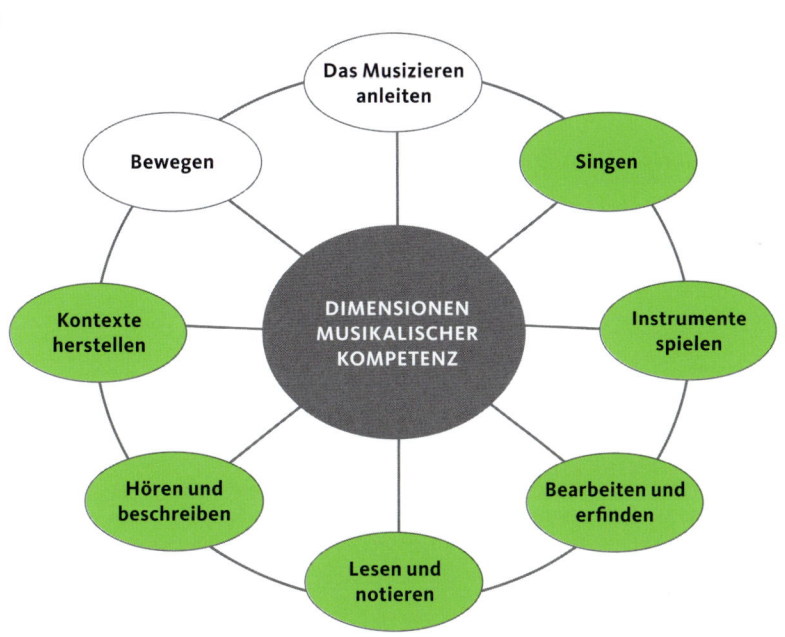

Dimensionen musikalischer Kompetenz: Das Musizieren anleiten, Singen, Instrumente spielen, Bearbeiten und erfinden, Lesen und notieren, Hören und beschreiben, Kontexte herstellen, Bewegen

Lieder / Spielstücke: „Das Lied von den Stars" (Fredi Jirovec)

Hörbeispiele:

- „Nessun dorma" (Giacomo Puccini), gesungen von Paul Potts
- „Smooth Criminal" (Michael Jackson), gespielt von David Garrett
- „All the things you are", gesungen von Michael Jackson als Kinderstar
- „Black or white", gesungen von Michael Jackson als Erwachsener
- „Wanderer-Fantasie", 4. Satz, Allegro von Franz Schubert, gespielt von Lang Lang

Bester Zeitpunkt: Ende der Jahrgangsstufe 6

Zeitbedarf: 3 Module zu je ca. 1–3 Unterrichtsstunden

IDEE

Dieses Vorhaben bietet erste Blicke hinter die Kulissen des Musikgeschäfts: Es thematisiert vor allem die Vermarktung von Stars. Die Schüler erschließen sich Kontexte von Musik anhand ausgewählter Quellen und reflektieren Licht- und Schattenseiten eines Lebens als Musikstar.

THEMATISCHER ZUSAMMENHANG

Musikstars gehören fest zur Alltagswelt der Schüler. Deshalb ist das Thema „Stars" bzw. deren Musik seit Jahrzehnten ein fester Bestandteil des Musikunterrichts. Sendungen wie „Deutschland sucht den Superstar", „Popstars" und Konsolenspiele wie „Sing-Star" und damit einhergehenden Karaokepartys etc. boomen in den letzten Jahren. Daran anknüpfend ergeben sich zahlreiche Möglichkeiten für den Musikunterricht. Die Stars, die in diesem Vorhaben thematisiert werden, stehen nicht im Mittelpunkt, sondern dienen sozusagen als „Folien", um die Mechanismen bzw. Hintergründe, die hinter ihrem Erfolg stehen, für die Schüler nachvollziehbar zu machen.

ZIELE

Die Schüler lernen

- ein Lied zu singen und zu begleiten,
- improvisatorische Gestaltungsmöglichkeiten in der Gruppe auszuprobieren,
- wesentliche Informationen aus Interviews herauszuarbeiten,
- die Rolle der Vermarktung als entscheidenden Faktor für den Erfolg eines Stars kennen,
- autobiografische Aussagen in einen Kontext einzuordnen,
- das Star-Phänomen aus ethisch-moralischer Sicht zu betrachten und kritisch zu hinterfragen.

Möglichkeiten zur Veröffentlichung von Ergebnissen:

- Aufführung „Das Lied von den Stars"
- Lernplakate / Wandzeitungen mit den Ergebnissen eigener Recherchen zum Thema „Vermarktungsstrategien"

ZU DEN MODULEN

Ausgehend von den bisher erworbenen rhythmischen und tonal–vokalen Kompetenzen bieten die drei Module dieses Vorhabens unterschiedliche Perspektiven auf Stars in der Musik, wobei neben Popstars auch Stars der Klassik in den Blick genommen werden:

Modul 1 – „Das Lied von den Stars" – bietet Möglichkeiten, die tonal-vokalen sowie rhythmischen Fähigkeiten zum Einsatz zu bringen. Darüber hinaus bietet das Lied einen Anlass für eine Klassendiskussion und ist somit gut als Einstieg in das gesamte Vorhaben geeignet.

Modul 2 – „Popstars der Klassik" – stellt den Schülern zwei Musiker vor, die z. T. wie Popstars gefeiert werden und es schaffen, Jugendliche für klassische Musik zu begeistern. Die Schüler erarbeiten die Bedeutung der Vermarktung von Musik, indem zwei Interviews exemplarisch analysiert werden: Die Interviews mit David Garrett und Paul Potts werden in verteilten Rollen nachgespielt, zu Paul Potts wird – um die „Stimmung einzufangen" – der zugehörige Konzertausschnitt auf Video gezeigt.

Modul 3 – „Aus Wunderkindern werden Stars" – bietet Einblicke in die Kindheit von Michael Jackson bzw. Lang Lang und zeigt das ehrgeizige Bestreben der Väter, die Karriere ihrer Kinder rücksichtslos voranzutreiben. Den Schwerpunkt bildet hier die Beschäftigung mit autobiografischen Texten und Hörbeispielen.

ZEITPUNKT UND ZEITBEDARF

Aufgrund der abstrakten Inhalte wie „Vermarktungsstrategien" und „Kindheit von Stars" ist es sinnvoll, dieses Vorhaben erst zum Ende der sechsten Jahrgangsstufe durchzuführen. Der Zeitbedarf beträgt für die Module 1 und 2 je zwei, für Modul 3 ein bis zwei Stunden.

MODUL 1:
DAS LIED VON DEN STARS

AUF EINEN BLICK

Thema: Einstieg in das Vorhaben „Stars in der Musik"

Inhalte: Lied singen und mit Instrumenten begleiten

Erfinden von Zwischenspielen

Klassendiskussion zum Thema „Leben der Stars" durchführen

Kompetenzen:

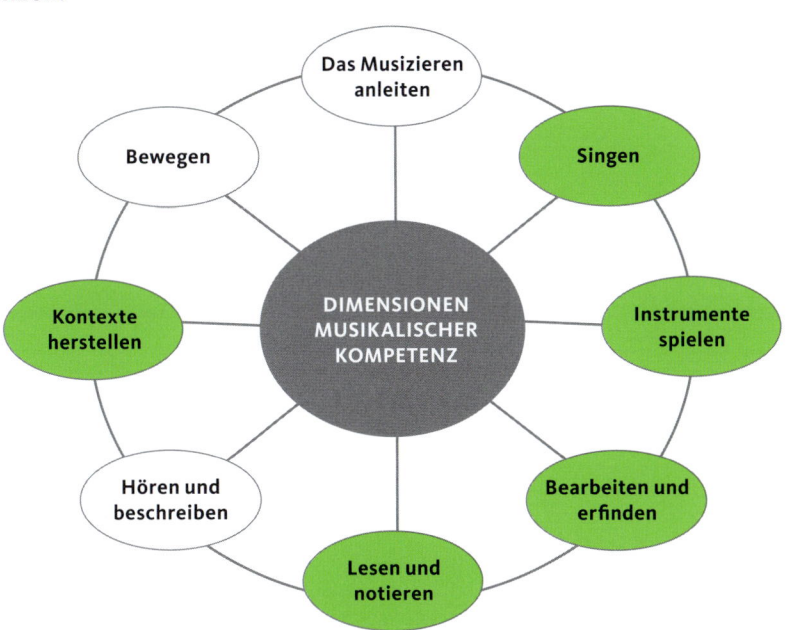

Dimensionen musikalischer Kompetenz: Das Musizieren anleiten, Singen, Instrumente spielen, Bearbeiten und erfinden, Lesen und notieren, Hören und beschreiben, Kontexte herstellen, Bewegen

Lieder / Spielstücke / Hörbeispiele: „Das Lied von den Stars" (Fredi Jirovec)

Zeitbedarf: Ca. 2 Stunden

IDEE

In Modul 1 – „Das Lied von den Stars" – bringen die Schüler ihre tonal-vokalen sowie rhythmischen Fähigkeiten zum Einsatz. Es geht allerdings nicht nur darum zu singen und zu musizieren: Das Lied bietet darüber hinaus inhaltlich einen Anlass für eine Klassendiskussion und ist damit gut als Einstieg in das gesamte Vorhaben geeignet.

ZUM THEMA

Modul 1 vertieft Kompetenzen aus den Bereichen B und C, vor allem das Musizieren ein- und zweitaktiger Patterns, den kreativen Umgang mit diesen sowie die Improvisation mit einem Tonvorrat.

In dem Lied geht es um den Wunsch ein Star zu sein. Dabei sind die Grenzen zwischen Musik, Sport und Film – wie so häufig – fließend. Die vierte, etwas nachdenkliche Strophe fragt nach dem Glück der Stars hinter den Kulissen und kann so als Ansatzpunkt für die Diskussion dienen.

TEIL 01 — LIED EINSTUDIEREN

Das Lied von den Stars

T. u. M.: Fredi Jirovec
Backgroundstimme: S. Unterberger
© Helbling

1. Manch-mal wünsch ich mir, ein gro-ßer Schla-ger-star zu sein! Al-le kau-fen mei-ne Plat-ten, al-le kom-men zum Kon-zert. Mei-ne Lie-der wer-den auf der gan-zen Welt ge-hört. Man-chmal wünsch ich mir, ein gro-ßer Schla-ger-star zu sein. Das wär fein!

(Backgroundstimme: Du-a du-a du-a du-a du-a du du bi du bi du-a du-a. Das wär fein!)

2. Manchmal wünsch' ich mir ein großer Star im SPORT zu sein!
Alle freuen meine Siege, alle halten zu mir,
alle trösten mich, wenn ich dann doch einmal verlier'.
Manchmal wünsch' ich mir ein großer Star im SPORT zu sein:
Das wär' fein!

3. Manchmal wünsch' ich mir ein großer Star beim FILM zu sein!
Alle kennen meinen Namen, alle kennen mein Gesicht,
auf der Straße sammeln KInder meine Unterschrift.
Manchmal wünsch' ich mir ein großer Star beim FILM zu sein:
Das wär' fein!

4. Manchmal frag' ich mich, ob große Stars so glücklich sind.
Oder wär' es ihnen lieber, alle ließen sie in Ruh
und sie könnten einfach leben so wie ich und du?
Manchmal frag ich mich ob große Stars so glücklich sind –
wie ein Kind!

MODUL 1 /// DAS LIED VON DEN STARS

Schritt 1: Das Liedblatt austeilen und den Melodierhythmus erarbeiten: Je ein zweitaktiges Pattern wird von einem Schüler in der aus Bereich B bekannten Rhythmussprache vor- und von den anderen nachgesprochen.

AB 6,1

Schritt 2: Einstudieren der Melodie und des Textes der ersten Strophe. Die zweitaktigen Patterns werden durch das Call & Response-Verfahren um Melodietöne und Text erweitert.
Je nach Lerngruppe kann der Part des Call-Sängers vom Lehrer oder einem Schüler übernommen werden.

Schritt 3: Singen des gesamten Liedes. Die weiteren Strophen werden direkt vom Liedblatt abgelesen.

LIED BEGLEITEN — TEIL 02

Schritt 1: Einteilen der Klasse in Sänger der Hauptstimme (= Melodie), Percussionisten und Backgroundsänger.

Schritt 2: Einüben der Begleitpatterns (Aufgabe 1): Ein Schüler spricht den Rhythmus auf Rhythmussilben, die anderen spielen ihn nach. Unabhängig vom Instrument erlernen dadurch alle Schüler sämtliche Begleitrhythmen. Die Backgroundsänger klatschen in dieser Zeit die Rhythmen mit oder suchen sich selbstständig eine alternative Bodypercussion.

AB 7

Schritt 3: Zusammensetzen der Begleitpatterns: Jeder Instrumentalist spielt das für ihn notierte Pattern.

Schritt 4: Einstudieren der Backgroundstimme mit allen Schülern.

AB 6,1

Schritt 5: Kombinieren der Haupt- und Backgroundstimme. Die Percussionisten unterstützen ggf. den Backgroundchor, indem sie die Backgroundstimme mitsingen.

Schritt 6: Kombinieren aller drei Gruppen: Sänger der Hauptstimme, Backgroundsänger und Percussionisten.

Erweiterung: Zur weiteren inneren Differenzierung kann die Begleitung um Schlagzeug, E-Bass, eine 2. Stimme für beliebige (Blas-) Instrumente und Stabspiele ergänzt werden. In diesem Fall wird das Intro von den Instrumentalisten übernommen. Auch Haupt- und Backgroundstimme können durch Instrumentalisten verstärkt werden.

AB 6,2

ZWISCHENSPIELE ERFINDEN — TEIL 03

Schritt 1: Wiederholen von bisher erlernten Rhythmuspatterns. Je nach Schwerpunktsetzung können diese Patterns aus einem bestimmten Baustein (z. B. Baustein 6 aus Bereich B) oder aus verschiedenen Bausteinen entnommen werden. Zum spielerischen Umgang mit Rhythmuspatterns ▷ z. B. Baustein 1 aus Bereich B.

Schritt 2: (ggf. als Hausaufgabe): Die Schüler kombinieren vier Patterns zu einem Zwischenspiel, das sie solistisch zwischen den Strophen ausführen können. Alternativ einigt sich die Klasse auf ein gemeinsames viertaktiges Zwischenspiel und führt dieses gemeinsam aus.

Schritt 3: „Das Lied von den Stars" mit Solo- bzw. Tutti-Zwischenspielen singen und musizieren.

Erweiterung: Fortgeschrittene Schüler improvisieren bzw. komponieren über das Harmonieschema des Intros mit vorgegebenen Tönen (Aufgabe 2) und bereits erarbeiteten Rhythmuspatterns selbst ein Zwischenspiel.

AB 6,3

TEIL 04 — KLASSENDISKUSSION

Schritt 1: Vorstellen der Aufgaben des Moderators zu Beginn (inhaltliche Zurückhaltung, Lenken der Diskussion durch Fragen und Impulse, ggf. Führen einer Rednerliste etc.). Übergabe der Moderatorenrolle an einen Schüler.

Schritt 2: Eröffnen der Diskussion durch Aufgreifen des Songinhalts. Beispiel: „Das Leben der Stars ist nicht so schön, wie wir glauben sollen". (Das Leben der Stars „hinter den Kulissen" ist ständiger Gegenstand in Zeitschriften und den Schülern daher geläufig.)

Schritt 3: Nach Durchführung der Schlussrunde, in der zum Beispiel die Schüler aufgefordert werden, ihre abschließende Meinung zu äußern, wird der Stand der Diskussion durch den Moderator bzw. durch einen oder mehrere Schüler zusammengefasst.

MODUL 2:
POPSTARS DER KLASSIK

AUF EINEN BLICK

Thema: David Garrett und Paul Potts als Beispiele für erfolgreiche Musikvermarktung

Inhalte: Kennenlernen der Musiker David Garrett und Paul Potts

Lesen zweier Interviews in verteilten Rollen

Reflektieren der in den Interviews dargebotenen Informationen unter Zuhilfenahme von zwei Abbildungen

Kompetenzen:

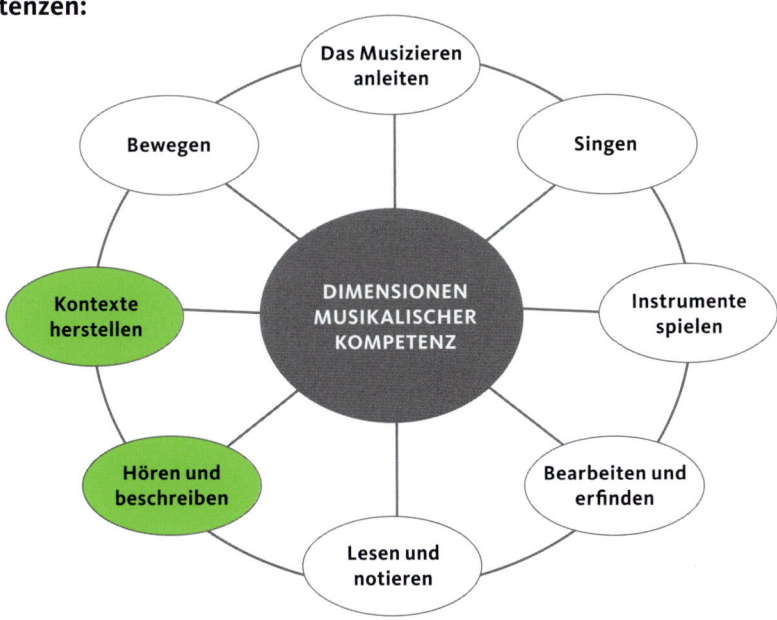

Dimensionen musikalischer Kompetenz:
- Das Musizieren anleiten
- Singen
- Instrumente spielen
- Bearbeiten und erfinden
- Lesen und notieren
- *Hören und beschreiben*
- *Kontexte herstellen*
- Bewegen

Hörbeispiel: „Smooth Criminal" (Michael Jackson), gespielt von David Garrett

Video: „Nessun dorma" (Giacomo Puccini), gesungen von Paul Potts

Zeitbedarf: 2 Stunden

IDEE

In Modul 2 – „Popstars der Klassik" – lernen die Schüler zwei Musiker kennen, die z. T. wie Popstars gefeiert werden und es schaffen, Jugendliche für klassische Musik zu begeistern. Die Schüler erarbeiten die Bedeutung der Vermarktung von Musik, indem Interviews mit Garrett und mit Potts in verteilten Rollen nachgespielt und besprochen werden.

UNTERRICHTSVORHABEN 2 /// STARS IN DER MUSIK

ZUM THEMA

Während in Modul 1 der praktische und kreative Umgang mit musikalischen Fähigkeiten einen Einstieg in die Beschäftigung mit Stars in der Musik bietet, steht hier die Vermarktung im Vordergrund. Am Beispiel der zwei Musiker aus dem Genre der „klassischen Musik" kann eindrucksvoll gezeigt werden, wie sich Jugendliche durch gezielte Vermarktung auch für Musik, die nicht ihren eigentlichen Hörgewohnheiten entspricht, gewinnen lassen. Darüber hinaus wird so eine Polarisierung vermieden, die auftreten würde, wenn über Vermarktungsstrategien aktueller Popstars gesprochen würde. Die Brücke zur Alltagswelt der Schüler kann ggf. in einer abschließenden Hausaufgabe zur Leistungskontrolle erfolgen.

Der Violinist David Garrett gilt als „Grenzgänger" zwischen klassischer Musik und Popmusik, Sänger Paul Potts wurde über Nacht durch die TV-Show „Britain's got talent" (die britische Version der deutschen Castingshow „Das Supertalent") weltberühmt. Aus den beiden Interviews, die von jeweils zwei Schülern in verteilten Rollen gelesen werden, geht u. a. hervor, welche Wirkung die beiden Musiker auf ihr Publikum haben. Die Fragen auf dem Arbeitsblatt und die Fokussierung der Lerngruppe auf das Hören der Interviews helfen, die wesentlichen Aspekte aus dem Interview herauszuarbeiten, ohne sich zu sehr durch Anglizismen oder andere textliche Hürden ablenken zu lassen.

DURCHFÜHRUNG

TEIL 1 — DAVID GARRETT: DER SCHNELLSTE GEIGER DER WELT

Schritt 1: Kennenlernen des Violinisten David Garrett durch Betrachten eines Auftrittsausschnitts. Youtube u. a. bieten eine große Auswahl. Alternativ: Verwenden des Fotos (Folie). *(AB 8)*

Schritt 2: Erstellung eines Meinungsbildes: „Welchen Eindruck hat Garrett auf Euch gemacht?"

Schritt 3: Vertiefung: Die Schüler erhalten weitere Informationen zu David Garrett durch Lesen des Infokastens (Erwartungshorizont ▷ Arbeitsblatt 11). *(AB 9,1)*

Schritt 4: Lesen des Interviews mit Garrett in verteilten Rollen (zwei Schüler). Anschließend Bearbeitung der Aufgabe. *(AB 9,2)*

Schritt 5: Vergleich der Ergebnisse (Erwartungshorizont ▷ Arbeitsblatt 11).

Schritt 6: Hören des Musikbeispiels: „Smooth Criminal" (Ausschnitt). *(D 9)*

▷ Zusammenfassende Abschlussfrage: „Warum ist dieses Stück typisch für den Erfolg David Garretts?"

TEIL 2 — PAUL POTTS: ÜBER NACHT ZUM SUPERSTAR

Schritt 1: Vorstellen des Sängers Paul Potts durch Lesen des Infokastens, Betrachten der Aufführung von „Nessun Dorma" und das Lesen des Interviews bei „The Dome" (Arbeitsblatt 10,1). Hierdurch erhalten die Schüler bereits zahlreiche Informationen für die anschließende Arbeitsphase. *(D 1, AB 10)*

Schritt 2: Vertiefung: Die Schüler beantworten die Fragen auf Arbeitsblatt 10,2 in Gruppenarbeit (Erwartungshorizont ▷ Arbeitsblatt 11). *(AB 10,2)*

Schritt 3: Erneutes Betrachten der Aufführung zur Überprüfung und Ergänzung der Antworten.

Schritt 4: Vergleich der Ergebnisse im Plenum.

Variante: Gruppenpuzzle:

Vorbereitung
Bilden von 6er-Gruppen und Nummerierung der Arbeitsblätter (Arbeitsblatt 9) durchgehend von 1 bis 6, sodass in jeder Arbeitsgruppe ein Satz Arbeitsblätter mit den Nummerierungen 1–6 vorliegt.

Schritt 4 erfolgt in diesem Fall nicht im Plenum, sondern in neu zusammengesetzten Gruppen: Alle Schüler mit der „1" auf ihrem Arbeitsblatt bilden eine neue Gruppe, alle Schüler mit der „2" eine weitere, usw.

Auf diese Weise können die Ergebnisse der verschiedenen Gruppen miteinander verglichen werden und es wird eine hohe Schülerbeteiligung auch in dieser Phase gewährleistet.

Hausaufgabe: Das Verständnis der Bedeutung der Musikvermarktung kann in Form einer Hausaufgabe überprüft werden, in der die Schüler innerhalb eines vorgegebenen Zeitraums Beispiele für Vermarktungsstrategien von Popstars sammeln und vorstellen (CD-Cover, Plakate, Websites, mediale Präsenz etc.).

MODUL 3: AUS WUNDERKINDERN WERDEN STARS

AUF EINEN BLICK

Thema: Die schwere Kindheit als Preis für den Erfolg am Beispiel von Michael Jackson und Lang Lang

Inhalte: Kennenlernen von Michael Jackson und Lang Lang

Vergleich und Zuordnung von Informationen zu den Biografien

Herausarbeiten von Gemeinsamkeiten und Unterschieden bezüglich der Kindheit zweier Superstars

Hörende Erfahrung des Besonderen bei den beiden Künstlern als Kinderstars

Kann man einen Star „machen"?

Kompetenzen:

(Dimensionen musikalischer Kompetenz – hervorgehoben: *Kontexte herstellen*, *Hören und beschreiben*)

Hörbeispiele:

- „All the things you are", gesungen von Michael Jackson als Kinderstar
- „Black or White", gesungen von Michael Jackson mit 33 Jahren
- „Wanderer-Fantasie", 4. Satz, Allegro von Franz Schubert, gespielt von Lang Lang

Zeitbedarf und Zeitpunkt: Ein bis zwei Stunden nach Erarbeitung von Modul 1 und 2

MODUL 3 /// AUS WUNDERKINDERN WERDEN STARS

IDEE

In Modul 3 – „Aus Wunderkindern werden Stars" – erfahren die Schüler durch die Beschäftigung mit einigen Aspekten der Biografien von Michael Jackson bzw. Lang Lang, dass diese Superstars als „Wunderkinder" einen hohen Preis für ihren Erfolg zahlen mussten und dass deren Väter – möglicherweise, um über das Scheitern der eigenen missglückten musikalischen Karriere hinwegzukommen – den Erfolg ihrer Kinder über alles stellten.

ZUM THEMA

Den Popstar Michael Jackson (1958–2009) und den Klaviervirtuosen Lang Lang (*1982) verbindet mehr, als es auf dem ersten Blick scheint: Beide stammen aus armen Verhältnissen und verbrachten fast ihre gesamte Kindheit – gedrillt durch den Ehrgeiz ihrer Väter – damit, ihr Talent weiterzuentwickeln sowie ihre Karriere durch zahlreiche Wettbewerbe und Konzerte voranzutreiben. Die Beschäftigung mit den autobiografischen Aussagen und den Hörbeispielen ermöglicht es den Schülern, die Schilderungen aus der Perspektive des jeweiligen Stars zu sehen und ermöglicht so ein intensiveres „Eintauchen" in dessen Kindheit. Natürlich ist es auch möglich, hier Bezüge zum Wunderkind W. A. Mozart herzustellen.

DURCHFÜHRUNG

ZUORDNUNG DER BIOGRAFISCHEN AUSSAGEN — TEIL 01

Schritt 1: Kennenlernen von Michael Jackson und Lang Lang durch Lesen der Infokästen auf Arbeitsblatt 12,1 und durch Hören der Musikbeispiele.

Schritt 2: Aufgabe 1: Zuordnen der biografischen Aussagen zum jeweiligen Künstler (Erwartungshorizont ▷ Arbeitsblatt 13).

Schritt 3: Reflexion: „Welche Ausschnitte konnten nicht eindeutig zugeordnet werden?"

GEMEINSAMKEITEN UND UNTERSCHIEDE — TEIL 02

Schritt 4: Herausarbeiten der Unterschiede in den Biografien (Aufgabe 2).

Schritt 5: Herausarbeiten der Gemeinsamkeiten in den Biografien von Lang Lang und Michael Jackson (Aufgabe 3).

Schritt 6: Vergleich der Ergebnisse.

Schritt 7: Erneutes Hören der Musikbeispiele und abschließende Diskussion:
- „Welche besonderen Fähigkeiten zeigen die Kinderstars?"
- „Was gehört darüber hinaus dazu, ein Star zu werden?"

UNTERRICHTSVORHABEN 3: ZWITSCHERN, FLIEGEN, GLEITEN

EINLEITUNG

AUF EINEN BLICK

Thema: Vogelstimmen in der Musik

Inhalte: Ausdruck der Musik erfassen und verbalisieren können

Grundlegende musikalische Gestaltungsmittel kennenlernen

Musik in verschiedenen Kontexten reflektieren

Mit der Stimme und / oder Instrumenten eine eigene Komposition gestalten

Kompetenzen:

DIMENSIONEN MUSIKALISCHER KOMPETENZ
- Das Musizieren anleiten
- Singen
- Instrumente spielen
- Bearbeiten und erfinden
- Lesen und notieren
- Hören und beschreiben
- Kontexte herstellen
- Bewegen

Lieder / Spielstücke: Grafische Notation / Komposition

Hörbeispiele:

- „Die Voliere", „Der Kuckuck", „Der Hahn und die Hühner", „Der Schwan" (Camille Saint-Saens, aus: „Der Karneval der Tiere")
- „Der Vogel" (Sergei Prokofjew, aus: „Peter und der Wolf")
- „Sinfonie Nr. 6, 2. Satz" (Ludwig van Beethoven, aus: „Sinfonie Nr. 6 in F-Dur, op. 68")
- „Der Frühling" (Antonio Vivaldi, aus: „Die vier Jahreszeiten")
- „La grive des bois / Die Walddrossel" (Olivier Messiaen, aus: „Des canyons aux etoiles")

Der Hummelflug" (Nicolai Rimski-Korsakow), in folgenden Interpretationen:

- Hummelflug 1 a capella: The King Singers
- Hummelflug 2 Klavier und Geige: Tasman Little
- Hummelflug 3 Klavier und Kontrabass: Jorma Katrama und Margit Rahkonen
- Hummelflug 4 Klavier und Saxofon: Koryun Asatrya
- Hummelflug 5 Posaune: Slokar Trombone Quartet

Aufnahmen echter Vogelstimmen

Bester Zeitpunkt: Zweite Hälfte der 5. Klasse, Voraussetzungen: Bereich A (metrische Kompetenz), Baustein 2 (▷ S. 31); Bereich B (rhythmische Kompetenz), Bausteine 1–3 (▷ S. 69–113); parallel zu oder nach Bereich C (tonale Kompetenz), Baustein 3 (▷ S. 177) oder spätere Bausteine.

IDEE UND THEMATISCHER ZUSAMMENHANG

Alle Unterrichtsstunden dieses Vorhabens integrieren verschiedene Bausteine aus den drei Bereichen. In dem Vorhaben „Zwitschern, Fliegen, Gleiten" wird das sukzessive Erlernen unterschiedlicher musikalischer Kompetenzen in einen thematischen Zusammenhang integriert. Auch bereits erarbeitete Kompetenzen können hier zusammengeführt werden. In den beiden letzten Stunden des Vorhabens können die Schüler musikalische Gestaltungsmittel (Stimme / Pfeifen und / oder Instrumente) erkunden (7. Stunde), um diese dann in eine eigene Komposition aufzunehmen, sie gemeinsam zu musizieren (8. Stunde) und – im Optimalfall – auch vor Publikum aufzuführen (z. B. in einem Schulkonzert oder verbunden mit einer Schulgalerie).

ZU DEN UNTERRICHTSSTUNDEN

Das bewusste Hören und Beschreiben von Musik findet in der 1. Stunde statt („Voliere"), in der die Schüler den Ausdruck von Musik erfassen und verbalisieren. Die Bilder haben inhaltlich nichts oder wenig mit dem Stück „Voliere" zu tun, aber einige beinhalten ähnliche Stimmungen: Bewegung, Unruhe, Flattern, Wimmeln, aber auch die positive Grundstimmung. Die Schüler erproben hier den Transfer von den Stimmungen eines Bildes (oder mehrerer Bilder) zu Stimmungen in der Musik. In Stunde 6 steht ebenfalls das Erfassen des Ausdrucks im Mittelpunkt: das Nachempfinden der gleitenden Bewegung des Schwans. Stunde 7 macht den Schülern bewusst, wie sich der Ausdruck ein und desselben Stücks ändert, je nach Instrumentierung und Tempo des „Hummelflugs".

Grundlegende musikalische Gestaltungsmittel wahrzunehmen und die Wahrnehmung zu beschreiben kann als eine erste Hinführung zur musikalischen Analyse verstanden werden. Hier gibt es mehrere Stunden, die eine Bewusstmachung der musikalischen Parameter beinhalten. Stunde 1 verschafft einen ersten Überblick: Ausgehend von der Wirkung des Stücks sollen die Schüler Rückschlüsse auf einige Parameter ziehen (z. B. Tempo: lebhaft / schnell; Melodik: schnelles Hin und Her der Töne / Triller; Rhythmik: sehr kurze Notenwerte). Durch die meisten Stunden zieht sich der Parameter Instrumentation (Stunde 1: „Voliere", Stunde 2: „Der Kuckuck", Stunde 3: „Hahn und Hühner", Stunde 4: „Der Schwan"), der in der 5. Stunde („Hummelflug") zu einer besonderen Einsicht führt: Bestimmte Instrumente sind aufgrund ihrer Klangeigenschaft für bestimmte Tiere (allgemein gesprochen: für einen bestimmten Ausdruck) mehr geeignet als andere.

Eine Vertiefung zum Parameter Rhythmik (Notenwerte) bietet die 4. Stunde („Hahn und Hühner"), zu den Parametern Melodik (Verlauf der Melodie) oder Rhythmik (Notenwerte) die 5. Stunde („Schwan").

Ein Verständnis für Musik in verschiedenen historischen, kulturellen und gesellschaftlichen Kontexten bahnt die 6. Stunde an. Durch ein Rollenspiel übernehmen die Schüler die Sichtweise eines Komponisten und erhalten erste Einsichten in die Machart eines Musikstücks.

Fächerverbindendes Vernetzen mit Bildender Kunst, Deutsch und / oder Biologie bietet sich in den meisten Stunden an. Bei rechtzeitiger Absprache mit den Kollegen ist das fächerverbindende Arbeiten eine große Bereicherung für alle Beteiligten.

UNTERRICHTSVORHABEN 3 /// ZWITSCHERN, FLIEGEN, GLEITEN

ZEITPUNKT UND ZEITBEDARF

2. Hälfte der 5. Klasse, Voraussetzungen: Bereich A (metrische Kompetenz), Baustein 2 (▷ S. 31); Bereich B (rhythmische Kompetenz), Bausteine 1–3 (▷ S. 69–113); parallel zu oder nach Bereich C (tonale Kompetenz), Baustein 3 (▷ S. 177) oder zu späteren Bausteine.

Zeitbedarf: Die Stunden 1–6 können als Hinführung zu der Eigenkomposition (7. und 8. Stunde) verstanden werden, wobei es dem Lehrer überlassen ist, ob die Stunden in der vorgeschlagenen Reihenfolge unterrichtet werden. Es ist auch denkbar, einzelne Stunden auszutauschen oder auch wegzulassen, je nach dem möglichen zeitlichen Rahmen und der aktuellen Schwerpunktsetzung des Lehrers. Zu jeder Stunde gibt es weiterführende Ideen, vor allem als Anregung, fächerverbindend mit Deutsch und / oder Bildender Kunst zu arbeiten. Auch Biologie bietet sich an: Das Thema Vogel wird in der 5. Klasse an vielen Schulen unterrichtet. Dies ermöglicht dem Lehrer, individuell Schwerpunkte zu setzen und das Vorhaben nach eigenen Ideen auszugestalten.

Die hier vorgeschlagenen Stunden umfassen einen Zeitrahmen von 8 Stunden ohne die weiterführenden Vorschläge. Die Hausaufgaben stehen als sinnvolle Übung, Vertiefung oder Festigung zur Verfügung. Der Lehrer soll aber frei entscheiden, ob diese Aufgaben so übernommen werden oder zugunsten individueller Aufgaben weggelassen werden. Daher sind die Hausaufgaben auch nicht als Vorbereitung für Folgestunden notwendig (Ausnahme: die häusliche Vorbereitung auf die letzte Stunde).

Literatur- und Medienhinweis:
Lohmann, Michael: Singvögel. Aussehen, Vorkommen, Lebensweise, Gesang. BLV Buchverlag, München 2009.
Der Link www.tierstimmen.org bzw. das Schülerportal dazu bieten eine Vielzahl an Aufnahmen von Vogelstimmen zum Anhören.

DURCHFÜHRUNG

1. STUNDE — DIE VOLIERE – FLATTERN, FLIRREN, ZWITSCHERN

Schritt 1: Bilderkreis (unterschiedliche Bilder aus Bildmappen, wie sie im Kunstsaal jeder Schule vorhanden sind: einige drücken Bewegung aus, andere Ruhe): Die Schüler suchen sich, während die Musik erklingt, still ein Bild aus, das besonders passend zur Musik erscheint und bleiben davor stehen.

Schritt 2: Die Schüler begründen im Gesprächskreis ihre Wahl.

Schritt 3: Musikalische Parameter (Tempo, Instrumente, Rhythmus, Melodieverlauf etc.) werden an der Tafel / auf einer Folie des Arbeitsblatts gesammelt und gemeinsam sortiert bzw. mit Überbegriffen benannt. Übertragung in das Heft (Erwartungshorizont ▷ Arbeitsblatt 15).

Schritt 4: Die Schüler spekulieren über den Titel des Stücks, dann Enthüllung des Titels „Voliere", Begriffsklärung.

Hausaufgabe: Die Schüler zeichnen selber ein Bild, das zur „Voliere" passen soll.

Erweiterung: Fächerverbindend das Thema „Flattern / Wimmeln" in BK aufgreifen.

2. STUNDE — DER KUCKUCK – DER GLEICHE RUF, UNREGELMÄSSIG AUS DEM UNSICHTBAREN

Fakultativ: Hausaufgaben-Kontrolle: alle Bilder / nur die interessantesten an die Tafel / an die Stellwand pinnen. Nochmaliges Hören der „Voliere". Die Schüler wählen die drei Bilder, die am besten die Stimmung einfangen.

Schritt 1: Das Lied „Auf einem Baum ein Kuckuck saß" zunächst singend erarbeiten. Je nach Zeit auch schon eigene Kuckucksrufe im Zwischenspiel einfügen.

Auf einem Baum ein Kuckuck saß

[Notenbeispiel mit Abschnitten: Intro, Strophe, Zwischenspiel, Outro]

1. Auf ei-nem Baum ein Ku-ckuck, sim sa la dim bam ba sa la du sa la dim, auf ei-nem Baum ein Ku-ckuck saß.

... sehr.

2. Da kam ein junger Jäger,
sim sa la dim bam ba sa la du sa la dim,
da kam ein junger Jägersmann.

3. Der schoss den armen Kuckuck, sim …
der schoss den armen Kuckuck tot.

4. Und als ein Jahr vergangen, sim …
und als ein Jahr vergangen war.

5. Da war der Kuckuck wieder, sim …
da war der Kuckuck wieder da.

6. Da freuten sich die Leute, sim …
da freuten sich die Leute sehr.

AB 16

Schritt 2: Überleitung zum „Kuckuck" aus dem Karneval der Tiere von Camille Saint-Saëns. Mögliche Frageimpulse: „Der Komponist hat hier den Kuckuck mit Instrumenten dargestellt. Welche sind es?" ▷ zwei Klaviere und eine Klarinette. „Welches Instrument würdet ihr für den Kuckuck verwenden? Warum?" ▷ Klarinette, weil ein Blasinstrument vogelähnlich ist.

Schritt 3: Höraufgabe 1: „Wie oft ruft der Kuckuck?" ▷ 21 Mal.

Höraufgabe 2: „Sind die Abstände immer gleich?" Beim Hören das kopierte und vorher verteilte Bild eines Kuckucks hochheben ▷ die beiden Töne bleiben immer gleich, aber die Abstände und die Lautstärke variieren.

Schritt 4: Die Schüler musizieren das Klassenarrangement und begleiten damit den eigenen Gesang.

Erweiterung 1: Bei genügend Zeit: Die Atmosphäre des Waldes beschreiben, Rückschlüsse auf den homofonen Klaviersatz ziehen, der durch die langen Notenwerte Ruhe vermittelt.

Erweiterung 2: Die Schüler musizieren das Klassenarrangement und begleiten damit den eigenen Gesang.

Variante: Die Schüler erarbeiten den harmonischen Wechsel von Tonika und Dominante. Hierfür können Übungen aus Baustein 6 und 7 von Bereich C vorgeschaltet werden. Bei diesem Vorgehen gibt der Lehrer nicht das Klassenarrangement aus, sondern lässt die Schüler dieses selber erarbeiten.

AB 16

3. STUNDE — HAHN UND HÜHNER – DURCHLAUFENDE MOTORIK PLUS „AUSREISSER"

AB 17

Schritt 1: „Das Rap-Huhn" einüben: entweder durch rhythmisches Vorsprechen / Nachsprechen oder indem der Lehrer einige Noten des Rap-Huhns löscht („versengtes Notenblatt"). Die Schüler finden dann selbstständig die fehlenden Notenwerte heraus.

Schritt 2: Die Schüler beschreiben das Verhalten von Hühnern im Lied (rhythmisches Gackern) und auf dem Bauernhof aus ihrer eigenen Erfahrung: Es gibt ruhig dösende Hühner, Hühner, die Eier legen (aufgeregtes Gackern / „Ausreißer"), Hühner, die hektisch herum laufen (vor allem, wenn Gefahr droht), Hühner, die im Hof herumlaufen und scharren und picken (ruckartig und rhythmisch).

D 15

Schritt 3: Höraufgabe 1: „Welche Sorte Hühner hat der Komponist Camille Saint-Saëns hier dargestellt?" Die Schüler beschreiben die Melodie genau (Tonwiederholungen plus „Ausreißer").

Höraufgabe 2: „Welche Instrumente hat der Komponist für die Hühner gewählt? Warum?" (Fragend-entwickelnd: Klangeigenschaft der Geige bei vielen Tonwiederholungen erinnert an das Gackern / Durcheinander mehrerer Hühner. Auf ähnliche Weise greifen dies auch die beiden Klaviere auf.)

Erweiterung 1: „Wie oft kräht der Hahn? Welche Instrumente wählt der Komponist hier?" ▷ Klarinette und Klavier. Sie können das Krähen gut wiedergeben: die Klarinette aufgrund ihrer Klangeigenschaften, das Klavier ahmt den Ruf durch einen langen Triller nach.

Erweiterung 2: Die Geige vorstellen (selber spielen oder Experten einladen). Ausführliche Arbeitsmaterialien zum Kennenlernen der Geige bietet zum Beispiel der Beitrag „Die Violine" im mip-journal 16/2006 S. 37–45. Diese können in den folgenden Stunden immer wieder an entsprechender Stelle eingesetzt werden.

AB 27,2

Hausaufgabe: Auch im Notenbild des transkribierten echten Huhns die „Ausreißer" zeigen / markieren (Beispiel C).

4. STUNDE — DER SCHWAN – DAS GLEITEN, DIE ANMUT, DIE GRAZIE

D 16

Schritt 1: Hörbeispiel „Der Schwan" ganz hören. Passende (fließende) Körperbewegungen zur Musik erarbeiten. Dazu aus Bereich A, Baustein 2 Übung 1 (S. 31) verschiedene Bewegungen auswählen: „Wolken schieben", „Spiegel im Spiegel", „Kleeblatt" etc., eventuell auch Tücher verwenden, die die Schüler im Raum bewegen.

Mögliche Frageimpulse: „Welches Tier – es ist auch ein Vogel – könnte hier dargestellt sein? Was sind seine Eigenschaften?" ▷ Vögel, die durch langsames Gleiten / Fliegen auffallen (große Vögel, wie Adler, Albatros etc.). Auflösung: der Schwan.

AB 18

Schritt 2: Melodieverlauf als Notation erfassen (Auszug der ersten fünf Takte, Ausgabe für Geige und Klavier). Die Schüler hören das Hörbeispiel und zeichnen die Melodie auf dem Arbeitsblatt mit einem Marker nach. Wenn der Bass-Schlüssel bereits bekannt ist, kann die leere Notenzeile für eine Transkriptionsübung G → F-Schlüssel verwendet werden.

Schritt 3: Den Verlauf genau beschreiben (z. B. in kleinen Wellenbewegungen abwärts, dann eine lang gestreckte Tonfolge aufwärts). Genaue Betrachtung / Zusammenstellung der Aufwärtsbewegung: die Stammtöne ab e' in Takt 4. Den großen Ambitus dieser Melodie mit herausragendem Schlusston auch singend erfassen. Rückschlüsse auf die Wirkung ziehen, z. B. Glanz / Erstrahlen / Gespanntheit / Eleganz / Grazie.

Variante 1: Der Lehrer erstellt ein lückenhaftes Notenblatt („versengtes Notenblatt", siehe 3. Stunde): Die Schüler setzen fehlende Töne in die Tonleiter ein. Anmerkung: Die Schüler müssen in diesem Fall die Stammtöne bereits kennen.

Variante 2: Bezug nehmen auf Bereich B, Bausteine 1–3 (halbe, ganze und punktierte Notenwerte) – die langen Notenwerte in jede Phrase vermitteln Ruhe, Erhabenheit, Gelassenheit. Die Schüler erkennen den Zusammenhang zwischen Tondauer und musikalischem Ausdruck.

Erweiterung 1: Bei genügend Zeit: Rollenverteilung der Instrumente erarbeiten: Cello als „Schwan", das Klavier als „Wasser".

Erweiterung 2: Theatervorstellung mit Verdunklung: Einen Origami-Schwan (vom Lehrer gebastelt oder nach Vorlage von den Schülern in BK) gleiten lassen. Ein Schüler am Overhead-Projektor bewegt den Schwan, eine mit Glasmalfarben bemalte Folie bildet den Hintergrund.

Erweiterung 3: Theateraufführung wie folgt: Die Schüler liegen auf dem Rücken auf einem Tisch, mit einem dunklen Tuch zugedeckt. Über den Arm wird ein weißer Kniestrumpf angezogen und der Schwan dargestellt. Die Schwäne bewegen sich passend zur Musik.

Benötigtes Material: Großes dunkles Tuch, weiße Kniestrümpfe.

EIN HUMMELFLUG UND VIELE HUMMELN — 5. STUNDE

Schritt 1: Das „Bienenspiel" (Bereich C, Baustein 1, Übung 1, Seite 165) und andere Übungen desselben Bausteins spielen.

Schritt 2: Information an die Schüler, dass vielen verschiedenen Künstlern ein Stück („Der Hummelflug") so gut gefallen hat, dass es alle spielen wollten und wollen.

Schritt 3: Die Schüler hören verschiedene Aufnahmen an. Den Flug der Hummel dabei mit dem Finger nachzeichnen. Darauf achten, dass die Schüler zwischen schnellem Flug und Einzeltönen bzw. -aktionen unterscheiden.
Höraufgabe: „Wie ändert sich der Charakter der Hummel, wenn das Tempo und / oder die Instrumente verändert werden?"

Schritt 4: Die Ergebnisse werden auf der Folie gesammelt und auf dem Arbeitsblatt gesichert (Erwartungshorizont ▷ Arbeitsblatt 20).

Schritt 5: Nach dem Hören suchen die Schüler die für sie subjektiv beste Hummel aus (auch als Stimmungsbild durch Abstimmung) und begründen ihre Wahl.

Hausaufgabe: Fächerverbindend mit Deutsch: „Erfinde eine Geschichte, die den Flug deiner Lieblings-Hummel aufgreift." Der Charakter sollte hier aufgegriffen und – je nach Lieblingshummel – passend versprachlicht werden.

6. STUNDE — DIE ECHTESTEN VÖGEL UND DER SUPERKOMPONIST

Rollenspiel: Als Teilnehmer an einem Kompositionswettbewerb „Deutschland sucht den Superkomponisten" in der Rolle des Komponisten vor einer Jury ein Musikstück vorstellen.

D 22–25
AB 21–24

Schritt 1: Arbeitsteiliges Vorgehen in 4 Gruppen (möglichst mit MP3-Player für jeden Schüler): Jede Gruppe erhält ein Stück, in dem Vogelstimmen in Musik umgesetzt wurden und erarbeitet mit Hilfe eines Info-Blatts die hervorstechenden Merkmale dieses Stücks (Vivaldi, Beethoven, Prokofjew, Messiaen).

Schritt 2: Das zugewiesene Musikstück einer Jury (der Klasse) präsentieren: Die Schüler stellen in einem kurzen Statement vor, was an ihrem Stück besonders gelungen ist.

Schritt 3: Abstimmung: „Welches ist der echteste Vogel?" Anschließend Diskussion über musikalische Werturteile (Welches ist der echteste Vogel? Welcher der beste Komponist? Gibt es den überhaupt?). Die Gruppen setzen sich mit Sachargumenten und begründeten Werturteilen für „ihre" Komposition ein. Fazit: Wer der Beste ist, hängt auch davon ab, welche Beurteilungskriterien vorher festgelegt wurden (z. B. „Echtheit"). Darüber hinaus hängt die Wahrnehmung und das Urteil der Hörer von verschiedenen, zum Teil sehr subjektiven Faktoren ab (z. B. Geschmack).

Schritt 4: Eine Rezension über eines der vorgestellten Stücke schreiben. Dabei inhaltlich auf die Arbeitsblätter Bezug nehmen und begründen.

7. STUNDE — VOGELLAUTE DARSTELLEN: TRANSKRIBIEREN

Anknüpfend an die 6. Stunde sind in der 7. und 8. Stunde tatsächlich kompositorische Fähigkeiten der Schüler gefordert: Die Schüler erarbeiten nun ausgehend von natürlichen Vogelstimmen einen eigenen kreativen Beitrag.

D 26–33
AB 25,1
AB 25,2

Schritt 1: Aufnahmen verschiedener Vögel anhören. Frageimpuls: Wie kann man diese Vogelstimmen musikalisch darstellen, nachpfeifen oder singen? Mit den Schülern eine Auswahl verschiedener Vogelstimmen treffen.

Schritt 2: Die Hörbeispiele werden aufgeteilt oder per Los den Gruppen zugewiesen.

Schritt 3: In einer Gruppe (3–4 Schüler) für eine Vogelstimme eine grafische Umsetzung finden. Es ist sinnvoll, zunächst eine kurze Einführung in das grafische Notieren anhand einiger Beispiele zu geben und an der Tafel exemplarisch zu zeigen. In der anschließenden Gruppenarbeit wird das Arbeitsblatt verwendet. Mögliche Differenzierung in der Gruppe: 1–2 Schüler erarbeiten eine Grafik, andere finden passende Silben. Alle Schüler tragen ihre Ergebnisse in ein Arbeitsblatt und auf Folie (eine pro Gruppe) ein (Erwartungshorizont ▷ Arbeitsblatt 26).

Schritt 4: Vorstellen der Gruppenergebnisse am OHP / auf Folie. Bei der Präsentation der Ergebnisse soll die Übereinstimmung zwischen Silben, Grafik und Vogelstimme für die Klasse als eine nachvollziehbare Idee erkennbar sein.

Schritt 5: Die Schüler geben an, welche Instrumente sie in der nächsten Stunde verwenden wollen und klären, welche privat mitgebracht und welche aus der Schule verwendet werden.

Hausaufgabe: Zu den in Schritt 4 präsentierten Ergebnissen bearbeiten die Schüler zu Hause ihr Vogelmotiv, indem sie z. B. verschiedene passende Klänge dafür festlegen und die Vogelmotive rhythmisch, ggf. mit Instrumenten, einüben.

Variante: Anstelle der in Schritt 3 gestellten Aufgabe, die Vogelstimmen grafisch darzustellen, können die Hörbeispiele der Vogelstimmen auch als Grundlage für eine Höraufgabe dienen: Die Schüler ordnen die Notate der transkribierten Vogelstimmen den gehörten Vogelstimmen zu (Lösungen Arbeitsblatt 27,1: 1A; 2C; 3D; 4B. Arbeitsblatt 27,2: 1A; 2D; 3B; 4C).

AB 27,1
AB 27,2

VOGELLAUTE DARSTELLEN: KOMPONIEREN — 8. STUNDE

Schritt 1: Die Vogelmotive werden auf Instrumenten und/oder mit der Stimme geprobt. Der Lehrer steht in dieser Phase beratend zur Verfügung und ist für die Organisation zuständig. Falls sich diese Kompositionsphase über mehrere Stunden zieht, ist es sinnvoll, am Ende jeder Stunde ein paar Minuten für ein kurzes Feedback einzuplanen: Was hat gut geklappt, was muss verbessert werden?

Schritt 2: Präsentation: Die einzelnen Gruppen stellen ihre Vogelmusik vor. Wenn möglich auf Tonträger aufnehmen.

Erweiterung 1: Die Einzelbeiträge zu einer größeren Komposition zusammenstellen: Ablauf festlegen, z. B. als Rondo oder mit improvisierter Intro und Outro.

Erweiterung 2: Eine Fabel oder eine Geschichte über einen Kuckuck (z. B. „Der Kuckuck" von Christian Fürchtegott Gellert aus: Der Wolf und das Lamm – die schönsten Fabeln, Lothar Borowsky Verlag, München 1980) gestaltend lesen (möglichst fächerverbindend mit Deutsch erarbeiten). Die komponierten Vogelstimmen zwitschern dann immer passend zum Text. Auf Tonträger aufnehmen.

Erweiterung 3: Das fertige Stück in Schönschrift abschreiben und für den „Verleger"/„Wettbewerbsbeitrag" etc. gestalten.

LEISTUNGSKONTROLLE, EVALUATION, PRÄSENTATION VON ERGEBNISSEN

Zur Leistungskontrolle bzw. Evaluation ist eine konventionelle Klassenarbeit möglich, da eine Fülle von Informationen gut abprüfbar vorliegen (z. B. musikalische Parameter, Instrumentenkunde, Komponistenportraits). Je nachdem, wie der Lehrer die einzelnen Bausteine des Aufbauenden Musikunterrichts einsetzt, kann in eine Leistungskontrolle ein Rhythmus- und/oder Melodie-Diktat integriert werden, indem das vorhandene Notenmaterial als Lückentext umgearbeitet wird und die Schüler durch Vorsingen bzw. Vorklatschen oder schriftlich die Lücken füllen.

In einer Art Selbstevaluation können die Schüler ihren persönlichen Lernfortschritt selber dokumentieren (Beispiel: Ich habe Folgendes gelernt / Mir hat besonders gut gefallen / Ich wünsche mir für das nächste Vorhaben etc., oder ein vorgegebener Evaluationsbogen).

Ein selbst entwickeltes Quiz oder Brettspiel, bei dem Fragen und Antworten zum Lernstoff formuliert werden, kommt bei den Schülern sehr gut an. Hierbei befassen sich die Schüler noch einmal spielerisch mit dem Thema.

Unabhängig davon können die Ergebnisse (hier: die Eigenkompositionen) der Schüler zur Aufführung gebracht werden. Wenn das Thema mit dem Fach Kunst verknüpft wird, kann dies zu einer besonders schönen Aufführung in einer Galerie führen.

UNTERRICHTSVORHABEN 4: MUSIK – BEWEGUNG – TANZ

EINLEITUNG

AUF EINEN BLICK

Thema: Musik und Bewegung als freie Gestaltung und als Poptanz

Inhalte: Freie Bewegungsgestaltung zu fließender Musik

Poptanz zu einem südafrikanischen Hit

Kompetenzen:

(Dimensionen musikalischer Kompetenz: Das Musizieren anleiten, Singen, Instrumente spielen, Bearbeiten und erfinden, Lesen und notieren, Hören und beschreiben, Kontexte herstellen, Bewegen)

Hörbeispiele:

- „Pan" (Jan Garbarek)
- „Doo Bee Doo" (Freshly Ground)
- Zusätzlich nach Bedarf selbst gewählte Popstücke

Bester Zeitpunkt: Zu unterschiedlichen Zeitpunkten während der Arbeit im Bereich A (metrische Kompetenz); frühestens jedoch Ende Baustein 2 oder zusammen mit Baustein 3

Zeitbedarf: Tanzelemente und Warm-up-Übungen: jeweils 10–15 Minuten in mehreren Stunden; Freie Bewegungsgestaltung und Tanz-Choreografie:
je 3–5 Unterrichtsstunden

IDEE

Im Bereich A (metrische Kompetenz) erfahren die Schüler auf vielfältige Weise den Einsatz ihres Körpers in freier und metrisch gebundener Bewegung und gewinnen Sicherheit darin, sich zu Musik verschiedener Herkunft und Stilistik frei oder nach Vorgaben zu bewegen. Das Vorhaben Tanz führt diese Erfahrungen fort und erweitert sie zu ersten choreografischen Präsentationen.

THEMATISCHER ZUSAMMENHANG

Der Tanz als elementare metrische Grunderfahrung, als Umwandlung von Gehörtem in freie oder koordinierte Bewegung ist ein basales Element musikalischer Praxis.

Die enge Verknüpfung von Musik mit Bewegung und Tanz ist für den Musikunterricht besonders wichtig, weil sie

- einen unmittelbaren, ganzheitlichen Zugang zu wichtigen musikalischen Strukturmerkmalen ermöglicht (Metrum und Rhythmus, Form),
- die Fähigkeit zur bewussten Koordination von Bewegung zu Musik fördert, die eine Voraussetzung sowohl für das Musizieren als auch für das Tanzen ist,
- ganz allgemein die sensomotorische Integration unterstützt, also die Fähigkeit zur Entwicklung angemessener Handlungen und Handlungsmuster auf der Basis all dessen, was wir mit unseren Sinnen wahrnehmen.

Tanzen übt auf Jugendliche aller Altersgruppen eine besondere Faszination aus. Dabei spielen insbesondere die Vorbilder aus Musikvideos eine große Rolle.

Dennoch gilt es, eine Scheu gegenüber der Bewegung in der Gruppe, dem Experimentieren mit dem eigenen Körper zur Musik und der Koordination der einzelnen Körperteile (Arme, Beine, Rumpf) zu überwinden und sich auf etwas einzulassen, was vielen Schülern nur durch das Zuschauen vertraut ist. Deshalb ist es wichtig, bereits früh Musik und Bewegung zu verknüpfen und diese Form des Umgangs so zu gestalten, dass sie Schülern Spaß macht, für alle in der Gruppe zu bewältigen ist und zu aufführbaren Ergebnissen führt.

Die unterschiedlichen Voraussetzungen, welche die Schüler mitbringen (vom „Tanzmuffel" bis zur Ballettschülerin), müssen hier besonders berücksichtigt werden.

Daher haben wir den beiden Modulen Warm-ups und Übungen zur Koordination von Musik und Bewegung vorangestellt. Sie sollen über mehrere Stunden hinweg jeweils 5–10 Minuten durchgeführt werden. Aus diesen Bewegungselementen kann eine eigene Choreografie zu einem Popstück entwickelt werden. Erst nach diesen Stunden und wenn die Schüler diese Bewegungselemente gut können, kann mit der Erarbeitung der Module begonnen werden.

ZIELE

Die Schüler lernen

- durch Bewegung und Tanz ihren Hörsinn für rhythmische Strukturen, Metren und Formen zu öffnen,
- Musik und Bewegung allein und in der Gruppe besser zu koordinieren,
- ihren Körper in Bewegung als Teil eines musikalischen Selbstkonzeptes wahrzunehmen,
- sich auf die Koordination von Musik und Bewegung zu konzentrieren.

Möglichkeiten zur Veröffentlichung von Ergebnissen:

- Aufführen der freien Bewegungsgestaltung „Pan"
- Aufführen der Poptanz-Choreografie „Doo Bee Doo"

Die beiden Module können unabhängig voneinander oder kontrastierend aufeinander bezogen erarbeitet werden. Möglichst sollten sie in eine Aufführung münden, denn diese erzeugt einen Zuwachs an Motivation bei der Erarbeitung und fördert den konzentrierten und zielgerichteten Prozess der Einstudierung.

ZU DEN MODULEN

Ziel ist nicht die perfekte Ausführung von Schrittfolgen, sondern der kreative Umgang mit Bewegung zur Musik in der Gruppe. Neben der Anwendung erworbener metrischer Kompetenzen und der Erfahrung von freier und gebundener Bewegung zu Musik stehen der Spaß an der Bewegung und die Konzentration im Vordergrund.

Die Erarbeitung von Bewegungselementen erfordert einerseits grundsätzlich eine Methodik des Vor- und Nachmachens, ermöglicht andererseits aber den Schülern, die erlernten Bewegungselemente eigenständig und kreativ anzuwenden:

- Die Bewegungselemente der Warm-ups und der Übungen zur Koordination von Musik und Bewegung ergeben ein Repertoire, das die Schüler dazu befähigt, diese Elemente frei zu kombinieren, durch eigene Ideen zu ergänzen und auf andere Stücke aus dem Bereich der Populären Musik anzuwenden. Dieses Können eröffnet weitere Möglichkeiten, die Schüler können dadurch z. B.
    - die Choreografie zu einem selbst gewählten Pop-Titel selbstständig erarbeiten oder
    - mithilfe weiterer Materialien (z.B. Doris Groeblacher: Beweg dich hip – Eine Einführung ins Poptanzen im Unterricht [DVD], Helbling 2004) sich selbstständig neue Bewegungselemente für die Choreografie eines Hip-Hop-Titels erarbeiten.
- In Modul 1 – „Freie Bewegungsstudie zu ‚Pan' von Jan Garbarek" – gibt der Lehrer zwar die Entscheidung über das Musikstück vor und präsentiert als Anregung eine mögliche Geschichte als Grundlage der Bewegungsgestaltung, allerdings entwickeln die Schüler ihre eigene Geschichte zur gegebenen Musik, finden selbst Ideen zur deren Umsetzung in Bewegung und arbeiten diese sehr eigenständig aus. Der Lehrer tritt dann in die Rolle eines Beobachters zurück, der berät, wo er gebraucht wird, ohne die Entscheidungen der Schüler vorwegzunehmen.
- Die Erarbeitung einer gegebenen Choreografie zu einem ebenfalls gegebenen Stück in Modul 2 – „Doo Bee Doo" von Freshly Ground – erfordert hingegen eine lehrerzentrierte Methodik des Vor- und Nachmachens, schließt andererseits aber Vorschläge der Schüler zur Choreografie keineswegs aus.

Die Arbeitsweisen sollen ergänzt werden durch

- eigene Internet-Recherche der Schüler zu den verwendeten Musikstücken und deren Musikern,
- das Heraushören der musikalischen Formen von Popmusik (Intro und Outro, Strophe und Refrain, Bridge), z. B. in Zusammenhang mit der selbstständigen Erarbeitung der Choreografie zu einem Titel.

ZUR METHODIK

Warm-up-Phasen:

Jeweils ca. 5–10 Minuten, dafür jeweils 2–3 Übungen (siehe unten) auswählen und eine Aufwärmphase gestalten. An diese Warm-up-Phase können Übungen mit Poptanz-Elementen anschließen (siehe unten; ebenfalls jeweils 5–10 Minuten).

Vor- und Nachmachen:

- Die Bewegungs- und Tanzelemente am besten mit dem Gesicht zu den Schülern spiegelverkehrt vorführen.
- Der Lehrer gibt eine Bewegung vor, die Gruppe imitiert.
- Dies kann später auch in kleinen Schülergruppen eigenständig durchgeführt werden, z. B. zu viert in „Rautenaufstellung": Der Schüler an der Spitze der Raute gibt eine Bewegung vor, die anderen machen sie nach, nach einigen Imitationen gibt der „Vormacher" dem Partner hinter sich rechts ein Zeichen und dieser wird zum „Vormacher", es gibt eine neue Spitze. Den „Vormacher" wechseln, bis alle an der Reihe waren.

Erarbeitung von Tanzelementen:

Jedes Tanzelement so lange wiederholen, bis alle Schüler es beherrschen. Erst dann ein neues Tanzelement vermitteln. Es ist sinnvoll, den einzelnen Tanzelementen Namen zu geben, die man den Schülern bei der Erarbeitung einer größeren Choreografie zurufen kann („V-Schritt", „Karo", „Grapevine", „Mambo-Schritt" etc.). Das ist griffiger und für die Schüler leichter zu behalten als „A-Teil, B-Teil …"

Erarbeitung der Choreografie:

Freie und von der Lehrkraft gesteuerte bzw. vorgegebene Phasen sollen abwechseln. Somit wird eine klare Struktur geboten, aber auch Raum für die Entfaltung von eigenen Ideen.

Raumbedarf:

Für alle Arbeit mit Bewegung gilt: viel Platz für Bewegung schaffen, wenn nötig an anderem Ort als im Musikraum.

ZEITPUNKT UND ZEITBEDARF

Beide Module setzen bereits Grunderfahrungen im Bereich Metrum und Bewegung voraus. Daher sollten mindestens die Bausteine von Bereich 1 und 2 durchlaufen worden sein. Jeder spätere Zeitpunkt in Klasse 5 oder 6 ist möglich.

Die Warm-ups und Übungen bereiten mit ca. 10–15 Minuten Dauer in mehreren Stunden ein Modul vor. Beide Module benötigen zur Erarbeitung je ca. 3–5 Unterrichtsstunden.

WARM-UPS [3]

Die folgenden Übungen gehen von Musikbeispielen im 4/4-Takt aus und fassen jeweils zwei Takte zusammen. Deshalb wird immer bis 8 gezählt. Diese Folge mindestens 2–4 Mal wiederholen.

EINFACHE BEWEGUNG AM PLATZ — ÜBUNG 01

Hinweis: Auf dem Video D2 werden die folgenden Übungen a), b) und c) aneinandergereiht gezeigt.

a) „STERNENREGEN"

Zählzeit	Tanzbewegung
1	Beine beugen, Arme holen über die Körpermitte Schwung
2 3 4	Arme schwungvoll über die Seite nach oben führen, Beine dabei strecken, gleichzeitig einatmen und Arme gestreckt lassen
5 6	rechten ausgestreckten Arm in großem Bogen wieder nach unten führen und gleichzeitig ausatmen
7 8	dasselbe mit dem linken Arm

b) „SCHERENSPRUNG"

Zählzeit	Tanzbewegung
1	springen und breitbeinig aufkommen
2	wieder in die Mitte zusammen springen
3 4 5 6	jeweils Sprünge wiederholen (auf – zu – auf – zu)
7	Arme hoch werfen („Basketball in den Korb werfen")
8	Oberkörper fallen lassen, Beine sind gebeugt
1–8	langsam Wirbel für Wirbel aufrichten, alles vier mal wiederholen

---

[3] Wir bedanken uns bei Janine Franz und Judith Dausch für Anregungen zu diesem Abschnitt.

c) „SCHWUNGRAD"

Ausgangsposition: Beide Arme nach oben strecken

Zählzeit	Tanzbewegung
1 2	rechten ausgestreckten Arm in großem Bogen nach unten führen
3 4	dasselbe mit dem linken Arm
5 6 7 8	in die Knie gehen, beide Arme mit Schwung von der Körpermitte nach außen schwingen und langsam wieder in Ausgansposition bringen

ÜBUNG 02 — EINFACHE BEWEGUNG IM RAUM

a) Zum Beat der Musik durch den Raum laufen und auf die 1 in jedem Takt klatschen.

b) Auf 8 zählen und jeweils bei 1 einen Partner mit der rechten Hand abklatschen.
Wichtig: das Metrum nicht unterbrechen! Wer keinen Partner „findet", klatscht in die Luft.

c) Auf 8 zählen und bei 1 jeweils die Bewegungsrichtung ändern.
Wichtig: Raumwege optimal nutzen (diagonal, gerade, in Schlangenlinien etc.).

d) Kleine „Schlangen" aus einer Schülergruppe bilden: Der Kopf der Schlange gibt die Gangart vor, die anderen folgen und machen die Bewegung nach (kann auch mit Armbewegung ergänzt werden).

D3

ÜBUNG 03 — TANZELEMENTE ZUR GESTALTUNG EINER KLEINEN CHOREOGRAFIE

a) „Rechts – ran – rechts – ran" oder spiegelverkehrt

Varianten:
- mit clap auf Zählzeit 4
- mit kick: mit dem linken Fuß auf Zählzeit 4 schräg nach rechts vorne über den anderen Fuß, dann spiegelverkehrt
- hinten kreuzen (rechts seit – links hinten kreuz – rechts seit – links ran und gleichzeitig clap)
- vorne kreuzen

b) „Karoschritt": sich ein imaginäres Quadrat auf dem Boden denken und die Schrittfolge ausführen

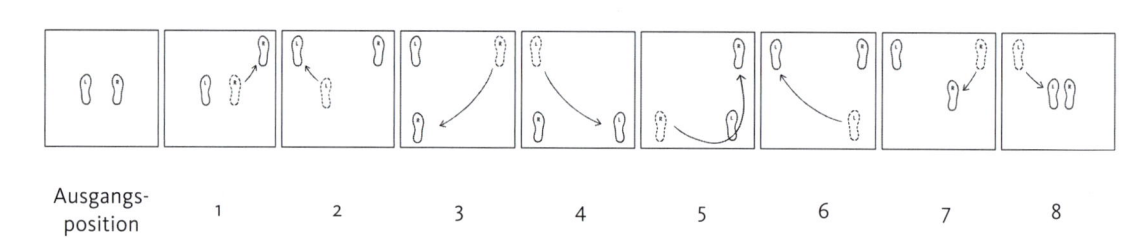

D4

c) „V-Schritt":

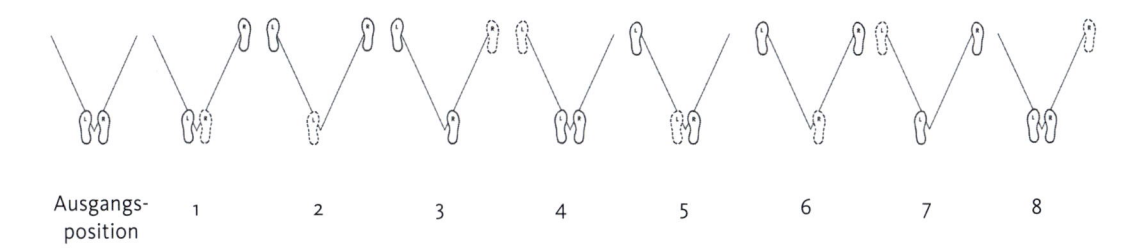

| Ausgangsposition | 1 | 2 | 3 | 4 | 5 | 6 | 7 | 8 |

d) „HIN UND ZURÜCK"

Zählzeit	Tanzbewegung
1 2 3	mit rechtem Fuß beginnend 3 Schritte nach vorne gehen
4	eine halbe Drehung gegen den Uhrzeigersinn auf dem Ballen über links (linker Fuß ist nach der Drehung vorne)
5 6 7	drei Schritte nach vorne
8	mit beiden Beinen fest stehen

e) „HÜPFGRÄTSCHE"

Zählzeit	Tanzbewegung
1 2 3 4	4 Schritte nach vorne gehen, rechter Fuß beginnt
5 und 6	3 kleine Hüpfsprünge mit geschlossenen Beinen
7 8	einen Schritt rechts und einen Schritt links am Platz (die Beine sind etwas gegrätscht)

f) „TAP 'N' CLAP"

Zählzeit	Tanzbewegung
1 2 3	mit rechtem Fuß beginnend 3 Schritte nach hinten gehen
4	mit linker Fußspitze tap nach vorne, dabei Oberkörper zurücklehnen und clap
5 6 7	mit dem linken Fuß beginnend 3 Schritte nach vorne gehen
8	rechte Fußspitze tap nach hinten, dabei Oberkörper nach vorne lehnen und tap

Aus diesen Bewegungsbausteinen kann eine kleine Tanzchoreografie für Popstücke zusammengestellt werden. Dafür sind Titel der Popmusik geeignet, die metrisch klar strukturiert und formal einfach aufgebaut sind, ein deutlich spürbares Metrum aufweisen und mit einer Einleitung beginnen, die mit einer Zäsur endet.

MODUL 1: FREIE BEWEGUNGSSTUDIE ZU „PAN" VON JAN GARBAREK

AUF EINEN BLICK

Thema: Freie Bewegung zu fließender Musik

Inhalte: Eigene Bewegungsideen zu einer Tanzgeschichte erweitern
Hörerfahrungen auf Bewegung übertragen

Kompetenzen:

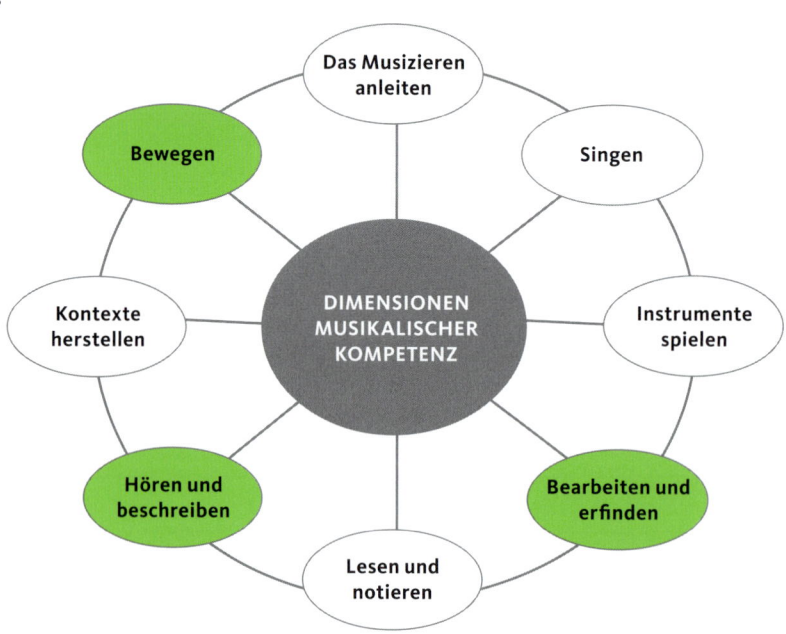

Hörbeispiel: „Pan" (Jan Garbarek)

Bester Zeitpunkt: Ab Bereich A (metrische Kompetenz), Baustein 3: „Zwischen freier und metrisch gebundener Bewegung wechseln"

Zeitbedarf: Ca. 3–5 Unterrichtsstunden

IDEE

Bewusst langsame, freie Bewegung zu Musik ohne feste Bindung an ein Metrum ist eine wichtige körperliche Erfahrung im Kontrast zu metrisch gebundener Bewegung zu Musik mit klaren Akzenten auf den schweren Zählzeiten. Die Schüler erfahren dabei den Zusammenhang von Tempo, Bewegung, Kraft und Gewicht, die nötig sind, um eine Strecke im Raum und einen zeitlichen Abstand auszufüllen. Das erleichtert ihnen, langsame Tempi sowie lange Notenwerte und Pausen in der Musik als erfüllte Zeiten wahrzunehmen und musikalisch korrekt umzusetzen.

MODUL 1 /// FREIE BEWEGUNGSSTUDIE ZU "PAN"

ZUM THEMA

Die Musik von Jan Garbarek wird unabhängig vom Titel „Pan" als Grundlage für eine freie, assoziativ an fließende Klänge angelehnte Bewegungsgestaltung verwendet. Die Schüler erfinden selbst eine Geschichte dazu, die als Grundlage für eine Bewegungsstudie dienen kann.

DURCHFÜHRUNG

Die Schüler hören die Musik an, erfinden dazu eine Geschichte und entwickeln eine Bewegungsstudie zu dieser Geschichte.

Das folgende Beispiel soll die Kreativität der Schüler anregen, sie jedoch nicht kanalisieren. Die Idee einer Szenerie im All und der damit verbundenen Schwerelosigkeit kann als Anregung hilfreich sein: mit dieser oder einer ähnlichen Vorstellung können die Schüler leichter fließende Bewegungen ausführen.

Die Geschichte (Vorschlag): Eine Mondlandschaft oder ein fremder Planet, Dunkelheit, Aliens haben nach einem Angriff Verwüstung hinterlassen. Eine Gruppe von Lebewesen hat den Angriff überlebt, alle liegen leblos auf dem Boden unter einem großen schwarzen Tuch. Vier schwarz gekleidete Gestalten „erwecken" die leblosen Wesen auf dem Boden, eine Person wird zum Teamführer und hilft allen, ihre Rolle in der Gruppe zu finden und einzunehmen.

WARM-UP / VORBEREITUNG   ÜBUNG 01

Zur Methodik siehe Einleitung, S. 184.

Langsame Musik ohne starke Akzente auf den Zählzeiten einspielen (möglichst nicht dasselbe Stück wie unten verwenden). Dazu „Bewegungen im All" ausprobieren (Zustand der Schwerelosigkeit):

- nur mit bestimmten Körperteilen experimentieren: Vorstellung, dass ein Körperteil, z. B. der Oberkörper, bewegungsunfähig ist und nur der rechte Arm bewegt werden darf
- Vorstellung, dass ein Körperteil den Rest des Körpers führt (z. B. bestimmt der kleine Finger, in welche Richtung der Körper folgt)
- verschiedene Raumwege, Bewegungsarten und Positionen ausprobieren: z. B. Kriechen, langsames Klettern, über Hindernisse in Zeitlupe steigen, mit einer anderen Person vorsichtig Kontakt aufnehmen etc.

Genügend Zeit für diese Vorübungen zur Verfügung stellen. Es ist wichtig, die Gruppe für intensive, langsame Bewegungsabläufe zu sensibilisieren.

Fächerverbindende Arbeit mit Bildender Kunst ist möglich. Dort könnten die Schüler z. B. Gipsmasken erstellen. Wichtig ist bei einer Aufführung zumindest einheitliche Kleidung (jeder eine andere Farbe im gleichen Stil oder alle die gleiche Farbe).

ÜBUNG 02 — BEISPIEL EINER BEWEGUNSGESTALTUNG

D 34

Abschnitt	Bewegungsvorschlag	Zeit
Saxofon und Piano	alle liegen unter einem großen schwarzen Tuch	0.00 – 1.05
Streichersound, dunkle Trommelschläge	Bewegungen sämtlicher Gliedmaßen (wenig Bewegung und diese sehr langsam ausführen, wie im Zustand der Schwerelosigkeit)	1.05 – 2.00
nur noch Schlagzeug, kurze Zäsur	Bewegung unterbrechen („Einfrieren")	2.01 – 2.05
Saxofon und Piano	schwarze Gestalten aus dem Hintergrund ziehen mit magischen Posen langsam das Tuch weg	2.06 – 3.04
erneut Thema des Saxofons, Schlagzeug	die schwarzen Gestalten wecken langsam alle auf, Bewegungs-„Duett" zwischen zwei Personen, eine davon noch unter dem Tuch	3.05 – 4.01
Synthesizer-Klang, Piano, Saxofon, kurze Zäsur	diese Person wird „entdeckt", alle anderen frieren ein, die Person übernimmt die Führungsrolle und weist sowohl den „Erweckten" als auch den schwarzen Gestalten Posen zu (wie beim Bauen von „Standbildern"), …	4.02 – 4.56
Thema (Synthesizer und Piano), Improvisation in hoher Lage	… mit denen beide Gruppen schließlich miteinander in Kontakt kommen (Blickrichtung, Berührung …), allmählich baut der Führende auf diese Weise ein Schlussbild, das den Erfolg der Kontaktaufnahme zeigt	ab 4.57

MODUL 2: POPTANZ-CHOREOGRAFIE „DOO BEE DOO" VON FRESHLY GROUND

AUF EINEN BLICK

Thema: Poptanz-Choreografie

Inhalte: Eine Poptanz-Choreografie erlernen und aufführen

Kompetenzen:

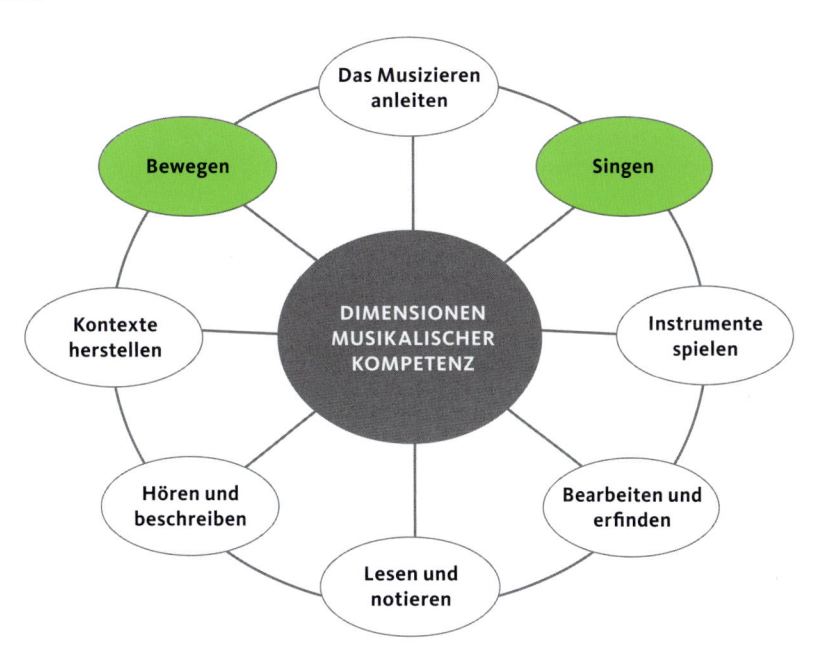

Dimensionen musikalischer Kompetenz – hervorgehoben: Bewegen, Singen

Hörbeispiel: „Doo Bee Doo" von Freshly Ground

Bester Zeitpunkt: Zweites Halbjahr Klasse 6

Zeitbedarf: 2–3 Stunden

IDEE

Gemeinsames Tanzen zu Popmusik gehört zu den wichtigen Sozialformen in vielen Jugendkulturen. Das Erlernen einer Poptanz-Choreografie erweitert das Bewegungsrepertoire und stärkt das Körper- und Selbstwertgefühl. Die Synchronisation von Bewegungen zu einem künstlerischen Ergebnis wirkt zudem gemeinschaftsstärkend.

ZUM THEMA

„Doo Bee Doo" war 2005 der meistgespielte Song in Südafrika. Die Gruppe „Freshly Ground" wurde 2010 mit dem WM-Song „Waka Waka" in der ganzen Welt bekannt. Der Text des Songs „Doo Bee Doo" mit seinem Ruf nach einer besseren, friedlichen Gesellschaft spiegelt den Anspruch der Band wieder, die musikalische Stimme einer jungen Demokratie zu sein. Die sieben Musiker unterschiedlichster musikalischer, gesellschaftlicher und ethnischer Herkunft wollen mit ihrer Musik die in den Köpfen immer noch vorhandenen gesellschaftlichen Schranken überwinden.

Der Song ist mit seinem modularen Aufbau so eingängig, dass er nach mehrmaligem Hören für die Schüler leicht mitzusingen ist. Der Text ist mit seinem einfachen Vokabular und der unkomplizierten Satzstruktur am Ende der 6. Klasse durchaus zu verstehen. Eine inhaltliche Auseinandersetzung kann die Identifikation mit der Botschaft des Songs verstärken und das Tanzen in der Gruppe noch intensivieren.

Im mip-journal 28/2010 gibt es im Special „Südafrika" einen längeren Artikel zu diesem Song mit vielen Informationen und einer weiteren Tanzanleitung, die aufbauend auf die hier dargestellte Choreografie erarbeitet werden könnte (geeignet ab Klasse 7).

ZEITPUNKT UND ZEITBEDARF

Zeitpunkt: 6. Klasse, zweites Schulhalbjahr
Zeitbedarf: ca. 3–4 Unterrichtsstunden

DURCHFÜHRUNG

Die Erarbeitung der Choreografie erfolgt wie in der Einleitung unter „Methodik" beschrieben. Das Video kann sowohl bei der eigenen Vorbereitung hilfreich sein als auch den Schülern als Beispiel dienen.
Im Folgenden sind die Bewegungen schematisch dargestellt:

TANZANLEITUNG „DOO BEE DOO"

Choreografie: Sigrun Friedrich, © Helbling

Aufstellung: Blockform

Figur 1: Intro (2 Takte)

Locker am Platz stehen und auf die Zählzeit 2 und 4 schnipsen oder im Metrum auf die Bühne laufen und Position beziehen.

Figur 2: Strophe 1A (4 Takte)

Auf 4 seitlich von Körper schnipsen. Dasselbe zurück. T. 3 u. 4 gegengleich mit li beginnend.

Zählzeit	1	2	3	4
	re seit	li bei	re seit	li bei

MODUL 2 /// POPTANZ-CHOREOGRAFIE "DOO BEE DOO"

Figur 3: Strophe 1B und 1B' „V-Schritt", vgl. Abb. S. 287 (4 Takte)

T. 1 wiederholen, T. 3 u. 4 gegengleich mit li beginnend. Schritt vorwärts: Hand parallel zum Fuß.
Schritt zurück: Hand auf Hosentasche.

Zählzeit   1   2   3   4

Figur 4: Strophe 1A' (4 Takte)

Clap auf 4 und 8. T. 3 u. 4 gegengleich mit li beginnend (Beine zunächst vorne kreuzen, zurück hinten kreuzen).

Zählzeit   1   2   3   4   5   6   7   8

Figur 5: Refrain 1 (2 Takte) „Tap 'n' Clap", vgl. Abb. S. 287

T. 1 u. 2 mit rechts beginnend.

Zählzeit   1   2   3   4   5   6   7   8

HELBLING

Music Step by Step

Figur 6: Refrain 2 „Mambo" (2 Takte)

T. 1 wiederholen, mit rechts beginnend.

Zähl-
zeit   1   2   3   4

Figur 5 und 6 mit links beginnend wiederholen.

Figur 7: Bridge 1 (4 Takte)

Durcheinander durch den Raum laufen, auf 8 zählen und auf 1 mit Partner oder in die Luft abklatschen.

Figur 8: Bridge 2 (8 Takte)

Eine liegende Acht laufen (Arme außen hoch, innen tief).

Figur 9: Interlude (8 Takte)

Zu Paaren zusammenfinden, sich frei zur Musik bewegen, Partner spiegelt die Bewegung, clap auf 1.

Zähl-
zeit   1   2   3   4

Figur 10: Letzter Refrain „Grapevine"

Auf 4 Drehung um 180 Grad (leichter Hüpfsprung), in die gleiche Richtung weiterlaufen, dasselbe zurück.

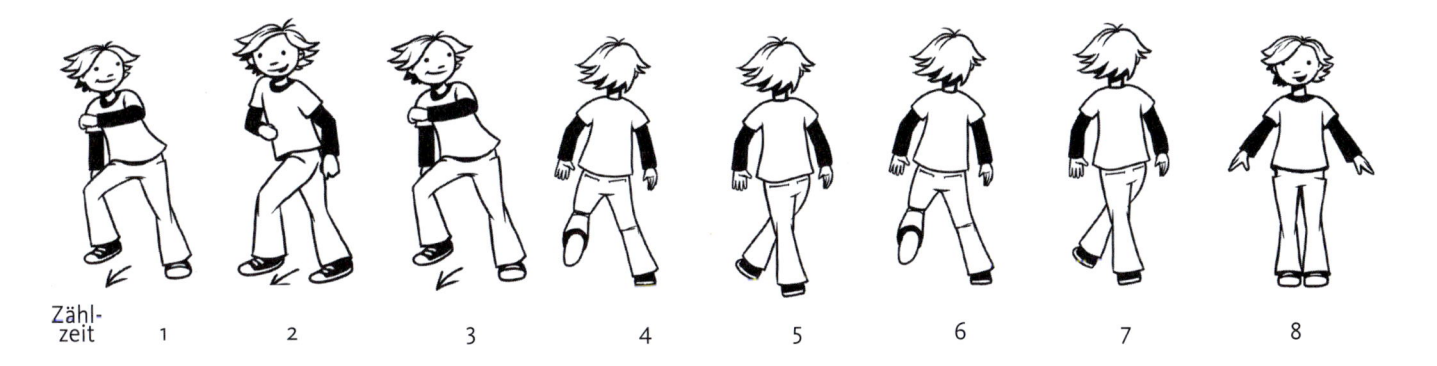

| Zählzeit | 1 | 2 | 3 | 4 | 5 | 6 | 7 | 8 |

Figur 11: Fade out

In „Fliegerfigur" (s. Figur 8) durcheinander von der Bühne laufen.

Ablauf der Gesamtchoreografie:

Intro / Figur 1 (2 T.)

Strophe 1A / Figur 2 (4 T.)
Strophe 1B / Figur 3 (4 T.)
Strophe 1A' / Figur 4 (4 T.)
Strophe 1B' / Figur 3 (4 T.)

Refrain / Figur 5 u. 6 (8 T.)

Strophe 2A / Figur 2 (4 T.)
Strophe 2A' / Figur 4 (4 T.)
Strophe 2B' / Figur 3 (4 T.)

Refrain / Figur 5 u. 6 (8 T.)

Bridge 1 / Figur 7 (4 T.)
Bridge 2 / Figur 8 (8 T.)
Interlude / Figur 9 (8 T.)

Strophe 3A / Figur 2 (4 T.)
Strophe 3B / Figur 3 (4 T.)

Refrain / Figur 5 u. 6 u. 10 (je 8 Takte)

Fade out / Figur 11

Das Autorenteam

Dr. Johannes Bähr, Leiter des Studienseminars für Gymnasien Heppenheim

Geboren 1949. Studium der Musikwissenschaft, Politikwissenschaft und Schulmusik. Arbeit auf fast allen Ebenen des Bildungswesens. 10 Jahre Tätigkeit als stellvertretender Vorsitzender des AfS.

Sigrun Anne Friedrich, Musiklehrerin am Nicolaus-Kistner-Gymnasium in Mosbach/Baden

Geboren 1961. Studium der Schulmusik, Anglistik sowie Instrumentalpädagogik (Klavier). Musiklehrerin am Max-Planck-Gymnasium Heidenheim (1993–2002), seit 2002 am Nicolaus-Kistner-Gymnasium in Mosbach mit Schwerpunkt Chorarbeit. Leiterin einer Bläserklasse.

Hans-Ulrich Gallus, Musiklehrer am Gymnasium Neckarbischofsheim

Geboren 1970. Lehramtsstudium Musik und Englisch. Kurse in Improvisation und Arranging. Aufbau von Instrumentalklassen, musikpraktische Umsetzung des Bildungsplans und Integration der „Music Learning Theory" von Edwin Gordon. Lehrauftrag für Klassenmusizieren an der Musikhochschule Mannheim.

Prof. Dr. Stefan Gies, Professor für Musikpädagogik an der Hochschule für Musik Carl Maria von Weber Dresden

Geboren 1954. Studium der Schulmusik, Sprach- und Musikwissenschaften, Philosophie. Lange Jahre Musiklehrer an Gymnasien. 1990 Promotion als Wissenschaftlicher Mitarbeiter der Hochschule der Künste Berlin, seit 1995 in Dresden.

Prof. Dr. Werner Jank (Hrsg.), Professor für Musikpädagogik an der Hochschule für Musik und Darstellende Kunst Frankfurt am Main

Geboren 1954. Studium der Schulmusik, Geschichte und Erziehungswissenschaft. Ab 1980 an Gymnasien in Wien, Wilhelmshaven und Heidelberg, Lehraufträge für Musiktheorie, Gehörbildung, Musikdidaktik und Allgemeine Didaktik an verschiedenen Universitäten und Musikhochschulen. 1993–2009 Professor für Musikpädagogik an der Staatlichen Hochschule für Musik und Darstellende Kunst Mannheim. Langjährige Vorstandstätigkeit in verschiedenen musikpädagogischen Verbänden in Deutschland und international. Zahlreiche Publikationen, u. a. zusammen mit Hilbert Meyer „Didaktische Modelle" und als Herausgeber und Hauptautor „Musik-Didaktik". Mitbegründer und Percussionist der Salsaband *Ritmo Caliente*, die aus dem Studiengang Schulmusik der Musikhochschule Mannheim hervorging.

Frank Kieseheuer, Lehrer am Gymnasium St. Xaver Bad Driburg und Lehrbeauftragter an der Hochschule für Musik Detmold

Geboren 1976. Studium der Schulmusik und der Biologie. Anschließend Tätigkeit als wissenschaftlicher Mitarbeiter im Fachbereich Musikpädagogik an der Hochschule für Musik Detmold. Zur Zeit Dissertation zum Thema „Aufbauender Musikunterricht im Kontext kognitiver Neurowissenschaften".

Anna-Maria Klingmann, Musiklehrerin am Gymnasium Walldorf/Baden

Geboren 1967. Studium der Schulmusik und Lehramtstudium Anglistik sowie Diplom-Gesang. Seit 2007 Produktion eigener Musicals in englischer Sprache. Neben der Arbeit im Bereich Musical Aufbau von Instrumentalklassen (Streicher).

Andrea Kopp, Lehrerin am Wentzinger-Gymnasium Freiburg i. Br.

Geboren 1972. Lehramtsstudium Musik und Deutsch, Musiklehrer-Diplom Rhythmik und Elementare Musikpädagogik. Schwerpunkte der musikpädagogischen Arbeit: Klassenmusizieren, Ensemblearbeit, Aufbauender Musikunterricht und Musiktheater.

Prof. Dr. Ortwin Nimczik, Professor für Musikpädagogik und -didaktik an der Hochschule für Musik Detmold

Geboren 1956. Studium der Komposition und Schulmusik sowie der Pädagogik, Philosophie und Musikwissenschaft. Mehrjährige Arbeit als Musiklehrer und Fachleiter für Musik am Studienseminar Dortmund. Seit 1994 Professor für Musikpädagogik und -didaktik an der Hochschule für Musik Detmold; seit 2006 Bundesvorsitzender des Verbands Deutscher Schulmusiker (VDS).

Katharina Padrok, Dozentin für Gesang an der Musikhochschule Frankfurt/Main

Geboren 1970. Studium der Schulmusik und Diplom-Gesangspädagogik an der Universität der Künste Berlin. Fortbildungen für Lehrerinnen und Lehrer im Bereich der Kinderstimmbildung. Freiberufliche Konzertsängerin und Altistin im Athesinus-Consort, Berlin.

Victoria Piel, Musiklehrerin in Mühlhausen/Thüringen und Mitarbeiterin an der Hochschule für Musik Franz Liszt Weimar

Geboren 1971. Studium der Schulmusik, Musikwissenschaft, Chorleitung, Englisch und Erziehungswissenschaft. Nach freier journalistischer Tätigkeit und Referendariat wissenschaftliche Mitarbeiterin am Institut für Schul- und Kirchenmusik der Musikhochschule Weimar. Zur Zeit Dissertation zu Filmmusik aus der DDR.

Prof. Gero Schmidt-Oberländer (Hrsg.), Professor für Schulpraktisches Klavierspiel/Musikdidaktik an der Hochschule für Musik Franz Liszt Weimar

Geboren 1963. Studium der Musikwissenschaft, Schulmusik, Rhythmik, Chordirigieren und Jazz. Zunächst Tätigkeit als Kantor, nach dem Referendariat Lehraufträge für Popularmusik, Big Band und Schulpraktisches Klavierspiel an verschiedenen Hochschulen. Nach mehreren Jahren im Schuldienst seit 1996 Professor für Schulpraktisches Klavierspiel und Musikdidaktik an der Hochschule für Musik Franz Liszt Weimar. Von 2000–2006 Sprecher der AG Schulpraktisches Klavierspiel, von 2003–2009 zudem Prorektor für Lehre, in dieser Funktion Gründung der ersten musikalischen Kinderuniversität.

Christoph Stange, Musiklehrer an der Theresienschule in Berlin

Geboren 1973. Studium der Schulmusik, Sprach- und Musikwissenschaft sowie Geschichte in Dresden. Schwerpunkte eigener künstlerischer Praxis im Bereich Chor- und Bigbandleitung. Regelmäßige Übernahme von Lehraufträgen für Musikdidaktik an verschiedenen Hochschulen. Dissertation „Zum Umgang mit Religiöser Musik aus musikpädagogischer Sicht".

Quellenverzeichnis

Noten: S. 47: Knirpsschweinchenlied © Georg Riedel, Stockholm/Schweden, dt. Text: Helbling Verlag GmbH, Rum/Innsbruck, Esslingen; S. 49: Guten Morgen © Helbling Verlag GmbH, Rum/Innsbruck, Esslingen; S. 78: Sascha geizte nicht mit Worten (aus der Fidula-CD 4401 „Tanzlieder für Kinder"), © Fidula, Boppard/Rhein; S. 110: Sailing © 2010 Universal/Island Music Limited. Used by Permission of Music Sales Limited; S. 131: Wir fahren übers weite Meer © Voggenreiter Verlag OHG, Bonn; S. 172: Hans, der Hase © Peter und Ellen Allard, Worcester/USA; S. 173: Trommelklang © Helbling Verlag GmbH, Rum/Innsbruck, Esslingen; S. 174: Hotaru Koi © Verlag Schweizer Singbuch, singbuchverlag.ch; S. 204: Kleine Wolke © Kontakte Musikverlag, Lippstadt; S. 215: Alles im Griff © Helbling Verlag GmbH, Rum/Innsbruck, Esslingen; S. 219: Herzenswünsche © Meinhard Ansohn, Berlin; S. 227: Terzen-Rock 'n' Roll © Frieder Cramer, Dormagen; S. 231: To i hola © Friedrich Hofmeister Musikverlag GmbH, Leipzig; S. 234: Oke awimba © Patmos Musikverlag, Mannheim; S. 240: Hewenu Shalom alechem © Helbling Verlag GmbH, Rum/Innsbruck, Esslingen; S. 262: Jambo Bwana © by Hanseatic Musikverlag GmbH & Co KG, SVL: Warner Chappell Musikverlag Gesellschaft m.b.H; S. 266: Das Lied von den Stars © Helbling Verlag GmbH, Rum/Innsbruck, Esslingen. **Text**: S.250 Mutig ©Schroedel/Diesterweg.

> Unser Dank gilt Rachel Rickert für die Einstudierung der Übungen aus Bereich B sowie den Schülerinnen und Schülern der Klasse 5 und 6 des Nicolaus-Kistner-Gymnasiums in Mosbach/Baden für die Einspielung der Videoaufnahmen.

VIDEOS UND DRUCKMATERIALIEN AUF CD-A DER MEDIENBOX

BEREICH A

Videos — vgl. Buchseite

A1 Große Schläge	24
A2 Wendeltreppe	26
A3 Burger	27
A4 Große und kleine Schläge	38
A5 Pappbecher-Spiel	41
A6 Peter Hammer	45
A7 Reisetante	55

BEREICH B

Videos — vgl. Buchseite

B1 Spezialpattern-Spiel	70
B2 Verfolgungsjagd 1 mit Bodypercussion	71
B3 Verfolgungsjagd 2 mit Rhythmussilben	71
B4 Verfolgungsjagd 3 mit Stabspielen	71
B5 Improvisationsrondo 1 mit Rhythmussilben	75
B6 Improvisationsrondo 2 mit Bodypercussion	75
B7 Improvisationsrondo 3 mit Stabspielen	75

Druckmaterialien — vgl. Buchseite

Rhythmuspatterns Baustein 1	90
Rhythmuspatterns Baustein 2	102
Rhythmuspatterns Baustein 3	113
Rhythmuspatterns Baustein 4	125
Rhythmuspatterns Baustein 5	137
Rhythmuspatterns Baustein 6	147
Rhythmuspatterns Baustein 7	154
Patternkärtchen zu Baustein 1 Übung 8	77
Patternkärtchen zu Baustein 2 Übung 8	93
Patternkärtchen zu Baustein 3 Übung 8	106
Synkopenmemory zu Baustein 4 Übung 9	118
Klassenarrangement „My Bonnie Is Over the Ocean"	97
Klassenarrangement „Memory"	98
Klassenarrangement „Sailing"	110
Klassenarrangement „The Entertainer"	120
Klassenarrangement „Wir fahren übers weite Meer"	131
Klassenarrangement „Scarborough Fair"	135
Klassenarrangement „What Shall We Do With the Drunken Sailor"	144, 184

BEREICH C

Videos — vgl. Buchseite

C1 Bienenspiel	166
C2 Ton im Puls	169
C3 Glockenkobold	169

UNTERRICHTSVORHABEN

Videos | vgl. Buchseite

D1 „Nessun dorma" (Konzertmitschnitt Paul Potts)	270
D2 Warm-up „Sternenregen"	285
D3 Warm-up „Schlange"	286
D4 Tanzbaustein „Karoschritt"	286
D5 Tanzbaustein „Hin- und zurück"	287
D6 Tanzbaustein „Hüpfgrätsche"	287
D7 Choreografie zu „Doo Be Doo"	292

Arbeitsblätter | vgl. Buchseite

AB1: Klangmöglichkeiten der Singstimme 1	253
AB2: Klangmöglichkeiten der Singstimme 2	254
AB3: Lösungsblatt zu AB1 und AB2	
AB4,1 / 4,2: Das Stimmorgan und die Tonerzeugung beim Singen	255
AB5,1 / 5,2: Aufgabenblatt zu „Jambo Bwana"	261
AB6,1 bis 6,6: Klassenarrangement „Das Lied von den Stars"	267
AB7: Rhythmische Begleitung zu „Das Lied von den Stars"	267
AB8: Bild von David Garrett	270
AB9,1 / 9,2: David Garrett – der schnellste Geiger der Welt	270
AB10,1 / 10,2: Paul Potts – Über Nacht zum Superstar	270
AB11: Lösungsblatt zu AB9 und 10	
AB12,1 bis 12,3: Michael Jackson und Lang Lang	273
AB13: Lösungsblatt zu AB12	
AB14: Die Voliere	276
AB15: Erwartungshorizont zu AB14	
AB16,1 bis 16,5: Klassenarrangement „Auf einem Baum ein Kuckuck saß"	277
AB17: Das Raphuhn	278
AB18: Der Schwan	278
AB19: Ein Hummelflug und viele Hummeln	279
AB20: Erwartungshorizont zu AB19	
AB21: Antonio Vivaldi	280
AB22: Ludwig van Beethoven	280
AB23: Sergei Prokofjew	280
AB24: Olivier Messiaen	280
AB25,1 / 25,2: Vogellaute darstellen	280
AB26: Erwartungshorizont zu AB25	
AB27,1 / 27,2: Vogellaute aufschreiben	281

ANHANG

Lösungsteil Schülerheft
Tabelle Bildungsstandards
Liedbegleitpatterns für Klavier

Hörbeispiele

Stücke mit nicht angegebene Komponisten- und Interpretennamen sind Helbling-Produktionen. Genauere Angaben zu diesen Stücken befinden sich im Booklet der Medienbox.

BEREICH A (METRISCHE KOMPETENZ)

CD, Track	Titel des Hörbeispiels	Komponist/Interpret	Buchseite
A, 1	Kling-Klang		24
A, 2	Greensleeves		24
A, 3	The Beat Is Hot		24
A, 4	Mister Swing		24
A, 5	Morgen-Menuett		24
A, 6	Ballon-Ballade		24
A, 7	Glockenklang		24
A, 8	Augustine triste		24
A, 9	Rudis Rock		24
A, 10	Auf nach Wien		24
A, 11	Brown Skin Boy		24
A, 12	I Like Chopin		24
A, 13	Gleitschirm		24
A, 14	Pony-Polka		24
A, 15	South Rampart Street Parade	Dutch Swing College Band	24
A, 16	Dancing Queen	ABBA	24
A, 17	Samba de Janeiro	Bellini	24
A, 18	Moanin'	Bobby Timmons	24
A, 19	Mensch-Maschine	Kraftwerk	26
A, 20	Slawischer Tanz Nr. 6, op. 46	Antonín Dvořák	27
A, 21	Vienna Boogie Woogie	Pewny / Zwingenberger	29
A, 22	Gymnopédie No. 1	Eric Satie	32
A, 23	Spiegel im Spiegel	Arvo Pärt	32
A, 24	MoonDance	Rainer Mohlzahn	33
A, 25	3. Streichquartett, 6. Satz „Mishima VI Closing"	Philip Glass	33
A, 26	Ständchen	Franz Schubert	35
A, 27	Good Vibrations	Beach Boys	35
A, 28	Tanzsaal, aus: Tanz der Vampire	Steinmann / Borchert	35
A, 29	Return to Innocence	Enigma	35
A, 30	A la turca	Ekseption	35
A, 31	Solvejgs Lied	Edvard Grieg	35
A, 32	How Does It Make You Feel	Air	35
A, 33	Morgenstimmung	Edvard Grieg	35
A, 34	Kanon und Gigue in D-Dur	Johann Pachelbel	35
A, 35	Violinkonzert E-Dur, 3. Satz	J. S. Bach	42

BEREICH B (RHYTHMISCHE KOMPETENZ)

CD, Track	Titel des Hörbeispiels	Komponist/Interpret	Buchseite
B, 1	Baustein 1: Rhythmuspatterns Aufnahme 1		70
B, 2	Spinning Wheel	Blood, Sweat and Tears	70
B, 3	Baustein 1: Rhythmuspatterns Aufnahme 2		71
B, 4	Baustein 1: Rhythmuspatterns Aufnahme 3		76
B, 5	Maple Leaf Rag	Scott Joplin	79
B, 6	Klaviersonate A-Dur, 3. Satz („Rondo alla Turca")	W. A. Mozart	79
B, 7	Three Sounds		80
B, 8	Ouvertüre, aus: Die Entführung aus dem Serail	W. A. Mozart	82
B, 9	Clapping Music	Steve Reich	85
B, 10	Baustein 1: Rhythmusdiktat		88
B, 11	Baustein 2: Rhythmuspatterns Aufnahme 1		92
B, 12	My Bonnie Is Over the Ocean		92/96
B, 13	Baustein 2: Rhythmuspatterns Aufnahme 2		92
B, 14	Baustein 2: Rhythmuspatterns Aufnahme 3		92
B, 15	Der Frühling, aus: Die vier Jahreszeiten, 3. Satz	Antonio Vivaldi	95
B, 16	It's a Man's World	James Brown	95
B, 17	Konzert für Klarinette und Orchester	W. A. Mozart	95
B, 18	Schnecken-Blues		96
B, 19	Memory, aus: Cats		96
B, 20	Stomp & Clap		99
B, 21	Baustein 2: Rhythmusdiktat		101
B, 22	Baustein 3: Rhythmuspatterns Aufnahme 1		104
B, 23	Michael Row the Boat Ashore		104
B, 24	Baustein 3: Rhythmuspatterns Aufnahme 2		104
B, 25	Baustein 3: Rhythmuspatterns Aufnahme 3		106
B, 26	Habanera „El arreglito", aus: Carmen	George Bizet	107
B, 27	Sinfonie Nr. 94, 4. Satz	Joseph Haydn	107
B, 28	I Just Called to Say I Love You	Stevie Wonder	107
B, 29	Trumpet Voluntary	Jeremiah Clarke	108
B, 30	Sailing		110
B, 31	Baustein 4: Rhythmuspatterns Aufnahme 1		115
B, 32	Eleanor Rigby	Chick Corea	115
B, 33	Baustein 4: Rhythmuspatterns Aufnahme 2		115
B, 34	Baustein 4: Rhythmuspatterns Aufnahme 3		116
B, 35	In der Halle des Bergkönigs	Edvard Grieg	117
B, 36	Tomaten-Tango		118
B, 37	The Entertainer		120
B, 38	Baustein 4: Rhythmusdiktat		122
B, 39	Baustein 5: Rhythmuspatterns Aufnahme 1		127
B, 40	Klaviersonate A-Dur, 1. Satz	W. A. Mozart	127
B, 41	Baustein 5: Rhythmuspatterns Aufnahme 2		127
B, 42	Baustein 5: Rhythmuspatterns Aufnahme 3		128
B, 43	Romanze des Pedrillo, aus: Die Entführung aus dem Serail	W. A. Mozart	130
B, 44	Blueberry Hill	Fats Domino	130
B, 45	Tell It Like It Is	Aaron Neville	130
B, 46	Wir fahren übers weite Meer		131
B, 47	Baustein 5: Rhythmusdiktat		133
B, 48	Scarborough Fair		135
B, 49	Baustein 5: Rhythmusdiktat mit Ansage		136
B, 50	Baustein 6: Rhythmuspatterns Aufnahme 1		139
B, 51	Baustein 6: Rhythmuspatterns Aufnahme 2		139
B, 52	Baustein 6: Rhythmuspatterns Aufnahme 3		140
B, 53	Der Winter, aus: Die vier Jahreszeiten, 2. Satz	Antonio Vivaldi	141

CD, Track	Titel des Hörbeispiels	Komponist/Interpret	Buchseite
B, 54	Sinfonie Nr. 1 C-Dur, 1. Satz	Ludwig van Beethoven	141
B, 55	Musette	J. S. Bach	142
B, 56	What Shall We Do With the Drunken Sailor		144
B, 57	Unser Begleitrhythmus		147
B, 58	Baustein 7: Rhythmuspatterns 1		149
B, 59	Hay Burner	Count Basie	149
B, 60	Baustein 7: Rhythmuspatterns 2		149
B, 61	Baustein 7: Rhythmuspatterns 3		149
B, 62	Song of the Pink Panther (Original Music from the Motion Picture)	Henry Mancini	151
B, 63	Tuxedo Junction	Glenn Miller	151

BEREICH C (TONALE KOMPETENZ)

CD, Track	Titel des Hörbeispiels	Komponist/Interpret	Buchseite
C, 1	Pippi ohne Grundton		175
C, 2	Sascha ohne Grundton		175
C, 3	Moldau ohne Grundton		175
C, 4	Trommelklang		176
C, 5	Höher? Tiefer? Gleich?		178
C, 6	Schlusston-Rätsel		180
C, 7	Reihenfolgen-Rätsel		181
C, 8	Diktat mit zwei Tönen 1		183
C, 9	Diktat mit zwei Tönen 2		183
C, 10	Diktat mit zwei Tönen 3		183
C, 11	Zwei-Ton-Bossa		187
C, 12	Diktat mit drei Tönen 1		191
C, 13	Diktat mit drei Tönen 2		191
C, 14	Sekunde oder Terz?		192
C, 15	Sekunde oder Terz?		192
C, 16	Big Ben		197
C, 17	Sekunde, Terz oder Quarte?		200
C, 18	Liedanfänge mit Quarten		201
C, 19	Si ma ma kaa eintaktig		207
C, 20	Si ma ma kaa zweitaktig		207
C, 21	Kleine Wolke		209
C, 22	Quarte oder Quinte?		209
C, 23	The Blues Is Calling – gesprochen		210
C, 24	The Blues Is Calling – gesungen		210
C, 25	Morning Blues Playback		211
C, 26	Dur oder Moll?		215
C, 27	Wie heißt der letzte Ton?		217
C, 28	Wie heißt der letzte Ton?		217
C, 29	Falsche Tonart 1		220
C, 30	Falsche Tonart 2		220
C, 31	Falsche Tonart 3		220
C, 32	Fehler in der Melodie 1		221
C, 33	Fehler in der Melodie 2		221
C, 34	Fehler in der Melodie 3		221
C, 35	Fehler in der Melodie 4		221
C, 36	Fehler in der Melodie 5		221
C, 37	Fehler in der Melodie 6		221
C, 38	Kleine oder große Sekunde?		224
C, 39	Kleine oder große Terz?		229
C, 40	Dur oder Moll?		232
C, 41	Dur oder nicht Dur?		233

CD, Track	Titel		Buchseite
C, 42	Moll oder nicht Moll?		233
C, 43	Dur oder Moll?		233
C, 44	Dur, Moll oder keines von beiden?		233
C, 45	Dreiklänge in Dur ergänzen		233
C, 46	Dreiklänge in Moll ergänzen		233
C, 47	Valparaiso	Sting	174
C, 48	Bydlo, aus: Bilder einer Ausstellung	Modest Mussorgsky	174
C, 49	Rock It		179
C, 50	Waves		186
C, 51	Terzen Rock 'n' Roll		226

UNTERRICHTSVORHABEN

CD, Track	Titel	Komponist/Interpret	Buchseite
D, 1	Sing mal wieder	Wise guys	253
D, 2	What Power Art Thou, aus: King Arthur	Henry Purcell	253
D, 3	Puer natus	Gregorianischer Choral	253
D, 4	Blackbird	Bobby McFerrin	253
D, 5	El cuarto de Tula	Vocal Sampling	253
D, 6	Aure, deh, per pietà, aus: Julius Caesar	Georg Friedrich Händel	253
D, 7	Jambo Bwana	Teddy Kalanda	260
D, 8	Jambo Bwana (Playback)	Teddy Kalanda	260
D, 9	Smooth Criminal	David Garrett	270
D, 10	All the Things You Are	Michael Jackson	273
D, 11	Black or White	Michael Jackson	273
D, 12	Fantasie in C-Dur, 4. Satz, op. 15 („Wanderer-Fantasie")	Franz Schubert	273
D, 13	Die Voliere, aus: Der Karneval der Tiere	Camille Saint-Saëns	276
D, 14	Der Kuckuck, aus: Der Karneval der Tiere	Camille Saint-Saëns	277
D, 15	Hühner und Hähne, aus: Der Karneval der Tiere	Camille Saint-Saëns	278
D, 16	Der Schwan, aus: Der Karneval der Tiere	Camille Saint-Saëns	278
D, 17	Der Hummelflug 1	The King Singers	279
D, 18	Der Hummelflug 2	Tasmin Little	279
D, 19	Der Hummelflug 3	Jorma Katrama und Margit Rahkonen	279
D, 20	Der Hummelflug 4	Koryun Asatry	279
D, 21	Der Hummelflug 5	Slokar Trombone Quartet	279
D, 22	Der Frühling, aus: Die vier Jahreszeiten, 1. Satz	Antonio Vivaldi	280
D, 23	Sinfonie Nr. 6 F-Dur, op. 68 („Pastorale")	Ludwig van Beethoven	280
D, 24	Der Vogel, aus: Peter und der Wolf	Sergei Prokofjew	280
D, 25	La grive des bois (Die Walddrossel), aus: Des canyons aux etoiles	Olivier Messiaen	280
D, 26	Ruf der Amsel		280
D, 27	Ruf der Eiderente		280
D, 28	Ruf der Haubenlerche		280
D, 29	Gegacker eines Huhns		280
D, 30	Ruf des Kuckucks		280
D, 31	Ruf der Nachtigall		280
D, 32	Ruf des Stars		280
D, 33	Ruf des Uhus		280
D, 34	Pan	Jan Garbarek	290
D, 35	Doo Bee Doo (Bacon & Quarmby Mix)	Freshly Ground	292

LIEDER

Titel	Buchseite
Alles im Griff	215
Auf einem Baum ein Kuckuck saß	277
Come, Follow Me	223
Das Lied von den Stars	266
Ein Jäger längs dem Weiher ging	140
Ein Loch ist im Eimer	94
Frosch und Maus	199
Guten Morgen	49
Hans, der Hase	172
Hejo, spann den Wagen an	192
Herzenswünsche	219
Hevenu shalom	240
Hotaru koi	174
Jamaica Farewell	236
Jambo Bwana	262
Kleine Wolke	204
Knirpsschweinchen-Lied	47
Memory	98
Michael Row the Boat Ashore	101
Morning Blues	211
My Bonnie Is Over the Ocean	97
Nehmt Abschied, Brüder	112
Nobody Knows the Trouble I've Seen	123
Obwisana sana	51
Oke awimba	233
Peter Hammer	44
Reisetante	54
Sailing	110
Sascha	78
Scarborough Fair	135
Si ma ma kaa	205
Stimmglocken	208
Terzen Rock 'n' Roll	226
To i hola	230
Tombaï	29
Trommelklang	173
Un poquito cantas	241
What Shall We Do With the Drunken Sailor	144, 184
Wir fahren übers weite Meer	130
Wir reiten geschwinde	129

KLASSENARRANGEMENTS

Partitur sowie Einzelstimmen der Klassenarrangements zum Ausdrucken befinden sich auf der CD-ROM (= CD-A) der Medienbox. Die Audio-Playbacks sind auf CD-B zu finden.

Titel	Playback	vgl. Buchseite
Auf einem Baum ein Kuckuck saß	–	277
Das Lied von den Stars	–	266
Memory	CD-B, 19	98
My Bonnie Is Over the Ocean	CD-B, 12	97
Sailing	CD-B, 30	110
Scarborough Fair	CD-B, 48	135
The Entertainer	CD-B, 37	120
What Shall We Do With the Drunken Sailor	CD-B, 56	184
Wir fahren übers weite Meer	CD-B, 46	130

BODYPERCUSSION-STÜCKE ZU MUSIK

Titel	Musikbeispiel	vgl. Buchseite
Musette (J. S. Bach)	CD-B, 55	142
Ouvertüre, aus: Die Entführung aus dem Serail (W. A. Mozart)	CD-B, 8	82
Rondo alla turca (W. A. Mozart)	CD-B, 6	81
Schnecken-Blues	CD-B, 18	96
Stomp and Clap	CD-B, 20	99
Three Sounds	CD-B, 7	80
Tomaten-Tango	CD-B, 36	118
Trumpet Voluntary (J. Clarke)	CD-B, 29	108